SÜDFRANKREICH

W0330407

VERLAG
MARTIN
VELBINGER
Hauptstr.. 4o 82229 Seefeld bei München

Dieses vorliegende Buch erscheint als BAND 6 einer Reihe unkonventioneller Reiseführer im VERLAG MARTIN VELBINGER:

SÜDOST - EUROPA

Bd. o4 Griechenland/Gesamt
Bd. 3o Griechenland/Kykladen
Bd. 32 Griechenland/Dodekanes
Bd. 31 Griechenland/Peloponnes
Bd. 35 Ungarn

SÜD - EUROPA

Bd. 11 Toscana/Elba
Bd. 15 Golf von Neapel/Campanien
Bd. 12 Süditalien
Bd. 14 Sardinien
Bd. 23 Sizilien/Eol.Inseln
Bd. o6 Südfrankreich
Bd. 46 Côte d'Azur/Provence
Bd. 13 Korsika

SÜDWEST - EUROPA

Bd. o5 Portugal/Azoren/Madeira

WEST - EUROPA

Bd. 25 Bretagne/Normandie/Kanalinseln
Bd. 26 Franz. Atlantikküste/Loire
Bd. 24 Irland
Bd. 17 Schottland
Bd. 27 Südengland
Bd. 57 Wales

NORD - EUROPA

Bd. 18 Schweden
Bd. 19 Norwegen/Süd-Mitte
Bd. 28 Norwegen/Nord
Bd. 29 Finnland
Bd. 5o Dänemark

STÄDTEFÜHRER

Bd. o7 Paris
Bd. 1o Wien

AMERIKA

Bd. 53 USA/Westküste Kalifornien
Bd. 54 USA/ Der Nordwesten Oregon, Washington
Bd. 58 USA/ Der Südwesten
Bd. o3 Mexiko
Bd. 36 Chile/Antarktis

NAHER OSTEN/ AFRIKA

Bd. 44 Togo
Bd. 51 Marokko

Weitere Titel in Vorbereitung. Bitte Anfrage an den Verlag.

Buchkonzept: Martin Velbinger
Illustrationen, Karten: Bettina von Hacke
Cover: Bettina von Hacke, Martin Velbinger

ISBN: 3-88316-005-9

ALLE ANGEGEBENEN PREISE sind Ca.-Preise, auch wenn sie nicht als solche bezeichnet sind. Für die Richtigkeit und Vollständigkeit aller Angaben, insbesondere der Abfahrtszeiten und Preise kann keine Gewähr übernommen werden.

Aktualisiert
PRINTED IN GERMANY **12. AUFLAGE 2oo1**

INHALT

Anreise

Allgemeine Tipps

Südfranz. Landschaften

INHALT

INHALT

Je nach Urlaubsvorstellungen (an einer Stelle relaxen bzw. baden, - oder rumfahren und das Land kennenlernen) wird jeder seinen eigenen, günstigsten Transport entscheiden.

1 Per Auto:

Vorteil: Man ist flexibler und kann bereits auf der Anreise bei schönen Stellen Zwischenstop machen (Schloß Chillon am Genfer See, die Vulkane von Clermont-Ferrand, die landschaftlich sehr reizvolle Auvergne etc.). Details im Text.

Wenn man zu mehreren fährt, teilt sich der Sprit, und das Auto ist, zumindest momentan noch, das günstigere Transportmittel.

ROUTEN: Für Bayern

Die schnellste Route geht ab Grenze Bodensee (neue gebührenfreie Autobahn durch Pfändertunnel, umgeht Bregenz) und über kurzes Stück Landstraße auf die Autobahn nach Zürich - Bern - Lausanne. In der Schweiz allerdings für die Autobahnbenützung die lästige Vignette fällig (ca. 25 Euro: gilt ein Jahr).

Wer die Schweizer Autobahngebühren (Vignette) sparen will, kann folgende Alternativroute fahren, die landschaftlich wesentlich mehr bringt, jedoch quer durch die Schweiz je nach Zwischenstops ca. 1 bis 1 1/2 Tage extra benötigt:

Ab Bregenz/Bodensee Landstraße nach St. Gallen und über die Landstraße Nr. 8 Herisau-Wattwil - Rapperswill nach Schwyz beim Vierwaldstätter See. Hier Abstecher auf den Rigi (Zahnradbahn) und bei klarem Wetter super Panoramablick über die Alpenkette wie in der Suchard-Werbung!

Weiter über Luzern (für Stop sehr lohnend!) und die Landstraße Nr. 4 zum Brienzer See, Interlaken (sehr lohnender Abstecher nach Lauterbrunnen und mit der Zahnradbahn auf die Jungfrau), - weiter über die Landstraße 11 an den Genfer See (Schloß Chillion, siehe unten!) nach Lausanne.

Lausanne hat mir persönlich sehr gut gefallen, - in der Architektur der Stadt bereits viele südliche Elemente, mildes Klima, die Häuser sind am Hang des Genfer Sees hinauf gebaut, gute Diskotheken und Möglichkeiten zu Essen.

Abstecher: ca. 3o km Richtung Montreux fahren: Hier liegt das Schloß

CHILLON, ein umfangreicher Palast, tip-top erhalten im Genfer See, mit alten Rittersälen, Wehrgängen, Folterkammern etc.

Sehr lohnend: Ab Montreux Richtung Martigny und über den Col de la Forclaz hinüber nach Chamonix.

CHAMONIX: Einer der großen traditionellen Wintersportorte der französischen Alpen. Sehr exklusiv und teuer. Bei klarem Wetter sagenhafte Seilbahnfahrt hinauf auf den Mont Blanc (4.8o7 m). Grandiose Alpenkette und meines Wissens eine der längsten freischwebenden Seilbahnen der europäischen Alpen.

Ab Mont Blanc Bergstation (sehr dünne Luft) setzt sich die Seilbahn fort über den Mont Blanc Gletscher hinüber ins Aosta-Tal/Italien.

Ab Chamonix zunächst Landstraße Richtung Genf, - nach 18 km Abzweigung links hin auf nach St. Gervais und hinüber ins Tal der Isere ca. 1oo km. Hier sowohl Autobahnverbindung (gebührenpflichtig) bis GRENOBLE, sowie auch hinüber nach LYON.

Je nach der weiteren Reiseplanungen kann man die Strecke Grenoble nehmen, wenn man in die PROVENCE will (ab Grenoble über die Route Napoleon, über Gap bis Grasse), - oder aber die Strecke nach Lyon, wenn man weiter nach CLERMONT- FERRAND will.

DIREKTROUTE: Genf - Lyon - Rhone-Tal: Ab Genf durchgehende Autobahn (bis Grenze Vignette bzw. parallel Landstraße) über Annecy am See von Annecy und weiter 13o km Autobahn bis Lyon. Von hier über die durchgehende Autobahn hinunter bis Marseille oder Nimes, Montpellier

FAHRZEITEN:	PKW
München - Lindau - Zürich:	3 - 4 Std.
Zürich - Bern - Lausanne:	2 - 3 Std.
Genf - Annecy - Lyon:	2 - 3 Std.
Lyon - Orange:	3 - 4 Std.

ÖSTERREICHER: je nach Heimatort entweder Deutschland - Bodensee - Schweiz (siehe oben). Oder durch Italien (Autobahn gebührenpflichtig, teurer Sprit!) via Genf - Nizza.

FÜR PREUSSEN: Am schnellsten über die Rhein-Autobahn bis Mühlhausen. Bevor man über die Grenze nach Frankreich fährt, sollte man nach dem momentanen Benzinpreisstand den Wagen in Deutschland noch einmal auffüllen. (Sicherheitshalber vor Abfahrt beim ADAC erkundigen, wie die aktuellen Preise stehen, zur Zeit ist Benzin in Deutschland billiger, Diesel jedoch in Frankreich.)

Ab Mühlhausen: durchgehende Autobahn bis Marseille oder Nimes! Wer will, kann ab Besançon über die Landstraße RN 73 bis Chalon abkürzen und spart geringfügig Autobahngebühr. Ein Zeitgewinn ist das jedoch nicht.

Autobahnbenutzung ist in Frankreich gebührenpflichtig: z. Z. für die 4oo km Mühlhausen - Orange: Pkw ca. 35 Euro, Motorräder 4o % Ermäßigung.

Trotz dieser Autobahngebühren würde ich jedoch die Benutzung empfehlen, - sofern man unterwegs nicht Zwischenstops einlegen will, da das Befahren der Rhône-Tal-Landstraße zwar wegen ihrer weitgehend geradlinigen Führung sehr schnell, jedoch auch unfallträchtig ist. Viele Ortsdurchfahrten, 3-spurige Strecke, wobei die mittlere Spur von beiden Fahrtrichtungen zum Überholen verwendet wird, Kinder, Mopeds, landwirtschaftliche Fahrzeuge, - jeder benützt diese Straße, und es gibt im Sommer viele Unfälle.

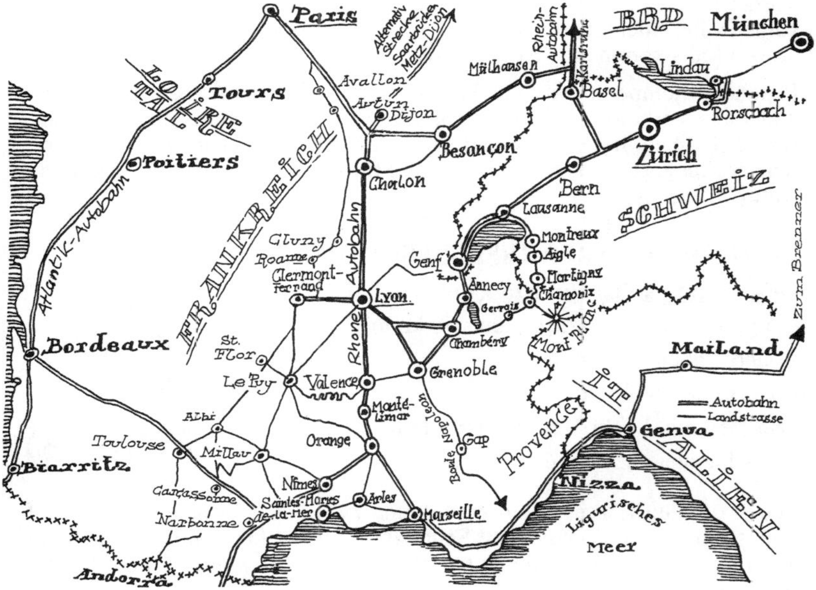

Reizvolle Varianten ab LYON über Clermont Ferrand (mehr als 6o Vulkane; auf einen führt eine Seilbahn: Rundblick wie über Mondkrater!). LE PUY mit kleinem Kirchlein auf ca. 6o m Felsnadel, unterhalb Campingplatz!), - Cluny, Avallon und Autun mit ausgefallen schönen romanischen Kirchen!

Ab FRANKFURT und nördlich ist die Anreiseroute über **PARIS** interessant wegen schneller Autobahnen, - und weil's Spaß macht, Südfrankreich von der Metropole aus zu erschließen. Inklusiv ein paar schöner Tage in PARIS.

Anreise: Düsseldorf (oder Ausgangspunkt Köln) - Liege - Cambrai - Paris 530 km, beides durchgehende Autobahn. Zuzüglich 500 km bis Avignon. Dies gegenüber Alternative Autobahn Düsseldorf - Frankfurt - Mühlhausen - Lyon - Avignon: ca. 956 km.

Mit eigenem Auto in Frankreich:

Der Franzose fährt flott und temperamentvoll, - nach den selben Verkehrsregeln wie bei uns in Deutschland. Dabei wird mehr auf schnelles und reibungsloses Fahren als auf Verkehrschilder geachtet. Aber Vorsicht: Drakonische Strafen bei Geschwindigkeitsüberschreitungen!

Vorfahrt: Wie bei uns, rechts vor links. Die Größe der Straße spielt dabei keine Rolle. Auch bei fließendem Verkehr auf breiter Hauptstraße auf kleine von links kommende Nebenstraßen achten.

Besonders temperamentvolle Mofa- und Motorradfahrer, die sich rechts und links vorbeiquetschen oder komplette Straßenbreite für sich beanspruchen. Demolierte Autos bedeuten nicht automatisch schlechteres Fahren der Franzosen, sondern ihr Interesse für Wichtigeres als tip-top saubere Autokarosserien.

BESONDERE VERKEHRSBESTIMMUNGEN:

Geschwindigkeitsbegrenzungen:

- in geschlossenen Ortschaften - 50 km/h
- Landstraßen - 90 km/h
- bei Nässe - 80 km/h
- Straßen mit 2 Fahrstreifen - 110 km/h
- Autobahnen - 130 km/h

Leute, die den Führerschein noch keine zwei Jahre besitzen, dürfen auf Landstraßen max. 80 km/h, auf Schnellstraßen 100 km/h und auf Autobahnen 110 km/h fahren. Sicherheitsgurte müssen, wenn vorhanden, benützt werden.

Autobahngebühren: werden auf den meisten Autobahnteilstücken verlangt, ca. 35 Euro pro 400 km für PKW.

Pannenhilfe: durch den französischen Automobilklub (Touring Club de France - T.C.F.)

Deutschsprachiger Notrufdienst des ADAC:

Tel. 04 72 17 12 22.

Benzin ist relativ teuer in Frankreich. Am günstigsten kommt noch der Besitzer eines Diesels weg.

Wohnwagenreisende finden an mehreren französischen Autobahnen Rastplätze mit speziellen Längs-parkzonen für Caravaner. Die Parkplätze sind meist etwas zurückgelegen und zusätzlich durch Buschwerk vom Straßenlärm geschützt.

An allen kleineren Parkplätzen wurden Schilder angebracht, die auf den nächsten Caravanerplatz hinweisen. Eine gute Idee, da sich der Caravan-Fahrer (der sowieso mehr gestresst ist als der Normal-PKW-Fahrer) in Ruhe hinten in seinem Anhänger erholen kann!

Mit der Bahn:

Vorteil für den, der ohne Fahrstreß in südliche Gefilde will. Bei Nachtfahrten Relaxen im Liege- oder Schlafwagen.

Sehr schnelle Verbindungen, z.B. München - Avignon (via Straßburg): ca. 15 Stunden, Frankfurt - Avignon (via Offenburg, Straßburg): ca. 13 Stunden. Hamburg - Avignon (via Straßburg, Lyon): ca. 16 Stunden.

Preisbeispiele:

München - Avignon	ca. 11o Euro	
Frankfurt - Avignon	ca. 85 Euro	(2. Klasse, einfach)
Hamburg - Avignon	ca. 16o Euro	

Für Liegewagen zusätzlich etwa 15 Euro, für Schlafwagen zusätzlich etwa 35 Euro.

Bei den relativ schnellen Verbindungen und günstigen Preisen fragt es sich, ob man das Auto nicht besser zu Hause stehen läßt, - zumal auch die innerfranzösischen Verbindungen ausgezeichnet sind!

Sehr interessant ist auch das „**EURO DOMINO**“ Ticket gilt für jedermann, egal welchen Alters, sofern Wohnsitz außerhalb Frankreichs.

Zuschlagpflichtige Züge können ohne Zuzahlung des Zuschlages auf der französischen Strecke benutzt werden. Die Anreise innerhalb Deutschlands bis Grenze 25 % Ermäßigung. Gebühren, wie z.B. Platzreservierung, Liege- und Schlafwagenzuschläge sind voll zu entrichten.

Wer clever ist, reist zur französischen Grenze, steigt dort ins Euro Domino-Ticket ein (um beispielsweise andere interessante Punkte in Frankreich noch einzubauen). TIPP: z.B. St. Malo/Bretagne mit exzellenten Fischrestaurants innerhalb der alten Stadtmauern oder 1-Tagestrip per Gleitkufenboot zu den Channel-Islands (Details siehe Velbinger Band 25) - oder PARIS (Tipps siehe unser Band Nr. 7), - Bordeaux (Besuch der Rotweinkellereien), - Or-

Wichtigste französische Eisenbahnlinien

Eisenbahnnetz und Linienverkehr

Entfernungen in Kilometer

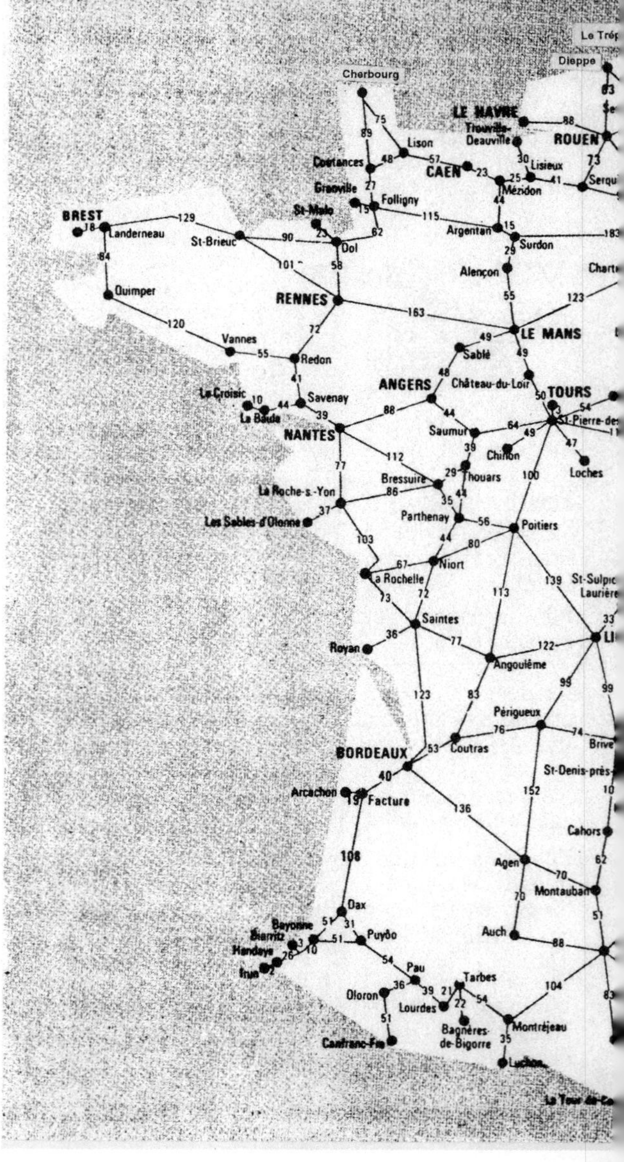

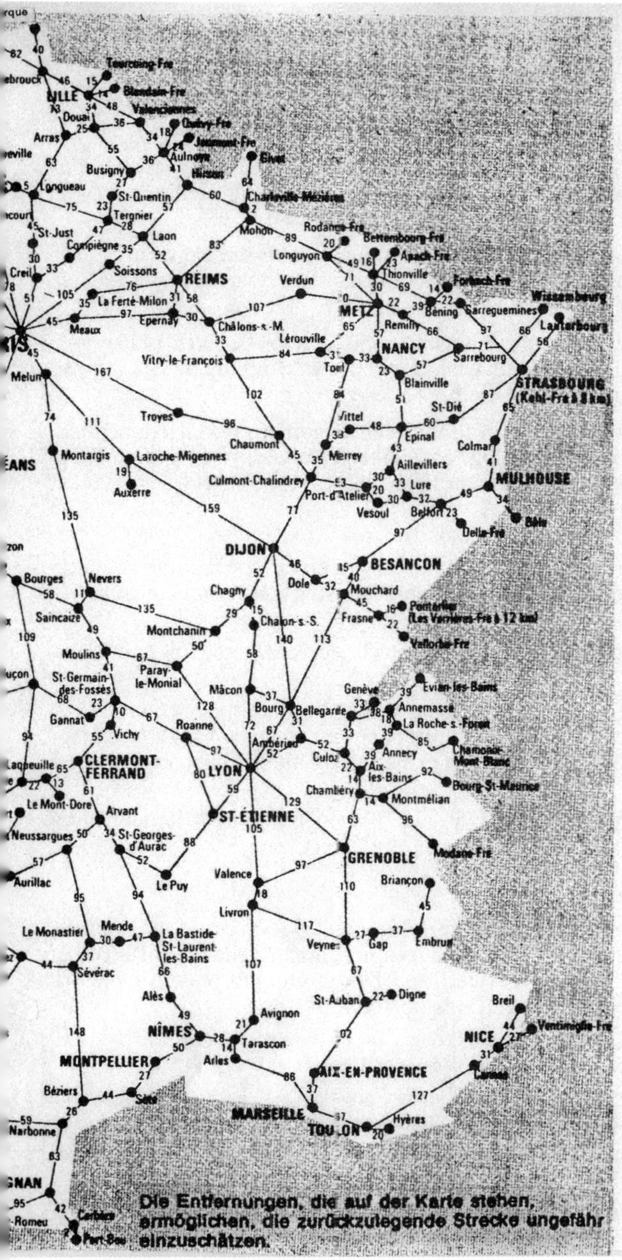

Die Entfernungen, die auf der Karte stehen, ermöglichen, die zurückzulegende Strecke ungefähr einzuschätzen.

leans mit Einstieg ins Gebiet der Loire (Schlösser und exzellente Restaurants) etc. (Details siehe Velbinger Band 26 „Französische Atlantikküste/ Loire".)

Mit dem Euro Domino können auch die TGV auf den Hochgeschwindigkeitsstrecken (3oo km/h) benutzt werden. Z.B. beträgt die Fahrtdauer von Paris nach Bordeaux (581 km) nur noch 2 Std. 58 Min.

Wichtiger Tip: Bei Benutzung von Nachtzügen kann die Reise in Frankreich bereits am Vortag ab 19 Uhr des auf dem Fahrschein eingetragenen Reisetages angetreten werden.

Auch sonst ist die französische Staatsbahn mit anderen Service-Leistungen vorbildlich. Z.B. für viele Zugverbindungen die Möglichkeit, gleich mit dem Zugticket einen PKW ab Zielort zu reservieren.

Bei den großen Entfernungen in Frankreich ungemein praktisch: schnell, bequem und komfortabel per Zug ins Zielgebiet und dort mit einem Leihwagen „vor Ort" flexibel. Ohne den lästigen km-Anreisestreß per Auto...

Weitere Ermäßigungen auf französischen Bahnstrecken:

„DÉCOUVERTE SÉJOUR": 25 % Rabatt bei einer Strecke über 2oo km und wenn zwischen Hin- und Rückfahrt Samstag- und Sonntagnacht liegen.

„DÉCOUVERTE À DEUX": 25 % Rabatt für gemeinsame Hin- und Rückfahrt (2 Pers.).

„DÉCOUVERTE 12-25": 25 % Rabatt, wenn Reisender zwischen 12 - 25 Jahre alt ist und per Paß beim Fahrkartenkauf nachweist. Carte 12-25 für Vielfahrer (9o DM), die bis zu 5o % Ermäßigung bietet Gültigkeitsdauer 1 Jahr).

„DÉCOUVERTE ENFANT PLUS": 25 % Ermäßigung für Kinder unter 12 Jahren.

Autoreisezüge:

Statt stressiger 2 bis 3 Tausend Anreisekilometern retour und im Sommer Staus, Hitze, Grenzformalitäten etc. - rangiert man abends den PKW auf den Autoreisezug: bequemes Abteil und Durchschlafen bis zum Zielort. Ein Komfort, der jedoch seinen Preis kostet, z.B.:

Hamburg bis Narbonne (PKW und Fahrer) retour ca. 93o bis 165o Euro je nach Abfahrtstermin. (Eigenes Abteil, mit bis zu 3 Personen von Ihnen belegbar.)

Neu Isenburg bis Avignon: (für PKW und Fahrer) retour ca. 665 bis 1.19o Euro je nach Abfahrtstermin. (Eigenes Abteil, mit bis zu 3 Personen von Ihnen belegbar.)

Düsseldorf bis Narbonne: (für PKW und Fahrer) retour ca. 86o bis 152o Euro je nach Abfahrtstermin. (Eigenes Abteil, mit bis zu 3 Personen von Ihnen belegbar.)

Alle Details über Preise, weitere Strecken und Abfahrtszeiten im DB-Prospekt „A**utoreisezüge**". Rechtzeitig vorbuchen sehr empfehlenswert für die HS!

Abgesehen davon spart der Autoreisezug 2 Urlaubstage ein, da die Züge nachts gehen. Beim Preisvergleich auch eingesparte Spritkosten, Autoabnützung, Autobahngebühren und Hotelkosten mit einberechnen.

Unterm Strich sind die Autoreisezüge nach Südfrankreich jedoch vorwiegend für Leute interessant, die über genügend Geld, jedoch knapper Urlaubszeit verfügen.

Frankreichreisende aus Deutschland können alle Bahnangebote der SNCF, die bisher nur in Frankreich selbst erhältlich waren, bei der SNCF Deutschlandvertretung, Rail Europe, direkt beziehen.

In Deutschland: Französische Eisenbahnen SNCF, c/o Rail Europe Deutschland, Lindenstr. 5, 60325 Frankfurt/Main, Tel. 0180/521 82 38, FAX 069/ 97 58 46 35.

Verleih von Fahrrädern: unabhängig vom Buchen einer SNCF-Netzkarte besteht die Möglichkeit, an ungefähr 100 französischen Bahnhöfen, welche sich in touristisch interessanten Gebieten befinden, Fahrräder auszuleihen.

③ Flüge:

Mit dem Flugzeug nicht nur schnellste, sondern auch bequemste Anreise: wofür Zug oder eigenes Auto pro Richtung rund 1 Tag benötigen, düst der Jet in 1 1/2 bis 2 Std. hinweg und spart fast 2 Urlaubstage ein. Abgesehen davon preislich garnicht mal so teuer, wenn man ein „Spar"- Ticket kauft:

MÜNCHEN - NIZZA kostet per Normal-Retour-Ticket runde 750 Euro. Günstiger sind die „Spar"-Tickets der Lufthansa und Air France die es auf den Strecken ab vieler deutscher Großstädte, nach NIZZA für ca. 250 Euro (München) bis ca. 325 Euro (Hamburg) gibt. Preis für Hin- & Rückflug, Bedingung: Flugtermin fest buchen, außerdem muß zwischen dem Hin- und Rückflug ein Sonntag liegen.

VORTEIL: schnelle und bequeme Anreise (München-Nizza im Direktflug, z.B. nur 1 Std. 20 Min.), dies bei in etwa gleichem Preis wie der Zug!

Ab anderen deutschen Städten ist das „Spar"-Ticket runde 100 Euro retour teurer als der Zug, dafür aber auch hier kräftige Zeitersparnis. NIZZA ist Ausgangspunkt für schöne Fahrten im östlichen Teil der PROVENCE (Grand Canyon du Verdon, Castellane, Aix, Camargue) und es lassen sich schöne Rundtouren (ca. 1- 2 Wochen) legen, Details siehe Text. Zudem schnelle und häufige Zugverbindungen rüber nach Marseille.

PKW-Vermietung in Nizza am Airport.

Innerfranzösisches Flugnetz

Es gibt eine reihe kleinere Innländische Fluglinien. Die AIR FRANCE fliegt ab Paris praktisch alle Flughäfen, wobei es günstige Excursion-Tickets gibt, die je nach Entfernung retour ca. 2oo Euro (Korsika) kosten.

Geflogen wird mit Linienmaschinen, Stop-Over unterwegs nicht möglich, Ticketgültigkeit Minimum 7, maximal 35 Tage.

Studenten (bis 26 Jahre, Immatrik-Bescheinigung) erhalten bei Air France ca. 45 % Rabatt aufs Normalticket.

Alle Details in unserem KORSIKA-BAND (Nr. 13). Hier alle Infos auch für Schiffsverbindungen ab Marseille, Hotels, Strände, Restaurants und Verbindungen auf der Insel.

MITTELMEER - RUNDTRIPS

Wer sich von SÜDFRANKREICH den langweiligen Rücktrip auf selber Route durch's Rhônetal sparen will, kann folgende interessante Alternative reisen: Schiff (SNCM) von Marseille nach KORSIKA, Überfahrt 1 Nacht. Von Korsika (interessante Sachen wie die GR 2o/Transkorsika-Wanderung) und ab Bastia rüber nach Piombino (3 Std.) bzw. Livorno (4 Std) - Italien mit günstigem Eisenbahnticket zurück nach Deutschland / Österreich / Schweiz.

Bei etwas mehr Zeit über SARDINIEN ausdehnen und an Fahrtkosten nur unwesentlich teurer, wenn man ohne eigenes Auto fährt: von Korsika (Bonifacio) mit der Fähre (knapp 1 Std.) rüber nach Sta. Teresa/ Sardinien.

Hier ab OLBIA (Sardinien) supergünstiger inneritalienischer Fährtarif mit der „Tirrenia“, nach Civitavecchia. Hier billige inneritalienische Zugverbindung rauf zum Brenner. Alle weiteren Details in unseren Büchern „SÜDITALIEN“, „SIZILIEN“ „SARDINIEN“ und „TOSCANA/ELBA“, siehe unser Verlagsprogramm.

über PARIS nach SÜDFRANKREICH:

Sicherlich keine schlechte Idee, wer Zeit hat, hier ein paar Tage Zwischenstop einlegen. PARIS hat in jeder Jahreszeit etwas zu bieten, Flair und Abwechslung. Schön als „Einstieg" für Südfrankreich, - schön für Shopping - für Kunstmuseen (wenn man sowas mag) oder das erste Stromlinienauto - gemütliche Kneipen im Studentenviertel Quartier Latin, Metro-Mief, kleine Bistros oder Wildschweinessen in den Kellerlokalen der Ile St. Loui. (Alle Details im PARIS-FÜHRER Band Nr. 7 unserer Reihe!)

PARIS beeinflußt alle Provinzen; schön dabei den Kontrast zwischen der „Metropole" PARIS und einer der schönsten Provinzen, der PROVENCE, zu erleben.

Bei folgender Routen-Kombination auch kaum teurer und zeitlich länger:

AIR FRANCE-Flug ab deutschem Airport nach Paris zum „Tarife Visite" nehmen! Kostet ab München ca. 18o Euro*, ab Frankfurt, Köln, Düsseldorf, Hannover und Hamburg ca. 23o Euro*, jeweils retour. („Spar" bei Lufthansa.)

Ab PARIS sehr schnelle Zugverbindungen. So verkehrt ab dem Gare de Lyon jetzt der TGV, der mit 27o km/h der schnellste Zug der Welt ist und Lyon in 2 1/4 Std. erreicht. Ebenso Nachtzüge ab Paris mit gemütlichen Schlafwagen in ca. 7 Std. bis Avignon, oder per Inlandsflug der Air France, Air Inter etc. bei günstigen Retour-Preisen nach Marseille, Avignon oder Nîmes.

Zurück nach Deutschland wieder über PARIS. Da der Flug zwischen BRD-Airports und Paris nur ca. 1 1/2 Std. dauert und man die Strecke ab Paris in die Provence in der Nacht im Schlafwagen, dürfte dies die reizvollste und bequemste Anreise sein!

Allgemeine Tipps

Öffnungszeiten der Geschäfte

Etwa 9 bis 12 Uhr, Mittagspause unterschiedlich lang, kann bis 14.3o Uhr dauern, in Perpignan bis 16.3o Uhr üblich. Abends ist meist um 19 Uhr Verkaufsschluß. Die großen Einkaufszentren in den Außenbezirken der Städte aber auch private kleine Geschäfte in den Touristenzentren an der Küste haben häufig auch länger geöffnet.

Die Bäcker haben in Frankreich auch am Sonntag geöffnet, allerdings nur vormittags. Werktags auch abends oft noch frisches Brot.

Geldwechsel

Öffnungszeiten der Bank: 9-12 Uhr und 14-16 Uhr (Montag - Freitag). In Touristenorten sind die Wechselstuben des öfteren am Samstagvormittag offen und dafür montags geschlossen!

Eurocheques, ausgestellt werden sie in Franc (Höchstbetrag 1 4oo FRF), werden nur bedingt in Wechselstuben eingelöst. Mit EC-Karte und persönlicher Geheimnummer (PIN) kann an allen „Credit Mutuel"- oder „EC-International"-Geldautomaten Bares abgeholt werden.

Internationale Kreditkarten werden praktisch überall akzeptiert.

Wer ein Postsparbuch besitzt, kann auf rund 1.2oo Postämtern Frankreichs (mit Aufkleber „Postsparkasse") Geld abheben, und zwar wie daheim.

Telefonieren

Von fast allen Telefonzellen (Selbstwählverkehr) läßt es sich problemlos nach Deutschland telefonieren. Erst die oo wählen und warten, bis Dauerton ertönt, dann Vorwahl Deutschland: 49, anschließend deutsche Ortsvorwahl ohne die erste Null.

Bei Telefongesprächen in Bars, Cafés, Restaurants und Hotels muß man mit bis zu 4o % Aufschlag rechnen.

„Telecarte": Die Telefonkarte mit eingebautem Microchip gibt es auf Postämtern oder in Tabak-/Zeitschriftengeschäften zu kaufen (49 FRF und 98 FRF). Sehr nützlich, um mal schnell zu Hause anzurufen, aber auch für Inlandsgespräche zu empfehlen, denn außer im häufig noch unterentwickelten Hinterland findet man überwiegend diese speziellen Telefonkabinen.

Auch Innerorts muß die Vorwahl mitgewählt werden! - In allen Telefonzellen kann man sich mittlerweile auch anrufen lassen.

Mit Mobiltelefon kann man im D1- und D2-Netz, mit einem „Dual-Band-Handy" auch im E-Netz telefonieren.

Postamt

Öffnungszeiten: Montag bis Freitag 9-17.3o Uhr. In den kleineren Städten ist mit einer Siesta zu rechnen. Samstag 9-12 Uhr geöffnet.

Briefe nach Deutschland gehen automatisch per Luftpost und brauchen etwa 3-4 Tage, Postkarten sind etwas länger unterwegs. Eine Postanweisung (telegraphisch), um sich Geld aus Deutschland schicken zu lassen, dauert ca. 2 Tage.

Französisches Fremdenverkehrsamt

Deutschland

Maison de la France, Westendstr. 47, 6o325 Frankfurt am Main
Tel. o190/57 oo 25, Fax: o19o/59 9o o1
E-Mail: maison-de-la-france@t-online.de

Österreich

Maison de la France, Argentinierstr. 41 A, 1o4o Wien
Tel. o222/5o3 28 9o, Fax: o222/5o3 28 71
E-Mail: info@maison-de-la-france.at

Schweiz

Maison de la France, Löwenstr. 59, 8o23 Zürich
Tel. o1/211 3o 85, Fax: o1/211 16 44
E-Mail: tourismefrance@bluewin.ch

Homepage: www-maison-de-la-france-com (Informationen auf Französisch und Englisch)

Französische Vertretungen in Deutschland

Französische Botschaft, Kochstr. 6-7, 1o969 Berlin
Tel. o3o/2o 63 9o oo, Fax: o3o/2o 63 9o 1o.

Generalkonsulate gibte es in Düsseldorf, Frankfurt/M., Hamburg, Leipzig, Mainz, München, Saarbrücken, Stuttgart.

Deutsche Vertretungen in Frankreich

Botschaft der Bundesrepublik Deutschland: 13/15, Avenue Franklin D. Roosevelt, F-75oo8 Paris, Tel. o1/53 83 45 oo, Fax: o1/43 59 74 18.

Generalkonsulate: Bordeaux: 377, Boulevard du Président Wilson, Tel. o5/56 17 12 22

Lyon: 33, Boulevard des Belges, Tel. o4/72 69 98 98

Marseille: 338, Avenue du Prado, Tel. o4/91 16 75 2o;

Strasbourg Cedex: 15, Rue des Francs Bourgeois, Tel. o3/88 15 o3 4o.

Jugendherbergen

FRANZÖSISCHES JUGENDHERBERGSWERK (Fédération Unie des Auberges de jeunesse): Centre National, 27, rue Pajol - 18 Arr. Paris. Tel.: o1 44 898 87 27. Fax: o1 44 898 71o.
Homepage: www.fuaj.org
Centrale de réservations: o1 44 898 734 und o1 44 898 735

DEUTSCH-FRANZÖSISCHES JUGENDWERK: 51, Rue de l'Amiral Monchez. Tel.: o1 4o 78 18 18. Fax: o1 4o 78 18 88.

In der BRD: Berlin, Tel.: o3o-288 757 o. Ferienprogramme, Sport, Sprachkurse. Hilfe bei Schulbesuch, Arbeitsaufenthalte, Au-pair-Vermittlungen etc.

Sport

Auskünfte über französische Alpenvereine, Regionalclubs, „Refuges" etc. erteilt das CIMES (Centre Informations Montagnes et Sentiers = Informationszentrum für Gebirge und Touren) Maison du Tourisme 14 Rue de la Republique, 38027 Grenoble Cedex. Tel oo334/ 76 42 41 41

Sprachkurse

Auskünfte über Französischkurse für ausländische Studenten (in verschiedenen französischen Städten: Dauer zwischen 3 Wochen und 2 Monaten) erteilt das CENTRE D'INFORMATION ET DE DOCUMENTATION JEUNESSE, 1o1 Quai Branly, 75o15 Paris Cedex 15.
Tel.: oo 33 1444 912 oo

Kreativferien

Ausführliche Liste zu Töpferkursen, Malen, Weben etc. gibt's vom französischen Fremdenverkehrsamt. Kurse finden meist in zwangloser Atmosphäre - oft in gemütlichen Landhüusern-statt.

Beispielweise: STB Reisen: Tel.: o6128-982513 oder per Internet: www.STB-reisen.com

Übernachtung

Die Klassifizierung der Hotels reicht von einem bis zu vier Sternen. Es wurden neue Normen eingeführt: So ist ein Hotel der alten Norm mit 3 Sternen weniger gut als ein 2-Sterne-Hotel der „nouvelles normes" (bezeichnet mit Hotels NN).

Die Frühstücksgewohnheiten werden dem Ausländer etwas fremd erscheinen: Der Franzose frühstückt erstens nicht so ausgiebig wie der Deutsche - Eier sind schon eine Seltenheit - und benutzt auch selten Teller. Die croissants werden meistens auf dem ‚'nackten" Tisch verzehrt, oder man bekommt eine Serviette statt Teller.

PREISE: DIE PREISANGABEN IM TEXT BEZIEHEN SICH IMMER AUF DOPPELZIMMER MIT DUSCHE, OHNE FRÜHSTÜCK (WENN NICHT, EXTRA VERMERKT).

Hotels der billigsten Preisklasse (1 oder gar kein Stern): Man muß mit Hängebetten, ein bißchen Dreck, grauen Hinterhöfen und ein wenig unfreundlicher Behandlung rechnen. Das umgekehrte ist natürlich auch öfter der Fall - man kann für sein weniges Geld unheimlich gut wegkommen. Unterkunft ab 2o Euro (ohne Dusche) bis zu ca. 4o Euro.

2-Sterne-Hotels: Normalerweise saubere Zimmer ohne Komfort, ohne Telefon. Preise: um die 3o - 4o Euro.

Hotels der gehobenen Klasse (3 Sterne): Wer Luxus und Komfort sucht, kommt auf seine Kosten. Die Hotels sind oft in alten Bürgerhäusern in besonders schöner und ruhiger Lage; ausgezeichneter Service. Zimmer ohne Dusche werden manchmal gar nicht vermietet.

Die Preise variieren sehr stark von 4o bis 8o Euro.

Luxushotels (4 Sterne): Nonplusultra an Komfort, Luxus, Atmosphäre... Stilvoll eingerichtete Zimmer, Bäder gekachelt, Teppichboden extradick. Sitz dieser „Etablissements" ist nicht selten ein altes Schloß, perfekt renoviert.

Die Preise schwanken erheblich: von 1oo bis 2oo Euro und mehr.

Tipps: Oft kommt man billiger weg, wenn man sein Frühstück im Café um die Ecke einnimmt oder die Dusche auf dem Gang benützt. In der Vor- und Nachsaison reduzierte Preise.

Wer länger als 28 Tage an einem Ort bleibt, muß Kurtaxe zahlen. In der Hauptsaison wird der Alleinreisende oft kein Einzelzimmer bekommen: auf das Doppelzimmer gibt es dann einen geringen Preisnachlaß.

Appartements

Es ist sicher nicht jedermanns Sache, seinen Urlaub in einem der modernen Ferienzentren an der Küste zu verbringen. Bis jetzt mieten hauptsächlich Franzosen diese Appartementwohnungen, was auch daran liegen mag, daß viele ausländische Interessenten nicht wissen, wie man die Buchung vornimmt.

Buchen: Am besten wendet man sich rechtzeitig (schon im Januar/ Februar) an das Syndicat d'Initiative des entsprechenden Ortes. Es schickt auf Anforderung (möglichst in französischer Sprache!) eine Liste der Appartementbesitzer zu, die man dann direkt anschreiben kann. In vielbesuchten Orten gibt es auch schon vorgedruckte Formulare in deutscher Sprache. In diesen Listen ist in Kürzeln die Beschaffenheit der Appartements angegeben, - was allerdings keine Garantie ist, ein kleines Risiko geht man immer ein. Die Wohnungen variieren von einfach bis komfortabel, altmodisch bis supermodern! Die Standardeinrichtung in einer 2-Zimmer-Wohnung besteht aus einem Schlafzimmer mit französischem Bett, Einbauschrank, Toilettentisch; Wohnzimmer mit großem Tisch und Stühlen; Kochnische oder kleine Küche mit den nötigsten Küchengeräten, Geschirr, Besteck etc; kleiner Balkon oder Terrasse.

Bettwäsche bringt man im allgemeinen selber mit, kann sie aber u. U. auch in der Wäscherei des Ortes mieten. Ob Extras, wie z. B. Kaffeemaschine, Liegestühle samt Sonnenschirm, Polstermöbel, vorhanden sind, hängt ganz vom Besitzer ab.

2 Zimmer, kleine Küche, Bad kosten in der Hauptsaison ca. 1.25o Euro/4 Wochen. 1/3 der Kosten müssen im voraus bezahlt werden.

In der Vor- und Nachsaison kann man mit einem Preisnachlaß bis zu 35 % rechnen, von Mitte September bis Anfang November und Anfang März bis Anfang Juni mit 45 % Ermäßigung. Oft wird auch eine Kaution verlangt. Bei nicht rechtzeitig angekündigtem Rücktritt müssen bis zu 75 % der Gesamtkosten gezahlt werden (3o Tage vor Mietbeginn). Also: Vertrag genau durchlesen!!!

Camping

Allgemeines: Der Midi ist sehr auf Camper eingestellt; vor allem an der Küste im Languedoc und zu den Pyrenäen hinunter ist ein dichtes Netz von Campingplätzen entstanden (allein in Marseillan-Plage 15 Stück!). Häufig haben die Touristenmassen die Grünflächen völlig niedergetrampelt und kargbewachsene Sandböden hinterlassen. Ruhiger und schöner ist es im Hinterland. Manche Bauern vermieten kleine Terrains, die zu ihrem Grund gehören.

Nähere Information bei: Gîtes de France, 59, rue Sainte Lazare, F-75oo9 Paris, Tel. oo331-49 7o 75 75.

Die Klassifikation der Campingplätze reicht von 1 bis zu 4 Sternen. Je mehr Sterne, desto weniger Stellplätze pro Hektar, desto besser die Wasserversorgung, Beleuchtung usw.

Am stärksten machen sich Unterschiede beim morgendlichen Schlangestehen vor Toiletten und Duschen bemerkbar. So hat ein 1-Sterne-Platz 3 Duschen (oft nur kaltes Wasser) und 12 Waschbecken mit Spiegeln pro 1oo Gäste, ein 4-Sterne-Platz hingegen 12 Duschen und 16 Waschbecken.

Wer auf einem 1- oder 2-Sterne-Platz übernachtet, muß sich auch nicht wundern, wenn am nächsten Morgen etwas fehlt, - sie werden zum größten Teil nicht bewacht.

DIE IM TEXT ANGEGEBENEN PREISE BEZIEHEN SICH AUF 2 PERSONEN MIT ZELT UND AUTO.

Standplatzreservierungen über den ADAC: Besonders an der französischen Küste sind die Campingplätze oft schon im Frühjahr ausgebucht und eine Vorreservierung im Januar sehr zu empfehlen! Die Plätze, die der ADAC vermittelt, halten sich im allgemeinen an folgende Bedingungen: Buchung nur wochenweise möglich! Nach Erhalt der Buchungsbestätigung per Postanweisung 15 Euro Gebühr überweisen! Ist man an Ort und Stelle und mit dem Platz einverstanden, zahlt man im voraus den ganzen Restbetrag! Der Platz steht dann ab 13 Uhr zur Verfügung und muß am letzten Tag um 12 Uhr geräumt werden! Wenn man nicht rechtzeitig zusagt, wird der Platz nur bis zum Mittag des nächsten Tages freigehalten! Bei Rücktritt bitte so schnell wie möglich Bescheid geben!

Genauere Informationen: Broschüre des ADAC; Standplatzreservierung, Ridlerstr. 35, 81373 München.

CAMPING CARAVANING: Viele Plätze an der Küste haben sich schon auf diese Art, Urlaub zu machen, umgestellt. Vermietet werden „Mobil Homes“, sehr große Wohnwagen mit Küche, Fernseher, Heizung. Geeignet für bis zu 1o Personen.

Preise: Vorauszahlung von 5o Euro, die dann verrechnet werden, 5oo Euro Festgebühr, ca-. 3o Euro Tagessatz (für einen 4-Personen-Caravan) in der Hauptsaison. Im Juli und August muß man in der Regel mindestens für 14 Tage buchen, außerhalb der Saison wird der Tagessatz niedriger und die Mindestdauer beträgt eine Woche.

WILD CAMPEN: Zwar wird das Wildcampen stillschweigend geduldet, offiziell ist es jedoch verboten! An der Küste wird man immer schärfer; in den letzten Jahren wurde schon öfter organisierte Jagd auf die freien Camper gemacht. Im Hinterland ist es einfacher: man spricht sich mit einem Bauern ab, dann kann einem niemand mehr was!

Jugendherbergen

Für die Übernachtung braucht man unbedingt den internationalen Jugendherbergsausweis! Die Leiter sind in dieser Beziehung zu nichts zu überreden. In den meisten Jugendherbergen herrscht strenge Zucht und Ordnung. Früh raus, nachmittags geschlossen und abends um 23 Uhr in die Falle - auch wenn unter den Anwesenden gerade erst Stimmung aufgekommen ist. Einige Herbergen sind zumindest von den Räumlichkeiten her etwas unkonventioneller, z.B. die in Cassis, Montpellier und im Lubéron.

Refuges:

Das sind einfache Unterkünfte, Gaskocher, Matrazen und Dach über dem Kopf, die vor allem in einsamen Berggegenden zu finden sind. Gehören meist dem französischen Alpenverein. Nähere Informationen beim CIMES: Informationszentrum für Gebirge und Touren, Maison du Tourisme 14, 38ooo Grenoble, Tel.: oo334 76 42 41 41. Fax: oo33/47 15 23 91.

Urlaub im Hausboot

Eine Urlaubsform, die zuerst in England populär wurde. Auch hier im Midi sind die meisten Charterfirmen oft englischer Abstammung. Weil es auf den Booten oft sehr eng zugeht, sollte nie mit Höchstbelastung gefahren werden. Eine Urlaubsform die viel Spaß macht und sich besonders auch für Familien mit Kindern anbietet. Speziell in diesem Fall das Boot lieber eine Nummer größer nehmen.

Empfehlenswert dabei zu haben: Fahrrad (ca. 2o Euro pro Woche) und eine Angelausrüstung (Angelschein ca. 15 Euro).

Literatur: „Kanalführer Midi" Verlag Navicarte (über Kuhnle Tours/ Stuttgart).

Der **CANAL DU MIDI** bietet eine der interessantesten Landschaften Europas per Hausboot. Sehr schattige, kilometerlange Platanenalleen. Wegen des großen Gefälles befinden sich allein auf der Strecke von Carcassonne bis zum Mittelmeer 33 Schleusen. Gebaut wurde der Kanal im 17. Jh., gilt als schönster Kanal Frankreichs. Im unteren Teil „Le Grant Bief" mit dem ältesten Kanal - Aquädukt der Welt, 3oo Jahre alte Kanaltunnel durch den Berg und eine 7-stufige Schleusentreppe bei Beziers. Das naheliegende Agde hat einen hübschen Fischereihafen, wo man fangfrische Scampis direkt rüber von den Fischern kaufen kann und sie an Bord kochen.

Vermiet-Basis: in St. Gilles, Marseillan und Castelnaudary. Einwegmiete gegen Aufpreis möglich. Achtung: Vorab beim Vermieter prüfen, ob die geplante Strecke voll befahrbar ist (Schleusenreparaturen).

CANAL DU RHONE A SÈTE: für Anfänger geeignet, nur eine Schleuse auf der gesamten Strecke von Beaucaire (an der Rhône, nördlich von Arles) bis zum 95 km Endpunkt Sete. Landschaftlich weniger reizvoll, da der Kanal durch das brettebene Küstenhinterland führt. Vorteil: es werden interessante Orte berührt (Beaucaire, St. Gilles, Aigues Mortes). Außerdem ist es von vielen Anlegestellen nur einen Katzensprung bis zum Badestrand. Interessant sind die Trips über die Petit Rhône und durch die Carmargue nach Stes. Maries-de-la-Mer am Mittelmeer.

FÜR DIE BOOTE ist in Frankreich kein Führerschein nötig. Die Boote sind in der Regel komplett mit Geschirr, Besteck, Küchenzubehör und Bettwäsche ausgestattet. Sie haben Dusche, WC, Heiß- und Kaltwasser, Herd und Kühlschrank - aber meist keinen Fernseher an Bord. Abchecken, ob das deutsche PAL-Fernsehsystem auch in Frankreich funktioniert; angenehme Unterhaltung abends an Bord. Im Normalfall sind die Boote Haftpflicht- und Kaskoversichert. Marktführer in Frankreich: die „Blue-Line“ und die „Rive de France“.

PREISE: pro Woche und Hauptsaison für kleinere Boote (2 plus 2 Notbetten) ca. 1ooo Euro pro Boot, - mittlere Boote kosten um 1.5oo Euro (6 Betten , 2 Notbetten). In der Vor- und Nachsaison erheblich billiger und ab ca. 5oo Euro fürs kleine Boot und pro Woche realisierbar. 4-Personen-Boote kosten dann ab ca. 72o Euro. Achtung: erhebliche Preisunterschiede bei den verschiedenen Anbietern. Extra: Sprit.

FESTE und FESTIVALS

Viele Aktivitäten, Details siehe Text. Viele Veranstaltungen finden im Freien statt, - nichts ist schöner als eine Theateraufführung im alten römischen Theater von Orange unter dem Sternenhimmel der Provence. Im Touristbüro der größeren Städte Veranstaltungsprogramm verlangen; am aktivsten sind die Städte Arles, Avignon, Orange, Aix und Sainte-Maries-de-la-Mer (Zigeunerfestival, Flamenco).

Musikfestivals: Bekannt sind die von Aix und Avignon - traditionelle Feste, Folklore sowie okzitanische Feste (siehe Einleitung „Okzitanien"), Weinfeste (vorwiegend in kleineren Dörfern) und die „Joutes"-Feste (Lanzenbrechen) in Sète und anderen Hafenorten.

Im Folgenden eine kleine Auswahl der wichtigsten Veranstaltungen:

Im Februar der berühmte Karneval von Nizza - in der Woche vor Faschingsdienstag.

Mitte Februar - in Cannes das Mimosenfest, Ende Februar - in Menton das Zitronenfest.

1. Mai - in Arles das Fest der Gardians, der berittenen Wildhüter der Camargue, Prozession, Messe, Reiterspiele und viel Gaudi.

23. - 25. Mai - in Saintes-Maries-de-la-Mer das wichtigste Fest der Zigeuner. Verehrung der Schutzpatronin Sarah. Feierliche Prozession zum Meer, zu der Stelle, wo sie angeblich gelandet ist. Großer Touristenauflauf und viel Stimmung.

Mitte Mai - das internationale Filmfestival in Cannes.

2. Juni-Hälfte und der ganze Juli - internationales Musikfestival in Aix, hauptsächlich klassische Musik.

Zwischen 22. und 24. Juni - viele Johannisfeste, z.B. in Martigues, Montagne de Victoire.

Letzter Sonntag im Juni - das Fest der Tarasque in Tarascon. Ein Ungeheuer treibt alljährlich in den Straßen sein Unwesen; mit historischen Kostümen etc.

1. Sonntag im Juli - internationales Folkfestival in Vaison la Romaine.

2. Juli-Woche - internationales Photographiefestival in Arles.

Mitte Juli - in Toulon internationales Folkfestival.

29. Juli - in Tarascon 2. Fest der Tarasque, die Zähmung des Fabelmonsters durch die hl. Martha.

Mitte Juli bis Mitte August - internationales Theaterfestival in Avignon. Eines der wichtigsten Theaterfeste in Frankreich, zum erstenmal 1947 veranstaltet. Auf dem Hof des Papstpalastes und an vielen anderen Plätzen Avignons Theater, Ballett, Musik, Filme; auch Experimente und gewagte Aufführungen, Straßentheater, Actiontheater, - die alternative Szene ist hier seit den 60er Jahren stark vertreten. Die Besucher strömen von überall her, und es herrscht eine Mordsstimmung, die Stadt ist ein einziges Festival.

Ab Anfang Juli - in Orange Theater, Ballett, Opern im antiken Theater.

Im Juli - Festival Populaire de Martigues: okzitanisches Mittelmeerfest in der Nähe von Fos.

Im Juli - Festival de Châteauvallon (bei Toulon): Volksfest mit okzitanischer Musik.

Mitte August - in Saintes-Maries-de-la-Mer große Feier mit Freilassen von Stieren.

Im August - unblutige Stierkämpfe in Nîmes und Arles. In Sète und anderen Hafenorten wie Frontignan und Le-Grau-du-Roi finden Joutesveranstaltungen statt, Lanzenbrechen zu Boot. Nach dem Wettkampf viel Musik, traditionelle Tänze Feuerwerk etc. In Sète am 25. August und an mehreren Tagen im September.

Lanzenbrecher vom Fest von SÈTE/LANGUEDOC Details siehe dort

KLIMA

Sommer

Provence, Languedoc und Roussillon liegen im Bereich des Mittelmeerklimas. Besonders die Provence ist für ihre trockenen, heißen Sommer bekannt; hier fällt im Juli/August wochenlang kein Regentropfen - das wärmste Klima in ganz Frankreich. Ähnlich ist es an den Küsten und in der Tiefebene von Languedoc/Roussillon. Auch weiter im Innern herrscht mildes Klima.

Niederschläge: äußerst starke Niederschläge im Frühjahr (März/April) und Herbst (Ende September/Oktober); allerdings keine Dauerregen, sondern kurze, heftige Regenfälle und Gewitter. (Im Languedoc/Roussillon kommt es manchmal auch im Sommer zu Gewitterregen.)

Die Niederschläge im Herbst und Frühjahr bringen in kurzer Zeit riesige Mengen an Wasser herunter; im Jahresdurchschnitt regnet es in der Normandie und in der Bretagne nicht viel mehr als an der südlichen Küste!

Erklären läßt sich der schnelle Wetterumschwung dadurch, daß der Midi im Einflußbereich zweier Luftströmungen liegt, einerseits der Kaltluft aus dem Norden, andererseits der Luftströmung vom afrikanischen Kontinent! Im Sommer überwiegt der südliche Einfluß, im Herbst und Frühling schiebt sich die kalte Luft aus dem Norden vor.

Winter

Relativ milde Winter an der Küste und im Flachland, besonders an der Côte d'Azur und in der Camargue, denn das Mittelmeer hat Wärme gespeichert. Allerdings soll es in den letzten Jahrzehnten kälter geworden sein, ab und zu gibt es auch richtige Kälteeinbrüche. Schnee fällt aber kaum. Meerestemperatur: bis 15° C.

In den Bergmassiven, besonders Pyrenäen und Cévennen, viel Schnee, der Wintersportbetrieb ist stark im Wachsen (in den Pyrenäen Mont-Louis und Font Romeu, D-11 6 von Perpignan, Richtung Andorra).

Windverhältnisse: Mistral, ein heftiger Nordwind, der als Fallwind im Zentralmassiv entsteht und in die Uferebene des Languedoc, vor allem aber das Rhônetal entlangbläst. Er kann dabei empfindliche Temperaturstürze mit sich bringen und erheblichen Schaden anrichten. In den Grundstücken und Häusern als Windschutz richtige Zypressen-"Hecken". Meistens weht er mehrere Tage lang, besonders stark zu Frühlingsbeginn, im Hochsommer dagegen seltener, setzt aber im September schon wieder ein. Deshalb immer einen warmen Pullover mit auf die Reise nehmen!

Man unterscheidet in Südfrankreich mehr als 3o verschiedene Winde. Im Languedoc kommt es etwa Ende August/Anfang September zu stetigem

Westwind (von der Biskaya): am Meer (Richtung Pyrenäen) weht der Tramontane. Im Hochsommer ist es jedoch an der Küste großenteils ruhig.

Reiseseiten

Blumen und Bäume blühen an der südfranzösischen Küste praktisch das ganze Jahr (November: Rosen; Dezember: Apfelsinen, Zitronen; Januar: Mimosen). Im Winter muß man trotzdem mit erheblichen Kälteeinbrüchen und viel Wind rechnen.

Regenzeiten: Ende September bis Oktober; März/April.

Im April/Mai ist in der Camargue Vogelbrutzeit, für Vogelkenner also als Reisezeit besonders zu empfehlen. Badeurlaub: Wer kann, sollte versuchen, in der Vor- oder Nachsaison nach Südfrankreich zu fahren (Juni, September).

Die Schulferien in Frankreich sind in 3 Phasen unterteilt, die sich alle vom 1o. Juli bis Mitte September überschneiden.

	Wassertemperatur	Lufttemperatur
April	13 - 14 °C	17 - 18 °C
Mai	15 - 16 °C	19 - 21 °C
Juni	18 - 2o °C	23 - 25 °C
Juli/August	22 - 24 °C	27 - 34 °C
September/Oktober	19 - 21 °C	18 - 25 °C

Waldbrand

Wegen extrem trockenen Sommern ist die Landschaft wie ausgedorrt, und bereits eine aus dem Fenster geworfene Zigarette kann zu gewaltigen Bränden führen. Weite Flächen von Wald gehen alljährlich im Mittelmeerbereich - speziell Südfrankreich - in Flammen auf. Schuld ist meist die Unachtsamkeit der Urlauber; sehr häufig entzünden sich weite Flächen aber allein durch die Hitze.

Die staatlichen Aufforstungsmaßnahmen können mit dem jährlichen Baumverlust kaum Schritt halten. Sie werden allerdings auch nicht mit dem nötigen Einsatz betrieben.

Eine Zeitlang hat man auch gehofft, daß durch die Anlage vieler Stauseen in den letzten Jahren das Klima verändert würde, und es im Sommer mehr Regen gäbe. Doch statt dem erhofften Regen gab es nur Nebel an den Stauseen. Interessanter Nebenaspekt: In nicht seltenen Fällen werden die Brände übrigens auch durch Brandstiftung verursacht; durch rücksichtslose Bodenspekulanten, die neuen Baugrund brauchen. In Frankreich ist es eine alte Unsitte: schon Napoleon hatte empfindliche Strafen für Brandstifter eingeführt.

Zumeist eine aussichtlose Angelegenheit, - man hebt Gräben aus, die den Brand abstoppen sollen. Neuerdings werden auch zweimotorige Löschflugzeuge eingesetzt, z.B. am Lac Sainte Croix. Die Flugzeuge wurden von den Kanadiern entwickelt, deshalb nennt man sie „Canada-Air-Flugzeuge". Das ganze ist ziemlich beeindruckend - die Flugzeuge fliegen den nächsten See an, öffnen den Rumpf. Eine Klappe fährt hinaus, die Flugzeuge sausen knapp über der Wasseroberfläche dahin. Die offene Klappe treibt das Wasser in den Innenraum, anscheinend ganz schöne Mengen!

SPORT

Baden: Ist auch für Kinder und Nichtschwimmer gut möglich; an der gesamten Küste flachabfallende Strände. Vorsicht: bei starkem Wind nicht zu weit hinausschwimmen, die heftigen Seeböen können urplötzlich kommen. Schwimmunterricht praktisch in allen Badeorten.

Tauchen: Die Côte d'Azur ist bekannt als Zentrum des französischen Tauchsports. Neben der Côte ist vor allem die Pyrenäenküste empfehlenswert, die felsigen Buchten bieten viel Abwechslung unter Wasser; viel Flora. Die Küste des Languedoc ist wegen der langen, flachen Sandstrände nicht sehr geeignet. Aber auch dort gibt es einige felsige Kaps.

Tauchutensilien kann man sich in etlichen Orten ausleihen - Harpunen gibt's in Anglergeschäften. Um sie zur Unterwasserjagd zu benützen braucht man einen Erlaubnisschein.

Reiten: Vor allem in der Camargue, aber auch sonst weit verbreitet, auch im Hinterland. Meistens wird in Gruppen mit Führer geritten. Kostenpunkt: durchschnittlich 13 Euro/Std.

Wandern: Im Hinterland und auch an den Küsten gut ausgebautes Netz von Wanderwegen. Spitzengebiete sind Gorges du Verdon, Lubéron, Mont Ventoux.

Über diese Gebiete gibt es detaillierte Wanderführer, allerdings in französischer Sprache. Erhältlich in Buchhandlungen der entsprechenden Region. Besonders schön das Flußwandern, z.B. entlang der Ardeche oder dem Verdon.

Kanu: Empfehlenswert der DKV Auslandsführer Südfrankreich. Er beschreibt ausführlich die bekanntesten befahrbaren Flüsse.

Segeln: In allen Touristenorten sind Segelboote zu entleihen; kein billiges Vergnügen. Ein Catamaran für ca. 25 Euro/ Std. Kleinere Motorboote ca. 1oo Euro/pro Tag. Segelschiffe ab 3oo Euro/pro Woche. Segelkurse ca. 9o-125 Euro (meist 6 Halbtage).

„Fahrradfahren" in Südfrankreich:

Helgard Ulshoefer schrieb uns, daß man auch als Nichtautofahrer den **Autoreisezug** benutzen könne; in der Anreise bequem und zügig! Vorbuchung 4 Wochen vor geplanter Abfahrt. Das Fahrrad wird kostenlos (als Handgepäck) transportiert.

Wie Helgard Ulshoefer weiter schreibt „Avignon: der Autoreisezug hält meist im Hauptbahnhof. Der Schaffner muß gebeten werden (Trinkgeld), die Tür zu öffnen. Sonst vom Autobahnhof zurück in die Stadt mit Buslinie 6 (fährt alle 2o Min.).

Persönliche Empfehlung: das Fahrrad nur nach Orange senden und von dort starten. Das Rhonetal ist zum Fahrradfahren ungeeignet, da selbst kleinste Straßen voll Autos sind. Stattdessen: 1 Tag Avignon, 1 Tag Villeneuve-les-Avignon, mit der Bahn nach Arles und in Tarascon/Beaucaire die Fahrt für 2 Std. unterbrechen, von dort nach Orange und die Räder sind da.

Hinweis: Autoreisezüge haben keine Speisewagen. Es gibt Frühstück und Getränke zu kaufen (allerdings zu teuren Preisen! Besser vorab Getränke und Essen einkaufen!/ Anmerkung der Redaktion)."

Alternative: Das eigene Rad zu Hause stehen lassen und auf das sehr preisgünstige 1- Monats-"France Vacance"- Rundreiseticket der französischen Eisenbahn für Gesamt-Frankreich zurückgreifen. Reduziert nicht nur die Anreisekosten, - sondern bringt auch die Möglichkeit, ohne Landstraßenstress schöne und lohnende Gebiete Frankreichs zu erleben.

Wir freuen uns sehr über Tipps und Routen für die Neuauflage des Bandes, - wer mit dem Fahrrad in Südfrankreich interessante und außergewöhnliche Strecken gefahren ist!

Canal du Midi: wie Helgard Ulshoefer uns hinwies: auch für Fahrradfahrer sehr interessant!

Das Ehrenmal für den Erbauer, Obélisque de Naurouze, steht an der Stelle, wo das Wasser zum Mittelmeer und zum Atlantik fließt. Von dieser Wasserscheide aus fährst Du nach Toulouse oder Sète immer abwärts! Der Kanal ist beidseitig von Platanen gesäumt, mindestens eine Seite ist mit dem Fahrrad befahrbar.

Tip: immer Proviant dabei haben, da der Kanal einsam liegt. Die Wasserscheide trennt übrigens die Mittelmeervegetation vom Land, das vom Atlantik beeinflußt ist. Hier Wein, Oliven, Oleander, dort Weiden, Getreide, Wald, Grenzüberschreitungen kann man beliebig wiederholen.

Wie uns Karin Meinert schrieb: „Nach einer Woche auf dem Canal in Richtung Castelnaudary haben wir die Erfahrung gemacht, daß Blue Line überdurchschnittlich teuer und veraltet ist. Bessere, neuere und billigere Boote haben: Crown Cruisers (Port Cassafières), Connoisseurs (Narbonne) und Navig France (Aigues Mortes). Die Fahrt von Marseillan nach Castelnaudary in einer Woche ist mit den extrem langsamen Blue Line Booten und den über 5o Schleusen nur mit großem Streß zu bewältigen.

Besonders positive Erfahrung machten wir auf dem Canal du Midi in der Nähe des Örtchens Marseillette (2 Etappen vor Carcassone). Da die Schleusen um 19.3o Uhr schlossen, und wir wegen des großen Andrangs nicht unser Tagesziel erreicht hatten, mußten wir in der Wildnis anlegen. Es war Ostermontag und wir hatten nichts zu Essen eingekauft. Nur 2 unserer 5 Crewmitglieder hatten Fahrräder.

Diese beiden entdeckten 8 km von unserer Anlegestelle ein Restaurant (La Muscadelle) und versuchten, mit Hilfe eines Taxis den Rest der Mannschaft nachzuholen. Ein Taxi war aber laut Auskunft des Wirtes nicht zu bekommen. Obwohl das Restaurant voll und der Wirt auch Koch war, setzte er sich kurzerhand ins Auto und holte die Restmannschaft am Boot ab. Auch was die Qualität des Essens anbetraf, erwies sich sein Restaurant als Geheimtip: sehr gute Landküche bei zivilen Preisen."

Höhlen: Für die Höhlenliebhaber gibt's hier unten natürlich viel mitzunehmen. Die meisten Höhlen liegen im Haut Languedoc, in den Causses. In diesen Hochflächen gibt es einige unterirdische Flußläufe (aven genannt), die man gut verfolgen kann. Außerdem etliche Höhlen in den Kalkbergen des Languedoc und der Provence (z.B. Hochflächen von Canjuers). Für Bergsteiger empfehlenswert: die Calanques bei Marseille.

Boules

Das Spiel der Südfranzosen ist boules, auch pétanque genannt. Wir kennen es unter dem italienischen Namen Boccia. Gespielt wird auf ebenem festem Boden. Die Spiele sind immer ein großer Anziehungspunkt für die Dorfbewohner.

Die Spielregeln: Man spielt in 2 Parteien zu je 2 Mann. Jeder Spieler hat 2 oder mehrere Kugeln. Zuerst wird eine kleine Holzkugel ein Stück weit weggeworfen. Dann versucht ein Spieler der einen Partei, seine Kugel möglichst nahe an die vorgelegte Holzkugel zu plazieren.

Die andere Partei versucht noch näher heranzukommen oder die gegnerische Kugel mit der eigenen wegzustoßen. Die Partei, deren Kugel weiter weg ist, wirft ihre Kugeln nun so lange, bis sie ihrerseits wieder näher dran ist. Dann kommen die anderen dran.

So geht es, bis sämtliche Kugeln verspielt sind. Alle Kugeln, die näher am „cochonnet „ (das ist die kleine Kugel) liegen als die nächste der Gegner, erhalten einen Punkt. Gespielt wird meistens bis 1o Punkte.

Essen und Trinken

Essen und Kochen sind gewissermaßen der Nationalsport der Franzosen. Trotzdem: auch an Frankreichs Kochkultur ist der Massentourismus nicht spurlos vorübergegangen. In touristischen Ballungszentren sind Abfütterung im Schnellverfahren und lieblos zubereitete Speisen keine Seltenheit mehr. Am besten, kleinere, unscheinbare Gaststätten aufsuchen,- meistens in der Altstadt des jeweiligen Ortes. Darauf achten, wo die Einheimischen Essen gehen!

Ein französisches Menü.ist zwar teurer als ein deutsches Durchschnittsessen, dafür aber wesentlich reichhaltiger: Vorspeise, Hauptspeise und Nachtisch, in manchen Restaurants gehört auch der Wein mit dazu. Kostenpunkt von ca. 1o Euro aufwärts. In einfacheren Restaurants gibt es oft nur Tagesgerichte - kein Essen à la carte .

★Restaurants

Es gibt einen Michelinführer, der alljährlich die besten Restaurants Frankreichs aufführt. Absolute Spitzenklasse wird mit bis zu 3 Sternen ausgezeichnet. 3-Sterne Restaurants gibt es meistens nicht mehr als ein Dutzend in ganz Frankreich. Die Bewertung wird jedes Jahr neu durchgeführt. Auch die nicht mit Sternen ausgezeichneten Restaurants im Führer sind durchwegs Spitzenklasse.

restaurant	- Restaurant
restoroute	- Autobahn-Restaurant
auberge	- Gastwirtschaft mit Übernachtungsmöglichkeit
relais	- ländliche auberge
bistro	- Kneipe
café	- Café, meistens gibt's auch Frühstück
brasserie	- Café mit Essensangebot
snack-bar	- kleinere Speisen, Imbisse
routier	- kleines Cafe, mit Essen

★Brot

Man bekommt fast nur Weißbrot meistens das Baguette, ein dünnes Stangenbrot, ca. 5o cm lang. Vollkornbrot und ähnliches ist schwer zu finden. Wer es dennoch versuchen will:

Graubrot - pain noir
Roggenbrot - pain de seigle
Brötchen - petit pain
Landbrot - pain de campagne

Zum Frühstück ißt man gerne „brioches", leicht gesüßte Brötchen oder „croissants", Hörnchen.

★Typische Speisen

Die Hauptbestandteile der südfranzösischen Küche sind Knoblauch, Oliven (-öl), Tomaten, Kräuter und Meeresfrüchte. Die Kunst der Franzosen besteht darin, mit möglichst wenigen Zutaten äußerst raffinierte Geschmacksrichtungen zu erzeugen. Der Eigengeschmack der Bestandteile ist am wichtigsten.

Auf Salz wird gerne verzichtet, um so unentbehrlicher sind die „herbes de Provence", die heimischen Kräuter, - Thymian, Rosmarin, Basilikum etc., und natürlich Knoblauch.

<u>DIE BOUILLABAISSE</u>

Reichhaltige Fischsuppe; stammt eigentlich aus Marseille, wohin sie wahrscheinlich durch die alten Griechen gelangt ist. Es gibt sie in unendlich vielen verschiedenen Zubereitungsarten, jeder Koch hat sein Spezialrezept. Die Bouillabaisse enthält wenigstens drei, nicht selten aber bis zu zehn und mehr verschiedene Fischarten; man kann deshalb eigentlich kaum noch von Suppe sprechen. Die Fische müssen direkt vom Fang in den Topf kommen; die Zubereitung ist sehr aufwendig, weil jeder Fisch seine eigene Garzeit hat.

Man verwendet u.a.: Drachenkopf (Rascasse), Knurrhahn (Grondin), Seewolf, Meeraale (Congre) und Langusten.

Gekocht werden die Fische in einer Brühe aus Olivenöl, Salz, Pfeffer, Knoblauch, Zwiebeln, Tomaten, Petersilie, Fenchel, Lorbeerblätten, Thymian und Safran (scharf!).

Die Bouillabaisse wird mit gerösteten Brotschnitten serviert; sie ist äußerst sättigend, - nur essen wenn man wirklich Hunger hat.

Manchmal gibt es dazu noch <u>AIOLI</u>, eine Knoblauchsauce. Vorsicht - nicht zuviel davon nehmen, liegt schwer im Magen!

Aioli wird mit Mayonnaise, Knoblauch, Eigelb und Kartoffeln zubereitet und zu allen möglichen Fisch- und Gemüsegerichten serviert.

<u>Varianten der Bouillabaise</u>: im Roussillon die Bouillinade, Langusten, Aal und Bohnen. Die Bourride: mit Weißfischen und Eigelb.

Wem die Bouillabaisse zu reichhaltig ist, der bestelle sich die <u>SOUPE DE POISSONS</u>, eine Fischsuppe, die praktisch den flüssigen Teil der Bouillabaisse darstellt, also ohne die zahlreichen Einlagen. Sie wird meistens mit Spaghetti zubereitet und mit Parmesankäse bestreut.

<u>CASSOULET</u> findet man fast immer auf der Speisekarte: ein Eintopf aus

weißen Bohnen, Speck und verschiedenen Fleischsorten: Schwein, Ente, Gans, besonders aber Hammel (mouton).

Hammelfleisch wird auch für die PIEDS PAQUETS verwendet, Innereien und Pfoten vom Hammel, die zu handlichen Paketen zusammengeschnürt und mit Knoblauch, Zwiebeln, Petersilie und Tomaten in Weißwein gekocht werden.

DESSERT: Zum Nachtisch ißt man meistens Käse, Obst oder Eis, seltener Pudding oder Kuchen .

In den besseren Restaurants bekommt der Gast eine reichhaltige Käseplatte vorgesetzt ,von der er auswählen kann.

In Billiglokalen gibt es oft nur ein in Staniolpapier verpacktes Käseeck.

WEIN

Daß die Franzosen große Weintrinker sind, ist bekannt. Aus Südfrankreich kommen vorwiegend Rotweine, - hauptsächlich werden hier die Carignan- sowie die Grenache-Rebsorten angebaut.

Letztere ist eine süße Traube, die vorwiegend zum verschneiden des Châteauneuf-du-pape verwendet wird, sowie zur Bereitung des Tavel, der zu den besten Rhôneroséweinen gehört. Die Carignan-Rebe dürfte die wohl am häufigsten verbreitete Rebe Frankreichs sein, ca. 160 000 ha, vorwiegend im Gebiet des Languedoc.

Die Rosés passen praktisch zu allen provencalischen Speisen, die Weißweine trinkt man gern zu den Fischspeisen, die Rotweine hauptsächlich zu Fleisch.

Die WEINLESE findet im September statt. Es besteht die Möglichkeit hier mitzuarbeiten: bezahlt wird Anreise, Unterkunft, Essen, sowie ein Taschengeld. Nicht sehr viel, jedoch sehr guter Einblick in die Mentalität französischer Landbevölkerung.

Die Weinlese dauert zumeist 2 Wochen und bringt mehr Einblick als man in diesen 2 Wochen als Tourist in Südfrankreich erhält.

★Wichtigste Weinanbaugebiete

RHôNETAL

Das Gebiet um Toulon und Tain l'Hermitage. Ca. 5 km nördlich von der Stadt Valence gelegen, schlängelt sich hier die Rhône in einem Bogen zwischen Granithügeln hindurch. Diese Weine gehörten vor hundert Jahren zu den besten der Welt. Anbau bereits zur Zeit der Römer. Weingenießer bezeichnen den Geschmack dieses Weines als „männlich“ mit den Eigenschaften eines Portweines, ausgenommen jedoch des hohen Alkoholgehaltes.

Die Böden der Weinberge von Tain l'Hermitage sind mit vielen Kieselsteinen bedeckt, die tagsüber die Sonnenwärme speichern und nachts den Boden warmhalten. Neben Rotwein auch Weißwein, wovon der Chante-Alouette der berühmteste ist. Ein trockner, voller Weißwein.

CHÂTEAUNEUF DU PAPE

Im südlichen Teil der Rhône, ca. 5 km nördlich von Avignon, ist das größte und bekannteste Weinanbaugebiet des Rhônetals. Der Ort liegt im Mittelpunkt des Anbaugebietes zwischen Avignon und Orange. Wahrzeichen auf vielen Weinetiketten die Ruinen des päpstlichen Sommerpalastes. Erzeugung pro Jahr 45 ooo hl Wein, zu 99 % Rotwein. Bei den meisten Sorten ein Wein, der nach ca. 2 Jahren seine volle Reife erreicht.

Der Châteauneuf du Pape enthält mit den höchsten Alkoholgehalt französischer Weine, 12,5 %. Im Gegensatz zu anderen Weinen, z.B. dem Burgunder enthält der Châteauneuf du Pape bis zu 13 verschiedene Traubensorten, die miteinander gemischt werden.

Zu erwähnen wäre in diesem Zusammenhang noch der Baron Le Roy, der den ersten Anstoß gab, Weine nach einem System zu bestimmen und zu kontrollieren (1923: das heute existierende staatliche System der „Appellations Contrôlées"). Die 13 Spitzen-Châteauneuf du Pape-Weine sollten bezüglich Traubensorten, Alkoholgehalt, Quantität, Rebschnitt kontrolliert und bezüglich der Böden an Hand von Lavendel- Thymiankombinationen bestimmt werden.

LANGUEDOC UND ROUSSILLON

Eines der größten Weinanbaugebiete Frankreichs, erreicht ca. 16o ooo ha. In der Uferebene und am Aufstieg der Berge liegen die Anbaugebiete, wobei die besseren Weine aus den Hügeln kommen. Weinanbau bereits zur Zeit der Römer; Narbonne war die wichtigste Stadt Galliens. Die Wei-ne, die hier angebaut werden, stammen vorwiegend aus der Carignan-Rebe: ein Wein, der sich zumeist nicht lange lagern läßt, ein sehr durchschnittlicher Wein mit wenig Geschmacksausdruck: ein Vin ordinaire, der von den Arbeitern zum Mittagessen und Abendessen gerne getrunken wird.

Eine spezielle Stellung nehmen die Vins des Sables ein, die Sandweine, die besonders in der Gegend von Aigues Mortes und Sete direkt an der Küste angebaut werden .

Der „Vin Vert" Wein wird in alter Tradition aus unreifen Maccadeo-Trauben gelesen und ist dem portugisischen „Vinho Verde" ähnlich, letzterer jedoch viel besser im Geschmack (Roussillon-Gebiet).

Muskateller aus dem Gebiet von Frontignan, Mireval, ca. 1o km südlich Montpelliers an der Straße nach Sete an der Küste: hoher Alkoholgehalt, aromatischer und samtiger Geschmack. Diese Weine werden häufig als „Vin Doux Naturel" bezeichnet (Naturweine), eine Bezeichnung die sicherlich irreführend ist.

Weiteres Muskateller-Anbaugebiet sind die Küstenberge nahe der spanischen Grenze : Banyul und Banyul Grand Cru.

Die Languedoc- und Roussillonweine werden gerne von den Großhändlern in Paris mit Billigweinen aus Algerien etc. „verpanscht". Zugleich Minimalvergütung an die Languedoc-Weinproduzenten, die entweder notgedrungen in Masse statt Qualität produzierten (es gab regelrechte Weinschwemmen!), oder aber qualitativen Wein direkt zu verkaufen suchen.

PROVENCE

Die bekanntesten sind Weine mit Bezeichnung „Côte de Provence" und „Côte d'Aix en Provence".Weine, die von Kennern zumeist mit Prädikaten wie „unkompliziert", „kräftig", und häufig auch „etwas eintönig" bezeichnet werden. Dies sind vorwiegend Rotweine mit relativ hohem Alkoholgehalt, aber auch Weißweine mit recht trockenem Geschmack.

Positiv zeichnen sich Weine von „Cassis" und „Bandol", aus (weiß und rot). Bedeutendste Rotweinregionen der Provence sind wiederum Bandol und Palette.

★Weinkauf

Daß in Supermärkten zumeist nicht grad die besten Weine zu kaufen sind, sondern Massenproduktionen, die vielfach chemisch aufbereitet wurden, braucht hier nicht besonders betont zu werden. Jedoch findet sich auch hier der eine oder andere gute Tropfen, der allerdings im Rahmen des Supermarktmassenverkaufes nicht unbedingt optimal gelagert gewesen war.

Besser, wie auch die Franzosen: bei den Weinkellereien direkt einzukaufen, die sich oft zu Kooperativen zusammengeschlossen haben. Die Zahl der wirtschaftlich kleineren Weinbauern ist in Südfrankreich immer noch relativ groß.

Also achten auf Schilder, wie „cave" (Weinkellerei) „cave coopérative", „dégustation" (Weinprobe) oder „vente en detail" (Einzelverkauf).

Einteilungen

Vins ordinaires - einfacher Wein

Vins de pays - Landwein

V.D.Q.S.-Weine - (Vins délimites de qualité supérieure) - Weine, deren Herkunft kontrolliert und beschränkt ist, gehobene Qualität.

Weine mit der Aufschrift A.C. - (Appelation contrôlée) nach ihrem Ursprung gekennzeichnete Weine, meist sehr guter Qualität

Wein gehört wie Tafelwasser auf den Mittagstisch jedes Franzosen. Der immense pro Kopf-Jahresverbrauch liegt z. Z. bei 1o4 Litern! Nachdem Babys ja vermutlich noch keinen Wein trinken, kann man im Schnitt davon ausgehen, daß statistisch jeder erwachsene Franzose pro Tag mindestens 1,5 l Wein trinkt.

Von den insgesamt pro Jahr getrunkenen 54 Mio hl fallen 60% auf Rotwein. Interessant in diesem Zusammenhang auch das hohe Qualitätsbewußtsein der Franzosen: 1/6 der getrunkenen Weine sind „Appelation contrôlée", Weine der gehobenen Oualitätsklasse.

Exportiert werden jährlich ca. 6 Mio hl, wobei die Deutschen an der Spitze stehen (siehe auch unsere statistische Graphik).

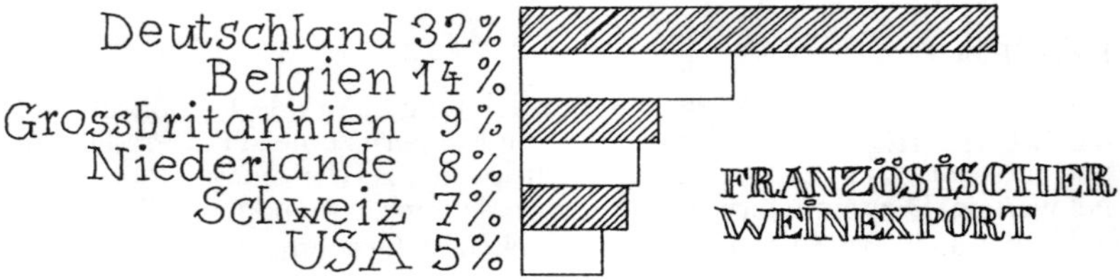

★ Schnaps/Likör

PASTIS: Nationalgetränk der Korsen, auch in Südfrankreich weit verbreitet. Ähnlich dem griechischen Ouzo oder dem türkischen Raki. Ein Branntwein der mit Anis und aromareichen Kräutern hergestellt wird. Man trinkt ihn mit Wasser verdünnt; sehr erfrischend.

ABSINTH: ein Teufelsgetränk mit 68 % Alkohol, ist heute in Frankreich und den meisten europäischen Ländern verboten. Er wurde aus der Wermutpflanze hergestellt (wächst in der Provence) und rief unter anderem Gehirnschäden und Lähmungen (Absinthismus) hervor.

ARMAGNAC: ähnlich wie Cognac - ein milder Weinbrand mit 40%. Er stammt aus dem Alpenvorland.

In den Klöstern (Senanque u.a.) werden oft noch Kräuterliköre nach überlieferten Geheimrezepten gebraut, z.B. Thymianlikör oder Muskatlikör.

★ Das Café

Das Café ist einer der wichtigsten Bestandteile französischen Lebens. Hier werden die neuesten Neuigkeiten ausgetauscht, Zeitung gelesen oder schnell im Vorbeigehen ein Café getrunken.

Morgens steht ein Körbchen Croissants auf der Theke. Wem die Croissants vom Bäcker nebenan besser schmecken, kann sie sich auch mitbringen, ohne dumm angeguckt zu werden.

Im Café bekommt man meistens auch Sandwiches (Sandwich au fromage, sandwich au jambon), brioches u.ä., jedoch so gut wie nie Kuchen. Mit Abstand beliebtester Aperitif ist der Pastis, wobei sich die Südfranzosen in zwei Parteien gespalten haben: die einen trinken aus Überzeugung „Ricard", die anderen den „51".

★Der Cafe

Wer „café" bestellt, erhält einen „petit noir" (kleinen Schwarzen), der etwa dem italienischen Espresso entspricht.

Der „grand noir" (große Schwarze): selbe Konsistenz, aber doppelte Menge. Zu beiden wird Zucker serviert, jedoch keine Milch.

Der „café au lait", Frühstücksgetränk der Franzosen, jedoch auch zu jeder anderen Tageszeit erhältlich, besteht aus heißer Milch und Café zu gleichen Teilen.

Südfranz. Landschaften

1) DIE KÜSTE

Wir beginnen ab Marseille. Côte d'Azur: viel Rummel,- wird später in einem extra Buch behandelt.

Die Calanques

Zwischen Cassis und Marseille die Calanques, hohe zerklüftete Felswände, die steil ins Meer abfallen, nur zu Fuß oder mit dem Boot erreichbar.

Hier haben sich vor Jahrtausenden etliche Flußtäler tiefe Ausgänge zum Meer geschaffen, indem sie die schroffen, weißen Kalkfelsen durchbrachen. Heute ist das ganze Karstland fast völlig trocken, das Meerwasser ist aber tief in die ausgezackten Schluchten eingedrungen.

Die Buchten sind vielfach nur zu Fuß oder mit dem Boot erreichbar!

Baden: Im westlichen Teil der Calanques, nahe bei Marseille, sind die Buchten ziemlich übervölkert (auch Wassersport); der östliche Teil ist wild und relativ unberührt. Das Gebiet eignet sich mit seinen vielen Spitzen, Graten und Wänden hervorragend zum Wandern und Klettern. Auch botanisch sehr interessant.

Fos

Weiter westlich, im Einzugsgebiet der Rhône, entsteht zur Zeit das größte Industriegebiet Südfrankreichs, das Ruhrgebiet des Mittelmeers, vielleicht bald eine Konkurrenz zum Europort Rotterdam, dem bisher größten Hafen Europas.

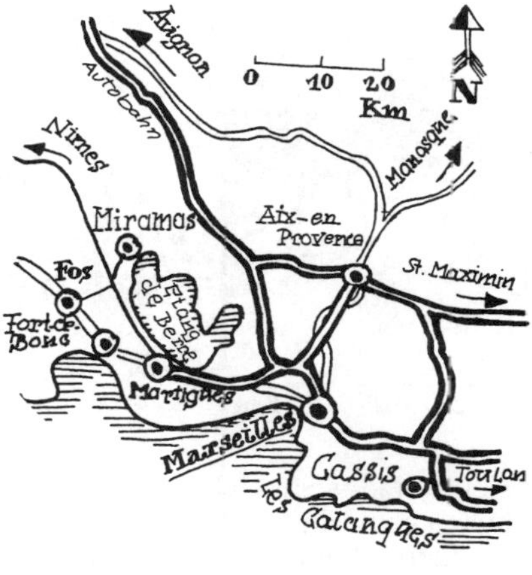

Den Kernpunkt der Anlage bildet der Hafen, in dem künftig Riesentanker anlegen sollen. Um ihn herum machen sich die von ausländischen Rohstoffen abhängigen Industrien breit; das gesamte Gelände soll einmal 2o ooo ha einnehmen.

Die Mineralölindustrie steht natürlich im Mittelpunkt; durch die Ansiedlung direkt am Meer kann sie die Transportkosten ins Landesinnere sparen.

Baden: In der großen Bucht von Fos (früher ein kleines Fischerdorf) ist das Baden inzwischen wegen der Wasserverschmutzung nahezu unmög-lich geworden, obwohl der Strand mit seinen hohen Dünen dazu einlädt. Bedenklich, daß der Riesenhafen direkt der Nachbar der Camargue ist.

Camargue

Schwemmland zwischen den beiden Rhônearmen, Petit Rhône und Grand Rhône. Ein Sand- und Sumpfland mit vielen Salzwasserlagunen. Durch Ausschwemmverfahren hat man den Salzgehalt in einigen „etangs" (=Lagunen) senken können und damit Teile landwirtschaftlich nutzbar gemacht. Hier wird vor allem Reis angebaut (1/4 des französischen Bedarfs). Bekannt geworden ist die Camargue durch ihre unberührte Natur, durch die Flamingos und die vielen anderen Vogelarten, die dort nisten, durch die weißen Wildpferde und die schwarzen Stiere.

Heute sind weite Gebiete der Camargue zu eingezäunten Naturschutzgebieten gemacht worden, weil die Urlauberhorden, die seit Jahren in Scharen hierherkommen, dieses Tierparadies sonst binnen kurzem zerstört hätten. Die Naturschutzgebiete darf man nur mit Genehmigung betreten, welche meistens nur Botaniker und Zoologen erhalten.

ADRESSE: Comite de Soutien du Parc Naturel Regional de Camargue Mas du Pont de

Rousty 13.2oo Arles

Baden: Sandstrand gibt es hier praktisch überall, vom Port St. Louis bis zum großen Ferienzentrum Port Camargue. Als Hippiezentrum waren früher die Strände bei Saintes-Maries-de-la-Mer bekannt; heute trifft man hier wie an den meisten Ort en der Küste deutsche Durchschnittstouristen.

FKK: Bei der Mündung der Grand Rhône, etwa 1o km östlich von St. Maries, sowie 1o km westlich des Ortes (dieser Strand kann nur über Aigues-Mortes und Port Camargue erreicht werden).

Während der Regenzeit (September, Oktober) sollte man sich nicht in der Camargue aufhalten. Die sintflutartigen Wolkenbrüche und der Mistralwind, der das Rhônetal entlang bläst, können hier besonders unangenehm werden.

Languedoc/Roussillon

Westlich der Rhône beginnt die lange, sandige Küste der Landschaften Languedoc und Roussillon, die in leichtem Bogen bis zu den Pyrenäen führt. Abgesehen von den endlosen Sandstränden, die teilweise bis zu 15o m breit sind, ist sie landschaftlich nicht besonders reizvoll. Die ganze Ebene ist Schwemmland der Flüsse Herault, Orb und Aude (früher teilwei se Sumpflandschaft). Bäume gibt es nur an wenigen Stellen, an denen in den letzten Jahren aufgeforstet wurde (besonders schön der Strand von Argles mit Pinienwäldchen).

Die felsigen Kaps, die an ein paar Stellen ins Meer vorstoßen, (Cap d' Agde übrigens als Ausläufer eines erloschenen Vulkans) bringen Leben ins Landschaftsbild.

Charakteristisch sind die Etangs, langgestreckte Lagunen, nur durch schmale Sandstreifen vom Meer getrennt. Früher waren die seichten Salzwasseretangs ideale Brutgebiete für zahllose Mückenarten (knapp 4o). Heute sind sie größtenteils ausgerottet, die Etangs saniert. Die französische Regierung hatte ursprünglich vor, das ganze Küstengebiet in eine Superferienlandschaft zu verwandeln.

MONSTER-FERIENZENTREN, die nach Fertigstellung 65o ooo Touristen Platz bieten sollen, sind entstanden. Insgesamt waren 5 - 9 solcher synthetischer Betonstädte geplant, die fernab von irgendwelchen Siedlungskernen entlang der Küste errichtet wurden. Die größte, Vorbild für alle anderen, ist La Grande Motte („die große Scholle“, treffender wäre allerdings „die große Meute“), nach Westen schließen sich an Cap d´Agde, Gruissan, Port Leucate/Barcares, und St. Cyprien/ Arqeles. Teilweise wird noch an ihnen gebaut, die Bettenkapazität beträgt pro Zentrum zwischen 5o.ooo und 7o.ooo Betten, (St. Cyprien: 25.ooo).

Die Zentren bestehen hauptsächlich aus Appartementhäusern, Einzelvillen und Feriendörfern; wenig Hotels. In der Annahme, hier den Strom ausländischer Touristen unterzubringen, täuschten sich die Planer allerdings: Fast nur französische Touristen (Ausländer etwa 5 %) benützen heute die Betonburgen, die Ausländer ziehen Campingplätze vor.

Die Nachteile dieser Urlaubszentren liegen auch auf der Hand: Man ist von der einheimischen Bevölkerung nahezu isoliert; die Verhältnisse ähneln sehr dem anonymen Massenbetrieb der Großstädte, aus denen man gerade flieht; wenig Möglichkeiten für Kinder und Jugendliche.

Fraglich ist auch die Rentabilität: 3/4 des Jahres steht praktisch alles leer. Die vielen Supermärkte, Restaurants, Kinos und was sonst noch alles geboten wird, müssen mit Saisonkräften arbeiten. Dauerarbeitsplätze gibt es kaum.In den letzten Jahren ist man Gott sei Dank skeptischer geworden und hat sich bemüht, das später erschlossene Gebiet der Strände von Narbonne bis zu den Pyrenäen (die sogenannten Nouvelles - neue Strände) nicht mehr so monumental zu gestalten (St. Cyprien/Argeles).

Südlich von Narbonne werden die Strände bis zu mehreren hundert Metern breit.

Am geeignetsten für längere Aufenthalte an der Küste sind sicher die Campingplätze, -überall zahlreich zu finden.

Zwischen Sète und Agde führt die N 112 direkt am Stand entlang. In der Hauptsaison steht hier Auto an Auto; Riesenandrang: Man findet kaum einen Parkplatz.

Alternative zu den Campingplätzen: die alten Fischerdörfer. Wegen der Lagunenbildung liegen sie nicht mehr direkt an der Küste, haben aber ihre alte Mittelmeeratmosphäre bewahren können. Beispiele: Marseillan (bei Agde) oder Gruissan (südlich von Narbonne).

Ein Konzentrationspunkt liegt bei Agde, ansonsten vor allem in Richtung Pyrenäen stark verbreitet. FKK-Dörfer gibt es in den Ferienzentren.

Meer: Relativ durchschnittlicher Verschmutzungsgrad, auf jeden Fall sauberer als an der Cote d'Azur, weil bei der neuen touristischen Erschließung Kläranlagen mit eingeplant wurden. Dazu kinderfreundlich, weil es überall sehr flach ins Wasser geht.

Ein Pluspunkt der französischen Strände ist ihre Sauberkeit, - gemessen an dem, was man an anderen Mittelmeerstränden manchmal sieht (Prototyp Maralla in Südkreta; dort gibts mehr Plastik als Sand). Man gibt sich viel Mühe mit der Strandreinigung; immer wieder werden große Bereiche mit Reinigungsmaschinen gesäubert, nur in den Schilfsträuchern landeinwärts bleibt etwas Abfall liegen.

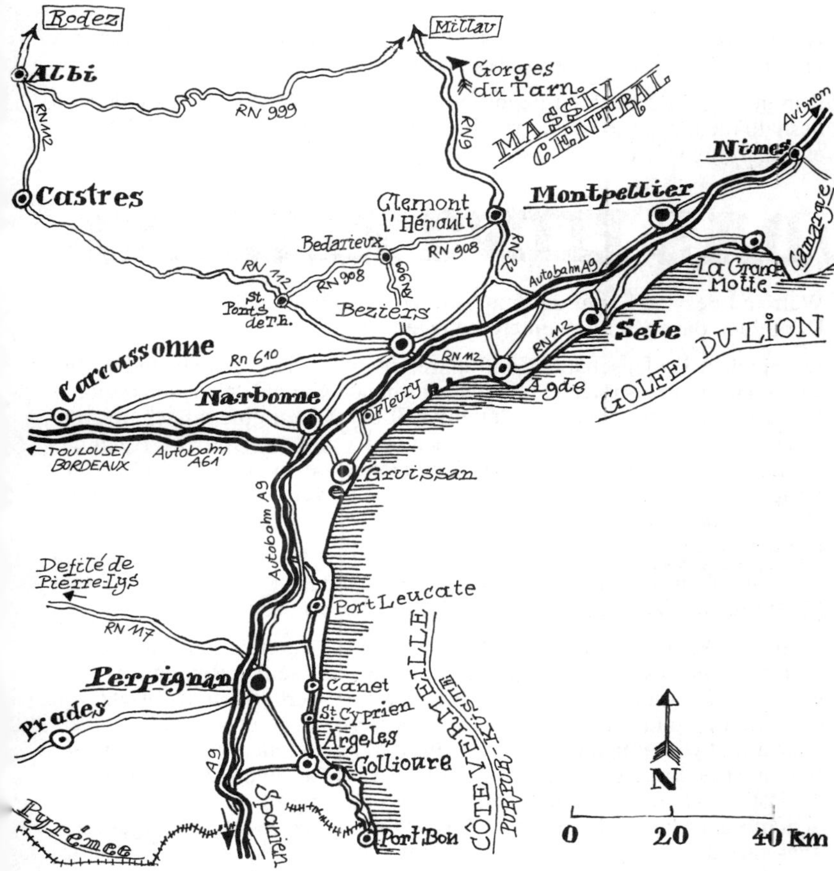

Stark besuchte Strände werden durch Rettungsschwimmer überwacht. Bei gefährlichen Wetter- und Meeresverhältnissen wird mit roten Fahnen gewarnt.

Purpurküste (Côte Vermeille)

Eines der schönsten Teilstücke der französischen Küste: malerische Felsbuchten, rotschimmernde Abhänge, dahinter das Grün der Weinberge.

Mehrere kleine Fischer- und Fremdenverkehrsorte, besonders reizvoll Collioure und Banyuls.

Wer mit dem Auto direkt nach Spanien fahren will, sollte von Argelès auf die Autobahn ins Landesinnere ausweichen - ca. 19 km auf der D 618. Die

Küstenstraße (N114) von Perpignan Richtung Süden ist im Sommer oft rettungslos verstopft; Wartezeiten von mehreren Stunden sind drin!

Baden: Die Badebuchten liegen meistens in den Orten, die Strände sind deshalb nicht ganz so sauber wie im Languedoc. Wegen der Steilküste gibt es nur wenige Campingplätze.

② DAS HINTERLAND

Während des 19.Jh. wurde Zentralfrankreich industriell rasch ausgebaut. Der Süden dagegen blieb unterentwickelt.

Die reichen Bodenschätze Südfrankreichs, vor allem Bauxit und Kohle werden auch heute noch im Norden verarbeitet. Gemäß den neuen regionalen Entwicklungsplänen Frankreichs soll der Süden eine wirschaftsarme Gegend bleiben. Um so mehr will man den Tourismus fördern. Auch das Hinterland wird langsam in diese Planungen einbezogen. Man baut Feriendörfer und verkauft die von den Einheimischen verlassenen Häuser an begüterte Touristen.

Die Arbeitslosigkeit liegt im Süden bei nahezu 1o %, die Abwanderung hält weiter an. Die dünne Besiedlung vereinfacht es dem Staat, riesige Militärgelände anzulegen und Atomkraftwerke zu bauen.

Auch die Weinbauern des Midi haben einen schweren Stand: Für die Importweine aus Italien und Algerien gelten nicht die selben Reinheitsgesetze wie für französische Weine. Die Importweine werden durch Zusatz von Chemikalien und Zucker künstlich verbessert, oder mit gutem Wein vermischt und wesentlich billiger auf den Markt gebracht. Seit den sechziger Jahren ist es deshalb immer wieder zu heftigen Auseinandersetzungen mit der Polizei, Demonstrationen Zerstörungen von Importweinlagern und ähnlichem gekommen. Straßen und Eisenbahnschienen wurden aufgerissen, Tanklastwägen in die Straßengräben geleert. Bis heute hat der Kampf jedoch keine Änderung herbeigeführt.

Die Landschaftsnamen Provence, Languedoc und Roussillon haben mit der politischen Einteilung in die sogenannten Departements nichts zu tun; die Landschaften umfassen jeweils mehrere Departements.

Provence

Von Lyon nach Süden fahrend gelangt man etwa in Höhe der Nougat- Stadt Montélimar in den Einzugsbereich der Provence (unter Nougat versteht man in Frankreich übrigens eine Art türkischen Honig). Ab hier typische Mittelmeerlandschaft: Man stößt auf die ersten Olivenbäume, - die nördlichsten in ganz Europa; platanengesäumte Straßen, Zypressen und Pinien;

da und dort kahle, nur mit Macchia bewachsene Felsen.

Im Westen wird die Provence von den Bergausläufern des Zentralmassivs begrenzt, im Osten durch die italienische Grenze.

Die Haute Provence (zu den Alpen über leitendes Hochland im Osten) besteht durchwegs aus Kalkstein; weite Hochflächen, dazwischen schroffe Felsformationen und die tief eingeschnittenen Schluchten der Flüsse. Besonders reizvoll sind die Schluchten des Flusses Verdon (Gorqes du Verdon), über 3o km lang und 3oo bis 4oo m tief; ideales Gebiet zum Wandern und Klettern.

Der größte Höhenzug der Provence ist der Mont Ventoux (fast 2ooo m hoch, nordöstlich von Avignon) der zweithöchste die Montagne du Luberon (östlich von Avignon).

Besonders sehenswert die Ockerbrücke von Roussillon (Luberon): Grellrote und orange Hügel in bizarren Formen. Früher war hier das Weltzentrum der Ockergewinnung.

TRÜFFELJAGD

Originell ist die Art wie man hier Trüffel findet. Die Pilze wachsen unterirdisch bis zu 3o cm tief im Boden von Laubwäldern, besonders gerne in der Nähe von Eichenwurzeln (Schmarotzer). In der Gegend um Carpentras und im östlichen Hochland sind sie weit verbreitet. Die Trüffeljagd beginnt im November. Man hat herausgefunden, daß eine bestimmte Fliegenart (ähnlich der Mistfliege) ihre Eier auf die Trüffel legt.

Um die Pilze zu finden, genügt es also zu beobachten wo diese Fliegen kreisen und im Boden verschwinden. Ein Pilz wiegt etwa 5o g. Für ein kg bekommt ein Sammler zwischen 3oo und 8oo Franc.

LAVENDEL

Ausgedehnte Lavendelfelder gibt es vor allem im Osten, z. B. zwischen Valensole und Diez. Zur Blütezeit ist die Landschaft blau wie das Meer. Aus den Pflanzen gewinnt man ätherische Öle, und Aromastoffe. Lavendel ist außerdem ein bekanntes Heilmittel (Rheuma, Husten...) Damit sich der Boden regenerieren kann, wird abwechselnd Lavendel und Weizen angebaut.

HONIG

Leckerstes „Nebenprodukt" ist der Honig, den es überall an der Straße zu kaufen gibt. In größeren Orten (z. B. Apt) findet man eigene Honiggeschäfte, mit großer Auswahl an verschiedenen Sorten.

Besonders kostbar ist der gelée royale (der übrigens verjüngend wirken soll). Er bildet die spezielle Nahrung der Bienenkönigin. Um den Ertrag zu steigern, wird die Königin weggefangen. Die Bienen fangen dann an, ca. 5 bis 15 Königszellen zu machen, und den Gelee Royal zu produzieren. Am dritten Tag werden dann die Larven aus dem Gelee entfernt. Der gelee royale ist so konzentriert, daß er mit Honig im Verhältnis 3 g auf 1 25 g vermischt wird. Auf die Echtheit kann man sich normalerweise verlassen, da jeder Imker des öfteren überprüft wird.

DUFTSTOFFE: Schon im 15. Jh. hat man in Südfrankreich mit der Erzeugung von Duftstoffen begonnen. Zentrum ist der Ort Grasse (17 km nördlich von Cannes am Fuß der Alpen). Die verschiedenen Aromas gewinnt man aus Rosen, Jasmin, Orangenbäumen, Lavendel und anderen aromatischen Pflanzen.

Die Bevölkerungsdichte der Haute Provence ist außerordentlich gering, das Gebiet schon seit langem von der Auswanderung bedroht. Das bescheidene Leben der Bauern, die harte Arbeit im trocknen Hochland sind für viele nicht mehr attraktiv. Die Jüngeren wandern entweder in die Industriegegenden Nordfrankreichs, nach Paris oder in die nahe Côte d' Azur ab. Die leerstehenden Häuser richteten sich Franzosen und Deutsche als Alterswohnsitze oder Ferienhäuser ein. Wegen der dünnen Besiedlung wurden in diese Regionen auch militärische Übungsfelder (Sperrgebiete) eingerichtet (z.B. das riesige Areal von Canjeurs).

Languedoc

Im Westen, zwischen der Provence und dem Gebirgszug der Corbières die Landschaft Languedoc. Das Anschwemmungsland der Flüsse, eine 2o bis 3o km breite Ebene hinter der Küste, - Durchgangsgebiet für die Autobahn nach Spanien-, ist wegen seiner günstigen Verkehrslage zugleich Ansiedlungsort aller größeren Städte.

Die ganze Ebene ist mit Weinfeldern bedeckt. Vermutlich die größte zusammenhängende Weinanbaufläche in Europa! Die starke Trockenheit der Gegend ließ schon im Mittelalter die Frage der Bewässerung akut werden. Erst im 2o. Jh. konnte man das ausgedehnte Kanalsystem so vervollkommnen, daß die Landwirtschaft von den Härten des Klimas unabhängig wurde.

Prozentual sind im Languedoc fast doppelt so viele Einwohner in der Landwirtschaft tätig wie im übrigen Frankreich. Umso schwerwiegender sind die Folgen, die sich aus den immerwiederkehrenden Weinabsatzkrisen ergeben, - hervorgerufen durch die Weinimporte aus südlichen Ländern. In den letzten Jahren kam es deshalb immer wieder zu groß angelegten Protesten der Weinbauern gegen die französische und europäische Weinpolitik.

CANAL DU MIDI

Im 17.Jh. aus Initiative eines Privatmannes gebaut; der Kanal verbindet den Atlantik mit dem Mittelmeer. Von der Garonne, die in den Atlantik mündet, führt er bis zum Hérault. der bei Agde ins Mittalmeer fließt. Sehenswert sind die alten Schleusanlaoen. Wirtschaftlich ist der Kanal heute nicht mehr von Bedeutung. Statt dessen wurde er zu einer Domäne der Hausbootfans (Tips Seite QWÜ).

Von der Ebene leiten die GARRIGUES, eine ziemlich eintönige Hügellandschaft mit Macchiasträuchern, Steineichen und Kräutern zu den südlichen Ausläufern des Zentralmassivs, den CÉVENNEN über. Ein ziemlich rauhes Gebiet mit weiten Hochflächen und versteckten Tälern; viel Schafzucht; fruchtbar sind nur die Abhänge: Kastanien, Maulbeerbäume, Wein.

Die Maulbeerbäume waren früher hauptsächlich im Zusammenhang mit der Seidenraupenzucht, dem einstigen Haupterwerbszweig der Bevölkerung von Bedeutung. Im 19. Jh. setzte in dem damals dicht besiedelten Gebiet mit der industriellen Revolution die Abwanderung ein; die SEIDENRAUPENZUCHT konnte sich gegen die synthetische Konkurrenz nicht behaupten. Heute ist die Bevölkerung überaltert, die Abwanderung hält noch immer an.

Haupterwerbszweig heute: Viehzucht, sowie Milch- und Käsegewinnung (Roquefort).

Wie in der Provence, hat der Staat auch hier große Militärgebiete eingerichtet; die Bevölkerung wurde evakuiert. Abgesehen von den Touristenorten ist die Berglandschaft noch immer wild und unberührt. Die großen, einsamen Hochflächen, die sogenannten CAUSSES, sind reich an Höhlen und Schluchten, die sich in das Kalkgestein gegraben haben.

Roussillon

Die Landschaft Roussillon reicht vom Languedoc bis zu den östlichen Pyrenäen. Langgestreckte Bergzüge, bis zu 3000 m hohe Gipfel.

Die Corbières, früher das Grenzgebiet zu Aragon: ein Gebirgszug mit dünner Besiedlung, einsame, gewundene Sträßchen; Weinberge, versteckte Klöster, Burg- und Schloßruinen. Für kunsthistorisch Interessierte gibt es hier viel zu entdecken.

Die Roussillonebene, das Gebiet um die Flüsse Têt und Tech wird heute landwirtschaftlich genutzt; Obst und Gemüse (Blumenkohl, Tomaten, Aprikosen, Pfirsiche) werden hier teilweise zwei- bis dreimal im Jahr geerntet. An den Hängen der beginnenden Pyrenäen Weinanbau.

Bis zum Massif de Carlit (2900 m) steigt das Roussillon empor; einsame Paßstraßen laden zu Entdeckungsfahrten ein. Bekannt sind seit langem die

Thermalquellen der Pyrenäen; im Tech-Tal und im Bergland desVallespir liegen einige Kurorte, ebenso im benachbarten Gebiet der Cerdagne.

Das Massif des Mont Canigou (2785 m) trennt die beiden Landschaften Vallespir und Cerdagne. Richtung Ebene das fruchtbare Conflent mit Wein-, Obst- und Gemüseanbau.

Ideale Wintersportmöglichkeiten im Hochland des Capcir (Font Romeu, Motn Louis).

GESCHICHTE

Schon in der Altsteinzeit (zwischen 2o.ooo und 1o.ooo vor Chr.) haben sich in Südfrankreich die ersten Jäger- und Sammlerstämme niedergelassen. In den Höhlen, die meisten entdeckte man nordöstlich von Bordeaux und nördlich der Pyrenäen, finden sich Wandmalereien mit Darstellungen von Bisons, Hirschen, Wildpferden, Mammuts. Auf den Tierbildern fand man Spuren von Pfeil- und Speerwürfen. Das sollte bewirken, daß man die Tiere auch in freier Wildbahn besser traf. Die Zeichnungen weisen erstaunliche Parallelen zur modernen Kunst auf.

Aus den Anfängen der Bronzezeit (etwa 1.8oo - 1.ooo vor Chr.) stammen die aus gewaltigen Steinplatten zusammengefügten Gräber, z.B. in der Nähe der Abtei Montmajour und in Buoux, 8 km südlich von Apt.

Im ersten Jh. vor Chr. werden die Pyrenäen von den Iberern, die Südostküste von den Ligurern, und der Languedoc von den Phöniziern bewohnt.

Im Zuge der Mittelmeerkolonisation kommen im Jahr 599 vor Chr. die ersten Griechen an die südfranzösische Küste. Sie gründen mehrere Handelsniederlassungen, darunter Marseille (Massalia). Sie importierten nicht nur ihre fortgeschrittenere Kultur: Die Olivenbäume werden heimisch gemacht, der Wein wird angebaut und beginnt damit seinen Marsch durch Europa, und natürlich wird auch das liebe Geld den verdutzten Ligurern als letzter Schrei der „modernen" Welt präsentiert.

Schwere Kämpfe gab es zwischen den Griechen und den von Norden gekommenen Kelten, die seit dem 5. Jh. immer mehr an Bedeutung gewannen.

Rom, die angehende Supermacht der Antike hatte starkes Interesse an der Landverbindung Italien-Spanien.

154 vor Chr. drangen sie von Spanien aus ins Roussillon vor, von Italien aus besetzten sie nach und nach die südfranzösische Küste. Um 12o vor Chr. waren die Römer die Herren in Provence, Languedoc und Roussillon. Das ganze Gebiet wurde verwaltungsmäßig, militärisch, und wirtschaftlich zur römischen Provinz gemacht (daher der Name Provence). Hauptstadt war das heutige Narbonne.

Etliche Städte wurden gegründet, meistens dort wo Lager stationiert gewesen waren, z.B. in Aix-en-Provence. Andere werden zu römischen Städten umfunktioniert, z.B. Arles, Avignon und Orange.

Ein perfektes Straßensystem wird angelegt, Heeresstraßen, Handelsstrassen, - wichtigste die Via Domitiana, die von Nîmes Richtung Alpen führt und die Hauptverbindungslinie zwischen Nord und Süd wird.

Im Jahre 1o2 vor Chr. müssen die Römer einen groß angelegten Angriff der Kimbern und Teutonen abwehren. Unter dem Konsul Marius werden die

Teutonen bei Aquae Setiae (dem heutigen Aix) vernichtend geschlagen; die Kimbern werden im Jahr 101 bei Vercellae besiegt.

Die Völkerwanderung (375-568 nach Chr.) leitete die Auflösung des römischen Reiches ein. Im Jahr 419 hatten die Westgoten ganz Gallien erobert. Im 5. Jh. setzten sich die Burgunder in Südfrankreich fest.

Im 6. Jh. wird Südfrankreich in das übermächtige Frankreich eingegliedert.

Immer wieder drängen aber die Araber, von Spanien kommend über das Roussillon in die Provence vor. Aus dieser Zeit stammt die befestigte Wehrkirche von Stes. Maries-de-la-Mer. Erst 80 Jahre später können sie unter Karl Martell bei Poitiers vernichtend geschlagen werden.

Das fränkische Riesenreich Karls des Großen wird 843 zwischen dessen Söhnen geteilt. Der größte Teil Südfrankreichs fiel an Karl den Kahlen; das Roussillon wird Teil Kataloniens.

Nach dem Tod Karls begann der Zerfall des Reiches (Aquitanien) in zahllose kleine Fürstentümer, deren Feudalherren sich teilweise bis auf´s Messer bekämpften. Gleichzeitig bilden sich freie Städte. Nizza, Avignon und andere erkämpfen sich Sonderrechte; Arles und Marseille erklären sich selbst zu Republiken.

Albigenser-Kriege

Nirgendwo hat der vereinigte Terror von Krone und Kirche im Mittelalter so verheerende Formen der Unterdrückung Andersgläubiger angenommen, wie in Südfrankreich.

Seit dem 11. Jh. war eine Welle der religiösen Erneuerungsversuche durch ganz Europa gegangen. Die Verweltlichung der Kirche ließ starke Zweifel an ihrer religiösen Führungsqualität aufkommen. Eine der Reformbewegungen, die sich wieder auf das Urchristentum besannen, ging von Petrus Waldes aus Lyon aus. Er verschenkte sein ganzes Vermögen, begann zu predigen und gründete eine Armen- und Brüdergemeinde, die sich in Lyon und Umgebung rasch vermehrte. Nach ihrem Gründer nannte man sie die Waldenser. Ihr Ziel waren Einfachheit und Armut der Kirche. Sie begannen bald, die Hierarchie, die kirchliche Lehrautorität und die unchristlichen Bestandteile der kirchlichen Lehre abzulehnen (z.B. Reliquien, Bilderverehrungen, sowie die Sakramente außer Buße, Taufe, Abendmahl).

1184 wurden Waldes und seine Anhänger von der katholischen Kirche exkommuniziert und aus Lyon verjagt. In den nächsten Jahrhunderten kam es immer wieder zu groß angelegten Verfolgungen. Den Schlußpunkt setzte die Ausrottung der Waldenser 1545-156o in den Dörfern am Lubéron. Hier machten französische Söldner unter dem Baron von Oppède alle Waldenser nieder und die Dörfer dem Erdboden gleich.

Die größte Abfallbewegung des Mittelalters war die der Katharer (="Die Reinen", - später wurde daraus das Wort „Ketzer"). In Südfrankreich nannte man sie Albigenser (nach der Stadt Albi). Aus allen sozialen Schichten strömten ihnen Anhänger zu, in Südfrankreich nahm besonders das Proletariat der Textilindustrie die Lehre an. Aber auch der Adel des Languedoc trat den Albigensern bei; Prominenteste Vertreter: Die Grafen von Toulouse.

Einig waren sich alle in der Ablehnung der katholischen Kirche. Der Adel sah in der Bewegung insbesondere eine Möglichkeit, sich der Zentralgewalt des französischen Königs zu entziehen und die eigene Machtposition zu stärken.

Die Lehre der Albigenser ist neben christlichen Elementen stark von der altpersischen Religion Manichäismus beeinflußt. Man betrachtete die materielle Welt als Teufelswerk, lehnte Ehe und Sexualität ab, aß keine tierischen Produkte.

12o8 ließ Papst Innozenz III, unterstützt vom französischen König, zum Kreuzzug gegen die ketzerischen Albigenser aufrufen; auslösendes Moment war die Ermordung eines päpstlichen Gesandten in der Kirche St. Gilles gewesen (westlich von Arles).

Anführer des blutrünstigen Kreuzfaherheeres war Simon de Montfort, der später den Beinamen der Schlechte erhielt. Unter dem Deckmäntelchen der Religion kassierte der französische König große Teile des Midi. Damit war der Eigenständigkeit Okzitaniens rechtzeitig ein Riegel vorgeschoben.

Besonders brutal gingen die Söldner in Béziers und Carcassonne vor. Sie plünderten die Städte und machten alles nieder, was ihnen in den Weg kam, - egal ob Katharer oder Katholiken. Dabei soll der Abt von Citeaux gesagt haben: „Schlagt sie alle tot, Gott wird die Seinen schon erkennen!" Allein in Béziers wurden über 2o ooo Menschen erschlagen.

Der letzte Widerstand der Katharer wurde 1244 gebrochen, als deren Festung auf dem Berg Montséqur durch Verrat erobert werden konnte.

Der französische König Ludwig IX hatte durch diesen „Kreuzzug" erheblich an Einfluß gewonnen. Er übernahm den ganzen Herrschaftsbereich der Grafen von Toulouse.

So wird der Midi im späten Mittelalter mehr und mehr von der französischen Krone kassiert. 1271 kommen die Gebiete der Grafen von Toulouse an den König von Frankreich. Das neue Gebiet wird Languedoc genannt (Languedoc = Langue d Oc, - Sprache des Oc).

Die Provence, eigentlich zum Deutschen Reich gehörig, fällt 1246 durch Heirat an Karl von Anjou, den Bruder des französischen Königs, Ludwigs des Heiligen. 1365 verzichtet der deutsche Kaiser Karl IV auf alle Rechte an der Provence. Bekanntester Herrscher der Anjou wird der „gute König René“ (14o9-148o). Sein Neffe Karl vererbt 1481 die Provence an Ludwig XI. von Frankreich.

Das katalanische Roussillon und die Cerdagne werden nach längeren Kämpfen im Jahre 1659 französisch.

Die Päpste von Avignon

Rund 7o Jahre, von 13o9-1376 regierten 7 Päpste in Avignon, ihrem „babylonischem Exil“. König Philipp der Schöne von Frankreich hatte den Verfall des mächtigen deutschen Stauferreiches dazu benutzt, seinen Einfluß auf die Kirche soweit auszudehnen, daß der erste französische Papst, Clemens V. nicht nach Rom ging, sondern in Avignon seine Zelte aufschlug.
Er stand völlig unter dem Einfluß des französischen Königs. So ließ er z.B. den Tempelorden auflösen. Den riesigen Güter- und Geldbesitz kassierte die Krone.

Sinnbild des Reichtums der Kurie wurde der große Papstpalast. Die Vergnügungssucht und der Reichtum des Klerus sprachen sich schnell herum: Glücksritter, Geschäftsleute, Callgirls, Wirte machten hier das Geschäft ihres Lebens. Petrarca schreibt angewidert von der Metze und Hure Avignon.

Erst Gregor XI kehrt unter dem Einfluß der heiligen „Katharina von Siena“ 1377 nach Rom zurück.

Die Kamisarden-Kriege

Noch einmal hat im Languedoc ein grausamer Religionskrieg stattgefunden: Die Verfolgung der Protestanten durch den katholischen, absolutistischen Staat Ludwigs des XIV.

1685 wurde das Edikt von Nantes (1598) aufgehoben, das den (in Frankreich Hugenotten genannten) Protestanten Religionsfreiheit zugestanden hatte. Damit waren die Hugenotten der Verfolgung durch den Staat ausgesetzt (Dies um so mehr, als sie zum größten Teil republikanisch gesinnt waren). Viele von ihnen flohen ins Ausland (im heutigen Franken gibt es noch einige Enklaven).

In den unwegsamen Gebieten der Cevennen entwickelte sich ein harter Partisanenkrieg. (Nach ihren einfachen Bauernhemden, den „camisen", wurden die aufständischen Bauern Camisarden genannt.)

Kleine Dörfer bilden ihre Schlupfwinkel, die Bevölkerung steht auf ihrer Seite, die Bauernhäuser haben die berühmten Verstecke hinter den Zimmerwänden, (die übrigens im zweiten Weltkrieg von der französischen Widerstandsbewegung gegen die Deutschen wieder benutzt wurden).

Immer mehr königliche Soldaten werden eingesetzt. Schließlich wird einer der Anführer der Camisarden, Jean Cavalier, gefangen genommen. (Man hatte ihm Verhandlungen angeboten und dann das Versprechen des freien Geleites gebrochen). Die Brücke, an der ihn die Söldner festnahmen, wurde später St. Jean du Gard genannt. Cavalier wird hingerichtet, Rolland, ein anderer Führer, fällt.

Die Camisarden geben auf. Die Gefangenen werden umgebracht oder auf Galeeren geschickt, die Frauen ins Gefängnis gesteckt (berüchtigtes Gefängnis war die Tour de Constance in Aigues Mortes). Ganze Dörfer wurden entvölkert.

Erst die Revolution 1789 brachte den Protestanten die endgültige Religionsfreiheit.

Was ist Okzitanien?

Okzitanien ist das ganze südliche Frankreich vom Atlantik bis zu den Alpen, - über ein Drittel der Fläche des französischen Staates. Das Zeichen OC findet man überall verstreut an Häuserwände, Fabrikgebäude etc. gemalt. Es ist das Zeichen der Unabhängigkeitsbewegung des Südens, die die Zentralgewalt in Paris ablehnt und die eigene, seit langem unterdrückte, Kultur wiederbeleben will.

Wie die meisten Staaten besteht auch Frankreich eigentlich aus mehreren Kulturen und Sprachen. (Bretonisch, Flämisch, Korsisch, Baskisch, Katalanisch, Okzitanisch). Die Okzitanier bilden die größte sprachliche Minderheit Frankreichs. Man hat geschätzt, daß mehrere Millionen der Bewohner des Südens die Sprache noch verstehen und sprechen können, obwohl sie seit dem 16. Jh. Sanktionen ausgesetzt war.

Wie auch die anderen Minderheiten (Basken, Korsen, Bretonen) wehren sich die Okzitanier gegen die Bevormundung des Staates. Die okzitanische Unabhängigkeitsbewegung entstand im 19. Jh. und findet seit dem zweiten

Weltkrieg verstärkt Unterstützung. Politische Aktivitäten, Zeitungen und kulturelle Veranstaltungen haben der Bewegung zu großer Popularität verholfen. Sänger, Musik- und Theatergruppen, Schriftsteller versuchen an die alte, abgerissene Kulturtradition anzuknüpfen; auf Festen werden die alten okzitanischen Lieder gesungen, volkstümliche Theaterstücke be-handeln die Probleme der Bevölkerung.

Viele der Maßnahmen der Regierung, die nach Meinung der Okzitanier dazu beitragen, das Land zu zerstören (Schlagwort: „Ein Land stirbt") sind in den letzten Jahren auf erbitterten Widerstand gestoßen, was in Frankreich viel Aufsehen erregt hat.

Begonnen hatte die Eingliederung in den französischen Staat mit der Unterwerfung des Südens im 13. Jh. (Kreuzzug gegen die Katharer). Die französische Revolution war für Okzitanien nicht in jeder Hinsicht ein Fortschritt: Vielmehr verstärkte sie nur noch die Zentralisierung. 179o wurden die örtlichen Adelsherrschaften abgeschafft und die straffe Departementregelung eingeführt. Von Paris wurden Präfekten den Departementverwaltugnen an die Spitze gestellt. Napoléon baute dieses System weiter aus. Als er nach seiner Niederlage durch die Provence zur Insel Elba gebracht wurde, hagelte es Steine der Landbevölkerung.

Der Aufstand der Weinbauern in Languedoc 19o7 riß die Bevölkerung mit sich. Hunderttausende demonstrierten, Regierungstruppen wurden in den Midi geschickt. Zwei hauptsächlich aus Südfranzosen bestehende Regimente weigerten sich zu schießen. Der Aufstand wurde niedergeschlagen.

Heute zeigt sich der Widerstand gegen Paris in den Wahlen: Der Languedoc und die umliegenden Gebiete sind zu Hochburgen der Linksparteien geworden.

Die Langue d'Oc, Sprache des Südens, ist stark vom lateinischen beeinflußt (Besetzung Südfrankreichs durch die Römer). Bekannt und sozusagen gesellschaftsfähig wurde das Okzitanische durch die Dichtugnen und Gesänge der Troubadours. Eine eigenständige Kultur begann sich herauszubilden.

Seit der Unterwerfung der Katharer durch die königlichen Truppen wurde auch die Sprache unterdrückt. Im 16. Jh. wurde Französisch Verwaltungssprache. Trotzdem sprechen noch im 19. Jh. 9o % der Einwohner Südfrankreichs Okzitanisch. Großer Vorkämpfer der Langue d'Oc war Frédéric Mistral, der für seine Dichtungen in provencalischer Sprache den Nobelpreis erhielt.

Im 2o. Jh. wurde Okzitanisch an den Schulen verboten.

Seit dem zweiten Weltkrieg ist eine Kampagne für die Erhaltung dieser Sprache in Gang gekommen. Schriftsteller und Musiker machen sich dafür stark, jedes Jahr finden Festivals statt, auf denen man okzitanische Lieder singt. Für die Kinder fordert man den Unterricht in der eigenen Sprache.

KUNSTGESCHICHTE

Die frühesten künstlerischen Darstellungen sind die um 12oo vor Chr. entstandenen großartigen Höhlenmalereien, naturalistische Tierbilder, auf denen man Spuren von Pfeil- und Speerwürfen fand. Vermutlich sollte das bewirken, daß man die Tiere auch in freier Wildbahn besser traf.

Die meisten Höhlen liegen in dem Gebiet an der Dordogne, nordöstlich von Bordeaux, und nördlich der Pyrenäen im Département Ariége.

Besonders sehenswert die Höhlenmalereien in Niaux, 3 km von Tarascon-sur-Ariège entfernt (in der Saison, Juli bis September, täglich Führungen von 9-12 Uhr und 14-18 Uhr). Faszinierende Tropfsteinformationen und Wandmalereien in der Höhle von Pech-Merle, im Département Lot (in der Saison täglich von 9-12 Uhr und 14.3o-18 Uhr geöffnet; Besichtigungsdauer 1 Stunde); erwähnenswert auch die Höhle von Aldène, 35 km nordwestlich von Narbonne, in den Causses beim Dorf Fauzan; nur vier Bilder; Führung nach Vereinbarung.

Auch in der Provence gibt es etliche Höhlen; die meisten westlich der Rhône in Departements Ardèche und Gard. Leider ist keine für die Öffentlichkeit zugänglich, - die uralten Malereien müssen vor zuviel Lichteinfall und Luftbewegung geschützt werden.

In einigen Höhlen fand man auch prähistorische Skulpturen.

Mit Erkundungen auf eigene Faust sollte man sehr vorsichtig sein - die meisten Höhlen sind unheimlich groß und verzweigt. Wenn man sich hier verirrt, holt einen so schnell keiner mehr raus!

Aus der Bronzezeit (etwa 18oo-1ooo vor Chr.) datieren die zahlreichen Hünengräber und Dolmen. Besonders viele fand man in der Gegend der Causses und in den Cevennen.

In der Provence bei Montmajour die berühmte Grotte des Fées, ein in den Felsen gehauenes unterirdisches Grab von 42 m Länge. In den Gräbern entdeckte man frühe kunsthandwerkliche Arbeiten, sowie zahlreiche Gebrauchsgegenstände.

In derselben Zeit entstanden vermutlich die ersten Bories, aus flachen Steinen errichtete, igluähnliche Wohnstätten. Besonders viele gibt es im Bergzug des Lubéron, - bei Gordes ein ganzes Dorf.

Beim langsamen Vordringen in geschichtliche Zeiten trifft man im ersten Jahrtausend vor Chr. auf die Ligurer, die sich gegen die immer häufigeren Eindringlinge aus dem Mittelmeerraum befestigte Lager bauten:

Sehr eindrucksvoll die Grotten von Lamanon (Grottes de Calès), eine in den Kalkstein des Berges gebaute Wohnsiedlung; über 7o natürliche Höhlen die von den Menschen erweitert und noch bis ins Mittelalter hinein benutzt wurden.

Um 6oo vor Chr. landeten die ersten Griechen im Zuge ihrer Mittelmeerkolonisation an der südfranzösischen Küste und gründeten mehrere Handelsniederlassungen, darunter Marseille. Trotz ihres enormen kulturellen Einflusses sind uns heute aus dieser Zeit nur noch wenige Münzen und Vasen, sowie einige kleine Bildwerke erhalten (Museum von Marseille). In der griechischen Siedlung Glanon, die unter Caesar zum römischen Glanum wurde (südlich von St. Rémy) finden sich neben römischen Bauten auch noch einige griechische Überreste.

Die im 4. Jh. von Norden in die Provence eingedrungenen Kelten, die sich schnell mit der ligurischen Bevölkerung vermischten, bauten bereits befestigte Städte (vermutlich nach dem Vorbild der Griechen).

Eine große nur zum Teil freigelegte keltisch/ligurische Siedlung befindet sich bei Nimes, in der Nähe des kleinen Dorfes Nages, - meterdicke Mauern, verschachtelte Häuserreste.

Im Languedoc, zwischen Béziers und Narbonne, die keltisch-iberische Siedlung Oppidum d'Ensérune. Auch hier liegen die Ruinen auf einem Hügel den man gut verteidigen konnte. Auf einer Anhöhe nördlich von Aix die keltisch ligurische Siedlung Entrémont, ehemals eine befestigte Stadt, von der leider nicht viel erhalten ist.

Römer

Aus der Zeit der Römer, die binnen hundert Jahren ganz Gallien zur Provinz machten, blieben zahlreiche Bauten erhalten, die meisten aus der Zeit des Augustus.

In den Provinzen haben sich die Bauwerke teilweise besser erhalten als in Rom selbst.

Das meiste wurde aber auch hier zerstört; die Steine verwendete man zum Bau neuer Häuser.

Geblieben sind vor allem die großen Pracht- und Monumentalbauten, - Amphitheater und Triumphbögen in den Städten (die keltischen und griechischen Bauten wurden dadurch vollkommen erdrückt), sowie Tempel, Aquaedukte etc.

<u>Die Amphitheater in Nîmes und Arles:</u> beide über 13o m lang und über 1oo m breit und sehr gut erhalten. Sie boten über 2o.ooo Zuschauern Platz. Sonnendächer aus Tuch schützten vor Sonnenstich und Regen. Man veranstaltete Gladiatoren- und Tierkämpfe.

<u>Das Theater in Orange:</u> gut erhalten, vor allem die massive Bühnenwand mit der Kaiserstatue in der Mitte. Heute finden alle möglichen Veranstaltungen darin statt, von klassischer Musik über Kinderheimveranstaltungen bis zu Popfestivals (in Arles ein weiteres römisches Theater).

<u>Der Triumphbogen in Orange</u>: unter Caesar errichtet, als Zeichen seines Sieges über die Gallier. Ein Siegesmonument mit Schlachtmotiven und gefangenen Galliern.

<u>Die Maison Carrée in Nîmes:</u> einer der am besten erhaltenen römischen Tempel (allerdings in griechischer Bauart - die Römer haben sehr viel von den Griechen übernommen). Steht als einziger Rest der Forumsbauten (Forum = Versammlungs-/Marktplatz, das Zeichen einer römischen Stadt). 3o Säulen, das Ganze ist 17 m hoch (in der Mitte ein Museum).

Bei der Anreise in <u>Vienne</u> (südlich von Lyon) der ebenfalls voll erhaltene <u>Liviatempel</u>.

<u>Der Pont du Gard</u> - nördlich von Nimes. Er war das Kernstück des großen Aquaedukts, das Quellwasser aus den nahen Bergen nach Nimes brachte. Das Aquaedukt ist fast 5o km lang, der Höhenunterschied beträgt nur 17 Meter -eine technische Meisterleistung! Der Pont selbst ist dreistöckig und ohne Mörtel gebaut.

Sehenswert außerdem die zahlreichen Plastiken - heute überwiegend in Museen untergebracht. Man muß sich alle römischen Bauwerke voll von solchen Skulpturen vorstellen, Kaiser, Feldherren, Göttinnen etc.

Römische Siedlungen

<u>Glanum</u>: 2 ungewöhnliche Bauwerke - ein turmförmiges Erinnerungsmal, für die zwei Enkel des Augustus, die auf Eroberungsfeldzügen umgekommen waren. Sehr gut erhalten; quadratischer Sockel mit rundem Aufsatz, darin 2 kleine Statuen. Und das sogenannte Stadttor von Glanum - ist aber kein Tor, sondern ebenfalls ein Erinnerungszeichen. Sehr schön die runde Wölbung mit den vielen Verzierungen.

<u>Vaison-la-Romaine</u>, nordöstlich von Orange am Mont Ventoux.

Eine ganze römische Stadt, teilweise sehr gut erhalten. Etliche Gebäude wurden allerdings im Mittelalter abgerissen, mit den Steinen entstanden neue Gebäude, auch diese sehenswert! 2 Stadtteile sind freigelegt worden - Puymin und La Villasse:

La Villasse: große gepflasterte Straßen mit Gehsteigen und Läden: dazu Privatvillen mit Atriumhöfen, öffentliche Gebäude etc.

Frühes Christentum

Etliche der Bauten der ersten nachrömischen Jahrhunderte, vor allem die Kirchen, weisen noch römische Spuren auf oder sind auf römischen Fundamenten und Mauern errichtet.

Ein gutes Beispiel ist die Kathedrale Notre-Dame-de-Nazareth in Vaison-la-Romaine. Zwar ist der heutige Bau hauptsächlich aus dem 13. Jh., jedoch steht die Kirche auf Resten eines römischen Tempels. Auch etliche andere Häuser der Stadt sind mit römischen Steinen errichtet.

Ebenfalls aus vorromanischer Zeit die Taufkapellen von Venasque (auf dem Plateau von Vaucluse) und von Aix. Sie gehören zu den ältesten christlichen Bauwerken in Frankreich (6./7.Jh.).

Venasque: in Form eines griechischen Kreuzes errichtet, wie die meisten der frühen Kirchen. Quadratischer Mittelraum mit 4 halbrunden Apsiden. Taufbecken aus dem 6. Jh.

Aix: acht-eckiges Baptisterium (=Taufkapelle) aus dem 5. Jh., in der Mitte ebenfalls ein großes Taufbecken.

Sehr sehenswert ist die alte Gräberstraße Les Alyscamps in Arles. Eine Fülle von Gräbern auf einem Gebiet von etwa 1 qkm, dazu mehrere Kapellen. Die meisten übriggebliebenen Sarkophage heute im Musee d'Art chretien in Arles ; die vorchristlichen Sarkophage im Musee d'Art Paien.

Eine der zahlreichen Legenden um Alyscamps erzählt, daß von überall reiche Leute zur Rhône kamen, ihre Toten in Fässer legten und diese in die Rhône warfen. Sie sollten dann bis nach Arles treiben, wo sie von Totengräbern aufgefischt und zum Gräberfeld gebracht wurden. Zur Bezahlung dieser Arbeit steckte man den Toten Goldstücke zwischen die Zähne. Das lockte natürlich viele der bitter Armen an, die sich die Fässer schon vor Arles mit langen Stangen ans Ufer zogen und die Goldstücke zwischen den Zähnen herausbrachen.

Auch zwischen den Totengräbern soll es wegen des Goldes zu harten Auseinandersetzungen gekommen sein.

Romanik

Im frühen Mittelalter beginnt sich der romanische Stil allmählich herauszubilden; der Höhepunkt liegt im 12. und 13.Jh. Zahlreiche Klöster und Kirchen entstehen. Man erbaute sie nach Art der römischen Basilika, ein langgestrecktes Hauptschiff (Nebenschiffe haben nur die größeren Bauten), massives Tonnengewölbe; Rundbögen. Meistens von West nach Ost gebaut.

Besonders wichtig wurde die Pilgerstraße nach Santiago de Compostela im äußersten Nordwesten von Spanien (hier lag eines der wichtigsten Wallfahrtsziele des Mittelalters, das angebliche Grab des Apostels Jakob, des ältesten der Jünger Jesu). Mehrere Pilgerstraßen führten von Frankreich nach Spanien, - eine auf der Spur der alten Via Domitia von Norden kommend nach Arles, nördlich der Camargue entlang ans Meer und dann nach Toulouse. Auf Pilgerfahrt begaben sich häufig auch sehr vermögende Herren, die kräftig für neue Sakralbauten im Bereich der Wallfahrtswege spendierten.

So kam es zu einem großen Aufschwung in der Kirchenbaukunst, unter anderem entstanden St. Gilles, ein paar Kilometer westlich von Arles und die Kathedrale St. Trophime in Arles. Besonders bekannt und berühmt sind die beiden Kirchen durch die Figuren an den Portalen geworden. Die Skulpturen in St. Gilles sind wohl die bedeutendsten Steinmetzarbeiten der romanischen Provence.

St. Gilles: Angeblich von einem Heiligen namens Ägidius gegründet, (im 8. Jh.). Später hatte die Religionsgemeinschaft der Katharer hier eines ihrer kirchlichen Zentren. Beim Verlassen der Kirche wurde ein päpstlicher Legat ermordet. Das brachte das Faß zum Überlaufen: Der rachelustige Papst ließ den „Kreuzzug“ gegen die „Ketzer“ erklären. Von den Protestanten wurde die Kirche im 16. Jh. zerstört. Der heutige Bau stammt aus dem 17. Jh. Nur das Portal aus der Zeit zwischen 118o-125o ist erhalten. Es ist geschmückt mit Darstellungen aus dem Leben Jesu, zahlreichen Heiligenskulpturen, Tierfiguren und alten, auf vorchristliche Tradition zurückgehenden Fabelwesen.

St. Trophime: Das Portal ist ausgezeichnet erhalten: etliche Heiligenfiguren, dazu ein Fries, der das Jüngste Gericht zeigt. Bekannt ist St. Trophime auch durch seinen Kreuzgang, den schönsten in der Provence. 4 Gänge -2 sind romanisch (östl./nördl.), 2 gotisch. Besonders sehenswert die Skulpturen. In die Säulen sind Figuren eingemeißelt, Kapitelle mit Themen aus dem alten und neuen Testament.

Die Abtei de Montmajour - 5 km nördlich von Arles: Seit dem 1o. Jh. bemühten sich die Benediktiner, die umliegenden Sümpfe in harter Arbeit trocken zu legen. Als im 18. Jh. das Kloster aufgehoben wurde, verfiel vieles, einiges wurde wieder restauriert. Ein schöner Ausflug von Arles aus. Große Klosteranlage mit romanischer Kirche und schönem Kreuzgang.

Ein weiterer interessanter Kreuzgang in Vaison-la-Romaine bei der Kathedrale. An der Mauer der Kathedrale eine eigenartige Inschrift mystisch-christlichen Inhalts (aus dem „bösen“ Norden soll man durch den Kreuzgang nach Süden, zum Heil gelangen).

Die Abtei von Sénanque: Der Name leitet sich von sana aqua (=gesundes

Wasser) ab. 1148 von Zisterziensern gegründet; verschiedene Klosterbauten, -Kirche, Wärmehalle, Schlafsaal, Refektorium (Speisesaal), Dormitorium (Schlafsaal), Kreuzgang. Interessant sind Berichte über das Leben im Kloster, das in streng geregelter Ordnung verlief. Askese bestimmte das Leben, wenig Essen, wenig Schlaf, im Winter war nur die Wärmehalle beheizt.

Im Languedoc die berühmte Stadtbefestigung und die Burg von Carcassonne, im 19.Jh. vollständig restauriert. Eine der großen Sehenswürdigkeiten in Frankreich. Dabei kann man auch noch gut die Abtei von Fontfroide „mitnehmen" (östl. von Carcassonne in der Nähe der Straße nach Narbonne) - ein Zisterzienserkloster aus dem 11.Jh., mit schönem Kreuzgang.

Im Roussillon, in den Tälern und an den Hängen der Flüsse Tet und Tech mehrere romanische Benediktinerabteien. (Teilweise wird hier der maurische Einfluß sichtbar, die Mauren hatten das Gebiet lange besetzt gehalten.):

Saint-Michel-de-Cuxa, Sainte-Marie-d'Arles-sur-Tech, Saint-Andre-de-Sorede, Saint-Genis-des-Fontaines, Saint-Martin-du- Canigou und Prieure de Serrabone. Der rosafarbene Marmor, der in der Umgebung abgebaut wird und der für das Kloster Prieure de Serrabone verwendet worden ist, hat angeblich dem Roussillon den Namen gegeben!

Südlich von Perpignan die kleine Stadt Elne mit einer Kathedrale (11. Jh.) und einem der schönsten romanischen Kreuzgänge im Süden.

Gotik

Der gotische Baustil setzte sich in Südfrankreich erst mit dem Einzug der Päpste in Avignon durch, gewann aber nie sonderlich an Bedeutung.

Erwähnenswert u.a. der Papstpalast in Avignon, die gotischen Verzierungen am Schloß von Tarascon, die Backsteinkirche von Albi, sowie die Kathedrale St. Just in Narbonne.

Im 15. Jh. gewann die Malerei der Provence an Bedeutung: Berühmteste Vertreter der „Schule von Avignon" sind E. Charenton und Nicolas Froment.

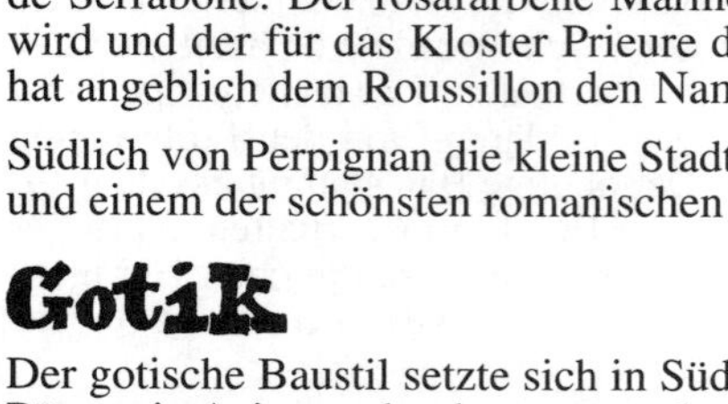

St. Just Narbonne

Der Beginn der Neuzeit ist gleichzeitig das Ende einer eigenständigen südfranzösischen Kunst. Grund dafür ist in erster Linie die wachsende Zentralisierung Frankreichs.

Der Einfluß des aus Italien importierten Renaissance-Stils zeigt sich hauptsächlich an weltlichen Bauten mit repräsentativer Funktion. Darunter die zahlreichen Patrizierhäuser in Aix-en- Provence sowie die Schlößer in der Gegend des Luberon.

Für eine Wiederbelebung provencalischen Geistes und provencalischer Sprache setzt sich im 19. Jh. der Dichter Frederic Mistral (183o-1914) ein.

Maler im Midi

Im späten 19. und frühen 2o. Jh. wurde Südfrankreich zur Heimat zahlreicher bedeutender Maler.

Die Kubisten trafen sich in Ceret (Pyrenäen); Collioure wurde zum Zentrum der „Fauves".

Vincent van Gogh ließ sich mit 35 Jahren in Arles nieder. Das Haus in dem er wohnte ist nicht mehr erhalten; bei Streifzügen durch die Umgebung von Arles erkennt man gelegentlich eines seiner Motive wieder, z. B. die hölzerne Klappbrücke (auf der D 35 nach Port Louis, nach der Kanalüberquerung links).

Im Neubau der geschlossenen Anstalt St.-Paul-de-Mausole bei St. Remy, in die van Gogh 1888 eingeliefert wurde, wurde ein Gedenkraum für den Maler eingerichtet.

In Arles scheint man ihn hingegen ziemlich vergessen zu haben.

Paul Cézanne (1839 - 19o6), Wegbereiter der modernen Kunst, lebte und arbeitete in Aix, nach dem er von der Pariser Akademie abgelehnt worden war. Von den Einwohnern wurde er als Sonderling betrachtet. Erst 1895 gelang ihm mit einer großen Ausstellung der Durchbruch.

Sein Atelier in Aix an der Avenue Paul Cezanne kann besichtigt werden (außer Dienstag täglich von 1o-12 Uhr und 14.3o-17.3o Uhr). Nicht weit vom Atelier, bei Les Lauves, sowie an der Montagne de St. Victoire östlich von Aix findet man seine Motive wieder.

Auguste Renoir, einer der Hauptvertreter des französischen Impressionismus, ließ sich 19oo in Cagnes-sur-Mer bei Nizza nieder, weil er sich von dem milden Klima eine Besserung seiner Rheumaanfälle erhoffte.

Die Villa Les Collettes liegt im Osten des Ortes in der Nähe des Flusses La Cagne. Der große Garten (relativ unverändert) und das Atelier, sind zu besichtigen.

Toulouse-Lautrec wurde 1864 in Albi geboren. Die meiste Zeit seines Lebens verbrachte er in Paris. Nach seinem Tod (19o1) schenkte seine Mutter die Werke aus dem Nachlaß der Stadt Albi, - etwa 2oo Gemälde und 25o Zeichnungen, dazu Plakate und Lithografien. Zu besichtigen im Museum Toulouse-Lautrec: Juni bis September 9-12 Uhr und 14-18 Uhr; im Winter von 1o-12 Uhr und 14-17 Uhr; dienstags geschlossen.

Henri Matisse ließ sich 19o5 in Collioure nieder. Das Zusammentreffen der Gebirgslandschaft der Pyrenäen mit dem Meer und die interessanten Lichtverhältnisse (Purpurküste) gaben ihm ideale Möglichkeiten für seine Malerei.

1917 zog er nach Cimie bei Nizza um. In der dortigen „Villa des Arenes“ befindet sich das große Matisse-Museum.

Sehr sehenswert außerdem die Chapelle du Rosaire in Vence (in der Nähe von Cimiez an der N 21o), die Matisse 1947, von einer schweren Krankheit genesen, ausmalte. Die Wandmalereien zeigen den Leidensweg Jesu Maria mit dem Kind und den heiligen Dominikus. Die farbigen Glasfenster sind von größtmöglicher Einfachheit .

Matisse starb 1954 in Cimiez.

Der französisch-russische Maler Marc Chagall ließ sich nach wechselnden Aufenthalten in Frankreich, Rußland und Amerika 1949 im kleinen Vence bei Nizza nieder. 1965 zog er ins nahegelegene St. Paul um, weil ihm eine Mietskaserne den Blick auf die Alpen versperrte. Sein Schlafzimmer verband er hier durch einen elektrischen Aufzug mit dem Atelier um nicht mehr Treppen steigen zu müssen.

In St. Paul befindet sich die bekannte Maeght-Stiftung, 1964 gegründet. Sie hat aus dem kleinen Ort ein bedeutendes Kunstzentrum gemacht. Werke von Chagall, Kandinsky, Miro, Matisse und anderen sind hier in großer Anzahl unter idealen Bedingungen zu sehen. In Nizza (Boulevard de Cimiez) ein neues Chagall-Museum mit biblischen Werken .

Der 1881 in Malaga (Spanien) geborene Picasso siedelte 19o4 nach Paris über und hielt sich immer wieder in der Provence auf.

Vorübergehend wohnte er in Vallauris bei Antibes, wo er in der kleinen Kapelle am Marktplatz das Bild „Krieg und Frieden“ gemalt hat. Der Stadt Antibes schenkte Picasso alle Bilder die er hier gemalt hatte; zu besichtigen im „Musee de Château“.

1971 vermachte er 57 Zeichnungen dem Musee Reattu in Arles. 1961 ließ sich Picasso in Mougins bei Cannes nieder, (Villa Notre Dame-de-Vie), wo er 1973 starb. Beigesetzt wurde er im Park seines Schloßes Vauvenargues (15 km östlich von Aix).

Victor Vasarely begann 197o, im Schloß von Gordes (nördlich des Luberon), ein sogenanntes didaktisches Museum für geometrische und konstruktivistische Kunst einzurichten. Seine farbenprächtigen Werke bilden einen reizvollen Kontrast zu der Renaissancearchitektur des Schloßes.

Außerdem ließ Vasarely in Aix ein Ausstellungs- und Kongreßzentrum errichten.

die Ardèche

Landschaftlich imposantes Gebiet: Zwischen dem Vivarais, mit seinen Tannenwäldern, Weidegebieten und Terassenanbau und dem Bas Vivarais, einer stark zergliederten Kalklandschaft mit Maulbeerbäumen, Wein- und Lavendelanbau entspringt die Ardeche im Foret de Marzan.

In das weiche Kalkgestein hat der Fluß vor allem in seinem Unterlauf eine 4o km lange tiefe Schlucht gefressen: die GORGES DE L'ARDECHE einen der berühmtesten Canons Frankreichs, mäanderförmig im Verlauf. Türkisfarben schlängelt sich der Fluß durch den ockergelben Fels, in den das Wasser im Laufe der Jahrtausende Höhlen und andere, bizarre Formationen gegraben hat. Die volle Schönheit kann man nur auf einem Bootstrip erfahren da die D 579 die Schlucht nur an einigen wenigen, wenn auch sehr schönen Punkten berührt.

Vom Gebiet der Vulkane oder Le Puy kommend am schnellsten über die N 1o2, meist geradliniger Straßenverlauf und wenig Verkehr; reizvoller entlang der D 439, die parallel zur Schlucht verläuft, aber sehr zeitraubend und reifenfressend. Es ist wie ein kleines Wunder, wenn sich das Land plötzlich öffnet, und die grüne Schlucht vor einem liegt.

An den anfangs noch sanften Hängen Mischwald, unten im Tal Obstanbau, Himbeerbüsche und üppiger Pflanzenwuchs. Lohnend: ca. 8 km nach dem kleinen Dorf Lanarce, am Oberlauf der Ardeche: rechts die schmale Schotterstraße nach Astet bis Mayres entlangzufahren: links kleine steinerne Bauernhäuser, rechts die Ardeche und im Spätherbst braucht man nur aus dem offenen Autofenster zu langen: Es gibt Brombeeren „en masse“.

Wieder auf der Nationalstraße geht es weiter durch einige sehr hübsche Dörfer wie THUEYTS. Von hier schöner Ausflug zum Pont-du-Diable, der Teufelsbrücke. Auf dem Rückweg kann man sich noch die Königstreppe eine titanische Basaltwand anschauen.

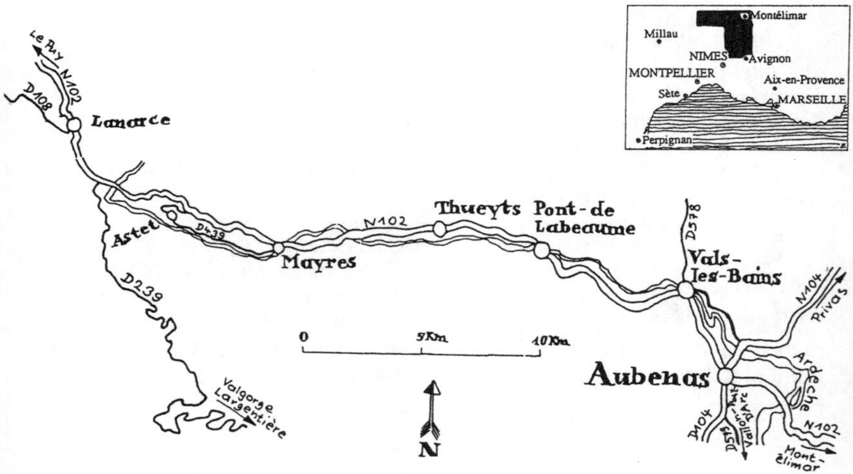

In Pont-de-Labeaume gibt es in dem Restaurant „TRUITE ENCHANTEE“ ausgezeichnetes Essen. Üppige Menüs, besonders zu empfehlen ist frische Forelle mit leckeren Beilagen zu ca. 12 Euro. Weiter flußabwärts Vals-les-Bains, ein kleiner Thermalort mit einer intermittierenden Quelle, die pünktlich alle 6 Stunden lossprudelt, bis Aubenas, auf einem Hügel erbaut, mit altem Gemäuer im Stadtkern und holperigen Straßen aus Kopfsteinpflaster - heute wirtschaftlicher Mittelpunkt der Region.

Von hier sind es nur noch wenige Kilometer bis zum Beginn der „Gorges“, der Schluchten der Ardeche. Die D 579 biegt kurz hinter Aubenas von der Nationalstraße ab und führt nach Vallon-Pont-d’Arc, Ausgangspunkt für Kanutrips.

Wer vom Rhônetal via Pont St. Esprit anreist, kann der Tropfsteinhöhle AVEN-GROTTE DE MARZAL (an der D 2o1) einen Besuch abstatten.

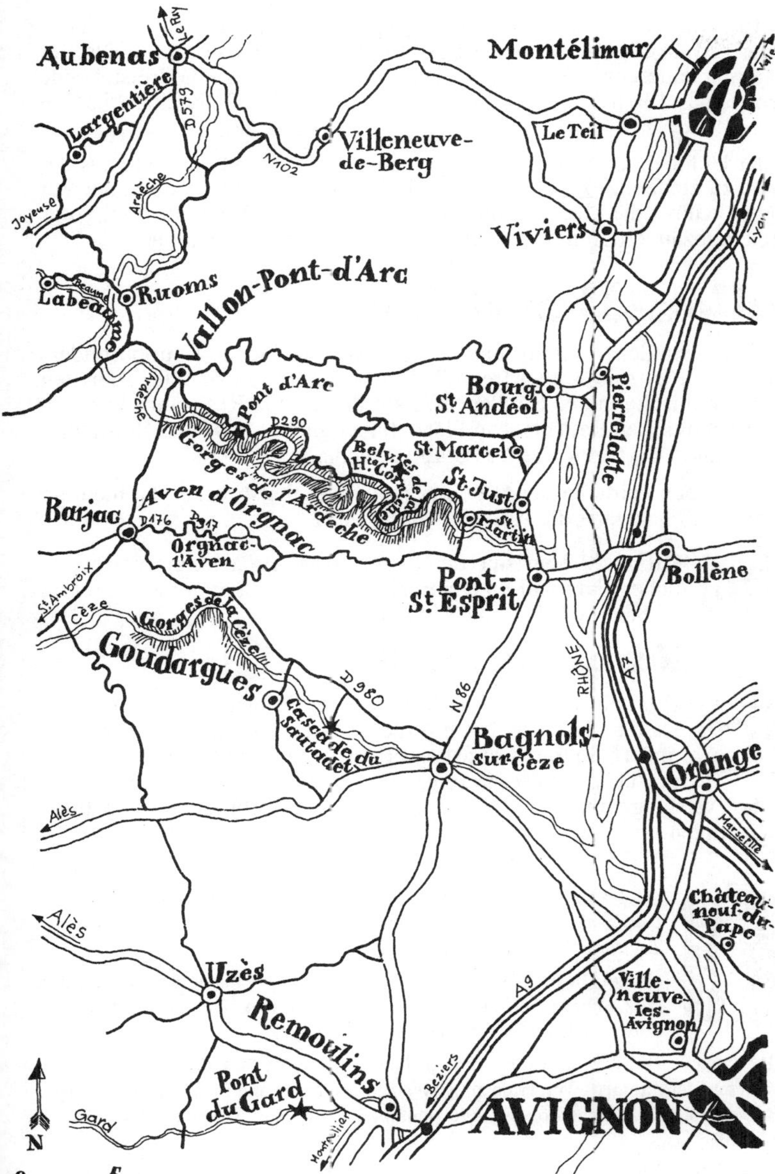
Aubenas
Le Puy
Largentière
D579
Joyeuse
Ardèche
Villeneuve-de-Berg
N102
Montélimar
Valence
Le Teil
Viviers
Lyon
Labeaume
Beaume
Ruoms
Vallon-Pont-d'Arc
Ardèche
Pont d'Arc
D290
Gorges de l'Ardèche
Belvédères de la Hte Corniche
Bourg-St Andéol
Pierrelatte
St-Marcel
St Just
St Martin
Barjac
Aven d'Orgnac
D176
D317
Orgnac-l'Aven
St Ambroix
Cèze
Gorges de la Cèze
Goudargues
D980
Cascade du Sautadet
Pont-St Esprit
Bollène
N86
RHÔNE
A7
Bagnols-sur-Cèze
Orange
Alès
Marseille
Alès
Châteauneuf-du-Pape
Uzès
Remoulins
A9
Villeneuve-les-Avignon
Béziers
Pont du Gard
Gard
Montpellier
AVIGNON
N
0 5 10 Km

Geöffnet von März bis November täglich 1o-18 Uhr. Eintritt für Erwachsene 12 Euro, Kinder zahlen 8 Euro (incl. ZOO-Préhistorique). Die Besichtigung dauert ca. 1 Stunde. „Gewagter“ Abstieg über eine freistehende Eisentreppe - 13o m! Tel. o4 75 o4 12 45, o4 75 55 14 82, Fax: o4 75 55 28 2o.

Bei der Höhle eine weitere Institution, um den Touristen das Geld aus der Tasche zu ziehen: ZOO PREHISTORIQUE. Ein dümmlich aufgemachter Rundweg durch die Macchia mit Polyesterdrachen in Originalformat, sorgfältig eingezäunt, damit Kinder keinen Schaden anrichten können.

Vallon-Pont-d'Arc

Ein kleines Städchen, Zentrum eines Obstanbaugebietes. Kein besonders interessantes Ortsbild - aber freundlich. Abends treffen sich die Touristen und Einheimische in den Straßencafés am Place de la Resistance vor dem hübsch renovierten Rathaus. Am Platz allabendliches Hin- und Herrangieren der Autos auf verzweifelter Parkplatzsuche.

Seinen Namen verdankt der Ort einer mächtigen Felsbrücke, die mehrere Kilometer flußabwärts die Ardèche überspannt.

Tourist INFO

Office du Tourisme des Gorges de l'Ardèche, am nordwestlichen Ortsrand, in einem Neubau gegenüber der Post. Tel.o4 75 88 o4 o1, Fax: o4 75 88 41 o9.

Verbindungen

Bus: Fü Rück- und Weiterreisende; Haltestelle vor dem Café de la Poste. Nach Aubenas um 6.55 (nur werktags) und 16.3o (auch samstags) Busse. Direkt nach Montelimar um 11.35 (auch samstags, ca. 8 Euro). Nach Avignon SNCF-Bahnhof werktags um 8.oo (ca. 9 Euro). Andere Verbindungen im Info-Büro erfragen.

„**Hotel La Gardure**“: Kleines 7-Zimmer-Hotel, etwas eng, mit Duschkabine. Hübscher Innenhof, ruhig. DZ ca. 5o Euro. 5 Min. vom Zentrum - Le Mas des Aires. Tel. o4 75 371 346.

„**Hotel Du Parc**“: An der Dorfhauptstraße, gegenüber der kleine Park. Sehr sauber, auch hier etwas kleine Zimmer. DZ mit Dusche ca. 3o Euro. Route de Salavas. Tel. o4 75 88 o2 17.

„**Le Raveyron**“: Hübsch renoviertes Hauptgebäude, weniger schön das Nebenhaus mit der Mehrzahl der Zimmer. - Vorgarten mit vielen Blumentöpfen und Bäumen, ruhige Lage. In den Gewölben des Erdgeschosses ein Restaurant. DZ zwischen 38 und 5o Euro. Tel. o4 75 88 o3 59.

„**Des Touristes**“: Liegt in der Schlucht zwischen Straße und Fluß bei der Pont d'Arc in einem kleinen Eichenhain. Die Zimmer im 1. Stock haben eine riesengroße Gemeinschaftsterrasse, die von den Bäumen beschattet wird. Die Zimmer mit Dusche sind nicht gerade geräumig, aber sauber. Doppelzimmer zwischen 35 und 5o Euro. Adresse: An der D 29o in der Nähe der Pont d'Arc. Tel. o4 75 88 oo o1, Fax: o4 75 88 13 65.

AUBERGE RURALE DES GRANGES: Wer die ca. 16 km bis nach Bessas nicht scheut, wird nicht enttäuscht werden. Das billigste Menü für ca. 2o Euro enthält 2 Vorspeisen (hausgemachte Pastete und Omelette mit Kräutern), Hauptgericht, Käse und Dessert. Hier essen hauptsächlich Einheimische, Touristen sieht man weniger. Am Wochenende finden oft Hochzeitsfeiern statt. Adresse: Bessas (o715o Vallon Pont d'Arc) D 579 bis Barjac, dann D 196/D 2o2.

DE LA POSTE: Vorwiegend von Einheimischen besuchte Kneipe mit einem Speiseraum, der in den Barraum übergeht. Gute Atmosphäre beim Geratter des Flippers und Gedröhne der Musikbox. Es gibt deftige Portionen zu ca. 1o bis 15 Euro. Adresse: Rue Roger Salengro. Tel. o4 75 88 o2 11.

LE COCONUTS: mit typischen Ardèché-Spezialitäten. Offen von Februar bis November. Gehobne Preise. Place Couverte-Vallon. Tel. o4 75 88 1o 19.

ODEL'ICE: Gute Pizzen sowie große Auswahl an Crépes. Mittlere Preise, Place Couverte-Vallon. April - November. Tel. o4 75 88 o5 54

SNACK BAR CHELSEA: Große Auswahl an Omelettes und Salaten, hübsch der Garten mit den wilden Pflaumenbäumen, an der Hauptstraße. Abends Treffpunkt für Paddler und Kanuten; der Garten verwandelt sich dann in einen Biergarten.

Mehrere Restaurants in der kleinen Seitenstraße neben der Mairie, die Menüs ab ca. 8 Euro anbieten, schwer etwas zu empfehlen.

Fast alle Plätze am Ufer der Ardeche ca. 2-3 km außerhalb von Vallon an der Straße nach St. Martin.

Camping de l'Ile, billig, warmes Wasser, an der Straße nach St. Martin, hinter den großen 4-Sterne-Campingplätzen gelegen und etwas außerhalb von Vallon. Die schattenspendenden Bäume sind leider in einem erbärmlichen Zustand und die sanitären Einrichtungen etwas vernachlässigt. Preis ca. 8 Euro für 3 Pers. und Auto. Tel. o4 75 88 o5 44, Fax: o4 88 1o 31.

Camping Des Tunnels, den Sommer über meist Ferienjobber mit Deutschkenntnissen. Kosten: 2 Personen ca. 1o Euro (NS), 14 Euro (HS). Tel. o4 75 88 oo 22, Fax: o4 75 88 o3 88. Gleich neben dem Platz ein Kanu- und Kajakverleih.

Camping Beau Rivage, von Vallon in Richtung Ruoms, nach ca. 1,5 km augeschildert. Vielleicht der ruhigste Platz in der Umgebung von Vallon; schön gelegen in einem dichten Laubwäldchen zwischen Weinfeldern; Ufernähe. Ca. 2o Euro für 2 Pers. Tel. o4 75 88 o3 54.

SEIDENRAUPENZUCHTMUSEUM (MAGNANERIE) : Im Nachbarort Les Mazes. Geöffnet von Anfang Mai bis Ende September. Eintritt für Erwachsene: ca. 4 Euro.

In dem gut durchlüfteten, warmen Schober werden in Bambusregalen die Raupen großgezogen. In den Häufchen von Maulbeerblättern balgt sich das Gewürm. Wer mit dem Ohr lauscht, hört das hundertfache rsch...rsch der gefräßigen Tierchen.

Mit Datumsschildern versehen, ist die Brut nebeneinander aufgereiht. Eine nur 2 Tage ältere Zucht ist schon beträchtlich dicker als ihre jüngeren Artgenossen.

Nach zirka 2-monatigem ununterbrochenen Fressen beginnt sich die Raupe in einen Seidenkonkon einzuwickeln. Der Schmetterling, der sich darin entwickelt, wird, von einigen Zuchtexemplaren ausgenommen, vergast, damit er beim Ausschlüpfen den Konkon nicht beschädigt. Die Eier der Zuchtschmetterlinge werden ein Jahr später durch natürliche Wärmeeinwirkung ausgebrütet sein.

Die Seidenraupenzucht stammt ursprünglich aus China und wurde Ende des 16. Jh. in Südfrankreich eingeführt. Es war eine äußerst arbeitsintensive Saisonarbeit, weshalb auch bereits Mitte des 19. Jh. die Blühte der Seidenraupenzucht vorüber war (Landflucht). Während der 2-monatigen Aufzucht der Raupen waren eine Menge Landarbeiter nötig, um die jungen Blätter des Maulbeerbaumes einzusammeln. Um 5 kg Seide zu gewinnen, waren 1 Tonne Blätter als Futter nötig.

Und nur von den jungen Blättern fressen die Raupen genügend, um sich danach mit einem 1,5 km langen Faden einzuspinnen. Weshalb auch nur eine Aufzucht im Jahr möglich ist. Wenn im späten Frühling die Raupen immer noch nicht ans Ausschlüpfen dachten, steckten sich die Frauen die Eier zwischen den Busen oder mit ins Bett, um durch verstärkte Wärmeentwicklung das Brüten zu beschleunigen.

Das Ende kam 1851, als eine Seuche die Zuchten wegraffte. Zwar wurde mit Hilfe von Pasteur später die Seuche besiegt, aber mit Beginn der industriellen Revolution steigerte sich die Landflucht. Außerdem kam durch den neueröffneten Suezkanal billige Seide aus Japan und China nach Europa. Beide Länder halten auch noch heute den Löwenanteil am Weltmarkt. Die Japaner versuchten es inzwischen mit Züchtungen, welche nicht völlig von den frischen Maulbeerblättern abhängig sind: Es gibt Rassen, welche auch mit Schwarzwurzelblättern vorlieb nehmen.

Kanufahren auf der Ardèche

Die Ardèche wird von vielen passionierten Paddlern als der Traumfluß bezeichnet. So sind es auch in jedem Jahr Tausende, die in den Sommermonaten vom Pont d'Arc durch die malerische Schlucht bis nach St. Martinpaddeln.

Die GÜNSTIGSTEN BEDINGUNGEN herrschen im Mai, Juni und Juli, da in dieser Zeit der Wasserstand ca. 1,5 m über dem Stand im Sommer liegt. Die Temperaturen betragen im April 8-1o Grad, im Mai ca.15 Grad und im August ca. 2o Grad. Es gibt aber auch Spezialisten, die im tiefsten Winter fahren. Unvorsicht und Übermut fordern jedes Jahr ca. 1o Tote, die während der Wildwasserfahrt oder auf Exkursionen in den Höhlen entlang der Schlucht sterben. Im Sommer ist eine Fahrt allerdings relativ ungefährlich. Man sollte sich schon 2 Tage Zeit nehmen, um die vielen schönen Eindrücke in aller Ruhe aufnehmen zu können. Preise p.P.: ca. 3o Euro pro Tag.

Es gibt mehrere Anbieter, z.B. Aigue Vive, Route des Gorges, o715o Vallon Pont D,arc, Tel. o4 75 37 18 16, Fax: o4 42 o7 3o 57, E-Mail: Aigue Vive @ifrance.com

MEHRERE KANUVERLEIHS. Im Ort Vallon gibt es über 3o Kanuverleihs, in St. Martin 3 weitere. Auf Wunsch erhält man auch große Plastiktonnen für Schlafsäcke, Kocher, Proviant ...

So kann man auf halber Strecke auf den felsigen Uferbänken übernachten: wildromantisch beim Gedudel des Kofferradios des Wildwasserfreunds von nebenan und gelegentliches Gegrunze der Wildschweine in den Wäldern. Im Tal leben noch die letzten 5 Königsadlerfamilien des Gebietes, die sich aber vermutlich nicht blicken lassen werden.

Besonders unterhaltsam ist es, an einer Stromschnelle Picknick zu machen: Ungeübte Kajakfahrer mit verbissenen Gesichtern versuchen doch noch die aussichtslose Situation zu meistern, hastige Paddelschläge, böse Flüche, das Boot stellt sich quer. Eine unterhaltsame Angelegenheit, besser als Dick und Doof zu Hause über den Bildschirm flimmern zu lassen.

Die Ardèche wird von vielen als reiner Wanderfluß betrachtet, und es fahren auch Leute mit den unmöglichsten Schwimmunterlagen. Jedoch sollte man nicht vergessen, daß besonders an den Stromschnellen, wie z.B. dem Dent Noire, ein bißchen Erfahrung mit Wildwasser hilft. Wir haben bei Niedrigwasser im Sommer zu fünft ein gekentertes Kanu erst nach ca. 2o Min. freibekommen. Wer wenig Erfahrung mit dem Wildwasserfahren hat, sollte die schwierigsten Stellen auf jeden Fall vorher ansehen und sich im Zweifel immer für das Umtragen entscheiden.

Auf halber Strecke entspringt eine der 5 Quellen, die ihr frisches Wasser in die Ardeche sprudeln: die Source de Platane ist eine der schönsten, da sie besonders kalt ist. Vor der Felsöffnung liegt ein kleines, tiefes Bassin. Wohl die geeignetste Stelle, um aus dem Boot zu springen und ein kühles Bad zu nehmen.

Im Hochsommer ist die Ardèche geradezu übervölkert. Die Ufer sind dann und besonders zu Pfingsten gesäumt von Fischern, Badenden und Paddlern, die Picknick machen. Von den 1o.ooo zur Verfügung stehenden Booten sind bis zu 2.5oo auf den 32 km Naturschönheit unterwegs, und die Einheimischen erzählen sich den Witz, daß man im Juni zu Fuß, von Boot zu Boot springend, den Fluß hinunterlaufen kann.

Viele Menschen machen viel Dreck; aber heute ist alles bereits wohlorganisiert: so fährt z.B. am Abend ein Müllboot durch die Schlucht und sammelt die in Plastiksäcken (hoffentlich) verpackten Abfälle der Touristen.

Landschaftlich ist diese Strecke sehr lohnend, und in der Vorsaison sicher ein schönes Ferienerlebnis auf dem Weg in den Süden.Wer nicht anders kann, und während der Hochsaisonmonate Juli/August in Südfrankreich unterwegs ist, sollte warten, wenn er sein Kanu bei der Einstiegsstelle ins Wasser schiebt, bis die vor ihm gestartete Meute mit ihren Booten hinter der nächsten Flußbiegung verschwunden ist.

Als Ausstiegsstelle nach dem 2-Tagestrip bietet sich am besten der Strand von Sauze an, von dort holen normalerweise die professionellen Bootsverleiher ab. Wer mit dem eigenen Boot fährt, kann aber gut nach Pont d'Arc oder Vallon trampen, um sein Auto nachzuholen.

Hauptfeste und Veranstaltungen:

4. April: Kanufahrt vom Brückenbogen.
8.-9. Mai: „Coupe de France“ für Flussfahrt in Saint-Sauveur-de-Montagut.
29. Mai: Naturathlon auf dem Fluss Chassezac.
12.-13. Juni: Tag des Wassers von la Fontaulière in Pont-de-Laubaume (Kayak auf Hochfluss).
12.-14. November: Internationaler Marathonlauf der Ardèche-Schluchten.

Auskünfte:

Komitee für Kanu und Kayak in der Ardèche: Tel. o4 75 64 42 54, École de Paste, o7ooo Privas.

Französischer Verband für Kanu und Kayak, 87, quai de la Marne BP 58, 94344 Joinville-le-Pont Cedex, Tel. o1 45 11 o8 5o und o1 48 89 39 89.

Karten:

Karte der Ardèche-Schluchten: (G.I.G.A.: Kommunalgruppierung der Ardèche-Schluchten), Tel. o4 75 38 63 oo.

Karte der Ardèche-Schluchten: I.G.N. Didier et Richard.

Es gibt folgende detaillierte Karten der Ardèche-Schluchten: A.P.G.A. (Schutzverband der Ardèche-Schluchten) und Grège Verlag Le Chadafaud, o715o Lagorce herausgegeben.

Weitere Sportmöglichkeiten

Angeln: Inzwischen brauchen auch Touristen eine Angelerlaubnis. Sie ist erhältlich bei: Monsieur Roupioz, Magasin Optique-Peche, Bd. Peschaire Alizon, Vallon. Außerdem im Info-Büro. Es gibt hauptsächlich Weißfische, da die Wassertemperatur für Forellen zu niedrig ist.

Baden: Anfang Herbst natürlich schöner, da der Wasserstand ca. 1,5 m höher ist als im August oder September. Allerdings ist das Wasser oft brühwarm. Die Temperaturen im April 8-1o Grad, im Mai 15 Grad und im August 2o Grad. An einigen Stellen sprudeln frische, kalte Quellen aus dem Fels.

Ungefähr auf halber Strecke ist am linken Flußufer eine besonders schöne und kalte Quelle - eines der schönsten Plätzchen im ganzen Tal, um ein kühles Bad zu nehmen.

Wandern: Ist nur bei niedrigem Wasserstand möglich, da der Flußlauf 5 mal überquert werden muß. Unterwegs ist man ca. 2 Tage. Information: Bei den Kanuverleihen gibt es eine Karte über den genauen Flußverlauf, in der auch die Quellen und besonderen Naturschönheiten eingezeichnet sind.

Fahrräder: kann man bei einigen Bootsverleihen ausleihen. Es stehen Mountain-Bikes (Velo Tout Terrain, VTT) und Stadt-Räder (Velo-ville) zur Verfügung. Ein VTT mit vollständiger Ausrüstung und ‚Trainer' kostet 42 Euro am Tag. Stadt-Räder gibt es erheblich billiger. Einer der größten Verleiher im Ort ist Le Nautilus (bei der ESSO-Station). Tel. o4 75 88o 257.

Wie uns Michael Klotzenburg schrieb: „...die Ardèche ist anstrengend zu fahren: immer rauf und runter. Aber es lohnt sich, vor allem außerhalb der Hauptsaison. Zum Pont d'Arc geht es 2 km steil bergab, sodaß man mit dem Fahrrad die Geschwindigkeitsbegrenzung locker überschreitet. Vorher nochmals die Bremsen treten..."

Tennis: In Salavas, südlich von Vallon an der D 579, gibt es hinter einem kleinen Schulhaus einen Tennisplatz, auf dem man für 4 Euro die Stunde spielen kann. Auskunft und Platzvorbestellung in der Mairie von Salavas. In Vallon gibt es 2 städtische Tennisplätze: Place de la salle omnisport. Buchung und Schlüssel im Info-Büro.

Reiten: In der Umgebung von Vallon 4 Reitställe. Ein weiterer, Centre Equestre des Gorges, zwischen Vallon und St. Martin, beim Abzweig nach Bidon. An der D 29o die rote Ausschilderung beachten; anschließend weisen die Pferdeäpfel den Weg! Anfänger reiten für 13 Euro die Stunde im Kreis. Fortgeschrittene zahlen je nach Qualität der Stute ca. 65 Euro für Tagesausritte mit Führung. Schöne Ausritte zum Belvedere de la Haute Corniche sind von der Reitschule aus möglich. Ganzjährig geöffnet, Dienstag Ruhetag für Pferde und Personal. Tel. o4 75 98 85 51.

Sportfliegen: Wie uns Stefan-Ullrich schrieb: „An einem kleinen Sportflugplatz kann man wunderbare Rundflüge, z.B. über die Ardèche unternehmen, was wir auch gemacht haben.

Der Flugplatz ist von Pont St. Espirit aus zu erreichen. Man geht (oder fährt) ganz einfach über die Rhônebrücke und biegt am anderen Ufer von der Straße (die nach Ballene führt) links ab und geht auf einer Art Landstraße entlang dem Rhôneufer aufwärts, ca. noch 5oo m, bis man den kleinen Aero-Club erreicht."

Vom Oberlauf der Ardèche lohnt sich ein Abstecher in das Massif Central nördlich des Flußlaufes. Das ca. 1.2oo m hoch gelegene Plateau erreicht man entlang von Wildbächen, die noch bis in den späten Frühling hinein die Ardèche mit dem eiskalten Schmelzwasser zum Überlaufen bringen. Wälder finden sich fast nur in den Talsenken und windgeschützten Bergsätteln.

Abstecher: Zentralmassiv

Eine schöne Rundreise führt von Pont-de-Labeaume entlang der D 536 in Richtung Le Bèage. Nach dem Ort Montpezat beginnt der interessante Streckenabschnitt, längs des schluchtartigen Tales der Fontolière schlängelt sich die Straße am steilen Berghang hinauf. Fast kein Autoverkehr. Zu beiden Seiten Kiefernwälder und nackter Fels an den Steilhängen. Nach ca. 1o km, nachdem man etwa 5oo m Höhenunterschied überwunden hat, erreicht man eine Art Hochplateau mit welliger Hügellandschaft.

Wenn die Straße die Fontolière das zweite Mal überquert, macht sie einen scharfen Linksknick (hier stehen auch 2 Häuser). Dort biegt rechts eine ca. 5 km lange Nebenstraße zum LAC-DE-PRAT ab. Dieser See, auf keiner Landkarte eingezeichnet, ist eigentlich nur ein Fischweiher mit einem Gasthaus daneben. In bequemen Campingstühlen am Weiherrand sitzend kann sich jeder Gast seine eigene Forelle angeln, die dann der Besitzer, welcher ursprünglich aus einem Vorort von Paris kommt, schmackhaft zubereitet. Das komplette Menü kostet ca. 1o Euro. Eine besondere Schleckerei sind die in Öl gebackenen Flußkrebse, die es allerdings erst ab etwa August gibt. Für ca. 2o Euro kann man hier auch übernachten und es besteht die Möglichkeit zu zelten - doch Vorsicht: Es kann hier selbst im Sommer über Nacht noch frieren. Adr: Auberge du Prat Sauvage, Tel. o4 75 38 81 72.

Die Hauptstraße weiter, kommt man durch die wildschweinreichen Buchenwälder des Plateau Ardèchois bis schließlich zur Wasserscheide zwischen Atlantik und Mittelmeer.

Vorher noch, nach nur etwa 1 km, zweigt rechts die mit einer Schranke abgesperrte Zufahrt zum Lac Ferrand ab. Zu Fuß sind es nur ca. 2oo m zu dem malerisch gelegenen Kratersee. Der kreisrunde Lac (Durchmesser ca. 25o m), liegt mitten in dem pinienbestandenen, sanft ansteigenden Kraterhang. Da die maximale Wassertiefe nur etwa 5 m beträgt, erwärmt er sich, trotz der Höhenlage, bis auf 18-2o Grad (im Juli/ August). Der Lac Ferrand ist der Mittelpunkt des größten europäischen Vulkans. 45

Min. Aufstieg zur Hügelkuppe lohnend, da von dort oben der mehrere Kilometer messende Krater überschaubar wird. Eruptionen vor ca. 8 Mio. Jahren, zum Teil sind die Konturen des Kraters nur noch schlecht zu erkennen.

<u>CASCADE DU RAY PIC</u>: Nichts Großes erwarten, - aber Weitwinkelobjektiv mitbringen.

Für die Weiterfahrt nach Ste. Eulalie entweder entlang der Loire (D 116) oder entlang der D 536 über eine kahle Hochebene. Bei Ste. Eulalie stößt man auf die D 122 und fährt ostwärts bis Lachamp Raphaël.

Dort zweigt rechts eine schmale Asphaltstraße zum Wasserfall ab. Landschaft dort wieder reizvoller, dichter Wald, durch den sich der Fahrweg bergabwärts schlängelt.

Nach knapp 8 km erreicht man das steilabfallende Tal des Bourges, grösserer Parkplatz rechts der Straße. Von dort führt ein ca. 2o-minütiger Fußweg mit vielen groben Treppenstufen bis ans Ende der steilen Schlucht hinunter.

Wer einen tosenden Wasserfall erwartet, wird enttäuscht sein. Faszinierend ist die ca. 2o m hohe Felswand, die aus tausenden von prismaförmigen Basaltsteinen zusammengefügt ist. Das Wasser rinnt und tropft daran herunter und gibt dem naßglänzenden Fels die Farben eines Riesenkristalles. Das glasklare Wasser im Teich darunter erscheint durch die üppige Vegetation der Schlucht tiefgrün verfärbt.

Südlich der Gorges de l'Ardèche

LA BASTIDE DE VIRAC: Auf halbem Weg zwischen Vallon Pont d'Arc und dem Aven d'Orgnac liegt ein kleines Landschlößchen im Renaissancestil, die Bastide de Virac. Sie zählt zu den historischen Baudenkmälern der Gegend. Das Schlößchen, auch Chateau des Roure genannt, kann besichtigt werden: von Ostern bis Ende September 1o-19 Uhr.
Eintritt: Erwachsene ca. 4 Euro.

LES GROTTES D'AVEN D'ORGNAC: Eine der schönsten Höhlen Europas! Riesige unterirdische Halle mit monströsen Tropfsteinen, die mit Phantasie menschliche Gestalten oder Pflanzen darstellen.

Durch eine kleine Öffnung an der Hallendecke dringt ein grünlich-blauer Tageslichtschimmer. Die Bauern der Gegend benutzten die Öffnung, um ihre Tierkadaver loszuwerden. Auch so manches Wildtier auf der Flucht stolperte hinein. Vom oberen Teil der Halle mit einer Treppe fast bis zur Sohle der Grotte, 115 m unter der Erdoberfläche. - Faszinierende Theaterkulisse. Um den Charakter der Höhle nicht zu zerstören, wurde ein Aufzugsschacht in den Fels getrieben (45 m). Durch Stollen erreicht man dann die Höhle. Geöffnet 1.3. bis 15.11. 9-12, 14-18 Uhr. Eintritt: Erwachsene 5 Euro. Tel. o4 75 38 62 51, Fax: o4 75 38 66 4o.

CASCADE DU SAUTADET: Ein kleinerer Wasserfall inmitten eines Felslabyrinthes. Zwischen 2 bewaldeten Hügeln ein felsiger Talgrund mit verschlungenen Auswaschungen der Cèze.

Zu erreichen von Barjac über die D 980 Richtung Bagnols-sur-Cèze. Die Cèze windet sich an dieser Stelle durch tiefe Felsauswaschungen, fällt über Kaskaden in schmale Felsspalten, bis sie sich beruhigt und langsam von Felsbecken zu Felsbecken fließt. Unterhalb der Kaskaden optimale Bademöglichkeiten in dem klaren und fischreichen Wasser.

Die Wiesen werden von Campern belagert, die leider eine Menge Unrat hinterlassen, um den sich niemand so richtig zu kümmern scheint. An die Felswände wurden Parolen wie „Touristes dehors“ und „Du travail - pas de Touristes“ gepinselt. Die Ruinen am Weg sind die Reste einer ehemaligen Ölmühle, die 1904 bei einer Überschwemmung zerstört wurde.

Kurz vor den Kaskaden führt eine Arkadenbrücke auf das andere Ufer mit einem kleinen Dorf (LA ROQUE SUR CÈZE), das sich bis zur Kuppel eines kegelförmigen Hügels hinaufzieht. Holprige Steinwege, Treppchen und Bogengänge, zerfallene Bauernhäuser neben aufwendig restaurierten Sommersitzen reicher Pariser. An den Klingelschildern Berufsbezeichnungen wie Kunstdesigner etc... Oben im Dorf eine originell eingerichtete Kneipe, allerdings gehobene Preisklasse.

Camping Les Cascades: kleiner Platz in Hanglage mit viel Baumschatten, direkt am Wasserfall gelegen. Kleines Swimmingpool und großer Minigolfplatz. Ca. 15 Euro für 2 Pers. Tel. 04 66 82 72 97.

Hübsches Städtchen im Rhônetal mit schmalen, kleinen Gassen und Plätzen. Bekannt durch sein alljährlich stattfindendes Theater- und Musikfestival. Zu dieser Zeit - im Juli und August - sind die Straßen knallvoll, und es ist schwer einen Schlafplatz zu finden.

Von der ehemaligen römischen Legionsstadt sind nur noch das alte Amphitheater mit vollständig erhaltener Bühnenwand und einer der schönsten Triumphbögen Europas übriggeblieben. Im 17. Jh. beschloß nämlich Prinz Moritz von Nassau, eine neue Befestigungsanlage zu bauen, und besorgte sich sein Material kurzerhand, indem er die antiken Bauten in ihre Einzelteile zerlegte. Triumphbogen und Theater blieben nur deshalb stehen, weil sie zum Teil der Befestigungsanlage wurden.

GESCHICHTE:

Ursprünglich eine keltische Siedlung, wurde Orange nach der Eroberung durch die Römer, wie so viele andere Stadtanlagen auch, römisch geprägt. Die ursprüngliche Stadt ist wegen der vielfachen Bebauung zu späteren Zeiten nur noch ungenau zu erkennen. Doch ist sie wohl auch in der Quadratform des römischen Legionärslagers errichtet worden, wobei der bekannte Triumphbogen vor dem nördlichen Tor stand, das ins gallische Land führte.

Die übrigen großen römischen Bauwerke der Stadt, z.B. der Circus und das Gymnasium, sind nur archäologisch festzustellen. In fränkischer Zeit wurde Orange eine Grafschaft, blieb beim Heiligen Römischen (= deutschen) Reich und fiel schließlich im 16. Jh. an Wilhelm von Nassau, den Statthalter der Niederlande, der sich von nun an Wilhelm von Oranien nannte. 1672 wurde Orange im Krieg Frankreichs gegen die Niederlande erobert, Ludwig XIV. ließ die Festung schleifen.

Der TRIUMPHBOGEN: steht im Norden der Stadt, am Ende der Avenue de l'Arc, umtost vom Verkehr des 2o. Jh. - 49 v. Chr. hatte Caesar ganz Gallien erobert. Das Triumphmal sollte der Bevölkerung die ganze Härte der Niederlage und die Überlegenheit des imperialistischen Roms vor Augen führen.

Die Motive sind hauptsächlich gefangene Gallier, Kampfszenen zu Schiff, die wohl auf die Seesiege der Römer hinweisen sollen. Wahrscheinlich nicht sehr angenehm für die Gallier, so was vor die Nase gesetzt zu bekommen! Der Triumphbogen mißt 19 m in der Höhe und Breite und ist noch ziemlich gut erhalten.

Das THEATER: Nicht zu verfehlen, mitten in der Stadt, gilt als eines der schönsten und als das besterhaltenste Theater mit seiner fast 4o m hohen Bühnenwand, mit der Statue des Kaisers Augustus in der Mitte und den langen Sitzreihen, die sich im Halbrund den Hügel St. Eutrope emporziehen.

Ludwig XIV. sagte von der eindrucksvollen, massiven Bühnenwand, sie sei die schönste im ganzen Königreich (kurz vorher hatten seine Truppen Orange erobert und er war natürlich mächtig stolz drauf). Wie der Pont du Gard ist auch diese Wand ohne Mörtel gebaut. Früher war sie wahrscheinlich mit Marmor verkleidet, was Reste beweisen. Das Theater faßte etwa 1o.ooo Zuschauer; bei Sonne wurden sie mit einem großen Stoffdach geschützt. Die Halterungen für die Masten sind noch an der Mauer zu sehen. Neben dem Theater lag ein Sportgelände (Tempel), was man aus den spärlichen Überresten schließen konnte.

Heute finden im Theater Aufführungen von Opern und Konzerten statt, vor allem im Juli und August (Wagner, Puccini...). Die Kosten liegen zwischen 13und 125 Euro, je nach Aufführung und Platz. Oft sind die Veranstaltungen schon Monate vorher ausgebucht: ein Programm und ein beiliegender Coupon zur rechtzeitigen Kartenvorbestellung können beim Choregies D'Orange, BP 2o5, 841o7 Orange (Cedex) angefordert werden. Telefonische Auskünfte unter o4 9o 34 24 24 und o4 9o 34 15 52. Der Kartenvorverkauf beginnt bereits Mitte Februar.

MUSÉE DE LA VILLE: Gegenüber vom Theater, mit vielen antiken Lapidarien. Wichtigstes Stück ist eine Katasterkarte auf der die Ländereien der Grundbesitzer der Umgebung eingezeichnet sind. Sie wurde 27 Jahre vor Christi Geburt aus Marmor angefertigt. Eintritt: 5 Euro, schließt auch den Besuch des Theaters ein.

Tourist INFO In Orange gibt es zwei Maisons du Tourisme. Das eine befindet sich in Place des Frères-Mounet, gegenüber vom Theater, das andere am Cours A. Briand (im Sommer wird es hier 38 Grad heiß). Von Ostern bis September 9-19 Uhr geöffnet, außerhalb der Saison 9-18 Uhr. Tel. o4 9o 34 7o 88, Fax: o4 9o 34 99 62. Geldwechselmöglichkeit auch am Wochenende.

Wochenmarkt: Das Markttreiben erfaßt nahezu das gesamte Stadtzentrum; Lebensmittel, Kleidung, Gebrauchsgegenstände und vieles mehr; mitten drin zahlreiche Garküchen, wo man z.B. ein paella-artiges Reisgericht für ca. 12 DM im Stehen essen kann. Jeden Donnerstag von 8-13 Uhr.

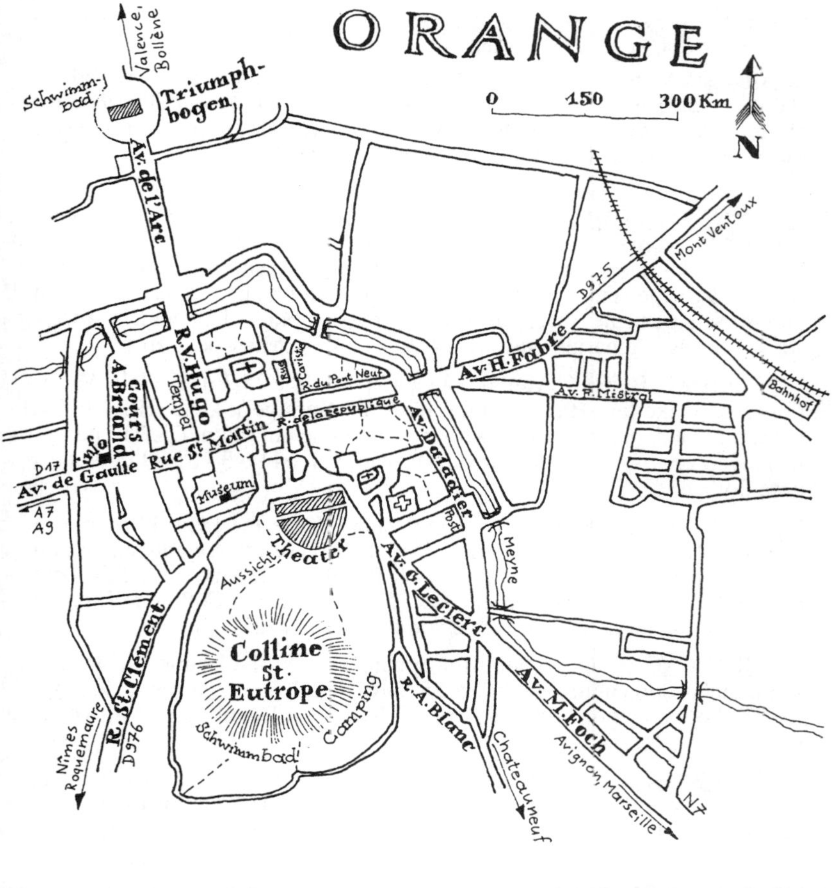

„**Grand Hôtel Arène**“: Empfehlenswertes Stadthotel der gehobenen Mittelklasse. Liegt mitten im Zentrum an einem kleinen, vom Verkehr abgeschirmten Platz. Eigenes Restaurant, für Hausgäste keine Pensionspflicht.

Geschmackvoll eingerichtete Zimmer - von Barock bis modern - jedes in einem anderen Stil. Sichere Parkmöglichkeit vor dem Haus. DZ mit Dusche, Toilette: ca. 65 Euro, DZ mit Bad und getrennter Toilette: ca. 75 Euro. Eigene Hotelgarage ums Eck. Chef spricht englisch - sehr korrekt. Adresse: Place de Langes. Tel. o4 9o 11 4o 4o, Fax: o4 9o 11 4o 45.

2 preiswertere Pensionen liegen dicht nebeneinander in der Rue du Mazeau beim Theater:

„**Arcotel**“: Geräumige Zimmer mit Waschbecken für 25 Euro. Adresse: 8, Place Herbes. Tel. o4 9o 34 o9 23.

„**Saint Florent**“: Kleine, beengende Zimmer mit Waschbecken: 2o Euro, mit Dusche: 35 Euro. Adresse: 4, Rue du Mazeau. Tel. o4 9o 34 18 53.

„**Le Glacier**“: Am breiten Cours Aristide Briand gelegen: lebhafte Ecke mit viel Verkehr, aber 26 der 28 Zimmer liegen nach hinten raus. Sehr sauber, mit Teppich, Stofftapete und kleinem TV; alle Zimmer haben Dusche. DZ ca. 6o Euro. Frühstück besser in einem der zahlreichen Straßencafés am Cours einnehmen. Tel. o4 9o 34 o2 o1.

L’ATRIUM: Provenzalische Spezialitäten. Gute Fischgerichte vom Grill, hausgemachte Nachspeisen. Menü: 13-22 Euro. Die Speisen werden frisch zubereitet, geräumiger, angenehmer Speiseraum mit nur 4 Tischen. Man ißt aber hauptsächlich im Hof im Schatten eines mächtigen, 25o Jahre alten Magnolienbaumes. Adresse: 5, Impasse du pariement. Tel. o4 9o 34 34 17. Mittwochs zu.

LE FORUM: Bietet 3 Menüs zwischen 14 und 25 Euro; viele Variationsmöglichkeiten (Hase, Lamm, Schwein, Geflügel); klein, einfach und geschmackvoll eingerichtet, familiär - zur Gasse hin offen. Die Tische stehen etwas eng. Adresse: 3, Rue du Mazeau. Tel. o4 9o 34 o1 o9. Sonntags geschlossen.

LE PIGRAILLET: Fällt durch seine schöne Lage in einem kleinen, gepflegten Park am Stadthügel auf. Neben der Speiseterrasse, eingebettet im golfgrünen Rasen, ein Swimmingpool. Die Gerichte sind zum Teil recht originell zusammengestellt. Menü: ca. 25 Euro. Adresse: Colline St-Eutrope Tel. o4 9o 34 44 25. Montags und sonntags abends geschlossen.

LE PROVENÇAL: Gepflegte Atmosphäre, sehr aufmerksame und äußerst freundliche Bedienung.Menüs ab 15 Euro, einfallsreich garniert. Zu empfehlen: Soupe de poisson. Adresse: 27, Rue de la République. Mittwochs geschlossen. Tel. o4 9o 34 o1 89.

L’AIGO BOULIDO: in einem altehrwürdigen Stadthaus von 1625 untergebracht. 2 kleine Eßsäle, die von einer alten Theke mit Handwaschbecken getrennt werden. Kleine schattige Terrasse an der Straße mit Blick aufs

Theater. Empfehlenswert der Hasenrücken a la Nicoise. Menüs zwischen 2o und 3o Euro. Adresse: Place Sylvain 2o. Tel. o4 9o 34 18 19.

Camping Le Jonquier: Gut ausgestattet, mit Tenniscourt, Schwimmbad und Minigolf. Spärlich Schatten durch Pappelspaliere. Am nordwestlichen Stadtrand; Rue Alexis-Carrel. Tel. o4 9o 34 19 83. 2 Personen: ca. 15 Euro.

Camping Beauregard: Zwar nicht mehr in Orange selbst, dafür aber preislich günstiger als Le Jonquier. 13 Euro für 2 Personen. Adresse: ca. 12 km nordwestlich von Orange bei Mornas (über die N 7 zu erreichen), Route d'Uchaux. Tel. o4 9o 37 o2 o8.

Camping De L'Islon St. Luc: ebenfalls etwas außerhalb, in Chateauneuf du Pape (da, wo der leckere gleichnamige Weißwein kommt); auf der D 976 ca. 9 km in Richtung Avignon. Ruhiger, schattiger Platz am Rhône-Ufer. Ca. 13 Euro für 2 Pers. Chemin des Grandes Serres. Tel. o4 9o 83 56 36.

Der höchste Berg der Provence (1.91o m). Den kalkweißen Gipfel, der in der Sonne blendet als ob er mit Schnee bedeckt wäre, erkennt man bereits im Rhônetal.

Auch an milchig trüben Tagen, wenn weder der grüne Bergfuß, noch die eisbedeckten Alpengipfel zu erkennen sind, lohnt sich ein Ausflug. Die kahlen, blendend weißen Schotterfelder aus gespaltenem Kalkstein wirken im Wolkendunst fast gespenstisch.

Zum Abstecher entschließt man sich spätestens in Orange, das Rhônetal entlang Richtung Küste fahrend. Mit dem Ausflug zum Gipfel verbindet sich danach ein prima Trip durch das Plateau de Vaucluse, einem typischen Landstrich der Haute Provence.

Der Anbau von Lavendel hat in dieser kargen Gegend eine lange Tradition. Auf den steinigen Böden der langgezogenen Berghänge läßt sich ansonsten sehr wenig anbauen (z.B. mit Getreide sehr magere Erträge). Der Lavendel ist sehr anspruchslos, braucht aber zur Steigerung seines Aromagehaltes viel Nitrat als Dünger. Erst 3 Jahre nach der Anpflanzung wird er das erstemal geerntet und trägt in den folgenden 5 Jahren regelmäßig - falls nicht ein übermäßig kalter Winter die Pflanzen zerstört. Erntemonate sind August/September. 5o Hektar angebaute Fläche wird als das Minimum angesehen, um eine Familie zu ernähren. Größere Bauernhöfe haben ihre eigenen Destillierapparate, in denen mit Wasserdampf die Aromastoffe aus der Pflanze gelöst werden.

Von Orange der D 975 entlang nach Vaison-la-Romaine. Dann via D 938 nach MALAUCÈNE (1o km).

In diesem hübschen Bergdorf am Fuße des Mont Ventoux lohnt sich ein Stop. Achtung: Der Paß ist oft wegen Schneefall bis Ostern gesperrt.

Der alte Dorfkern, baulich seit Generationen unberührt, liegt unterhalb des Felshügels Monté du Château und bietet sich zum Herumschlendern geradezu an. Die engen Gassen verzweigen sich, führen zu kleinen Plätzen mit wasserspeienden Brunnen, andere enden überraschenderweise vor einer Mauer. Sehr schön ein kurzer Spaziergang (5 Min.) zum eingezäunten, halb verwilderten Plateau auf der Hügelspitze.

Interessant ist die alte TURMGLOCKE, die nur wenige Meter neben dem Aussichtspunkt auf dem Uhrturm vor sich hinrostet. Am platanenbestandenen langgestreckten Hauptplatz mehrere Straßencafés und Restaurants.

Tourist INFO am Place de la Mairie. Infomaterial über das gesamte Mont-Ventoux-Gebiet. Öffnungszeiten: von Ostern bis Ende September 9-12 und 16-19 Uhr außer sonntags. Tel. 04 90 65 22 59.

RESTAURANTS

CHEZ LAURETTE: ca. 100 m oberhalb vom Platz, an der Hauptstraße. Ein von italienischen Immigranten betriebenes Restaurant mit Pizzeria. Man ißt auch auf dem Trottoir im Schutz einer Riesenplatane. Französich-italienische Menüs zwischen 10 und 18 Euro. Die einzige ‚Alternative' zu den relativ teuren Touristen-Restaurants am Hauptplatz. Adresse: Av. de Verdon. Tel. 04 90 65 24 88.

An der Straße zum Mont Ventoux, etwa 1,5 km oberhalb des Ortes, findet man ein Picknickarreal mit sanitären Anlagen. Daneben ein Ausflugsrestaurant und unterhalb ein Minigolfplatz. Nachts ist es hier sehr ruhig, tagsüber jedoch einige Touristen. 100 m oberhalb des Platzes kann man aus der Quelle des Groseau frisches Bergwasser trinken.

Zum Picknickareal gehört auch ein „gebührenpflichtiger" Campingplatz; klein, kaum Schatten, Tiefstrahler, aber billig: 10 Euro für 2 Pers. mit Auto.

Wandern: Bei STE. MARGUERITE führt ein Fußweg zum Gipfel hinauf. Der Aufstieg dauert etwa 4 Stunden, der größte Teil des Weges ist mehr ein Spaziergang durch schattigen Bergwald - das letzte Stück führt sehr anstrengend über Geröllhalden - Markierung weiß/rot folgen. Der Weg beginnt ca. 3 km von Ste. Marguerite entfernt - den Ort rechts liegen lassen, immer geradeaus, bis zu einem kleinen Parkplatz.

Mit dem Wagen: Von Malaucene sind es noch 21 km bis zur Bergspitze und ca. 1.500 m Höhenunterschied.

Zuerst windet sich die Straße (D 974) in einigen Serpentinen hinauf, danach geht es relativ geradlinig quer zum Berghang weiter. (Für Reisebusse Durchfahrt verboten.) Berghang bewaldet, unterwegs mehrere kleine Aussichtspunkte mit Parkmöglichkeit.

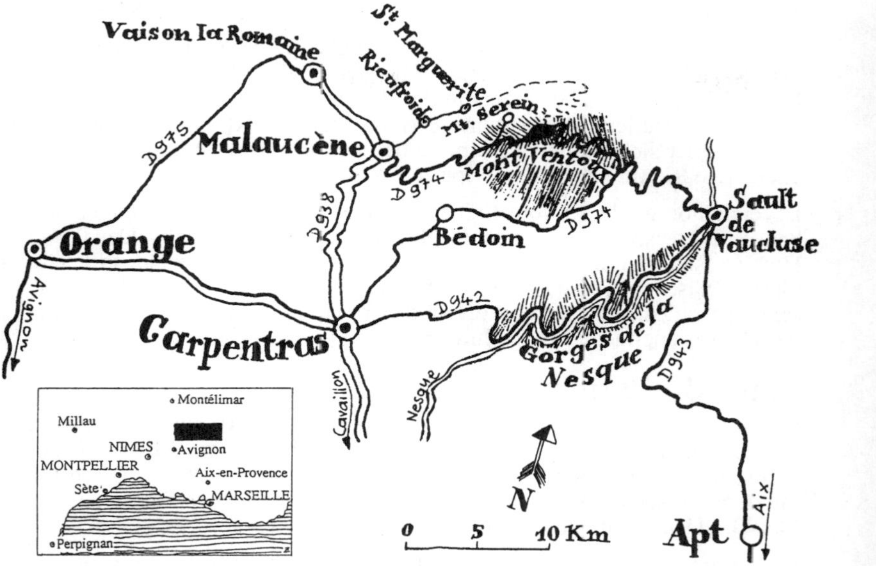

Ca. 5 km vor dem Gipfel zweigt eine Sackstraße nach Mont Serein ab. Es lohnt sich aber wenig, diesem neuerschlossenen Wintersportort mit einigen Hotels und kleinen Privatvillen einen Besuch abzustatten.

Achtung: Bei unserer letzten Fahrt auf den Mont Ventoux mußten wir am Abzweig nach Mont Serein bereits umkehren, weil die Paßstraße noch vereist war. Wer solche Überraschungen nicht mag, sollte sich in Malaucene nach dem Straßenzustand erkundigen.

Kurz nach der Baumgrenze beginnt der letzte Teil des Anstiegs. In langen Schleifen führt die Straße durch weiße Geröllhalden. Auf der Spitze taucht der quadratische Funkturm auf, mit seinen Sendemasten wirkt er fast wie eine abschußbereite Rakete. Man wird stark geblendet, da die hell gebleichten Steine fast ebensoviel Sonnenlicht reflektieren wie Schnee. Oben angekommen, muß erst das Parkplatzproblem gelöst werden, wie beim Einkaufsbummel in einer Großstadt! Es lohnt sich ein Stück am Bergrand entlangzuwandern, um dabei die Fernsicht abseits der Besuchermassen zu genießen. Imbißmöglichkeit in einem Berggasthof unterhalb der Sendeanlagen.

Die Weiterreise führt den weniger steil abfallenden Südhang hinab. Die kürzeste Strecke zurück zur Rhône würde uns kurz nach dem Gipfel via der D 974 (rechts abbiegen) nach BÉDOIN und weiter nach CARPENTRAS bringen. Schöner ist der Umweg über die „Honigstadt“ SAULT-DE-

VAUCLUSE und durch die malerischen GORGES DE LA NESQUE.

Die Straße nach Sault führt am unteren Berghang durch Pinienwälder und geht danach in eine sanft abfallende Ebene über. Die Ebene ist ein einziger Lavendelgarten, was besonders in der Blütezeit Juli/August zu einem nasalen und visuellen Erlebnis wird. Das trockenheiße Klima der Haute Provence eignet sich besonders zum Anbau der Duftpflanze und begünstigt auch viele Reptilienarten wie Vipern, Lezard und Orvets.

Lavendelhonig „direkt vom Erzeuger" bekommt man in einem alleinstehenden Bauernhof links neben der Straße (ca. 2 km vor Sault). Das Pfund Honig kostet 4 Euro, außerdem gibt es stark duftende Lavendeldestillate in kleinen Fläschchen (4-6 Euro). Und für den Fall, daß das Office de Tourisme schon geschlossen haben sollte, hält die freundliche und wortreiche Dame des Hauses auch jede Menge Informationen bereit.

★Sault de Vaucluse

Der Ort liegt sehr hübsch auf einem Felsplateau, viel Provinzatmosphäre. In den Läden etliche Spezialitäten und Köstlichkeiten der Region. Unter Feinschmeckern bekannt sind die Vogelpasteten; man rührt sie am liebsten mit dem Fleisch der Drossel an und gibt Wacholder dazu, erhältlich in den Fleischerläden (Pâté de grives au genièvre).

Das Vogelabschießen ist in Südfrankreich ebenso wie in Italien weit verbreitet. In letzter Zeit ist gegen diese Art und Weise, die Luft zu entvölkern um die Pfanne zu bereichern, viel Protest von Tierschützern laut geworden. Doch die Jagd auf Singvögel ist bereits über 1.ooo Jahre alt und eine tiefsitzende Angewohnheit. Auch in der Dorfbäckerei etwas Leckeres: Nougat de Sault, eine Art türkischer Honig vermischt mit Mandeln.

Eine schöne Kollektion von Provinzreptilien (in Spiritus natürlich) findet man im Laden von Bernadette Pinel, gleich im Zentrum. Im Kühlschrank lagert das wertvolle Gelée Royal, der Honig der Bienenkönigin, der auf Menschen lebensverlängernd wirken soll. Auch Honigbonbons, Schönheitscreme, Pollenstaub etc...

Im kleinen PROVINZMUSEUM VON SAULT: archäologische und geologische Fundstücke.

Tourist INFO Avenue de la Promenade. Hier kann man eine Wanderbroschüre mit detaillierten Routenbeschreibungen der Umgebung kaufen. Geöffnet tgl. außer sonntags 9-12/14-18 Uhr. Tel. o49o 64o 121

HOTEL

„**Signoret**": Kein sehr ansprechendes Bauwerk, saubere und geräumige Zimmer. Das Doppelzimmer mit Waschgelegenheit für ca. 3o Euro. Tel. o4 9o 64 oo 45. Das Hotel hat auch ein Restaurant. Menüs zwischen 13 und 2o Euro.

„Le **Louvre**": Eindrucksvolles Gemäuer im Stadtkern, an einem ruhigen, schattigen Platz; stilvolle Einrichtung die Patina angesetzt hat; große, aber etwas dunkle Zimmer. DZ mit Dusche ca. 42-5o Euro. Adresse: Place du Marché. Tel. o4 9o 64 o8 88.

RELAIS DU VENTOUX: Kräftige Portionen, die auch noch gut zubereitet sind. Z. B. Lammkeule oder Perlhuhnbraten, für Liebhaber deftiger provençalischer Küche. Netter enger Speiseraum. Der Maitre des Hauses, Herr Pantoustier, spricht sehr gut deutsch. Außerdem stehen 14 Zimmer zur Verfügung. Obwohl direkt an der Durchgangsstrape gelegen, ziemlich ruhig, denn abends und nachts so gut wie kein Verkehr. DZ mit Bad für ca. 35-45 Euro pro Person. Das Frühstück (extra) ist mehr als reichhaltig. Adresse: ca. 5 km außerhalb, in Aurel, D 942. Tel. o4 9o 64 oo 62.

Camping Municipal du Deffends: Sehr schön gelegener Platz im Eichenwald, ca. 2 km außerhalb an der Straße nach St. Trinit (D 95o). Ca. 1o Euro. Tel. o4 9o 64 o2 3o.

Von SAULT-DE-VAUCLUSE führt die D 942 durch die Gorges de la Nesque in Richtung CARPENTRAS. Die Schlucht ist praktisch völlig unbesiedelt, ein unberührtes und wildes Gebiet. Steile Felspartien, durch die die Straße durchgesprengt wurde, wechseln mit einer Hügellandschaft ab, die dicht mit Macchia und Steineichen überwuchert ist.

Die Straße hat wenig wirtschaftliche Bedeutung, sie wird deshalb hauptsächlich von Touristen befahren. Außerhalb der Saison hat man 2o km Einsamkeit vor sich. Wer sich auf ein kühles Bad freut, wird enttäuscht sein: im Sommer führt der Fluß fast kein Wasser. Nur am Anfang bei den Quellen liegen ein paar private Fischteiche.

Michael Kolztenburg u. Renate Strom, die mit dem Fahrrad unterwegs waren, schrieben uns: „Von Sault de Vaucluse in Richtung der Gorges de la Nesque geht es zunächst ein paar Kilometer bergauf, um dann ca. 5o km leicht bergab zu gehen in Richtung Orange. Ein irres Fahrradgefühl.“

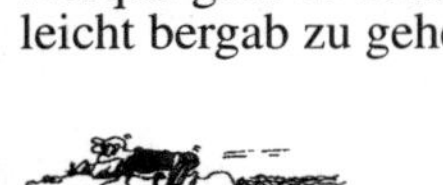

Reiten: Wenige Kilometer vor dem Ende der Schlucht führt eine schmale Schotterstraße nach rechts zum abseits gelegenen Bauerngehöft „La Lauze“. Hier werden Reitausflüge angeboten, allerdings mehr etwas für diejenigen, die hoch zu Roß schon einige Erfahrung haben.

LUBÉRON

Der zweithöchste Bergzug der Provence, eigentlich mehr eine Hügelkette. Südöstlich von Avignon verläuft er von West nach Ost, die Durance umfließt ihn in weiter Krümmung. Seine 7o km Länge werden durch das eingekerbte Tal zwischen Apt und Lourmarin in zwei Hälften geteilt, in den Petit Lubéron im Westen und den Grand Lubéron als östliche Fortsetzung. Schön wandern kann man hier überall.

Wanderwege führen durch das ganze Gebiet bis zum rauhen Kamm hinauf. Am Berghang halbverlassene pittoreske Provence-Dörfer, auf der anderen Talseite die farbenprächtigen Ockerbrüche von Roussillon.

Wenn man von Avignon kommt, sollte man nicht vergessen, die FONTAINE DE VAUCLUSE zu besuchen (kurz nach der L'Isle-sur-la-Sourge von der D 938 rechts abbiegen).

★Fontaine de Vaucluse

Unterhalb der schroffen Kalksteinfelsen des Plateau Vaucluse liegt das kleine Dorf im Tal - eine grüne Oase der sonst recht trockenen Haute Provence.

Am Dorfplatz im Schatten mächtiger Platanen rauscht das kristallklare Flüsschen vorbei, am Grund dicht mit hellgrün leuchtenden Wasserpflanzen bewachsen. Das Dorf lebt ganz gut vom Tourismus, viele Restaurants mit Terrasse zum Fluß und eine ziemlich neue, betonierte Boutiquenallee etwas flußaufwärts in Richtung Quelle. Ursprünglich florierte die chinesische Technik der Papierherstellung - eine der alten Mühlen ist noch in Betrieb und kann besichtigt werden (die Produkte natürlich gekauft werden).

Flußaufwärts, am oberen Ende der Boutiqueallee. Von Ostern bis Oktober täglich geöffnet, 9-12 und 14-19 Uhr. Tel. o4 9o 2o 32 22, Fax: o4 9o 2o 21 37.

Die Parkplätze im Ort (Gebühren: 2,5 Euro) sind tagsüber 7 Tage in der Woche überwacht. Einerseits wird einem dadurch zwar das Umsonst-Parken unmöglich gemacht, andererseits hat man so aber die Gewißheit, nicht zu den zahllosen Touristen gehören zu müssen, denen man den Wagen aufgebrochen hat. Denn ein geknacktes Auto gehört in Frankreich leider zum Alltag.

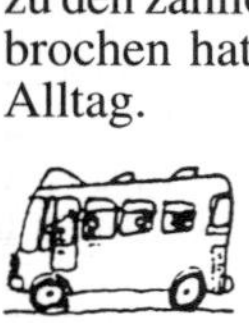

Busse nach L'Isle-s.-la-Sorgue und Avignon, mehrmals täglich. Buspläne beim Office de Tourisme.

Hotels und Restaurants: Die 3 Dorfhotels haben alle eine wunderschöne

Lage direkt am Fluß, mit Garten- bzw. Terrassenrestaurant. Preislich unterscheiden sie sich kaum. Das Hotel du Parc hat mit Abstand die größten Zimmer; von der Dachterrasse Blick auf die nackte Felswand. DZ 4o Euro. Im ‚vornehmen' Hotelrestaurant kostet eine lecker zubereitete Forelle (Müllerinart!) 1o Euro. Tel. o4 9o 2o 31 57.

Tolle Lage, letztes Haus in einem kleinen Seitental - ca.1 km außerhalb (Fußweg etwas kürzer). Relativ klein, Kochgelegenheit im kleinen Neubau. Kurz vor dem Ort am Flußufer. Die Familie, die die Herberge leitet, wohnt direkt nebenan, hält aber die Öffnungszeiten strikt ein (8-1o und 17-23 Uhr). Eine Übernachtung mit Frühstück kostet ca. 12 Euro pro Person. Tel. o4 9o 2o 31 65.

Camping Les Pres Piscines: etwas außerhalb, an der Straße nach Lagnes. Kleiner Platz am Flußufer, aber vorwiegend von Einheimischen mit Wohnwagen belegt. Ca. 13 Euro für 2 Personen. Tel. o4 9o 2o 32 38.

DIE QUELLE: Von vielen Dichtern besungen, liegt einige 1oo Meter oberhalb vom Dorf. Es ist die tiefste Quellhöhle der Welt! 1981 tauchte der Pforzheimer Höhlenforscher Jochen Hasenmeyer bis in 142 m Tiefe! 1983 erreichte er sogar eine Rekordtiefe von 2o5 m! Damit wurde die Schätzung von 18o m, die man lange Zeit als Maximaltiefe angenommen hatte, hinfällig. 1985 schließlich schickte die SSFV (Société Spéléologique Fontaine de Vaucluse) die „Modexa" - eine Art Sonde - in die Höhle hinab und fand so heraus, daß die Quelle ganze 3o8 m tief ist.

In einer dunklen, feuchten Grotte hat sich das angestaute Tiefenwasser einen natürlichen Ausgang geschaffen und bildet einen kleinen Höhlensee. Das Ganze funktioniert nach dem Prinzip des arthesischen Brunnens: Von den umliegenden Hochflächen sickert das Wasser bis zu den undurchlässigen Lehmschichten, staut sich und wird nach oben gedrückt.

Nur im Frühling oder nach starken Regenfällen kommt das Wasser in Bewegung und schäumt über den Grottenrand. Während der Sommermonate steht der Wasserspiegel meist unbewegt im Schlund. Was früher der Sage nach den Brunnen verzauberte, Nymphen und Wassermänner, macht heute die organisierte „sound and light show" (Juli/August abends).

★Gordes

Malerisches Künstlerdorf an einen Hügel des Plateau de Vaucluse gebaut. In der Saison allerdings auch hier ziemlicher Trubel. Von Fontaine de Vaucluse auf die N 1oo zurückgekehrt, fährt man ca. 6 km Richtung Apt und biegt dann links auf die D 2 ab. Wer sich für Bories interessiert, findet hier die schönsten Exemplare!

Gordes wird überragt von einem SCHLOSS(1525). Hier werden Ausstellungen bekannter Maler gezeigt. Öffnungszeiten täglich (außer Dienstag) 1o-12 und 14-18 Uhr, im Juli/August auch dienstags geöffnet. Eintritt 4 Euro.

Tourist INFO Genau gegenüber vom Schloß das Syndicat d'Initiative. Im Juli und August geöffnet 9-12 und 15-19 Uhr, von Ostern bis Ende Juni morgens erst eine Stunde später. Tel. o4 9o 72 o2 75, Fax: o4 9o 72 o4 39.

Etwa 3 km nördlich von Gordes die ZISTERZIENSERABTEI SÉNANQUE (12. Jh.). Sie wurde beispielhaft renoviert,- selten kann man romanische und gotische Kunst in so reiner Form erleben. Besichtigungen im Sommer täglich von 1o-12 und 14-18 Uhr (sonn- und feiertags nur am Nachmittag). November bis Februar 14-17 Uhr (sonn- und feiertags bis 18 Uhr). Eintritt ca. 5 Euro.

Das DORF DER „BORIES“, nur wenige Kilometer außerhalb von Gordes (Wegweiser).

Die größte Ansammlung von „Steinhäusern“ der Gegend, praktisch ein ganzes Dorf. Bis Mitte des 19. Jahrhunderts sollen hier noch Leute gewohnt haben. Danach geriet das Dorf in Vergessenheit, und es verschwand unter einer dicken filzigen Macciaschicht. Erst 1969 begannen Restaurierungsarbeiten.

Daß hier in den früheren Jahrhunderten andere klimatische Bedingungen herrschten, wird dadurch deutlich, daß sich in der kleinen Talsenke unterhalb vom Dorf noch Spuren einer alten Wassermühle befinden.

Bories, ohne Mörtel, nur aus aufeinandergeschichteten Steinen entstandene kuppelförmige Häuschen findet man überall im Süden (in Apulien heißen sie z.B. Trulli). Einzelstehende Bories waren mehr als Kornspeicher, Geräteschuppen und später als Unterstand für Schäfer gedacht. Die ältesten Exemplare dieser Bauform werden auf das Jahr ca. 2ooo v.Chr. datiert.

Öffnungszeiten: das ganze Jahr über, täglich von 9 bis Sonnenuntergang. Eintritt 5 Euro.

Camping Les Sources: ca. 1,5 km oberhalb von Gordes, auf einer Bergkuppe. Wunderschöner Blick zum Grand Lubéron hinüber. Swimmingpool und viel Camping-Luxus vorhanden, preislich aber ebenfalls gehobene Kategorie. Tel.o4 9o 72 12 48.

★ Roussillon

Etwa 11 km östlich von Gordes die OCKERSTEINBRÜCHE VON ROUSSILLON. Der Regen wäscht flossenförmige „Nasen“ aus den weichen Sandsteinbergen. Die Farbintensität des grellen Salpeterweiß und Ockerrot ist derartig stark, daß man meinen könnte, eine Farbenfabrik hätte dort ihre Produkte abgelagert. Einige Felsen wirken so, als kämen sie gerade frisch glasiert aus dem Brennofen. Besonders leuchtend ist das grelle Gelb, das früher als Farbengrundstoff besonders notwendig war. Die farbenreichsten Schichten holte man aus tiefergelegenen Ablagerungen. In den ehemaligen „Bergwerken" kann man heute umherspazieren und seinen Namen in die weiche Wand ritzen.

Besonders ausdrucksstarke Fotos schießt man im Abendrot, wenn der Kontrast zu den tiefgrünen Nadelbäumen zwischen den bunten Felsen extrem ist. Schön zu fotografieren sind auch die Dorfhäuser mit verschiedenfarbigem Ockerputz, etwas tiefer gelegen auf einer Felsenplattform.

Die Kinder nutzen den Ausflug meist auf ihre Weise und kommen mit bunt beschmierten Fingern und verdreckter Kleidung zurück. Es ist übrigens sinnvoll, für das Gebiet einen halben Tag einzuplanen, um sich auf den Wanderwegen dem dicksten Touristenandrang zu entziehen.

Die Ockerfarben haben in der Geschichte eine lange Tradition. Die Malfarben der Steinzeitmenschen wie auch das „Make up" der mittelalterlichen Hofdamen wurde aus dem Naturocker gemacht. Erst durch die Entwicklung synthetischer Farben in der Chemieindustrie, die weit billiger zu produzieren waren, wurde der Abbau unrentabel.

★Rustrel

Nur noch bei Rustrel, 1o km nordöstlich von Apt (D 22) wird noch heute in bescheidenem Umfang Ocker abgebaut.

Die **Ockerfarbengewinnung im „Colorado Provençal" bei Rustrel**. Der ockerhaltige, krümelige Sandstein wird in die wasserführenden Bächlein gekippt. Der Wasserstrom schwemmt die kreidefeinen Farbpartikel aus, und bringt sie in künstlich angelegte Bekken, wo sie sich am Grund absetzen. Natürlich ist dieses Ausschwemmen nur während der Wintermonate November bis ca. Mai möglich, da nur in dieser Zeit genügend Niederschläge fallen.

Während des Frühjahrs trocknen die Auffangbecken aus, und übrig bleibt eine dicke Kruste Ockerfarben. Je nach Abbaustelle bekommt man weißlichen, gelben (wird mit weiß gemischt) und roten Ocker (durch ein Brennverfahren bei 6ooo° C wird die rote Farbintensität noch verstärkt). Als trockenes, fein gemahlenes Pulver kommt ca. 8o % der Herstellung in den Export.

Der kleine Höhenzug südlich von Rustrel, parallel zur D 22 ist ein unübersichtliches Labyrinth mit einer Vielzahl verwirrender Markierungen und sich verzweigender Trampelpfade. Rundwanderweg beginnt beim „Parking". Zuerst blaue Punkte, geht dann in Linien über. Dauer ca. 3 Std. Bei diesem Rundkurs erklimmt man die „Höhenlinie" und wandert dann mehr oder weniger am Kamm entlang, mit Blick auf die Täler.

Es gibt eine spezielle Wanderung vom Bauernhof Istrane zur Cascade. Nach Überqueren des kleinen Bachbetts kommt man an einigen Trokkenbecken vorbei, hier beginnt der markierte Wanderweg - immer bergauf. Der Abstieg zur Cascade ist nicht einfach zu finden. Wer ihn findet wird belohnt, im Sommer zwar nur ein fein plätscherndes Rinnsal, dafür aber üppig grüne Vegetation und kühler Schatten.

Le Colorado liegt sehr schön etwas abseits der D 22 (Apt - Rustrel), knappe 2 km vor Rustrel. Viel Schatten, ruhig, mit Swimmingpool. Von hier aus gute Wandermöglichkeit ins Colorado. Übernachtung für 2 Personen: ca.15 Euro. Tel. o4 9o 74 oo 95.

★ Apt

Obststadt inmitten des fruchtbaren Calavontales. In den Konfitürefabriken des Ortes wird die Obstproduktion der Umgebung zu leckeren kandierten Früchten und Marmelade verarbeitet. Die modernen Wohnkästen am Ortsrand zeigen, daß die früher sehr hochliegende Abwanderung der Bevölkerung nach Norden gestoppt werden konnte.

Zentrum des Midi-Straßenlebens sind zweifellos die zahlreichen Cafés am

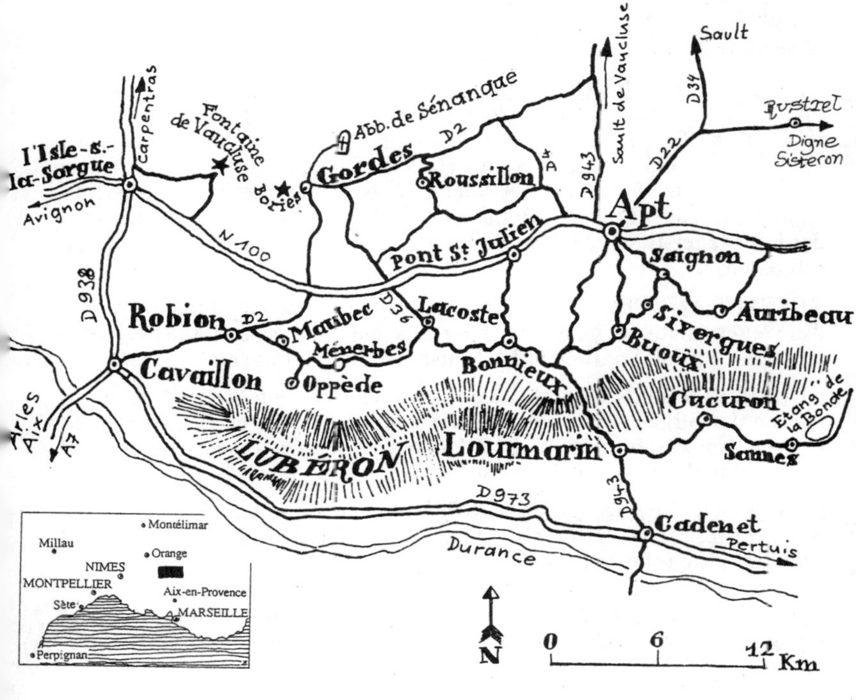

Place Bouquerie, an dem die lärmende Hauptstraße vorbeiführt.

Hübsch ist die ALTSTADT, durch die eine schmale Einkaufsstraße führt, nur für Fußgänger. Mitten in der Gasse steht der „altehrwürdige“ Uhrturm, der nur durch das bogenförmig gemauerte Fundament passierbar ist. In den Läden findet man Mitbringsel zu vernünftigen Preisen, z.B. Teller aus Zedernholz.

Es lohnt sich, die KATHEDRALE SANKT ANNA aus dem 11. und 12. Jahrhundert zu besichtigen. In der Kapelle des linken Seitenschiffes, in einem Schrein sollen die Gebeine der Großmutter von Jesus Christus (Hl. Anna) liegen, Identität unter Kennern rege umstritten.

Im Zentrum, rechts der Brücke (Richtung Avignon kommend). Geöffnet 9-12 und 14-19 Uhr, sonntags 9-12 Uhr, (Juli und Aug.). Außerhalb der Saison: Abends nur bis 18 Uhr und auch montags geschlossen. Tel. o4 9o 74 o3 18.

„Auberge du Luberon“: Kleines Hotel mit Nebengebäude. Sehr schön die großen Zimmer mitBalkon, offenem Kamin, DZ mit Bad/WC 45-7o Euro. Adresse: 8, Place du Faubourg du Ballet, direkt an der nördlichen Flußseite. Tel. o4 9o 74 12 5o.

CREPERIE/GRILL LE CHANT DE L'HEURE: eine steile Treppe führt durch das steinerne Treppenhaus in die erste Etage. Gemütlicher Speiseraum und eine schmale, brückenähnliche Terrasse im Hinterhof - manchmal hört man auch den Fernseher der Nachbarn. Neben Crêpes gibt es gegrilltes Rind, Lamm oder Ente, mit Beilagen zwischen 13 und 15 Euro. Adresse: in der Fußgängerstraße, 23, Rue St. Pierre, Tel. o4 9o 74 o8 38, sonntags geschlossen.

RESTAURANT PEUZIN: im Hotel Luberon (s.o.) untergebracht. Wenn es das Wetter zuläßt, ißt man auf der Terrasse unter der großen Akazie. Menüs ab 18 Euro. Eine Spezialität des Hauses ist die ‚Hotnigente‘.

RELAIS ROUTIER DU LAC: ca. 5 km außerhalb, im Weiler Chene - direkt an der Straße nach Avignon. Die Durchreisenden essen meist an der Bar. Liebenswerter Speiseraum. Täglich wechselndes Tagesgericht, wie an der Tafel in der Bar ersichtlich ist.

FAST FOOD LE CROQUE CHAUD: Einfache Imbißbar mit Pizzas, Spaghetti, Frites... 1o % billiger bei „take away“. Täglich bis 19.3o geöffnet. 3, Rue St. Pierre (oberes Ende der Altstadthauptstraße).

Campingplatz les Cèdres, ca. 5oo m vom Zentrum entfernt an der Straße nach Banon. Tel. o4 9o 74 14 61.

Le Luberon, ca. 1,5 km außerhalb an der Straße nach Saignon. Teurer, dafür schöner gelegen, am Hang des Lubéron-Gebirges. Kleine „open air"-Bar mit Eßbarem vom Grill. Ein Bäcker kommt jeden Morgen (außer montags) um 8.3o Uhr und bringt frisches Brot und Croissants. Übernachtung: ca. 13 Euro. Tel. o4 9o o4 85 4o.

Die Dörfer des Lubéron

Dicht an die Hänge des Bergzuges gedrängt - sie haben eine traurige Berühmtheit erlangt: Hier wurde die religiöse Gemeinschaft der Waldenser im 16. Jh. vom katholischen Adel in Zusammenarbeit mit der Kirche zerschlagen.

Mehr als 2o Dörfer wurden im „Feldzug" von 1545 auf unmenschliche Weise dem Erdboden gleichgemacht. Die wehrlosen Frauen und Männer wurden in ihren Häusern oder auf Scheiterhaufen verbrannt, enthauptet, erstochen. Manche Dörfer wurden danach nicht mehr aufgebaut, in den anderen sieht man noch heute die Trümmer und Ruinen der Verwüstung.

Angefangen hat es damit, daß sich die Waldenser seit dem 12. Jh. immer mehr in der Provence und den angrenzenden Alpengebieten ausbreiteten. Sie predigten Armut, wollten zurück zum Urchristentum und griffen dementsprechend den Prunk und die Lehre der katholischen Kirche an. Sogar manche ihrer zeitgenösssischen Gegner bezeugten ihnen ihre aufrichtige und ehrliche Gesinnung.

Etliche der waldensischen Bauern hatten sich in den kleinen Dörfern des Lubérongebirges angesiedelt, ihre Wirkung reichte im 16. Jh. bis in die benachbarte päpstliche Grafschaft Venaissin. Da der Papst damals alle Hände voll zu tun hatte, sich der Reformation zu erwehren, die seit Anfang des 16. Jahrhunderts Europa ergriff, konnte er die lästigen Christen der Provence nicht mehr ertragen.

Der ortsansässige Adel und der König von Frankreich spielten dabei nur allzugerne mit und so kam es 154o zu den verhängnisvollen Urteilen des sogenannten Parlament von Aix. 1545 begann der Vernichtungsfeldzug gegen die waldensischen Dörfer unter Führung des Barons von Oppede: Sein Sohn war zu den Protestanten übergelaufen, und er war dementsprechend rachsüchtig.

Für die Söldner waren solche Aktionen sowieso gefundenes Fressen. Zuerst wurde Merindol zerstört, dann über 2o Dörfer im Lubéron: Lourmarin, Cadenet, Ménerbes, Oppède u.a. Alles wurde bis auf die Grundmauern niedergerissen und verbrannt, die Straßen zerwühlt, die Brücken abgebrochen, die Männer verkaufte man gegen ein Spottgeld an die Galeeren. Die wenigen Überlebenden des Massakers flüchteten in die Alpentäler von Piémont, wo sie überleben konnten.

Oppède -> Le Vieux

War einer der am meisten verwüsteten Orte. Der Baron hatte hier schlimm gewütet (er wurde später vom Papst zum Herzog ernannt). Vor einiger Zeit standen vom Dorf nur noch die Ruinen. Inzwischen wurden die schönsten Häuser als Zweitwohnsitz renoviert und für die Touristen entstand ein nett eingerichtetes Restaurant mit Gartenwirtschaft.

Auf dem Felshang oberhalb vom Dorf stehen noch Teile der BURG des furchtbaren Baron von Oppède. Wirklich gut erhalten ist nur noch die Kapelle am steinigen Fußweg auf halber Höhe. In den halbzugewachsenen Ruinen macht es Spaß herumzuklettern.

Keine Absperrungen, keine Warntafeln, obwohl es von manch zerfallenem Burgfenster 2o m senkrecht in die Tiefe geht. Durch die mächtigen halbeingekrachten Gewölbe hat man einen imposanten Ausblick auf das steilansteigende Lubérongebirge.

„Hostellerie Le Roy Soleil“: Gepflegtes Landhotel, ruhig gelegen, mit Schwimmbad. Ca. 3 km außerhalb von Ménerbes. Abzweigung der D 3 von der D 1 o3. Doppelzimmer ab 1oo-19o Euro (in der Saison nur Halbpension), Tel. o4 9o 72 25 61.

Camping municipal di Maubec: Nicht weit von Oppède entfernt, im Dorf Maubec. Am Sportplatz und an der Kirche vorbei und man steht fast schon vor dem kleinen Eichenwäldchen. Hübscher billiger Platz; geöffnet vom 1.4. bis 3o.9.

★ Bonnieux

Es ist das geschäftigste Dorf der Gegend, vielleicht auch das schönste und hat sich schon stark auf Touristen eingerichtet. Bonnieux liegt sehr reizvoll auf einem schmalen Hügelkamm, der schräg zum Lubéron-Gebirge steht und die Talebene hineinreicht. Die weißen Häuser stehen terrassenförmig übereinander am steilen Hang.

Grobe Steintreppen führen von der Dorfstraße zu einem kleinen Plateau hinauf. Herrliches Panorama! Dort oben stehen mächtige Zedernbäume und die alte DORFKIRCHE. In den Steinfugen der Kirchenmauer wurzeln Feigenbäume, die Fenster sind zugemauert. Schießscharten erinnern an den zweiten Zweck des Gotteshauses.

Tourist INFO

Etwas weiter unten im Ort an der Hauptstraße (am Brunnen).
Geöffnet: Montag bis Samstag, 9.3o-12.3o/15-19 Uhr.
Tel. o4 9o 75 91 9o.

Oben an der Hauptstraße gibt es eine Bäckerei-Ausstellung.

<u>Hotel/Restaurant Cécar</u>: Verschachteltes Haus, hübsche Zimmer mit Balkon (prima Aussicht). Das Doppelzimmer mit mit Dusche und WC zw. 45-7o Euro. Im bäuerlich eingerichteten Restaurant Menüs ab ca. 18 Euro (auch à la Carte). Die besten Plätze oben in der Galerie mit großen Fensterflächen zur Talseite.Tel. o4 9o 75 8o 18.

<u>Host. Prieuré</u>: Eine noble Herberge in einem ehemaligen Nonnenkloster. Die Hauskapelle wurde zu einem Ausstellungsraum umfunkioniert. Hübsche Speiseräume, Garten. Nur 1o Zimmer, das Doppelzimmer mit Bad zw. 88-11o Euro. Tel. o4 9o 75 8o 78.

Restaurant <u>LE FOURNIL</u>: Place Carnot, kleines ockerfarbenes Haus; auch Tische auf dem Platz, direkt neben dem plätschernden Brunne. ‚Taubenbraten' ist die Spezialitat des Hauses. Menüs zwischen 18 und 3o Euro. Montag Ruhetag.

<u>Camping de Bonnieux</u>: kleiner Platz kurz vor dem Dorf, eingebettet in ein grünes Mini-Tal; Morgens kommt der Bäkker aus Bonnieux. Tel. o4 9o 75 86 14.

★ Lacoste

Ähnlich wie Bonnieux auf einem Hügel gelegen und mindestens ebenso schön, - besonders, weil dem Tourismus weniger Zugeständnisse gemacht wurden. Im unteren Teil des Dorfes steht die bescheidene Herberge Café de France mit einer hübschen Hausfassade (Zimmer ca. 25 Euro).

Enge Pflastergäßchen führen hinauf zur <u>BURGRUINE DES MARQUIS DE SADE</u>. Er konnte sich nur selten hier aufhalten, da er die meiste Zeit im Gefängnis verbrachte.

Aus einem Häuschen dringt Englisch mit typisch amerikanischem Akzent: drei Kunststudentinnen wohnen dort einen Sommer lang, um französische Kultur zu schnuppern. Daneben sitzt im Schatten eines Feigenbaumes ein Hobbymaler, der die Spaziergänger vorbeischlendern läßt, ohne auch nur von ihnen Notiz zu nehmen. Die Cleveland-Art-University hält hier Sommerkurse, zu denen nicht nur Amerikaner eingeladen sind.

Oben an der Burgruine wird gebaut. Der Professor, der die Mauerreste vor ca. 3o Jahren erwarb und seitdem jeden Sommer damit beschäftigt ist, die Fragmente zusammenzusetzen, wird wohl zu seiner Lebzeit nicht mehr damit fertigwerden.

Route des Cèdres

Bis vor kurzem war diese schmale Teerstraße entlang der „messerscharfen" Kammhöhe des Lubéron noch mit dem Wagen befahrbar. Jetzt aber wegen Naturschutz und Waldbrandgefahr nur noch für Fußgänger, Fahrradfahrer zu benutzen. Ca. 5 km oberhalb von Bonnieux ist Endstation für

PKW-Fahrer. Oben angekommen, geht es dann relativ geradlinig den Höhenzug entlang.

Die Rauheit der vom Mistral arg geplagten Gegend mit trockener Heidelandschaft, kleinen Büschen und Felsgebilden wird abgewechselt durch einen dichten Zedernwald. Die Anpflanzung des Waldes Mitte des letzten Jahrhunderts war mehr ein Experiment, da man nicht glauben wollte, daß das lärchenähnliche Gewächs den Bodenverhältnissen und den heftigen Stürmen gewachsen ist.

Zahlreiche herrliche Aussichtspunkte von dem teilweise nur „straßenbreiten“ Bergkamm.

Der NORDHANG der Hügelkette ist mit riesigen Eichen und Kastanienwäldern bedeckt und teilweise sehr steil. Enge Schluchten brechen heraus und kleine Dörfer schmiegen sich an den Hang.

Ganz anders als der SÜDHANG: Kastanien, Eichen und Pinien wachsen auch hier, doch das ganze Gebiet ist fruchtbarer, weniger steil, sonniger.

Die Dörfer sind größer und geschäftiger, das Mittelmeer ist hier schon näher. Nur noch vereinzelt sieht man steile Felspartien, - die ganze Gegend ist mehr genutzt, wodurch sie allerdings nüchterner wirkt. Ein kurzes Teilstück ist von Cavaillon aus zu befahren (Abzweigung von D 31, etwa halbe Wegstrecke Robion - Cheval Blanc) - führt über den Kamm und mündet bei l'Aum'one auf die D 973.

Das Tal von Buoux

Wildromantisches Lubérontal in der Nähe von SIVERGUES. Air France schickt seine Piloten und Angestellten ins dortige Erholungscamp, ansonsten nur einige kleine private Sommerhäuser, versteckt hinter dichtem Gestrüpp.

Zu beiden Seiten des Tales steil aufragende kahle Felswände. Das Talbett ist dicht mit kleinen Steineichen und verrankten Brombeersträuchern bewachsen.

Auf einem Felsplateau über dem Canon stehen die Überreste des großangelegten FORT DE BUOUX. Die Zufahrt zur Ruine ist mit einem eisernen Tor versperrt. Es ist auch viel schöner, die ca. 1 km lange Strecke zu Fuß zu gehen.

Der Pfad führt unter einer riesigen überhängenden Felswand vorbei. Zu beiden Seiten des Weges undurchdringbares Brombeergestrüpp. Danach schlängelt sich der Weg am Berghang hinauf.

Beim Haus des Wärters wird Eintrittsgeld kassiert: ca. 2 Euro. Ein Übersichtsplan der Festungsruine ist erhältlich. Bei den Parkplätzen des Fort Buoux beginnt ein Sträßchen (teils Schotter, teils Teer), das noch einige 1oo m weiter ins Tal hineinführt.

Am Ende der Wald- und Wiesenstraße abgeschieden die **„<u>Auberge des Séguins</u>“**: ein eindrucksvoll restauriertes Gehöft mit mehreren Nebengebäuden, in denen die Gästezimmer untergebracht sind. Die Auberge ist vor allem bei Kletterern beliebt, die an der imposanten benachbarten Steilwand üben (an Wochenenden sehr trubelig). Halbpension ist Pflicht: ca. 45 Euro p.P mit Frühstück. Ausgesprochen leckere provenzalische Küche; Wild und Flußfisch. Geöffnet vom 1. März bis 15. Nov.. Tel. o4 9o 74 16 37.

★ Buoux

Im Dorf sehenswert die romanische Kirche des Weilers - unverputzt, gänzlich aus Stein (auch Dach). Sie wirkt dadurch fast wie ein borie. Es wird angenommen, daß die Kirche bereits im 13. Jh. entstand (?). Der Friedhof wurde erst im letzten Jahrhundert angelegt. Da Buoux nie ein richtiges Dorf war, entstand das Gotteshaus ca. 1 km außerhalb auf einer Bergkuppe - ziemlich in der Mitte der weit verstreut liegenden Bauernhöfe.

Am Dorfbrunnen bei der Mairie summen dutzende von Bienen. Das Schild, auf dem „Waschen Verboten“ steht, ist also überflüssig.

RESTAURANTS

<u>AUBERGE DE LA LOUBE</u>: Kleines Restaurant, geschmackvoll rustikal eingerichtet. Viele regionale Spezialitäten. Besonders angenehm fallen die Vorspeisen auf (beim teuren Menü für 25 Euro gibt's Salatschälchen). Tel. o4 9o 74 19 58.

WANDERN IM LUBÉRON: Es ist in jedem Fall besser, den Lubéron zu Fuß kennenzulernen, um nicht das letzte Wildschwein davonzujagen. Dafür gibt es eine umfangreiche Wanderbroschüre von F. Morenas in den Buchhandlungen von Apt zu kaufen. Bemängelt werden an diesem Wanderführer die abschweifenden Landschaftshuldigungen, welche die Routenbeschreibungen zum Teil etwas unübersichtlich erscheinen lassen.

Juhe

Ein guter Ausgangspunkt zu den Wanderungen ist die <u>Jugendherberge „Regain</u>“ zwischen Saignon und Auribeau (auf der Straße 2 km nach Saignon rechts abbiegen). Der ehemalige Pferdestall, an eine Felswand gebaut, wurde mit viel Liebe zu einer der originellsten Jugendherbergen Frankreichs ausgebaut. Die Organisation der Herberge läuft sehr unkonventionell ab und ist deshalb auch für Leute zu empfehlen, die den üblichen Jugendherbergen nichts abgewinnen können. Auch Doppelzimmer sind im Haus vorhanden. Eine Nacht mit Frühstück kostet 25 Euro pro Person; das Abendessen (leckere Hausmannskost) gibt's ab 1o Euro. Tel. o4 9o 74 39 34.

François Morenas, der Autor des obengenannten Wanderführers, ist Maître de maison. Mehrmals die Woche gibt's Filmvorführungen in einem kleinen improvisierten Filmstudio oberhalb der Herberge. François, der früher mit einem mobilen Kino durchs Land zog, zeigt selbergemachte Streifen von provencalischen Dorffesten und Vorführungen alter Klassiker aus seiner Sammlung. François und seine Lebensgefährtin sind bereits ins hohe Alter gekommen; „Regain" ist ihr Lebenswerk. Unverdrossen halten sie die schon ‚legendäre' Einrichtung zaufrecht.

Wer schon seit Tagen den Lubéron durchkreuzt hat und auch die Südhänge mit so interessanten Dörfern wie Lourmarin besucht hat, wo der Dichter Albert Camus begraben liegt, möchte bestimmt wieder einmal baden. Einzige Möglichkeit dazu, wenn auch nicht optimal geeignet, bietet der „ETANG DE BONDE" neben dem Dorf SANNES. Der See ist Privatbesitz eines Schloßherrn und deshalb an den meisten Stellen gegen unerlaubten Besuch mit einem Zaun gesichert.

Nur das kleine Stück Seeufer beim Campingplatz, mit einem aufgeschütteten Splitstrand kann zum Baden benutzt werden. Wegen dem nahen Campingplatz und dem Tretbootverleih am Strand drängen sich die Badegäste wie auf einem Volksfest.

Das SCHLOSS VON LOUMARIN: Ein klassischer Renaissancebau aus dem Jahre 154o - sehr schön und gepflegt. Der erfolgreiche Haarwasserhersteller Laurent Vibert vermachte das Schloß einer Stiftung zur Förderung der Kunst. So wird das Schloß den Sommer über von Schülern der Akademie von Aix en Provence bevölkert. Trotzdem Besichtigung möglich. Eintritt 5 Euro. In der ehemaligen Küche des Schloßes (separater Eingang) wechselnde Verkaufsausstellungen lokaler Künstler.

DER VERDON

Die Stauseen & Cañons

Ideal für Leute, die in Südfrankreich etwas Ruhe suchen. Großartige Landschaft von weiten Getreidefeldern, malerischen Bergdörfern und jede Menge Wassersport in den Stauseen machen einen Abstecher hierher lohnend. Weiter östlich dann der „Grand Canon du Verdon“, eine großartige Schlucht, die fast senkrecht abfällt. Viele Möglichkeiten zum Wandern und Kajakfahren.

Zwei süddeutsche Radler, mit einer alten Landkarte unterwegs, waren ziemlich überrascht, als die Straße nach Ste. Croix plötzlich unter der Wasseroberfläche verschwand. Die Seen wurden nämlich erst 1972 aufgestaut und sind in alten Karten nicht eingezeichnet. Damals wurden die alteingesessenen Dorfbewohner in neukonzipierte Dörfer am heutigen Uferrand umgesiedelt, die alten Behausungen samt Kirche mit Dynamit in die Luft gesprengt.

Mit der finanziellen Abfindung für das verlorengegangene Stück Heimat bauten die Exlandwirte kleine Cafeterias und Pensionen. Aber in punkto Tourismus hat sich nicht viel getan. Etliche Feriensiedlungen, Campingplätze und Hotels sind entstanden, aber der große Durchbruch ist damit nicht gelungen - wahrscheinlich auch, weil dies künstlich entstande Berg-Seelandschaft einen ziemlich sperrigen Charme versprüht.

Sehr sauberes Wasser - nichts fließt ungeklärt in die Seen (Trinkwasser für Oux Toulon).

ANREISE:

Von Aix-en-Provence sind es nur etwa 5o km bis zum Esparron du Verdon, dem untersten Staubecken des Verdon. Der N 96 entlang führt die Anreise ein Stück die Durance entlang.

Bei Mirabeau geht es geradeaus auf die D 952 bis Vinon. Man kommt dabei an dem riesigen nationalen Nuklearforschungsgelände vorbei - abgesichert mit einem mehrere Meter hohen Maschendraht (hier werden die neuen Reaktortypen getestet.). Bei Vinon überquert man den Verdon, bleibt aber auf der D 952.

Kurz nach dem Thermalbad Greoux-les-Bains zweigt rechts eine schmale Teerstraße zum Esparron du Verdon ab.

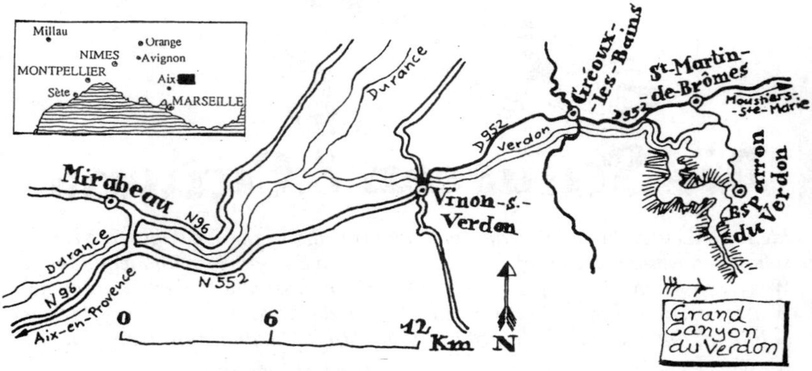

ESPARRON DU VERDON

Er ist der westlichste der Stauseen: Grünes, glasklares Wasser lädt zum Schwimmen oder Bootfahren ein.

Am Seeufer das Dorf ESPARRON DU VERDON. Es ist die einzige Siedlung am See, und auch die einzige Stelle, von der der See gut zugänglich ist. An anderen Stellen des Sees meist steile Felshänge. Das eigentliche Dorf besteht nur aus wenigen Bauernhäusern und einem etwas verwahrlosten Schloß aus dem 1o. Jahrhundert. Etwas außerhalb, auf einem Uferhügel, ein von Architekten preisgekröntes Feriendorf, der Landschaft und dem alten Dorf angepaßt: Lehmfarbene niedrige Häuser in einiger Entfernung vom Ufer, man merkt sofort, daß Kosten- und Rentabilitätsfaktoren hier nur zweitrangig waren. Am Seeufer ein terrassenartiger Felsstrand, durchsetzt mit kleinen Bäumen und Sträuchern. Wassertemperatur Juli/August ca. 2o Grad.

Tourist INFO Das Office de Tourisme befindet sich am unteren Dorfende; zweitletztes Haus auf dem Weg zum Felsstrand. Im Juli und August (außer Montag) den ganzen Tag geöffnet; in der NS nur nachmittags. Tel. o4 92 77 15 45. (Falls geschlossen: an Galerie oder Töpferei wenden).

Am Strand des Feriendorfs: Tretboote, Surf- und Segelboote, sowie Jollen zum Rudern. Außerdem Kanus und Kajaks (8 Euro für ein Kajak am Tag; ca. 4o Euro für ein 3er Kanu den ganzen Tag).

Es lohnt sich, per Boot einen Ausflug in den „kleinen Canon des Verdon“ zu unternehmen.. Etwa 3 Std. (einfach) paddelt man die aufgestauten „Basses Gorges du Verdon“ hinauf und erreicht kurz vor dem Dorf Quinson die nächste Staumauer. Der Canon ist an vielen Stellen nur ca. 4o m breit und landschaftlich sehr interessant. Seerundfahrten auf dem Elektrodampfer (6o Personen). Erwachsene: ca. 8 Euro. (Im Juli und August täglich 4 Fahrten, um 11, 15, 16 und 17 Uhr, ansonsten nur 15 und 17 Uhr.)

Auf etwa 2/3 des Weges die alte Räuberhöhle einer früher hier beheimateten Bande (linke Seite). Auf dem gegenüberliegenden Ufer die verlassenen Häuschen der Kanalaufseher (hier führte ein Bewässerungskanal entlang).

Camping Soleil, am Seeufer, auf der anderen Seite der Dorfbucht, knapp 2 km vom ‚'Zentrum“ entfernt. Der Campingplatz ist sehr gepflegt und terrassenförmig mit Baumreihen dazwischen angelegt. Für Gäste Aufenthaltsraum mit Bibliothek, Freiluftcafé und Tennis. Auch Boote kann man hier ausleihen: Kajak für 15 Euro und ein Kanu für ca. 2o Euro pro halber Tag. Keine Hunde. Juli/ August vorher anmelden. Übernachtung.: ca. 18 Euro. Tel. o4 92 77 13 78.

Zwei weitere Campingplätze mit Zugang zum See: Ein Monstercampingplatz, Camping du Lac, und ein FKK-Platz, Verdon Provence. Beide an der nördlichen Seeseite.

LAC DE STE. CROIX

Die endlosen Getreidefelder des Plateau de Valensole enden abrupt vor dieser riesigen mit Wasser gefüllten Erdfurche. Mit einer Länge von etwa 12 km und einer durchschnittlichen Breite von 3 km ist er mit Abstand der größte Stausee des Verdon.

Die Stauhöhe liegt so hoch, daß auch noch der untere Teil des Grand Canon de Verdon vom See überspült wird. Wildcampen verboten; im Sommer kommt die Polizei morgens häufig, um zu kontrollieren.

Zu weit in den See hinausschwimmen kann gefährlich werden, denn aus heiterem Himmel, manchmal sogar nachts, brummen ganze Geschwader von Löschflugzeugen zum See, um während des sekundenlangen „touchdowns“ ihre Tanks aufzufüllen und danach wieder durchzustarten. Wer bekommt bei dieser Gelegenheit kein schlechtes Gewissen, wegen seines Lagerfeuers am bewaldeten Uferrand?

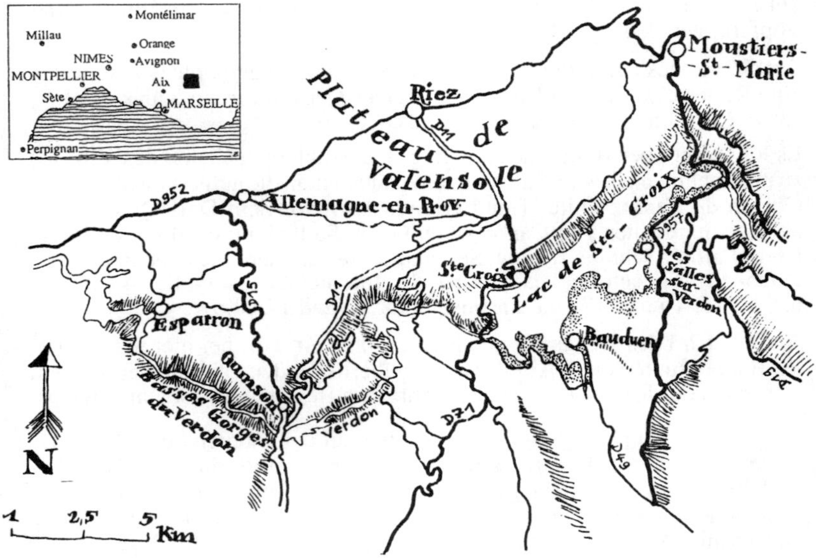

Mit dem Wagen kann man fast um den ganzen See herumfahren: Kurz vor Moustiers, wenn man von Westen die D 952 entlang kommt, zweigt rechts eine, als „Circuit Lac Croix" beschilderte, schmale Teerstraße ab. In engen Serpentinen führt die Straße zum trockenen Plateau de Valensole hinauf.

Die Hochfläche mit ihren riesigen Lavendel- und trocken-gelben Kornfeldern wird nur von wenigen landwirtschaftlichen Großbetrieben bewirtschaftet (die Fruchtfolge Lavendel - Getreide ist optimal für die Gegend).

Die Straße erreicht bald den Rand der Ebene und führt ziemlich geradlinig an ihr entlang. Optimales Panorama: der ganze Talhang pinienbewaldet, darunter das leuchtend blaue Wasser des Lac, in der Mitte eine kleine Insel. Auf der anderen Seite des Sees die hochaufragenden Felswände der provenzalischen Alpen.

★ Ste. Croix

Eines der zwei Bergdörfer, die 1972 zu „Seedörfern" wurden. Das obere Dorf besteht zum großen Teil aus Häuserruinen - von 4oo Einwohnern im Jahr 192o wohnen heute nur noch knapp 4o Alteingesessene im Dorf. Den Jugendlichen fiel es wegen der harten Lebensbedingungen nicht schwer, woanders ihr Glück zu versuchen.

Seit der Stausee mehr und mehr Touristen um sich sammelt, und betuchte Zivilisationsüberdrüssige sich für alte Bauernhäuser interessieren, wird auch der obere Dorfteil nach und nach wieder hergestellt. Und etwas ausserhalb hat eine Immobilienfirma bereits einen Appartementblock im Dorfstil und ein Hotel errichtet.

„**Auberge du Sanglier**“: einziges Hotel im Ort. Zimmer meist mit Seeblick, DZ mit Halbpension 45 Euro/Person (Halbpension zwingend). Restaurant im Haus, Menü: 15- 25 Euro. Tel. o4 92 74 55 74.

Auberge du Castellas: Etwas außerhalb an der Straße nach Bauduen. Kleine Doppelzimmer mit einem Bett und einem kleinen Bad, meist mit Blick zum See für ca. 4o Euro/Pers. (Halbpension!). Tel. o4 92 77 87 92. Nicht verwechseln mit dem oberhalb liegenden Appartement-Konglomerat mit Pizzeria.

CRÊPERIE/REST. LE MORGAN: An der „Haupt“-Straße. Schlichtes Restaurant mit einer kleinen Terrasse, von der aus man einen wundervollen Ausblick auf den See hat. Crêpes und Galettes zwischen 2,5 und 6 Euro, Menü: ab 15 Euro.

PIZZERIA CHEZ FREDDY: Kleiner, sehr enger Speiseraum. Pizza, Pâtes und Fleisch zu erschwinglichen Preisen. Ein Stück weiter unten an der Hauptstraße.

Camping Municipal Ste Croix du Verdon: Ordentlicher städtischer Campingplatz unten am See, mit Tennismöglichkeit nicht weit vom Platz. Noch vor ein paar Jahren, als der Campingplatz noch nicht existierte, war das Ufer mit Wildcampern belegt. Heute tummeln sich hier Volleyballspieler, Windsurfer, Segler etc. 2 Pers. zahlen ca. 15 Euro.

Als Alternative zu Hotel und Zelten bietet der Platz 7 qm-Bungalows mit komplett eingerichteter Küchenecke für 2-3 Personen an. Pro Tag kostet das Häuschen 3o-5o Euro (Juli/August). Geöffnet nur April bis Ende September.

Ab Ste. Croix schlängelt sich die D 111 dicht am Ufer entlang, und man erreicht bald den Ausfluß des Sees. Das breite, mit Wasser gefüllte Tal verengt sich dort auf eine nur ca. 1oo m breite Steilschlucht, die durch eine mächtige Staumauer abgesperrt wird. Zufahrt zum Turbinenhaus ist verboten, - näher an die Staumauer kommt man von der anderen Seite des Canon: Kurz nach der Brücke zweigt von der Straße nach Aups ein schmaler Fußweg zu einer Aussichtsplattform ab.

★Bauduen

Im Waschhaus vom Dorf wird auch heute noch die Wäsche gewaschen. Das ehrwürdige Hotel de Ville daneben liegt versteckt hinter großgewachsenen Bäumen.

Die Uferböschung fällt an den meisten Stellen ziemlich steil zum See ab. Baden deshalb besser ca. 1,5 km außerhalb, gegenüber in einer schmalen Bucht.

Auf der gegenüberliegenden Seite der engen Bucht , an der D 71, inzwischen 4 Campingplätze (meist relativ schattig durch jungen Eichenbestand).

Les Vallons, mit kleinem Pool, wenigen Stellplätzen. Tel. o4 94 7o o9 13. Dem See am nächstliegendsten: Le Vieux Chêne, Route du Barrage, Tel. o4 94 7o o9 o8. April bis Ende Oktober geöffnet und Camping Municipal, Route de Riez. Eher unterer Standard. Tel. o4 94 7o o8 67.

Etwas abgelegen an der D 49 sind zwei improvisierte Camping auf dem Bauernhof.

„**Auberge du Lac**“: sehr gemütliches Hotel an der Uferpromenade. Auch die Treppenaufgänge sind mit kleinen Tischchen und Blumenvasen geschmückt. 1o DZ mit Bad zu vermieten, 4 davon mit großem Balkon zum See: 45-6o Euro (in der Saison etwas billiger, dafür nur Halbpension). Im ebenfalls sehr gemütlichen Hotelrestaurant Menüs ab 18 Euro. Tel. o4 94 7o o8 o4.

„**Hotel Les Cavalets**“: Einsam, ca. 3 km südlich von Bauduen oberhalb des Seeufers gelegen, natürlich ruhig. Im Garten ein Pool. Die meisten Zimmer mit kleinem Balkon zum See. DZ mit Bad ca. 5o Euro, ein Menü ab 15 Euro. Tel. o4 94 7o o8 64.

Die jüngeren Generationen finden sich abends meist in der CRÊPERIE/PIZZERIA LE BOUCHON zusammen. Crêpes ab 3 Euro, Pizza ab 6 Euro. An der Uferpromenade.

Ranch de la Blache: neben dem Camping Municipal. Der Besitzer der „Ranch“ kommt aus Neukaledonien (Insel bei Australien). Eine Stunde Reiten im Gelände kostet ca. 14 Euro. Unbedingt 2 Tage vorher anrufen: o4 94 7o o8 89.

Die Straße zum See hinunter verschwindet plötzlich unterm Wasser und ist ein idealer Platz, um ein Boot zu wassern. Das ist wahrscheinlich auch der Grund, warum sich gerade hier eine Segelschule niedergelassen hat. Rechts daneben beginnt eine Schotterstraße, die am See entlangführt. Hier gibt es zwei städtische Tennisplätze und viele kleine, zum Baden einladende Buchten. Vorsicht: Autoknacker!

★ Les Salles

Das ursprüngliche Dorf liegt heute mitten im Stausee. Beim Aufbau des neuen Les Salles, in dem ca. 1oo Leute wohnen, gab man sich viel Mühe, „gewachsenen Dorfcharakter“ nachzuempfinden. Der Ort mit mehreren kleinen Plätzen, um die sich die Häuser scharen, wurde großzügig geplant.

Am Platz bei der Kirche zwei Straßencafés. Im Café Le Chêne sind die Wände vollgehängt mit Bildern vom alten Dorf. Ein Bild zeigt den Moment, in dem die Kirche mit Dynamit gesprengt wird. Alteingesessenen kommen heute noch die Tränen, wenn sie über ihr altes Dorf befragt werden.

Office de Tourisme am Kirchplatz neben der Mairie.

Im Ort zwei kleine Hotels mit je ca. 2o Zimmern.

Hotel Les Salles: DZ mit Frühstück zw. 65-75 Euro, Menüs: 13-18 Euro. Tel. o4 94 7o 2o o4.

Hotel Sainte Anne: vormals „Le Verdon“. Familiäres Sommerhotel. Eher teure DZ mit Frühstück 58-85 Euro. Tel. o4 94 7o 2o o2.

Gute Bademöglichkeiten unten am See.

Hier auch 2 C-Klasse-Campingplätze: Der erste, „La Source“, terrassenförmig angelegt, Schatten, schöner Blick auf den See, zum Strand 5o m, direkter Zugang zum Dorf. Tel. o4 94 7o 2o 4o. „Les Pius“, eine der gepflegtesten Anlagen am See, Stellplätze durch Hecken getrennt. Tel. o4 94 7o 2o 8o.

★ Moustiers

Malerisches kleines Bergdorf: die alten, braungetünchten Häuser klammern sich an die Ausläufer einer steilaufragenden Gebirgswand. Das Dorf liegt am Ausgang einer Felsschlucht, aus welcher der Gebirgsfluß Maïre in Kaskaden hervorsprudelt und den Ort in zwei Hälften teilt. In den Gassen findet man beim Durchstreifen alte Brunnen, Taubenschläge, deren Schlupflöcher mit bunten Kacheln verkleidet sind, und andere verzauberte Ecken und Winkel.

Hier scheint fast jedes Haus gleichzeitig auch ein Souvenirladen zu sein. Kein Wunder, denn seit dem 17. Jh. blüht hier die Fayencekunst, und Moustiers vertrieb seine milchig glasierten Arbeiten in ganz Frankreich. Dem Fachmann sind Fayenceerzeugnisse sicher ein Begriff und er wird Falsches vom Echten unterscheiden können, doch der Laie hüte sich vor dem Kitsch, der in vielen Läden neben Lavendelhonig und Mandeln unter die Massen von Touristen gebracht wird (genauere Infos s. unten).

Seinen Namen hat Moustiers von Monasterium (Kloster): im 5. Jh. schickte der Bischof eine kleine Gruppe von Mönchen in die bergige Einsamkeit. Sie wohnten anfangs in einer Höhle und trugen sehr viel zur Kultivierung des Umlandes bei.

Über der Schlucht ein Kuriosum: ein Stern an einer über 2oo m langen Eisenkette funkelt in der Sonne. Er wurde hier von einem der Herren von Les Baux auf Grund eines Gelübdes angebracht, - aus Dankbarkeit dafür, daß er vom Kreuzzug wieder heil zurückgekommen war.

Sehr sehenswert die PFARRKIRCHE: schmuckloses romanisches Kirchenschiff, gotischer Chor und vierstöckiger Glockenturm. Im Inneren des Tur-

mes ein kleiner Ausstellungsraum mit alten Fayencen, Opfertellern, Votivbildern u.a.

Auf einem schmalen Felsvorsprung über dem Dorf die kleine KAPELLE NOTRE DAME DE BEAUVOIR (12. Jh).

Der berühmte Bau, teils romanisch, teils gotisch, mit einem kunstvoll geschnitzten Holzportal und seinem Vorbau mit bunten Schindeln, ist eine ehemalige Wallfahrtskirche. Im Innern Votivtafeln und etliche neuere Keramikarbeiten aus Moustiers.

Vom Aussichtspunkt herrlicher Blick auf die roten Dächer, das üppig grün bewachsene Tal und die Ebene Aiquines mit ihren Obstkulturen und sanften Hügeln in der Ferne.

Das FAYENCEMUSEUM: Die Fayencekunst wurde angeblich von einem italienischen Mönch namens Faenza importiert. Im Ortskern unterhalb des Glockenturms in einem großen Kellergewölbe (April-Okt. 9-12, 14-18 Uhr, dienstags geschlossen, Eintritt 2 Euro) Arbeiten aus verschiedenen Jahrhunderten seit dem Aufkommen dieser Kunst, sowie alte Brennöfen und Werkzeuge. Die Dekors sind sehr vielfältig: Blumenmotive, Bäuerliches und kunstvoll Verschnörkeltes. Übrigens werden die alten Dekors heute wieder aufgenommen und in stundenlanger Feinarbeit mit der Hand gemalt.

Ein Tip ist das „**Hotel Belvedere**“ am Ortseingang. Das Gebäude gehörte einst zum Immobilienbestand Ludwigs XIV. Hier war die älteste Keramikfabrik des Ortes untergebracht, ein imposantes Überbleibsel aus der damaligen Produktion, ein dekorierter Rundofen steht im Foyer. Die Zimmer sind teilweise mit antikem Mobiliear eingerichtet. Nach hinten ein wunderschöner Blick auf den Talkessel und Gebirgskamm. DZ mit Dusche und WC 5o Euro. Halbpension empfehlenswert! Tel. o4 92 74 69 47.

Das Hotelrestaurant hängt geradezu über dem Talkessel; die große Fensterfront ermöglicht einen Panoramablick. Leckere Gerichte werden auf dickem alten Porzellan serviert. Die gefüllten Pasteten und der Wildgulasch sind ausgezeichent. Gute Provence-Weine auf der Liste. A la carte oder Menü ab 18 Euro.

In der Hotelbar trifft sich abends der jüngere Teil des Ortes; zusammen mit den Hotelgästen ergibt das oft eine stimmungsvolle Atmosphäre. Hinter der alten Holztheke fehlt so gut wie kein Getränk.

<u>REST. LES SANTONS</u>: Ein Spitzenrestaurant in der Provinz. Die beiden Inhaber dienten früher im Pariser Maxim. Aufwendig restauriertes Altstadthaus mit dickem, kühlem Gewölbe - Terrasse zum Fluß. Alle Gerichte werden natürlich auf Moustier Porzellan serviert. Geschl. Mo. abend und dienstags. Menüs 3o-5o Euro. Tel. o4 92 74 66 48.

<u>CAFE/RESTAURANT BELLEVUE</u>, gleich rechts der Brücke mit einer schmalen Terrasse (ungefähr 1,5 m breit), von der man einen schönen Blick in das Tal des Maïre und die Ebene hat. Im urigen Speiseraum mit alten Bilderschinken an den Wänden. Das Menü ab ca. 15 Euro. Neu ist die Terrasse nach hinten raus, direkt neben der Maïre. Nicht so schön die weißen Plastikstühle und grauen Pflastersteine - das wird aber ausgeglichen durch die wunderschönen Kaskaden des Flüßchens. Tel. o4 92 74 66 o6.

<u>REST. RELAIS</u>, direkt links der Brücke. Klein, mit engstehenden Tischchen. Wer einen Fensterplatz hat, kann die Maïre bestaunen, wie sie sich in einem Wasserfall unter die Brücke ergießt. Menü ab 2o Euro. Tel. o4 92 74 66 1o.

Hübscher und schön gelegener C<u>ampingplatz</u> , Le St. Jean, mit Trauerweiden im Tal am Gebirgsbach vor Moustiers. Fischen ist ebenso wie Volleyballspielen möglich. Viel Schatten und gute sanitäre Anlagen. Richtung Riez, 1 km außerhalb. Tel. o4 92 74 66 85.

Schräg gegenüber C<u>amping Manaysse,</u> Bäume, wenig Schatten, Grasboden. Wirkt ein wenig steril. Tel. o4 92 74 66 71.

Weitere Campingplätze Richtung Schlucht. <u>Saint Clair</u>, terrassenförmig angelegt, mit großen Bäumen und daher viel Schatten. Es ist nicht ratsam, den Campingplatz ohne Anmeldung zu betreten. Der Patron ist wachsam und kommt sofort mit seinem Moped hinterher. Ca. 1o Euro. Tel. o4 92 74 67 15. An der Abzweigung der D 957.

<u>Camping Le Moulin</u>: in dieselbe Richtung, ca. 3,5 km von Moustiers an der D 957. Viel Schatten, dem See am nächsten. Tel. o4 92 74 66 66.

Das Syndicat d'Initiative befindet sich unweit der Kirche Rive Gauche (linkes Flußufer). Unterschiedliche Öffnungszeiten. Tel. o4 92 74 67 84.

Die heutigen Fayencearbeiten

Ca. 2o renommierte Künstler haben sich zu einer „Fabrication collective" zusammengeschlossen. Ihre Arbeiten tragen den Stempel „peintes la main". Da viele der zum Teil aus der Tschechoslowakei importierten Fabrikerzeugnisse unverschämterweise denselben Stempel tragen, ist das leider auch noch keine Garantie dafür, daß sie wirklich handbemalt sind.

Erst 1925 stellte ein Schriftsteller einen Brennofen auf und rief die neue Fayencekunst ins Leben. Neben den alten Motiven findet man auch originelle moderne graphische Sachen, wie im Atelier Fine, z.B. einen Mönch mit erhobenem Zeigefinger, dem anstelle des Heiligenscheines nackte Englein um den Kopf schwirren.

Hat man nicht das Glück, einen Laden zu finden, in dem gerade an der Töpferscheibe oder mit dem Pinsel gearbeitet wird, kann man Simone Favier in ihrem kleinen Keramikbetrieb (Richtung Riez rechts am Eingang der nächsten Ortschaft) besuchen.

Im Atelier, das eines der traditionsreichsten von Moustiers ist, kann man sicher sein, daß alles wie früher gemacht wird: Eine Schablone (z.B. ein Teller) wird auf eine Scheibe Ton gelegt und fest aufgepreßt, während sich die Scheibe dreht.

Das Double wird getrocknet und zum ersten Mal gebrannt, danach in eine milchigweiße Flüssigkeit, die Lasur, getaucht und wieder vorsichtig zum Trocknen aufgestellt. Fehler und Rückstände werden im nächsten Gang beseitigt und der langwierigste Prozeß, das Bemalen, folgt.

Beim 2. Brennvorgang kommt der Glanz der Lasur zum Vorschein und fertig ist der Teller.

In dem Verkaufsraum von Madame Favier gibt es ganze Garnituren zu kaufen: kostet aber einiges, so ein fingerspannbreiter Teller ca. 1oo Euro.

Bei Favier arbeiten nur 4-5 Frauen und eine bewältigt die Malerei ganz alleine, während in anderen Betrieben, z.B. im Atelier de Segries (Richtung Riez, Mittwoch zu besichtigen), eine ganze Reihe von Malern - jeder mit einem Teilstück - beschäftigt ist.

Auf der Fahrt zurück Augen offen halten: links ein kleines Schlößchen, dessen Turm mit bunten Kacheln geschmückt ist. Eintritt verboten!

Grand Cañon du Verdon

Tagesausflüglern, die mit dem Reisebus von der Côte d'Azur aufbrechen, um per „Panoramastraße" die Sehenswürdigkeit „Canon Verdon" abzuhaken, kann man wohl nur ein mitleidiges Lächeln schenken.

Auf einer Strecke von 25 km windet sich der Verdon am Grund einer schmalen, senkrecht abfallenden Schlucht durch das weiche Kalksteingebirge. In das alpine Hochtal, mit Gipfeln um die 1.5oo m zu beiden Seiten, hat sich der Fluß bis zu 4oo m tief eingegraben. Tief genug, um einen Eiffelturm darin zu verstecken, - mit der Spitze nach unten -, denn der Canon ist unten nur einige Meter breit.

Im schattig-kühlen Schluchtgrund macht auch im Hochsommer das Wandern Spaß. Die gängigste Route führt in 6-8 Std. von LA PALUD schluchtaufwärts nach POINT SUBLIME.

Achtung flußabwärts: Durch den dort sehr schmalen Canon wirbeln plötzlich große Wassermassen, wenn bei erhöhtem Strombedarf die Stauwerk-Turbinen bei CASTELLANE mit Vollast laufen.

Zu beiden Seiten des Grand Canon führen Straßenterrassen, zum Teil nur wenige Meter neben der Schlucht entlang. Zahllose Aussichtsplattformen bieten einen grandiosen Blick.

Info-Material:

Sehr nützlich ist die „Wanderwegkarte Verdon-Schlucht". Diese Karte erleichtert die Orientierung beträchtlich, da Wegkrümmungen, Steigungen, Bäume etc. exakt eingezeichnet sind, zusätzlich Farbfotos zu beiden Seiten der Wegzeichnung. Preis ca. 5 Euro.

Ein spezieller Führer für Kajakfahrer kostet ca. 1o Euro und enthält Zeichnungen der Fahrrinnen.

Guide pratique du Verdon: ca 7 Euro (auch auf deutsch).

Karte Pays du Verdon: ca. 6 Euro.

Eine große Auswahl an Info-Material über den Canon findet man im „Bureau des Guides du Verdun" in La Palud.

Anmerkung der Redaktion: Die hier angeführten Bücher/Karten sind nicht über unseren Verlag erhältlich.

ESSENSTIPPS FÜR DIESE REGION

Da in dieser Gegend die besten Lämmer gezüchtet werden emphiehlt sich: Gigot d'agneau - gegrillte Lammkeule mit pommes frites, épaule d'agneau Lammschulter- pieds paquets - mit Hackfleisch gefüllter Lammagen plus

Lammpfoten. Civet de porcelet - Schweinepfeffer, Schweinefleischstücke in Weinsoße, mit Blut und Cerpolet, einem typischen Provencegewürz, abgeschmeckt.

Ecrevisses l'amèricaine - Flußkrebse, werden in einer leckeren Tomatensoße mit viel Estragon und Paprika gekocht.

ANREISE

Vom Ausgangspunkt Moustiers kommend, zweigt bei STE. CLAIR links die D 952 nach LA PALUD ab. Auf einer aus dem Felsen geschlagenen Terrasse führt die Straße schräg den steilen Felshang hinauf. Weiter oben mehrere hübsche Aussichtspunkte und sehr anstrengende Abstiegsmöglichkeiten in die Schlucht.

★La Palud

Kleines Bergdorf, guter Ausgangspunkt für Schluchtwanderungen und Cañonsport. Campingplatz, Jugendherberge und kleine Hotels im Ort.

Besonders hübsch sind die engen Gäßchen beim SCHLOSS, das sich in einem äußerst desolaten Zustand befindet. In La Palude gibt es ein Touristen-Info am Dorfplatz, das allerdings nur im Juli und August geöffnet hat. Auskunft auch im Rathaus. Tel. o4 92 77 38 o2.

„Abenteuertouren" durch den Canon:

Zwei Veranstalter haben sich auf „Abenteuertouren" zu Fuß, per Schlauchboot oder per Schwimmen spezialisiert.

Bitte bei schriftlichen Anfragen ganz konkret die Sportart angeben!

Amphibientour: halb wandernd, halb schwimmend lernt man den Canon in seiner gesamten Länge kennen. Der Trip dauert etwa 12 Stunden.

Schlauchboot: Nur möglich, wenn die Wasserdurchflußmenge mindestens 2o cbm/sec. beträgt. Das Schlauchboot muß auch dann noch um 4 sehr schwierige Passagen getragen werden (ca. 3 km).

Canyoning: eine Abfolge von Sprüngen, Schwimmen, ‚Toboggans' und Abseilen in Wasserfällen; sieht alles sehr abenteurlich aus.

Außerdem wird Floating und Rafting angeboten; 2 sportliche Alternativen zur Amphibientour und zum Schlauchboot.

Klettern: geklettert wird an bis zu 3oo m hohen Steilwänden. Für Anfänger gibt es den Klettergarten.

Canonsportinteressierte können sich an das „Bureau de Guides du Verdon", Rue Grande, Tel. o4 92 77 3o 5o wenden, oder an „Cabanon du Verdon", ebenfalls an der Hauptstraße.

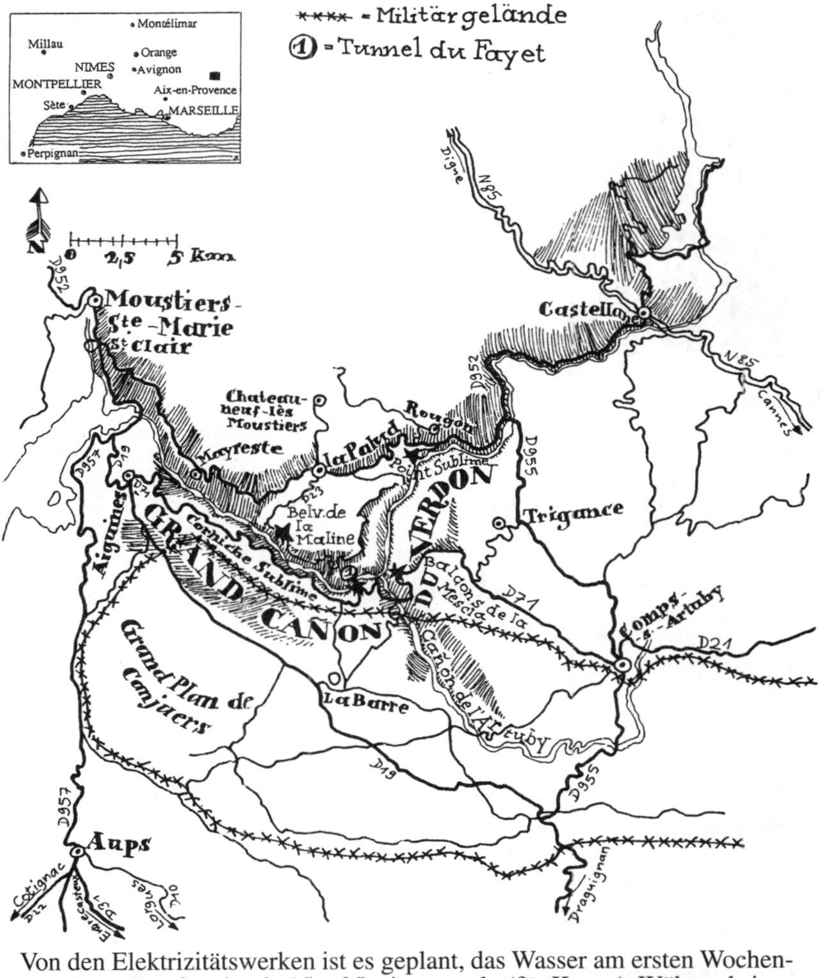

Von den Elektrizitätswerken ist es geplant, das Wasser am ersten Wochenende im Juli auf optimale 15 m3/h einzuregeln (für Kanus). Während eines trockenen Sommers beträgt die Durchflußmenge oft nicht mehr als 1 cbm/sec., und weder mit dem Schlauchboot noch mit dem Kajak ist eine Befahrung möglich.

Gefährlich sind manche Wanderrouten trotzdem, da die Durchflußmenge auf 2o-3o cbm ansteigen kann, wenn die Stauwerke Wasser ablassen.

Den jeweils aktuellen Wasserstand (débit de l èau) kann man über einen

Anrufbeantworter der Elektrizitätswerke erfahren: Tel. o4 92 83 62 68.

REST. LE PROVENCE: bürgerlich, schlicht. Die Bedienung bleibt unterkühlt. Den Salat kann man sich selber zusammenstellen. Menüs: 12-15 Euro, Tel. o4 92 77 38 88.

BAR DE LA PLACE: Im Ort an der Straßenabzweigung zur Jugendherberge. Speiseraum hinter der Cafébar. Menü: ab 13 Euro, Plat du jour: 1o Euro.

Übernachtungsmöglichkeiten sehr begrenzt. Auch noch spät im Herbst bekommt man besonders an Wochenenden kaum ein Zimmer. Besser per Telefon vorbuchen.

„**Hotel des Gorges du Verdon**" ca. 5o Euro/Pers. (nur Halbpension!). Tel. o4 92 77 38 26.

„**Hotel Le Provence**" DZ mit Halbpension 4o-5o Euro. Tel. o4 92 77 38 88.

„**Hotel Les Crètes**": DZ 5o Euro p.P. incl. Halbpension. Tel. o4 92 77 38 47.

„**L'Arc en Ciel**": im Ort gegenüber der Kirche. Jacky und Brigitte Lombardi haben ihr Privathaus zu einer ‚Herberge' ausgebaut. Im 1. Stock ist ein Schlafsaal mit 15 Betten entstanden. Jacky ist passionierter Koch; aber wer sich sein Essen lieber selber zubereiten will, kann die Küche benutzen. Übernachtung ca. 1o Euro, Frühstück 4 Euro, Halbpension 2o Euro. Tel. o4 92 77 37 4o.

Notunterkunft oder für Bergwanderer:

„**Refuge des Malines**" (vom Club Alpin Français), an der Route des Crêtes. Vorteil: liegt neben dem Pfad in die Verdon Schlucht. 2 Berghütten für insgesamt 8o Personen, Schlafsäle zu 6, 8 und 12 Personen.

Dusche vorhanden, Decken (für die, die keinen Schlafsack dabeihaben) auch. Für Nichtmitglieder des französischen Alpenvereins kostet die Übernachtung ca. 1o Euro. Geöffnet: 2 Wochen vor Ostern bis Mitte November. Tel. o4 92 77 38 o5.

Jugendherberge: 3oo m vom Ort entfernt, nur vom 1.3. bis 3o.11. geöffnet. Mitgliedskarte für ‚Ausländer' ist Pflicht (3 Euro). Übernachtung 12 Euro mit Frühstück, Essen 8 Euro. Tel. o4 92 77 38 72.

Zwei kleinere Campingplätze am Ortsrand:

Camping GRAND CANYON: guter Heringboden, an der Straße nach Castellane, Tel. o4 92 77 38 13.

Camping de Bourbon: Richtung Moustiers, etwas kleiner als der erste. Tel. o4 92 77 38 17.

Bei beiden Campingplätzen wenig Schatten und zu wenig Duschgelegenheiten, weshalb am Abend oft Schlange gestanden wird. Die Übernachtung auf beiden ca. 6 Euro.

Route des Crêtes

1953 begann man mit dem Bau dieser Kammstraße. Es ist ein Rundkurs, der nur wenige Kilometer westlich von La Palud beginnt und schließlich wieder in La Palud einmündet. Er ist zum größten Teil eine Einbahnstraße, weshalb er in umgekehrter Richtung nur etwa 8 km weit - bis La Maline - befahrbar ist. Für Kfz.-Touristen sicherlich das interessanteste Stück einer Verdon-Rundfahrt.

Von LA PALUD führt die Straße durch ein bewaldetes Tal bis zum Rand der Schlucht und geht dann dicht am Abgrund entlang. Bald erreicht man einen der schönsten Aussichtspunkte: L'IMBUT (kommt von „durchdringen"). An dieser Stelle liegen riesige Steinblöcke im Fluß, unter denen das Wasser hindurchgurgelt.

Erfrischungen bekommt man etwas weiter im „RESTAURANT LE PROVENCE LA MALINES". (Übernachtung siehe Seite 12o.)

In LA MALINE beginnt auch der Martel Pfad nach POINT SUBLIME (siehe Wandern).

Von hier windet sich die „Route des Crêtes" bis auf 1.3oo m ins Gebirge - phantastisches Panorama auf die Gorges und die karge Hochebene „Grand Plan de Canjuers" gegenüber. Bemerkenswert die Höhendifferenz zum Verdon, der sich etwa 7oo m tiefer durch die Schlucht schlängelt.

WANDERN:

Martel-Pfad von La Maline nach Point Sublime: Als Ausgangspunkt empfiehlt sich La Maline, da in umgekehrter Richtung ein wesentlich größerer Höhenunterschied zu bewältigen ist. Ohne viel Anstrengung reichen für den 14 km langen Pfad etwa 6 Stunden.

Voraussetzungen: Schwindelfreiheit, gutes Schuhwerk und eine Taschenlampe (für Tunnelpassagen). Warnung: Auch bei niedrigem Wasserstand den Fluß niemals überqueren. Denn wenn die Elektrizitätswerke - durch einen Notfall bedingt - die Schleusen öffnen müssen, steigt der Wasserspiegel rapide; und auf der anderen Seite gibt es keinen Pfad, der zur Straße hoch führt. Also, keine Dummheiten machen!

Zurück zum Ausgangspunkt kommt man per Sammeltaxi (Peugeot Combi). Ein Anruf vom Gasthaus in Point Sublime genügt. Für den Taxichauffeur, den Bäcker aus La Palud, ist der Wagen erst voll, wenn er mit 6 Fahrgästen beladen tief in den Federn hängt.

Die Fahrt kostet je nach Anzahl der Mitfahrer 4 Euro p.P. Für 8 Euro/ Pers. (mindestens 2 Pers.) kann man mit ihm auch die Route des Crêtes fahren. Im Juli und August Busverbindung 2 x täglich, ca. 4 Euro.

Der rot-weiß gekennzeichnete Pfad, benannt nach dem Geologen Martel, der 19o5 den Canon erforschte, ist besonders beim Abstieg etwas schwierig: Auf zum Teil senkrecht in die Tiefe führenden Treppen muß man einen schwindelerregenden Felskamin hinunterklettern. Besonders ärgerlich, wenn der mitgenommene Hund dort die Haare sträubt und das Herrchen wieder bergaufwärts schleppt.

Der Schluchthang ist spärlich mit Lorbeerbäumen und Wacholderbüschen bewachsen und geht im Talgrund in eine üppige Vegetation über. Diffuses Licht, weil durch die eng aneinanderstehenden Felswände wenig Sonnenlicht eindringt.

Abstecher zur Mescla: Es lohnt sich vom Hauptpfad abzubiegen und den knapp einstündigen Abstecher zur Einmündung des Artuby-Cañon zu unternehmen. Der Fluß ist den Sommer über zwar meist ausgetrocknet, aber das Wasser des Verdon staut sich in die enge Schlucht hinein.

Die Gabelung erreicht man etwa nach 2 Stunden: kurz nach der Geröllhalde (Geröll stammt vom Tunnel oben) in einem Wäldchen zweigt der Weg zur Mescla leicht nach rechts ab.

Der Hauptweg geht geradeaus, dann im Zick-Zack den brèche d'Imbert hinauf (von hier wiederum Treppen in den Cañon hinunter); danach über schleifenförmige, nicht ungefährliche Gesimspfade zum Flußbett.

Die restliche Wegstrecke ist weniger anstrengend. Man erreicht bald den Couloir Samson, einen natürlichen Durchbruch in einer mächtigen Felswand. Ab dort wird der Wanderweg recht belebt, denn vom gut eine halbe Stunde entfernten Point Sublime wagen sich leichtsinnige Ausflügler in die Schlucht hinein.

RESTAURANTS

Am Berghang, etwas oberhalb des Schluchtausgangs, der BERGGASTHOF POINT SUBLIME: Hübsches Restaurant mit weinberankten Bogenfenstern und Terrasse. Das billigste Menü kostet 15 Euro. Ein Doppelzimmer mit Bad und WC kostet ca. 5o Euro, Halbpension ist im Sommer Pflicht.

Corniche Sublime

Es wäre wenig sinnvoll, von Point Sublime über die gleiche Straße nach Moustiers zurückzukehren. Die andere Hälfte des insgesamt 13o km langen Canon-Rundkurses beginnt bei Point Sublime und führt am südlichen Schluchtgrund entlang.

Um mit dem Wagen auf die andere Seite der Schlucht zu kommen, überquert man einige Kilometer flußaufwärts den Verdon, um via D 955 kurz nach dem Dorf TRIGANCE auf den Corniche Sublime zu stoßen.

In der Mescla, der Einmündung des Artuby, macht der Verdon einen scharfen Knick - ausgezeichneter Blick auf die Schlucht!

Auf der anderen Straßenseite, schräg gegenüber der Aussichtsplattform das „RELAIS DE LA MESCLA“, eine Art „Ex und hopp“-Restaurant, in dem Scharen von Ausflüglern nach kühlen Limos drängeln.

Auf der Weiterfahrt viele lohnende Aussichtspunkte. Erwähnt seien hier nur die Brücke über den Artuby (gleich neben dem Restaurant) und der Tunnel de Fayet.

Die Corniche Sublime endet beim Dorf AIGUINES, das hoch über dem Lac Ste. Croix am Berghang liegt.

Wer die D 957 zurück nach Moustiers nimmt, hat noch einmal eine Bademöglichkeit kurz vor der Brücke, die über den Verdon führt. Man kann sich hier auch ein Tretboot ausleihen und damit ein Stückchen den Verdon hochfahren. Auf der Brücke: evtl. Brückenspringer „bei der Arbeit“.

Der GRAND PLAN DE CANJUERS südlich vom Canon de Verdon ist Militärzone und für Zivilisten tabu. Die Hochebene war vorher wegen ihrer kargen Steinwüsten ein interessanter Abstecher. Die Bewohner des Dorfes La Barre, das in diesem Gebiet liegt, wurden zwangsumgesiedelt. Die Straßen, die dorthin führten, sind nicht mehr beschildert und enden nach einigen hundert Metern vor einem Erdwall mit Stacheldrahtverhau. Der Unmut der Bevölkerung, denen ein gutes Jagdgebiet weggenommen wurde, zeigt sich an aufgesprühten Kampfparolen und umgeknickten Warnschildern.

★ Aups

Das kleine Provinzstädtchen liegt ca. 3o km südlich von Moustiers in einer von Touristen weniger frequentierten Gegend. Alte Häuser, Brunnen und der große von Platanen bestandene Platz neben dem Rathaus geben dem Ort einen romantischen Touch. Für Leute ohne Campingausrüstung ist Aups ein ideales Ausweichquartier zu den wenigen und im Sommer meist ausgebuchten Hotels um den Grand Cañon.

„**Auberge de la Tour**“, in einem 35o Jahre alten Schloß; ursprünglicher Besitzer war der Privatarzt von Ludwig XIV. Ausgezeichnete Küche im Restaurant, der Chef zieht es vor selber zu kochen. Zu empfehlen Civet Porcelet (das Schweinefleisch wird zwei Tage in Wein eingelegt). Das Menü mit 4 Gängen kostet ca. 25 Euro.

Die Fremdenzimmer sind geräumig, mit hohen Decken. Top-Zimmer mit kleinem Vorraum zum Badezimmer. DZ mit Dusche/WC 35-5o Euro. Tel. o4 94 7o oo 3o.

Camping Les Prés, ca. 5oo m außerhalb, Richtung Tourtour. 91 Stellplätze mit vielen Bäumen. Swimmingpool. Imbißmöglichkeit (Sandwiches, Kaffee, etc.). Tel. o4 94 7o oo 93.

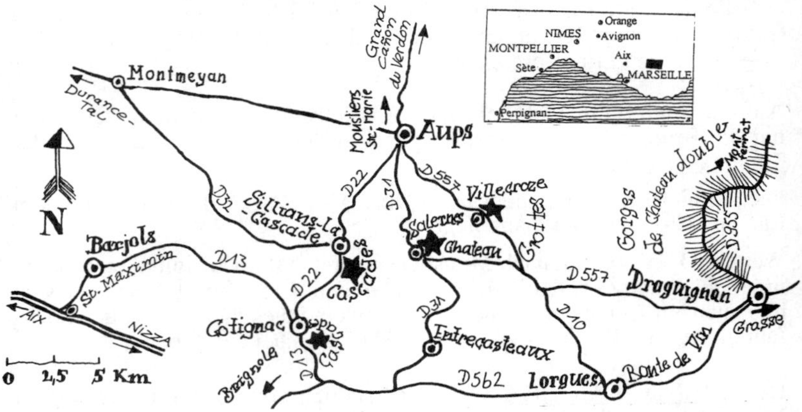

Südlich von Aups malerische Dörfer wie COTIGNAC, ENTRECASTEAUX und die Wasserfälle von Sillans-la-Cascade. In Lorgues beginnt eine Route de Vin, an der zahlreiche kleine Domänen Spitzenweine produzieren.

Wie uns Udo und Helga Koburg schrieben: „......in Südfrankreich hat es uns nach AUPS verschlagen. Wir haben mitten im Ort in einem Haus aus dem 17. Jh. gewohnt (Schloß Entrecasteaux), ein sagenhaftes Erlebnis, zumal die Inneneinrichtung von einem Architekten und Kunstgenießler stammt.

Der Hausbesitzer ist die Familie Mc Garvi-Munn (Schotten), die hier das dortige mächtige Schloß renovierten. Es sind reizende Leute. Das Schloß ist in jeder Hinsicht sehenswert, da in der ersten Etage Wechselausstellungen von Künstlern, wie Malern, Töpfern und Seidendruckern etc. gezeigt werden, und von der Einrichtung sowie vom schönen Standpunkt her."
Unterm Strich sicher ein empfehlenswerter Tip zum Selbstausprobieren! - Weiteres Schloß, - ebenfalls Tip von Udo und Helga Coburg: „Chateau de Trigance" im Ort Trigance nahe Grand Cañon du Verdon, ein wuchtiger Festungsbau auf Hügel oberhalb des Ortes, ebenfalls zu einem 3- Sterne-Hotel renoviert.

Weiterer Schloßhoteltip: „Cateau de Meyragues", seitlich oberhalb des Durance-Tales, ca. 35 km nordöstl. von Aix im gleichnamigen Ort Meyragues. Schöne Parkanlage und gut für kleinere Wanderungen in der näheren Umgebung. Wer weitere Bonbons und derartige Kleinode entdeckt: Wir freuen uns über Tipps und Zuschrift!

Mit den schönen Zinnen und Türmen der Kathedrale Notre Dame des Doms und mit einem breiten Mauerring um die Stadt liegt Avignon in der Ebene am Eingang des Rhônedeltas.

Überragt wird die Stadt von dem mächtigen Papstpalast, der auf einem Felsen gebaut wurde. Besonders stimmungsvoll ist die Stadt abends, wenn die untergehende Sonne die alten Gemäuer beleuchtet.

In der Innenstadt hektisches Treiben, vor allem in der Rue de la République. Ruhiger ist es in den Vierteln in der Nähe der Stadtmauern: schmale Gassen, die Häuser dicht aneinandergedrängt mit den typischen Minibalkonen und hohen hölzernen Fensterläden. Besonders viel los ist zur Zeit des Avignoner Theaterfestivals, das zum Teil in den Straßen stattfindet, zum Anderen in den alten Stadthäusern. Tolle Geschäfte mit Antiquitäten, Bildern und afrikanischem Elfenbeinschmuck, den die afrikanischen Straßenhändler überall im Midi, wo Touristen auftauchen, verkaufen.

GESCHICHTE:

In der Antike spielte Avignon noch keine bedeutende Rolle. Das änderte sich schlagartig, als die Stadt in den Albigenserkriegen zum großen Teil zerstört wurde und die päpstliche Kirche sich die umliegende Grafschaft aneignete. Dadurch kam Avignon in den Blickpunkt des Geschehens, und im 14. Jh. siedelten die römischen Päpste, vom französischen König gezwungen, hierher über. Für 70 Jahre wurde die die Stadt mit ihren bald 100.000 Bewohnern zu einem der kulturellen Zentren der damaligen Welt.

7 Päpste lebten hier von 1309-1377: diese Periode änderte das Bild der Stadt entscheidend. Klöster und Kirchen, der Papstpalast und eine Menge anderer Bauwerke erschienen sozusagen über Nacht auf der Bildfläche - die Bauarbeiter hatten schwer zu schuften. Das kirchliche Zentrum wurde bald zu einem Vergnügungsort. Der Dichter Petrarca traf hier

seine große Liebe Laura (aus der Familie des Marquis de Sade; anscheinend aber doch etwas anders geartet als dieser, denn sie war fromm und ging gerne in die Kirche).

Petrarca sah sie nur ein einziges Mal - 1327 beim Kirchgang - und betete sie jahrzehntelang bis über ihren Tod im Jahre 1348 an. Er schrieb viele Verse und wurde so ein echter Nachfahre der Troubadoure.

Auch nachdem die Kirche ihre Befehlszentrale wieder nach Rom verlegt hatte, blieb Avignon unter ihrer „gnädigen" Fürsorge.

Die Pest von 1721 reduzierte die Bevölkerung auf ein Viertel, immer wieder hatten die Einwohner von Südfrankreich unter dieser Seuche zu leiden. Nach und nach verfielen viele der kirchlichen Einrichtungen, die Innenausstattung des Papstpalastes „verschwand" auf rätselhafte Weise Stück um Stück. 1791 überspülte die Revolution die Institution Kirche: sie wurde enteignet, der Palast zu Gefängnis und Kaserne umfunktioniert. 1791 wurden Avignon und das Venaissin an den französischen Staat angeschlossen.

Wenn man nicht unbedingt auf verzweifelte Parkplatzsuche gehen oder in ein Verkehrschaos geraten möchte ist es am Besten, das Auto gleich auf dem Parkring, der sich um die Stadtmauern zieht, stehen zu lassen. Für Leute, die es doch nicht lassen können: Es gibt 2 große Parkplätze - am Papstpalast ein unterirdischer (Tag und Nacht geöffnet) und ein weiterer im Osten der Stadt an der Markthalle, am Place Pie (nur tagsüber geöffnet).

Infos im Office de Tourisme. Man spricht deutsch. Hier gibt es auch Busfahrpläne für Ausflüge in die Umgebung und etliche Prospekte über Avignon. Adresse: 41, Cours Jean-Jaurès. Öffnungszeiten das ganze Jahr über: Montag bis Freitag 9-13, 14-18 Uhr, Samstag und Sonntag 9-13, 14-17 Uhr. Während der Festivalszeiten täglich 9-20 Uhr (diese Zeiten gelten meist auch schon ein paar Tage vor dem Festival). Tel. 04 32 74 32 74, Fax: 04 90 82 95 03.

Ein 2. Office de Tourisme befindet sich an der Pont d'Avignon; es hat auch am Sonntag 9-18.30 geöffnet.

SEHENSWÜRDIGKEITEN:

DER PAPSTPALAST: Nicht zu verfehlen! Mächtiger, festungsartiger Bau an einem schönen Platz mit Straßenmusikern und viel Leben.

Der „Palais des Papes" ist wie ein Irrgarten konstruiert und besteht aus 2 Teilen, dem alten und dem neuen Palast. Der ältere wurde unter dem Papst Benedikt in den Jahren 1334-42 errichtet und ist in der Bauweise relativ streng und schmucklos. Beim neuen, unter Papst Clemens um 1350 vollendet, legte man schon größeren Wert auf Repräsentation. Ein großer Hof verbindet die beiden Paläste.

Grundfläche des Komplexes: 150.000 qm! Die Restaurierung wurde Anfang des 20. Jh. begonnen. Da heute überhaupt keine Innenausstattung mehr vorhanden ist, wirkt das Ganze ziemlich kahl.

AVIGNON
RHONE
RHÔNE
A7 Lyon
RN7 Lyon
Apt, Digne
BD. LIMBERT
Krankenhaus
BD. SAINT LAZARE
Rue des Infirmières
Place des Carmes
Rue de Carreterie
BD. DE LALIGNE
BD. DU RHONE
Rue Banasterie
Rocher des Doms
Papst-Palast
Place du Palais
Place de l'Horloge
PL. CARNOT
RUE CARNOT
RUE THIERS
R. BONNETERIE
R. ROI RENÉ
Rue des Lices
Pl. St. Didier
Office de Tourisme
Rue de la République
Cours J. Jaurès
Rue J. Vernet
R. St. Etienne
Pl. Grillon
Porte de l'Oulle
BD. DE L'OULLE
RUE V. HUGO
BD. RASPAIL
Bd. SAINT ROCH
BD. SAINT MICHEL
Porte Magnanen
Porte St-Michel
R. ST. MICHEL
MARSEILLE A7
Bahnhof
Pont Saint Bénézet
Villeneuve
0
300m
N

Eine Führung sollte man sich nicht entgehen lassen. Bis zu 12o Mann drängen sich um den Fremdenführer, der im sonst leeren Schlafzimmer des Papstes jedes Vögelchen der Wandfresken erläutert und Anekdötchen über das päpstliche Leben vom Stapel läßt.

Der Papstpalast ist täglich geöffnet (außer am 1.1. und 25.12.). Vom 2.1. bis 31.3. und vom 2.11. bis 31.12: 9-12.45/14-18 Uhr. Vom 1.4. bis 2o.8. und vom 1.1o. bis 1.11.: 9-19 Uhr. Vom 2o.8. bis 3o.9.: 9-2o Uhr. Täglich mehrere Führungen in mehreren Sprachen. Der Eintritt macht mit Führung 9 Euro (reduziert 6 Euro), ohne Führung 7 Euro (bzw. 3 Euro).

In den Räumen des Papstpalastes ständig wechselnde Ausstellungen.

Vor dem Palast, geblendet vom hellen Sonnenlicht, fühlt man sich erst einmal nach Disneyland versetzt: Eine winzige Elektrobahn transportiert Touristen an der Kathedrale NOTRE DAME DES DOMS vorbei zum Rocher des Doms.

ROCHER DES DOMS: Stadtfels mit einem herrlichen Garten. Viele Aussichtspunkte: im Norden die Rhône mit der Brücke des Hirten Bénézet, dahinter Villeneuve-les-Avignon eine kleine mittelalterliche Stadt mit einem Fort und dem bekannten Turm Philippes des Schönen. Im Dunst die Umrisse des Mont Ventoux und die Ebene mit ihren Weinfeldern und Obstanlagen. Westlich die Rhône und die Dächer der Altstadt.

DIE BRÜCKE SAINT-BENEZET: 1185 erbaut, angeblich vom heiligen Benezet. Um die Bevölkerung, sprich die Bauarbeiter, von seiner Eignung zum Vorarbeiter zu überzeugen, soll er einen riesigen Felsbrocken hochgehoben haben. Heute stehen von den einst 22 Brückenbögen nur noch 4. Berühmt wurde die Brücke durch das Kinderlied „Sur le pont d'Avignon".

Eintritt: 2,5 Euro.

KIRCHEN

Avignon wimmelt von Kirchen! Mit am schönsten die Kirche ST.-DIDIER mit ihrem herrlichen gotischen Kreuzgang, - südlich des Papstpalastes, nicht weit von der Rue de la République.

Eine der originellsten Kirchen ist die EGLISE DES CARMES, ziemlich im Osten der Stadt, am gleichnamigen Platz. In ihrer ursprünglichen rohen Bauweise erinnert sie mehr an einen Felsen als an ein Gotteshaus. (Geschlossen, soweit kein Gottesdienst stattfindet.)

MUSEEN

MUSÉE DU PETIT PALAIS: Place du Palais, Gemäldesammlung der italienischen Schule, Sammlung gotischer und romanischer Skulpturen; Öffnungszeiten: täglich von 9.3o-11.5o, 14-18.oo Uhr. Geschlossen: dienstags und an gesetzlichen Feiertagen. 5 Euro. Im Winter freier Eintritt.

MUSÉE LAPIDAIRE: 27, Rue de la République, in einer alten Jesuitenkapelle aus dem 17. Jh.; verfügt über Sammlungen gallorömischer Skulpturen und über Skulpturen aus dem Mittelalter und der Renaissance. Geöffnet: 1o-13, 14-18 Uhr. Geschlossen: dienstags und an einigen gesetzlichen Feiertagen. Eintritt: 2 Euro. Freier Eintritt vom 1.11.-1.4.

MUSÉE CALVET: In der Rue J. Vernet, hübsch untergebracht in den Räumen eines alten Patrizierhauses aus dem 18. Jh. Blick aus den Sälen auf einen kleinen Innenhof und einen Garten in dem Pfaue ihr Rad schlagen. Hier findet man Skulpturen, eine umfangreiche Sammlung schmiedeeiserner Werkzeuge, Schmuckstücke... und eine Bildgalerie mit Gemälden vom 16.-2o. Jh. (u.a. Breughel, Vernet, Vlaminck). Außerdem Stilmöbel, Altarteile und eine Sammlung frühgeschichtlicher und hellenistischer Vasen. Öffnungszeiten: täglich 1o-13, 14-18 Uhr. Geschlossen: dienstags und an gesetzlichen Feiertagen.

HIELY: DIREKT UNTERHALb des Papstpalastes eines der Spitzenrestaurants! Der Gourmet kommt hier auf seine Kosten. Komfortabler bürgerlicher Speiseraum, vielfältige delikate Küche. Spezialitäten: Ragoût de nouilles fraîches, Feuilleté de homard, Pintadeau aux pêches et aux épices. Auserwählte Weine, leckere Desserts... Menüs zwischen 3o und 5o Euro. Geschlossen: montags (außer im Juli), dienstags und außerdem 2o.6. bis 5.7. bzw. 31.12. bis 29.1. Adresse: 5, Rue de la République. Tel. o4 9o 86 17 o7.

LE VERNET: 58, rue Joseph Vernet, nicht weit vom Office de Tourisme. Gepflegte Atmosphäre. Man ißt im Garten oder im Speiseraum. Das Menü kostet zwischen 2o und 3o Euro. Auf der Speisekarte stehen regionale Spezialitäten, wie petites salades de Vaucluse, feuillete de champignons frais aux ciboulettes, filet de dorade la fondue de poivrons, brochette de rognon grillee au romarin... Außerhalb der Saison sonntags geschlossen. Tel. o4 9o 86 64 53.

AU BAIN - MARIE: Ganz versteckt in einer kleinen Gasse und hinter Mauern. An lauen Sommerabenden sitzt man sehr schön in dem lauschigen Hof. Das Menü kostet zwischen 2o und 3o Euro. Adresse: 5, Rue Petramale. Tel. o4 9o 85 21 37.

SALON DE LA FOURCHETTE: Exzellente Küche zu einem vergleichsweise günstigen Preis (ca. 18 Euro das kleine Menü). Sehr schmackhafte leichte Kost, könnerhaft zubereitete Soßen - allerdings keine übermäßig großen Portionen. Es ist sicherer einen Tisch zu reservieren. Nachteil: engstehende Tische und oft uneffektiver Service. Adresse: 17, Rue Racine. Samstags und sonntags geschlossen. Tel. o4 9o 82 56 o1.

LE JUJUBIER: Nennt sich selbst das Anti-Fast-Food-Restaurant. Gemütlicher kleiner Speiseraum mit bunten Tischdecken und frischen Blumen. Man ißt a la Carte, Hauptgerichte ab 8 Euro. An Wochenenden und im August geschlossen. Adresse: 14, rue du Roy Reneé. Tel. o4 9o 86 64 o8.

L'EPICERIE: (das ehemalige, fast schon legendäre Le St. Pierre), ein Tipp! Angenehm leichte Kost, genau das Richtige für gestreßte Touristenmägen. Zarte Tintenfische natur, mit provenzalischen Gewürzen, hausgemachte Desserts (Zitronentörtchen...). Das Restaurant liegt am Place Saint-Pierre, vor der Fassade der gotisch-verspielten St.-Pierre Kirche. Menü zu 13 und 2o Euro.

TACHE D'ENCRE (Tintenfleck): Nett eingerichtetes Café-Théâtre in der Rue des Teinturiers. Es gibt ein kleines Menü zu 8 Euro und ein Tagesgericht zu rund 12 Euro. Adresse: 22, Rue des Teinturiers. Allein die Straße (Teinturiers = Färber) ist einen Spaziergang wert - entlang der Straße schlängelt sich ein kleiner Bach, gesäumt von Platanen. Tel. o4 9o 85 46 o3.

RESTAURANT LE CLOITRE DES ARTS: Das sehr gepflegte Restaurant befindet sich in einem alten, historischen Stadtpalais. Küche ausgezeichnet. Adresse: 83, rue Joseph Vernet, Tel. o4 9o 85 99 o4.

Restaurants von Chinatown: Das Kleine Chinatown von Avignon liegt gleich neben dem Place Carnot, hinter der Kirche St. Pierre. Hier tummeln sich zahlreiche vietnamesische und chinesische Restaurants; bekanntlich gehört die asiatische Küche in Frankreich zu den besten in Europa. Empfehlenswert das NEM; Menüpreise ab 13 Euro: Man sitzt auch draußen auf dem ruhigen Platz im Schatten der angrenzenden Kirche St. Pierre.

BAR DES 4 COINS: Bis ca. 1 Uhr nachts kann man hier noch was zu essen bekommen. Steak mit Pommes ca. 8 Euro, Salat ca. 5 Euro. Am Place des Corps Saints, Ecke Rue Henri Fabre (1oo m hinterm Tourist Office).

Zu fortgeschrittener Stunde trifft man sich am Place des Corps Saints im CELESTINE oder LEO.

„L' Europe": Ganz in der Nähe der Stadtmauer bei der Porte de l'Oulle, Stadttor im Westen. Das exklusivste Hotel am Ort. Schön renovierter Altbau mit abgeschlossenem Innenhof mit Palmen und Fontäne. Klassischer saalartiger Speiseraum, in dem bei Kerzenlicht an runden Tischen diniert wird. Topservice, vielfältige Speisekarte mit auserwählten Gerichten, Menü ab ca. 3o Euro. Die Zimmer bieten absoluten Luxus: Telefon, Schreibtisch, stilvolle Atmosphäre, Ruhe und Abgeschlossenheit hinter dicken Mauern. Zimmer von 9o bis 2oo Euro. Adresse: 12, Place Crillon. Tel. o4 9o 14 76 76.

„Hotel d'Angleterre": In einer wenig befahrenen Seitenstraße mit abgeschlossenem Parkplatz. Die Zimmer sind sehr geräumig und sauber (freundlich wirkender Korkfußboden). DZ mit Dusche und WC ab 5o Euro. Adresse: 29, Bd. Raspail (gegenüber des Touristbüros). Tel. o4 9o 86 34 31.

„Monclar": Kleines Hotel mit 12 Zimmern in einem gut renovierten Altbau. Mit Garten und hoteleigenem Parkplatz. Liegt außerhalb der Stadtmauern, das Zentrum erreicht man zu Fuß in rund 15 Minuten. Die Zimmer sind gepflegt, zum Teil mit Stilmöbeln eingerichtet. Störend ist die Nähe des Bahnhofs, man hört die Züge an- und abfahren. DZ mit Dusche/WC 45 Euro, das Frühstück kostet ca. 5 Euro. Adresse: 13, av. Monclar. Tel. o4 9o 86 2o 14.

„Hôtel Danieli": Mächtiges Altstadthaus am Hauptboulevard, modern und aufwendig renoviert, meist geräumige Zimmer (mit TV) mit zitronengelb lackierten Möbeln. DZ mit Bad ca. 68 Euro. Tel. o4 9o 86 46 82, Rue de la République.

„Hôtel du Parc": Empfehlenswert die Zimmer zum kleinen Stadtpark, aber in der Gasse gleich hinter dem Tourismo herrscht wenig Verkehr. DZ mit Dusche ca. 35 Euro (Frühstück inbegriffen), ohne nur unwesentlich niedriger. 18, Rue Agricol-Perdiguier. Tel. 9o 82 71 55.

„Splendid Hotel": gegenüber vom Hotel du Parc. Das 3oo Jahre alte Bürgerhaus wurde erst vor etwa drei Jahren vom neuen Besitzer gründlich renoviert. DZ, Dusche/ WC 3o Euro. Tel. o4 9o 86 14 46.

„Hôtel St. Roch": „Landhaus" knapp vor den Toren der Stadt. Besonders erwähnenswert der kleine Garten hinter dem Haus und ebenso Parkmöglichkeit nebenan. Einige Zimmer hübsch renoviert - Naturmauerwerk (heller Kalkstein) und hoch hängende, massive Deckenbalken. DZ mit Bad f. ca. 38 Euro. 7 Min. vom Bahnhof (an der Mauer entlang Richtung Rhône), Seitengasse der Rue Eisenhower. 9, Rue Paul Merindol. Tel. o4 9o 16 5o oo.

In Le Pontet (8413o)

„Auberge de Cassagne": Hotel mit 32 Zimmern, ca. 5 km außerhalb von Avignon. Ruhige Lage mit Garten, Schwimmbad, Tennisplätzen. Ein nicht gerade bescheidener Hauch von rustikalem Luxus. Adresse: Le Pontet an der N 7. Route de Vedene. Tel. o4 9o 31 o4 18. Eine Übernachtung kostet ab 125 Euro.

Treff: am Place de l'Horloge, nördliches Ende der Rue de la République. Hier Straßencafés voller Leute der verschiedensten Art, am Platz Musiker, Straßenhändler, Freaks, kurz und gut - der Place de l'Horloge ist der Platz in Avignon.

Jeden Samstag und Sonntag Vormittag ist Trödel-, Obst- und Gemüsemarkt an der Stadtmauer gegenüber der Préfecture (zwischen Porte Magnanen und Porte St. Michel). Außerdem findet jeden Sonntag Vormittag auf dem Place des Carmes ein Antiquitäten- und Trödelmarkt statt.
In der Markthalle, Les Halles, am Place Pie, morgens täglich (außer Montag) interessantes Markttreiben mit appetitanregenden ‚kulinarischen' Düften.

THEATER

Für Leute, die ein bißchen mehr französisch können, gibt es einige Häuser, in denen auch außerhalb des Theaterfestivals gute Stücke laufen: Zwei davon: „Théâtre du Chien qui fume" - 75, Rue des Teinturiers, Tel. o4 9o 85 25 87, und das „Théâtre des Carmes" - Place des Carmes, wo unter anderem auch okzitanische Gruppen auftreten. Tel. o4 9o 82 2o 47.

FESTIVAL

Das Festival d'Avignon: Auch Festival Jean Vilar genannt, findet ab Mitte Juli bis ca. 1o. August statt. Die Stadt schäumt während der Wochen über mit Menschenmassen. Die Theaterszene halb Frankreichs reist an. An jedem kleinen Fleck werden Aktionen geboten - Figurentheater vor der Kirche S. Pierre, Pantomime vor dem Papstpalast, und jede Menge Musiker alleine oder als Gruppe.

Tagsüber haben die Theatergruppen auf der Rue de la République ihren Auftritt, um für die Abendvorstellung zu werben - lieber gleich mit einer Plastiktüte losziehen, um die vielen Programme, die einem zugesteckt werden, nicht zu den vielen anderen am Boden verstreuten dazuzugeben. Jede freie Fläche ist vielschichtig plakatiert.

Auskunft erteilt das Bureau du Festival, 84oo Avignon, 8, bis Rue des Mons. Tel. o4 9o 85 79 76. Programm anfordern und Karten vorbestellen!

EINKAUFEN

In der Rue de la Républic gibt es eine große FNAC-Filiale. Diese Elektronik- und Musik-Warenhauskette hält alle technischen Neuheiten bereit; interessant aber vor allem das CD-Angebot, es sprengt deutsche Verhältnisse. Es gibt einfach alles: von seltener ethnischer Musik bis hin zur Filmmusik. Vorsicht, Musiksammler: Nicht zu viel Geld mitnehmen!

WEINLESE

Wer einen Job zur Weinlese sucht, wende sich an den Présence Verte Service. Anrufen (während der Erntezeit) unter Tel. o4 9o 89 85 61; man wird von der Zentrale direkt an den Winzer weitervermittelt.

KREUZFAHRTEN

Auf der Rhône mit dem kleinen Motorschiff „Le Cygne“ (Schwan). Eine Fahrt z.B. nach Arles und zurück kostet 15 Euro, aber nur in Gruppen ab 25 Personen. Abfahrt: 3oo m nördlich der Pont St. Bénézet. Tel. o4 66 59 35 62.

Auf der Ile de la Barthelasse, einer Insel in der Rhône, vier Campingplätze, ca. lo Minuten zu Fuß von der Innenstadt entfernt. Die Insel ist mit dem Bus Nr. 1o zu erreichen, Haltestelle gegenüber vom Bahnhof, am Anfang des Cours Jean Jaurès.

Ein städtischer Campingplatz (4 Sterne), weitflächig und gepflegt mit allem Komfort und schönem Blick auf den Papstpalast und Villeneuve-les-Avignon. Er ist vom 1.3.-31.1o. geöffnet und Mitglied des Touringclubs. 2o DM. Adresse: Ile de la Barthelasse. Tel. o4 9o 8o 63 5o.

Der Campingplatz Bagatelle (3 Sterne) ist ein privater Platz mit Duschen, Waschmaschinen, die allerdings die meiste Zeit außer Betrieb sind, Selbstbedienungsladen und Bar. Ganzjährig geöffnet. 1o Euro. Adresse: Ile de la Barthelasse. Tel. o4 9o 86 3o 39.

Bei dem Campingplatz ist auch ein „Jugendhotel“, die „Auberge de Bagatelle“ (auch für Rollstuhlfahrer) mit sehr ordentlichen sanitären Anlagen. Zimmer für 2, 4 , 6 oder 8 Personen. Die Übernachtung mit Frühstück kostet 8 Euro p.P., Schlafsack: 2 Euro. Kein Juhe-Ausweis nötig. Die Auberge hat die gleiche Anschrift wie der Campingplatz. Tel. o4 9o 86 3o 39.

Juhe

Weiteres Jugendhotel: „Avignon Squash/Rackets Club - Centre d’hébergement“. Mehrere Schlafsäle mit je ca. 2o Betten. Etwas dürftige Sanitäranlagen. Pro Nacht ca. 1o Euro. 3/4 Stunde Squash spielen ebenfalls ca. 8 Euro (Schläger umsonst). Adresse: Bd. Limbert, an der Mauer im Osten der Stadt (neben Supermarkt Casino). Bus ab Bahnhof (Chambre de Commerce) Nr. 1 und 3 bis Haltestelle Kaserne. Tel. o4 9o 85 27 78.

Villeneuve-les-Avignon

Auf dem anderen Ufer gelegenes kleines Städtchen, überragt von dem mächtigen, auf einem Hügel erbauten Fort. Ehemalige Stadt der Kardinäle mit vielen Sehenswürdigkeiten und schönem Blick auf Avignon. Zu Fuß läuft man ca. 15 Min. von der City bis man zum Wahrzeichen von „Klein-Avignon“ kommt:

Der TURM PHILIPPES DES SCHÖNEN: 6o m oberhalb der Rhône gebaut und ehemaliger Teil der Befestigungsanlage. Eintritt 2 Euro. Weiter Blick von der Terrasse des Turms auf die Dächer und Zinnen Avignons, die Hügel ringsum und den Flußlauf der Rhône.

MUSEUM: Im Stadtkern gelegen. Sein Prunkstück ist die Marienkrönung von Charonton, einem Maler der Avignoner Schule, Mitte 15. Jh. Es ist das bedeutendste spätgotische Werk dieser Art. Öffnungszeiten: vom 1.1o bis 31.3.: 1o-12 und 14-17 Uhr. Vom 1.4. bis 3o.9.: 1o-12.3o und 15-19.3o. Eintritt: 4 Euro.

KOLLEGIALKIRCHE: Besonders sehenswert: 2 Madonnen - eine fremde, steinerne aus dem 13. Jh. und eine wunderschöne französische aus Elfenbein (14. Jh.) - und ein schön renovierter Kreuzgang.

FORT. ST. ANDRÉ: Im 4. Jh. lebte hier die Einsiedlerin Casaria in einer Höhle. An dieser Stelle entstand später das Fort, Benediktinerabtei und Festung zugleich. Vom Parkplatz geht eine Gasse, vorbei an winkligen Häusern, die aussehen, als seien sie aus dem Fels gewachsen, hinauf zum Eingangstor, rechts und links riesige, runde Doppeltürme.

Innen hinter den dicken Mauern der halbverwilderte Klostergarten: unkrautbewachsene Kieswege, Olivenbäume, verwahrloste Rosenbeete und Fischteiche, moosbewachsene Steinbänke, zerfallene Gräber, Säulen und Statuen.

Das Klostergebäude selber kann nicht besichtigt werden, da es sich in privater Hand befindet. Oben auf der Anhöhe ein Rundweg entlang den Mauern mit ihren schmalen Schießscharten und steinernen Brüstungen.

Die CHARTREUSE DU VAL-DE-BÉNÉDICTION: Ehemaliger Sitz der Kardinäle aus dem 11. Jh. Mit seinen 3 Kreuzgängen ist dieses Kartäuserkloster das größte in Frankreich. Heute leben in den alten Mauern (z.T. Ruinen) Künstler und Antiquitätenhändler. In der Mitte des Innenhofes ein tempelartiger Bau: das überdachte Grab, in dem Innozenz VI. ruht. Innozenz war übrigens der 5. der Avignoner Päpste und der erste von ihnen, der nach Rom zurückwollte. Hier in der Chartreuse findet jährlich das Festival von Villeneuve-Les-Avignon statt. Im Gegensatz zum Avignoner Theater- und Musikfestival liegt hier der Schwerpunkt auf Tanzvorführungen. Eintritt: 18 (für Fort.St.André und Kloster).

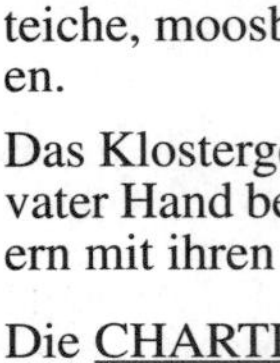

„Hôtel l'Atelier": bei der Kirche, 5, Rue de la Foire, mit Garten. Die Zimmer bieten komfortablen Luxus - es würde einen nicht wundern, wenn die Zahnputzbecher in den tapezierten Bädern vergoldet wären. DZ 45-8o Euro, Frühstück 8 Euro. Ruhige Zimmer zum Garten. Tel. o4 9o 25 o1 84.

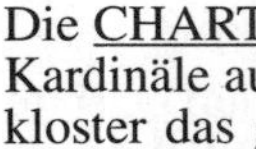

Camping municipal de la Laune: städtischer 3-Platz. Ruhige Lage am Ortsrand, behindertengerecht, Grasboden und ausreichend Schatten, 2 relativ neue Sanitäreinrichtungen. Ca. 13 Euro. Adresse: Chemin St. Honoré. Tel. o4 9o 25 76 o6.

★ Les Angles

Das Nachbardorf von Villeneuve, auf dem hügeligen Talrand der Rhône gelegen. Im kleinen alten Kern des Dorfes ist etwas die Zeit stehen geblieben: winkelige, gewundene Gassen, eine hübsche Dorfkirche und die Ruinen eines alten Schlosses. Es wirkt fast ausgestorben, nur in der Töpferei (hier werden schmalhalsige Vasen gemacht) ist etwas Betrieb.

„Hôtel le Petit Manoir“: Ein in sich geschlossener kleiner Komplex mit hübschem Garten und kleinem Swimmingpool. Fast alle Zimmer liegen ebenerdig und haben ein Fenster zum Garten. DZ zwischen 50-60 Euro. Für Anspruchsvolle: geräumige, komfortabel ausgestattete Zimmer mit Wanne im Bad. Adresse: Avenue Jules Ferry. Von Avignon kommend über die Pont Daladier und dann einfach immer geradeaus den Berg hoch. Tel. 04 90 25 03 36.

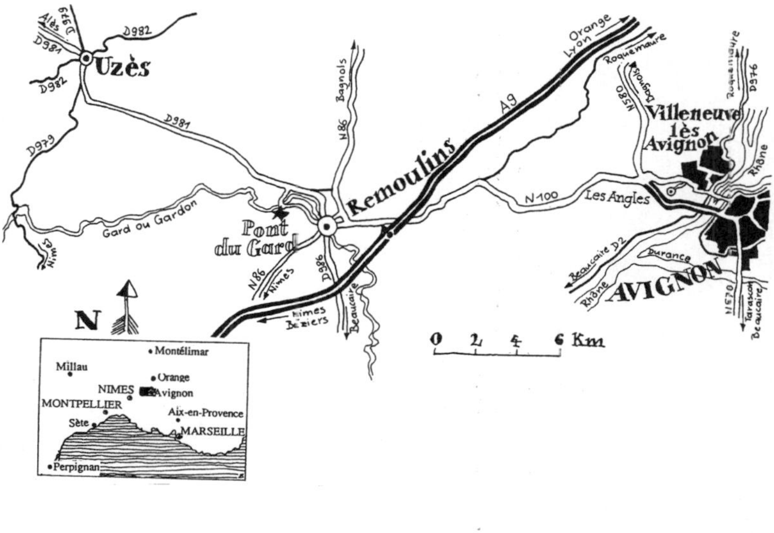

PONT-DU-GARD

Der Pont ist eines der meistbesuchten Bauwerke des Languedoc. Kurz vor Christi Geburt von den Römern erbaut um die Wassermassen, die in den Bergen um das östlich gelegene Uzés aufgefangen wurden, weiter nach Nîmes zu leiten.

Anfahrt: Von der Ardèche kommend fährt man über Pont-St. Esprit und Bagnols auf der N 86 bis Remoulins und von dort weiter auf der D 981. Wer aus dem Rhônetal diesen Abstecher machen möchte, kann ab Orange die A 9 oder ab Avignon die N 1oo bis Remoulins nehmen.

Geschichte: Von dem Netz römischer Wasserleitungen in der Provence sind nur einige Reste erhalten geblieben, z.B. nördlich von Arles bei Fontvieille. Der 19 v. Chr. erbaute Pont du Gard ist das Kernstück des Aquädukts, das aus den Bergen um Uzès die Wassermengen für Nîmes heranführte. Der Aquädukt muß viele Hügel umgehen - Gesamtlänge: 5o km. Der Pont du Gard ist dreistöckig gebaut und zwar ganz ohne Mörtel. Die Steine halten nur durch den gegenseitigen Druck! (Mörtel wäre in den 2.ooo Jahren seit dem Bau sehr stark verwittert und hätte große Schäden an dem Bauwerk verursacht.)

Er ist im oberen Teil fast 3oo m lang. Der Wasserkanal ist 1,5 m tief und 1,2 m breit. Er war etwa bis ins 4. Jh. in Betrieb, und pro Tag sind nach Schätzungen 2o.ooo Kubikmeter Wasser hindurchgeflossen. Die Abdeckplatten wurden als Schutz gegen die Verdunstung

durch die Sonnenhitze angebracht. Das Gefälle des gesamten Aquädukts beträgt nur 17 m, eine große technische Leistung. Die Römer leisteten sich sogar den Luxus, ihr Schwimmbad (die Thermen) in Nîmes mit dem Wasser vom Aquädukt zu versorgen.

Etwa 2 Millionen Touristen umströmen jedes Jahr den Pont du Gard. Die meisten von ihnen bleiben nur für sehr kurze Zeit. um das Bauwerk vor den Schäden, die dieser Rummel zwangsläufig mit sich bringt, besser zu schützen, wurden Parkplätze, Boutiquen, Restaurants und Souvenirläden in sichere Entfernung von der Brücke verlegt. Der Verkehr direkt am Monument selber ist verboten.

Um den Besucher in seiner „Abhak"-Mentalität zu bremsen , wird er durch ein gekoppeltes Kultur-/Natur-/Erholungs-Programm länger gehalten. Ausserdem sollen weitere Teile des Aquädukts freigelegtwerden. Wanderwege mit Erläuterungen über das Leben der Römer mit einem Museum wurden eingerichtet , nachts gibt es eine „Sound- und Lightshow" etc... Der ganze Spaß hat ca. 1oo Mio. DM gekostet (von der EG mitfinanziert!). Diese zusätzlichen Einrichtungen haben ihren Preis: Studio (Film), Expo (Multimedia Show) und Ludo (Geländespiel für Kinder) ca. 3-5 Euro, Führungen ca. 4 Euro, Parkplatzgebühren ca. 3 Euro.

Den obersten Weg über die Brücke kann man nur mit einer Führung betreten, ohne Führung kommt man nur bis zur 1.Etage. Dennoch lohnt sich der Aufstieg zu beiden Seiten des Pont, denn man erkennt die steinernen Gänge, wo einst die Wassermassen entlangrauschten. Von hier oben auch ein herrlicher Blick auf die umliegenden Hügel, das Tal des Gard und die Sandbänke, auf denen Leute in der Sonne schmoren.

Avignon —> Arles

Südlich von Avignon, in der Ebene des Rhônedeltas, taucht unvermittelt die Chaîne des Alpilles auf - ein Mini-Höhenzug, höchster Punkt etwa 4oo m. Kahle, schroffe und zerklüftete Felsen bieten zum Teil schöne Aussichts punkte auf das weite Hügel land ringsum.

Das Flachland stand früher zum Teil unter Wasser, und Mönche übernahmen die Sisyphusarbeit, das Marschland zu entwässern.

Erst im 17. Jh. gelang es einem holländischen Ingenieur, das fruchtbare Land für den Ackerbau nutzbar zu machen Auf dem Weg von Avignon nach Arles mehrere lohnende Stops:

Von Avignon über die Rhône und weiter auf der D 35 zum Schloß des MARQUIS DE BARBENTANE: im gleichnamigen Dorf.

Die lnneneinrichtung dieses Baus aus dem 17. Jh. ist fast vollständig erhalten. Salon im Rokokostil, der Empfangsraum marmorverkleidet mit einer bemerkenswerten Decke, die aus vielen Einzelteilen zusammengesetzt wurde - Lüster, Glanz und Prunk.

Im Korridor ein hübsches altes Kinderrad. Eintritt 5 Euro, geöffnet von Ostern bis Allerheiligen 1o-12 und 14-18 Uhr, Mittwoch geschlossen (außer im Juli, August u. September), im Winter nur sonntags geöffnet. Tel. o4 9o 95 51 o7.

Nach einigen Kilometern in südlicher Richtung zweigt links die schmale D 81 ab und führt hinauf zur MONTAGNETTE, einem Bergrücken mit Föhrenwäldchen und viel Thymian. Der Thymian gab der Klosteranlage, die heute noch ein beliebter Wallfahrtsort ist, ihren provençalischen Namen: ST. MICHEL DE FRIGOLET:

Der Prämonstratenserorden lebt hauptsächlich von den Besuchern, aber auch von Mandelanbau und Bienenzucht. Im Souvenirladen gibt es einen leckeren Kräuterlikör, den „Frigolet", zu kaufen . Wer Lust verspürt, kann auch in der Klosterpension in Klausur gehen (Vollpension p.P. 4o Euro/Tag). Es wird jedoch zu festen Zeiten gegessen: 12.15 und 19.15. Mitte Januar bis Ende Februar geschlossen. Tel. o4 9o 95 7o o7.

Die große Abteikirche (19. Jh.) ist im Innern vollkommen bunt bemalt: Die Decke blau mit Goldsternchen, an den Säulen tummeln sich Heilige, die Kirchenmusik kommt über Lautsprecher. Wesentlich sehenswerter der romanische Kreuzgang und die alte Kirche St. Michel.

Führungen durch einen Bruder täglich um 14.3o (sonntags um 16 Uhr). Startpunkt: Place de l'église.

★ Tarascon

Im alten Kern ein hübscher Ort, schattige Arkadengänge mit altertümlichen Ladenpassagen. Am Ufer der breiten Rhône gelegen war die Stadt früher Grenzort zur feindlich gesinnten Nachbarprovinz Languedoc und ein wichtiger Handels- und Hafenort.

Am Fluß steht ein Prunkstück mittelalterlicher Bauweise: Das SCHLOSS DES KÖNIGS RENÉ. Der Bau entstand Ende des 14. Jh's als reines

Festungswerk, und wurde Mitte des 15. Jh's von König René als Residenz ausgebaut, in der es sich leben und feiern ließ.

Es entstanden prunkvolle Säle - von deren Pracht wenig erhalten blieb, da sie heute fast kahl sind. Erst in wenigen Räumen begann man Gobelins an die Wände zu hängen, seit Jahrzehnten ist es geplant, hier ein Rittermuseum einzurichten. Zu sehen sind außerdem Apotheker-Fayencen, eine Sammlung, die über 2oo Einzelstücke umfaßt. Täglich geöffnet, 1.1o bis 31.3. von 9-12 und 14-17 Uhr. 1.4. bis 3o.9. von 9-19 Uhr. Stündlich Führungen (auf französisch). Eintritt für Erwachsene 5 Euro. Ein Informatinsblatt (kostenlos) auf Deutsch erklärt die einzelnen Gebäude.

Tourist INFO Am Place de Verdun, wenn man über die Brücke von Beaucaire kommt, rechts entlang, erste links. Freundliche Auskunft hier. Öffnungszeiten: im Sommer 9-19 Uhr, sonntags 1o-12.3o; im Winter 9-12.3o/14-18 Uhr, sonntags geschlossen. Tel. o4 9o 91 o3 52, Fax: o4 9o 91 22 96.

Verbindung: Busse und Züge nach Nîmes, Avignon und Arles verkehren häufig am Tag. Züge brauchen je nach Ziel 1o-2o Min., Busse länger.

Anläßlich des Stadtfestes (les fêtes de la Tarasque), welches jedes Jahr am letzten Wochenende im Juni stattfindet, zieht ein bunter Zug durch die Stadt, an der Spitze das GRÜNE MONSTER VON TARASCON. Es ist die Nachbildung des fürchterlichen Drachenwesens, das in einer Flußhöhle hauste. Es verschleppte arglose Wäscherinnen vom Flußufer, um sie als Kindermädchen für seinen kleinen Drachensohn anzustellen.

Selbst die tapfersten Krieger konnten das Monster nicht besiegen - doch die hl. Martha von Bethanien zähmte das Ungeheuer - und es versprach nie wieder nach Tarascon zurückzukehren.

RESTAURANTS Hotel/Restaurant „Le Roy René“: in einer ruhigen Seitenstraße gelegen, an deren Ende gleich das Rhôneufer. Gemütliche kleine Zimmer. Unter den zahlreichen Stadthotels vielleicht das Beste - im Preis-Leistungsverhältnis gesehen. Dazu noch ein gutes Restaurant im Haus. Menüs zwischen 13 und 2o Euro (im großen Menü 5 Hauptgerichte zur Auswahl). DZ, je nach Komfort, zwischen 2o und 3o Euro. Adresse: Rue A. Perrot 13. Tel. o4 9o 91 05 34.

Juhe Kleine Jugendherberge im Ort an einer lebhaft benützten Straße. Ab 17.oo geöffnet, Kochmöglichkeit. Übernachtung ca. 1o Euro. Vom 1.1. bis 1.3. geschlossen. Adresse: Boulevard Gambetta 31. Tel. o4 9o 91 o4 o8.

Fahrradverleih: Cycles MBK hat nur Rennräder (velos de course). 18o Euro Kaution; 15 Euro/Tag. Rue Eugène Pelletan

1. Tel o4 9o 91 42 32. Cycle Christophe, Stadträder und Mountain-Bikes (V.T.T.). 6 Euro für ein Stadtrad pro Tag, 15 Euro für ein V.T.T. Bd. Itam 7o bis. Tel. o4 9o 91 25 85.

Die beliebte Kindergeschichte des „Tartarin de Tarascon" begann natürlich hier. Der Autor der Geschichte, Alfonse Daudet, befand sich mit seinem Vetter, einem wohlhabenden Großmaul, in Algerien auf Safari. Nach der Rückkehr verlor Alfonse wegen einer verbotenen Liebesaffaire die Gönnerschaft seines Vetters und wurde aus dem Haus gejagt.

Alfonse rächte sich auf seine Art und schrieb seine Geschichte über einen tölpelhaften, dickleibigen Safarijäger, der nach langen erfolglosen Versuchen erst einmal einen Esel niederstreckte, wohl meinend, einen Löwen vor sich zu haben. Letztendlich gelang es aber doch noch einen König der Wüste zur Strecke zu bringen, blind und altersschwach war er, so will es die Geschichte. Aber zurück in Tarascon ließ sich der „Großwildjäger" mit der Trophäe in der Hand als Held feiern.

Das Museum zum Buch: „Maison de Tartarin", hier ist die Erzählung - den einzelnen Abschnitten des Buches entsprechend - in verschiedenen Räumen nachgestellt worden. Öffnungszeiten: im Sommer 1o-12 und 14.3o-19 Uhr, im Winter 1o-12 und 14-17 Uhr. Adresse: 55 bis, Bd. Itam. Eintritt ca. 2 Euro.

St. Michel de Frigolet

ABSTECHER:

Abstecher von Tarascon zu den letzten Korbflechtern der Rhône. Durch flaches, schilfbewachsenes Sumpfgebiet mit viel Obstanbau gelangt man auf der D 81, einer kleinen Landstraße, nach Vallabregues.

VALLABREGUES ist ein typisches kleines Rhônedorf mit einer originellen Kirche. Zur Hälfte aus grobem Stein, die andere Hälfte frischverputzt und Sitz des Postamts, trägt obenauf einen Glockenturm.

Daneben ein altes Haus mit einer Tafel in okzidentalischer Schrift: „Hier ließ Mistral eine seiner Figuren, den armen, unglücklichen Korbflechter Vincent leben."

Zur Rhône hin hat der Ort einen SCHUTZWALL gegen Überschwemmungen, wie er in vielen der alten Rhônedörfer zu finden ist. Die Rhôneregulierung (das Stauwerk liegt wenige km flußabwärts) machte den alten Wall überflüssig, denn ein neuer, der fast so hoch wie die Dorfhäuser ist,

hat den Fluß zu einem sanft dahinfließenden Binnenkanal geschmälert.

Oben am Kanal kleine Fischerhütten und die letzten Vanneries - KORBFLECHTEREIEN. Die Korbflechtertradition wurde durch die Rhôneregulierung fast zerstört da die früher im sumpfigen Flußtal üppig wachsenden Weidenbäume und Binsenwälder austrockneten.

Die ca. 1.ooo Einheimischen arbeiten zum größten Teil auf den umliegenden Obstplantagen (Birnen, Trauben, Äpfel und Kirschen). Auch hier hat sich einiges verändert: So wurde z.B. früher der Boden durch die jährlichen Überschwemmungen der Rhône natürlich gedüngt.

Im Dorf gibt es kein Hotel, nur 2 Dorfkneipen, in denen sich die Einheimischen zum gemeinsamen Fernsehschauen treffen.

Lou Vincen: Zwischen dem Dorf und der Rhône ein Campingplatz mit Bäume und teils auch Schatten. Übernachtung:ca.15Euro/2Pers.Tel.o466592129..

Hinter dem Camping ein erst kürzlich angelegter kleiner künstlicher See mit idealen Bademöglichkeiten.

★Beaucaire

Beaucaire liegt am Rhôneufer direkt gegenüber von Tarascon. Sehr hübsch ist die Altstadt mit Torbögen, die sich über die schmalen Gassen spannen und die Häuser untereinander verbinden.

Auf einem zum Fluß hin steil abfallenden Felsen die BURG (12. Jh.). Der Glockenturm blieb besonders schön erhalten - vom Plateau herrliche Aussicht, geöffnet 1o-12 und 14-18 Uhr (außer am Dienstag). Eintritt kostet 2 Euro und schließt den Besuch des Museums mit ein.

Unterhalb der Burg, zur Rhône hin, ein Platanenwald mit alten Steinquadern: Der richtige Platz für ein Picknick oder eine Siesta.

Der Ort hat Geschichte: Schon im Mittelalter wurde er von den Troubadouren besungen, und man kann sich vorstellen, was für ein Leben zur ‚'Handelsmesse" - der größten Westeuropas - hier geherrscht hat. Heute findet auf dem ehemaligen Messegelände am Fuße des Schlosses alljährlich am 21. Juli eine Art Volksfest statt. Hier steht auch die Arena und das neuere Theater. Immerhin rühmt sich Beaucaire die „Hauptstadt der Stierkämpfe" zu sein.

Die Bürger von Beaucaire frönten dem Müßiggang, wie Zeitgenossen spöttisch festhielten. Ihren Lebensunterhalt verdienten sie sich dadurch, daß sie für die 7 Messetage mit ihrer Familie auf den Dachboden zogen, und die mit 4-5 Betten vollgestellten Wohnräume an die Handelsreisenden vermieteten. Zur Zeit der Messe trafen sich hier Europas beste Kaufleute, Taschendiebe und Feuerspucker.

Nach den Schilderungen handelte es sich mehr um ein Volksfest, und hatte mit heutigen Veranstaltungen auf dem Frankfurter Messegelände nichts mehr gemeinsam. Auf der Wiese zwischen Burgruine und Fluß entstand eine Messestadt aus Buden und Zelten. Im Fluß ankerten die Frachtkähne aus England Nordafrika, der Türkei.

Mitte des letzten Jahrhunderts starb die Messe, aufstrebende Hafenorte wie Marseille und auch Paris (durch den Bau von Eisenbahnen begünstigt) übernahmen die Rolle.

Le Napoléon, etwas versteckt am Rande der Altstadt gelegen; ein paar Schritte weiter gleich der Rhôhedeich. Fällt angenehm auf durch eine gepflegte Einfachheit. Das Restaurant ist bei Einheimischen sehr beliebt; das Tagesmenü mit 1/4 Wein kostet ca. 1o Euro, abends Menüs ab 15 Euro. Adresse: Place F. Mistral.

Etwas außerhalb, ca. 5oo m nördlich an der D 986 L das **„Hôtel Robinson"**. Ruhige, abgeschlossene Lage. Der Blick auf die Rhône wird leider durch hohe Bäume verdeckt. Im Erdgeschoß unpersönlich großer Restaurantbetrieb; hinter dem Hotel eine Gartenanlage mit Tennisplatz. Preis: Doppelzimmer mit Bad und WC ab 6o Euro. Tel. o4 66 59 21 32.

ARLES

Die Stadt im Sumpfland, an der gemächlich dahin fließenden Rhône, hat viel Geschichte. Im 7. Jh. Handelsniederlassung der Phokäer von den Ligurern zerstört von Kelten bewohnt, blühte sie unter den Römern erst so richtig auf.

Die letzten Spuren jener Zeit ziehen alljährlich viele Menschen an, ebenso wie das Fotofestival von Arles oder die unblutigen und blutigen Stierkämpfe in der alten Arena.

Für Arles mit seinen vielen Museen, antiken Sehenswürdigkeiten und für die Abstecher in die Umgebung sollte man sich schon einige Tage Zeit nehmen.

Nach über 1o-jähriger Planung und Realisierung wird ein neues Antikenmuseum eröffnet. Der futuristische Neubau direkt am Rhôneufer übernimmt die Bestände des alten Lapidariums und wird andere, bisher noch nie gezeigte antike Funde aud der Provence ausstellen.

GESCHICHTE

Arles als Seehafen kann man sich heute fast gar nicht mehr vorstellen. Als sich die Römer in der Provence breitmachten, lag Arles viel näher am Meer als heute und war durch einen schiffbaren Kanal für den Mittelmeerhandel offen. Einen großen Hafen hatte die Stadt deshalb auch schon im 2. Jh. v. Chr. Als dann von Cäsar auch noch das große Marseille zerstört wurde, war Arles auf einmal die Stadt in der Provincia. Man nannte es damals sogar „gallula Roma" - kleines gallisches Rom und die Herren Legionäre von Julius Cäsar hatten hier sicher ein recht abwechslungsreiches Leben.

Wie in Rom steht auch hier noch ein bedeutendes Amphitheater (=Arena). Bis zu 23.ooo Zuschauer konnten Platz finden. Gezeigt wurden blutrünstige Schaukämpfe zwischenMenschen (Sklaven und Gefangene) und Tieren und reine Tierkämpfe. Den schönsten Verwendungszweck hatte die große Arena wohl im Mittelalter. Damals hatte man eine Menge Wohnhäuser und sogar eine Kirche in die runde Fläche hineingebaut! Eine empfehlenswerte Art, Wohnungsprobleme zu lösen.

Später wurde Arles sogar eine der Regierungsstädte des römischen Kaisers. Kaiser Konstantin hielt sich hier des öfteren auf. (Er hat das Christentum zur staatlich verordneten Religion erhoben und damit den Aufstieg der Kirche zur weltlichen Macht mit Feuer und Schwert, Mord und Totschlag in die Wege geleitet.)

Im Mittelalter wechselten die Besitzer der Provence recht häufig. Allerlei germanische Völker ließen sich nieder. Auch die Sarazenen drangen vom Mittelmeer aus vor. Seit dem 9. Jh. bestand das Königreich Arelat; Arles wurde zur selbständigen, freien Stadt und zur Vorkämpferin der Städtefreiheitsbewegung in Südfrankreich. Das deutsche Reich, das in den Besitz von Arelat kam, konnte kaum irgendwelche Machtpositionen erringen; daran änderte auch die Krönung Kaiser Friedrich Barbarossas zum König von Arelat in St. Trophime 1187 nichts. 1239 wurde Arles von den Grafen der Provence belagert und etwas später war es in deren Machtbereich integriert. Damit war es mit der Selbständigkeit vorbei.

Im folgenden wurden alle republikanischen Tendenzen unterdrückt, der Sitz der Grafen nach Aix verlegt, und im 15. Jh. verschenkte einer der letzten Grafen die Provence an den König von Frankreich. 172o wurde Arles wie die ganze Provence von der Pest befallen, die übers Meer eingeschleppt worden war. Die Pestkranken wurden in abgesperrten Bezirken festgehalten. Soldaten hatten Befehl, auf jeden zu schießen der entfliehen wollte...

Im 19. Jh. lebte van Gogh hier (s. Kapitel über Künstler der Provence in der Einleitung). Arles und die Umgebung, wie Montmajour, St. Rémy, die Alpilles und andere schöne Landschaftspunkte waren Heimat van Goghs und tauchen in vielen seiner Bilder auf. Wer in Arles auf die Suche nach seinen Motiven geht, wird es schwer haben: wie die Brücke von Arles, sind viele Plätze häßlich verbaut oder vollkommen verschwunden. Im 2. Weltkrieg flogen die Alliierten Fliegerangriffe gegen Arles und verursachten schlimme Schäden.

Tourist INFO

Zimmervermittlung. Man spricht deutsch. Öffnungszeiten: April bis September 9-19 Uhr, am Sonntag nur 9-13 Uhr, Von Oktober bis März 9-18 Uhr, sonntags 1o-12 Uhr. Für die Zimmervermittlung durch das Touristen-Büro zahlt man ca. 2 Euro fürs Telefonieren und muß die 1. Nacht im voraus bezahlen. Adresse: Esplanade Charles de Gaulle, Tel. o4 9o 18 41 2o, Fax: o4 9o 18 41 29.

Zweigstelle: Office de Tourisme Gare (Bahnhof) geöffnet täglich außer am Sonntag und an Feiertagen. Von Oktober bis März 9-13 Uhr und 13.3o-17 Uhr, ansonsten 9-13 Uhr und 15-19 Uhr. In der Saison auch Sonntagvormittag geöffnet. Tel. o4 9o 49 36 9o.

Städtischer Parkplatz neben der Post (Bd. des Lices), sonst Parkplätze am Boulevard des Lices und Boulevard Clemenceau und entlang der Rhône.

Der Autofahrer hat es in Arles schwer, denn die Gassen sind schmal und oft gibt es überhaupt keine Bürgersteige. Vorsicht Fußgänger!

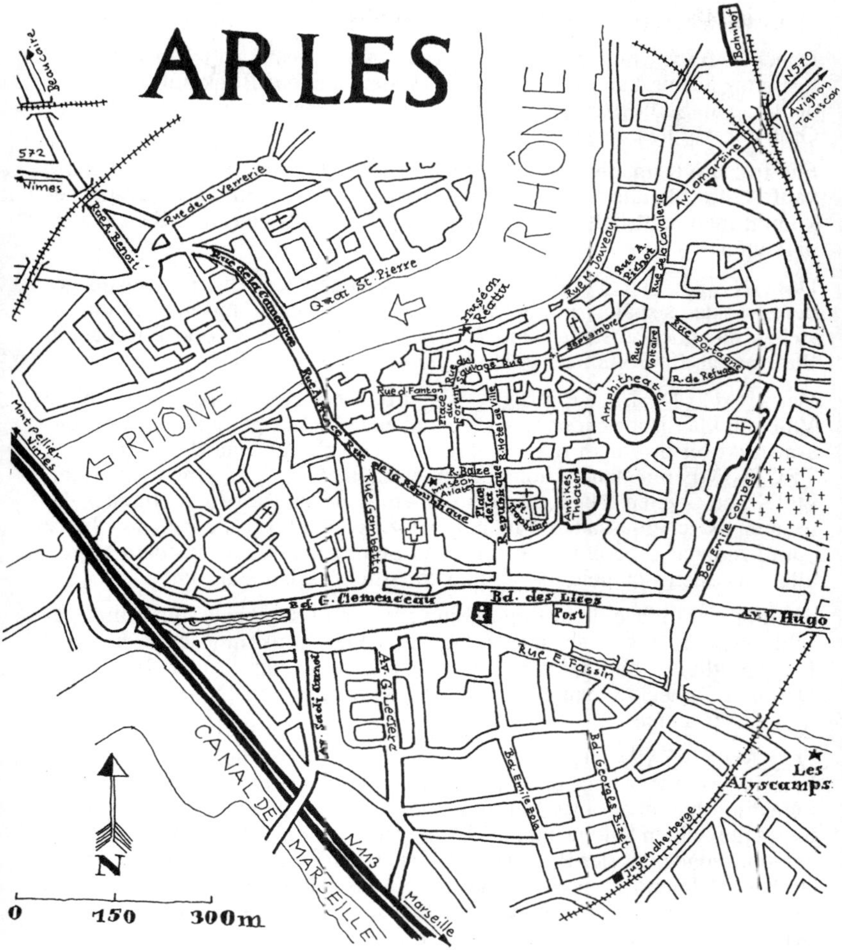

Schöner MARKT am Mittwoch Vormittag entlang des Bd. Emille Combes. Ein größerer jeden Samstag am Bd. des Lices. Hier findet auch jeden ersten Mittwoch im Monat ein Trödelmarkt statt.

Das AMPHITHEATER: Auf einer Anhöhe liegt die schon erwähnte Arena (136 x 1o7 m) , eine der größten Südfrankreichs. Seit dem 19. Jh. wurde die Arena, wie in der Antike, wieder zum Schauplatz von Volksbelustigungen. Diesmal waren es die Stierkämpfe, die die Massen anlockten. Noch heute wird diese Tradition gerne und häufig gepflegt. Anscheinend finden viele Touristen Gefallen an den Abstechspektakel, denn die Arena ist immer voll!

Daneben finden hier noch andere traditionelle Feste statt. Über die Befestigungstürme kann man auf die Arkaden steigen: Blick auf die Ebene der Crau im Südwesten bis zu den Salzsümpfen der Camargue nördlich das Grau der Alpilles. Zu Füßen die Dächer und Glockentürme von Arles.

Für 1o Euro (ermäßigt: 4 Euro) kann man am Eingang eine Eintrittskarte kaufen, die für alle Sehenswürdigkeiten von Arles gilt. Diese Karte bekommt man natürlich auch bei den jeweiligen Museen bzw. Sehenswürdigkeiten.

Das ANTIKE THEATER: südlich der Arena gelegen. Unter Augustus gebaut, wurde es später zum Steinbruch für die Befestigungsanlagen und so stehen nur noch 2 Säulen und 2o der Sitzreihen, die 16.ooo Zuschauern Platz boten. Im Sommer werden Folklorefeste veranstaltet.

Der PLACE DE LA RÉPUBLIQUE: An seiner Nordflanke das Hôtel de Ville mit klassisch schöner Fassade und einer recht eigenwilligen Deckenkonstruktion in einem der Innenräume. Gleich nebenan die Kirche ST. TROPHIME mit dem schönen romanischen Portal und einem Fries mit biblischen Szenen. Nach umfangreichen Sanierungsarbeiten erstrahlt die gesamte Kirchenfassade im hellen Glanz. Rechts führt die Rue du Cloître zum Kreuzgang, berühmt wegen seiner Steinmetzarbeiten aus dem Mittelalter, in denen sich heidnischer und christlicher Glaube mischen.

Ebenfalls am Place de la République ein vorchristliches Lapidarium (geschlossen; die Bestände sind seit 1994 im neuen Antikenmuseum zu sehen. Ein christliches Lapidarium, etwas abseits vom Platz, in der Rue Balze. Darunter entdeckte man eine römische Kryptasäulenhalle, die als Getreidespeicher diente.

DAS MUSÉE ARLATEN: liegt ganz in der Nähe in einem alten Patrizierhaus. Wer die Provence und ihre Tradition besser verstehen möchte, sollte unbedingt hingehen. Das Museum wurde von Frederic Mistral eingerichtet. In den vielen Sälen sind eine Unmenge von Dingen gesammelt: Pflanzen und Funde aus der Provence, Bilder, Trachten und Bibelszenen dargestellt mit kleinen Figuren, die kunstvoll aus Pappe gefertigt wurden. Im nächsten Raum Talismane und andere Zeugen des Aberglaubens. Besonders eindrucksvoll die lebensgroßen Puppen, die den Alltag der Provence darstellen. Eine wirkliche Fundgrube, zum größten Teil von Mistral in okzitanischer Sprache beschriftet.

Täglich offen außer montags und an manchen Feiertagen. Juni bis August 9.3o-13 Uhr und 14-18.3o Uhr, Juli/August auch montags geöffnet. April, Mai und September 9.3o-12.3o Uhr und 14-18 Uhr, ansonsten 9.3o-12.3o Uhr und 14-17 Uhr. Adresse: Rue de la République.

Das MUSÉE RÉATTU: Wohl das windumtosteste Museum, da es direkt an der Rhône liegt und wenn der Mistral weht, fühlt man sich hier schon fast nicht mehr sicher. Ausgestellt sind Gobelins und Ölgemälde aus dem 18. Jh., Bilder der Provence von verschiedenen Künstlern bis zur abstrakten Malerei und eine Sammlung von Picassoskizzen, die er dem Museum 1971 zum Geschenk machte. Oft mit das Interessanteste vom Museum die alle Jahre wechselnde Fotoausstellung im Anschluß an das Fotofestival (meist nur bis Mitte September). Das in Arles stattfindende Fotofestival ist das Bedeutendste dieser Art in Europa!

Täglich geöffnet. Oktober bis März: 1o-12.3o, 14-18 Uhr, April bis Sept. nachmittags bis 19 Uhr. Eintritt: 3 Euro (ermäßigt 1,5 Euro). Adresse: im Norden, rue du Gr. Prieuré.

LES ALYSCAMPS: die Sarkophagen-Allee besucht man am besten in den frühen Morgenstunden, wenn es noch ruhig und friedlich zugeht. Entlang einer schattigen Allee stehen Hunderte von Sarkophagen, einfach im Stil (die schönsten sind in den Museen und in den Kirchen der Umgebung aufbewahrt). Am Ende der Allee die halbverfallene Kirche St. Honorat mit einigen Sarkophagen im düsteren Innern. Der ganze Friedhof war früher um einiges größer: 17 Kapellen und Kirchen standen in dem Terrain, von denen nur noch spärliche Ruinen übriggeblieben sind.

Feste und Festivals:

Seit über 2o Jahren treffen sich Meisterfotografen aus aller Welt im Juli (Höhepunkt in der ersten Julihälfte) in Arles zu den RENCONTRES INTERNATIONALES DE LA PHOTOGRAPHIE. Neben den neuesten Techniken auf diesem Gebiet gibt es Ausstellungen bekannter Künstler, und es werden Dias und Filme im Antiken Theater gezeigt (1o-15 Euro). Auch auf dem Place de Forum zeigt man nach 24 Uhr Dias. Bekannte Fotografen leiten Workshops, bei denen jeder mitmachen kann; allerdings kostet der Spaß in der Woche bis zu 5oo Euro. Auf jeden Fall ist in dieser Zeit in Arles viel los. Informationen: „R.I.P.“, 1o, Point des Arènes, 13632 Arles, Tel. o4 9o 96 76 o6.

Die FERIA PASCALE eröffnet am Osterwochenende die Saison der Stierkämpfe. Das Kernstück bilden 3 Stierkämpfe (Corridas), die am Nachmittag in der römischen Arena stattfinden. Daneben werden verschiedene „Spiele“ mit Stieren veranstaltet. Vormittags werden Stiere durch die Straßen getrieben (encierro). Anschließend können die Zuschauer, die Lust dazu haben, in den Arènes de la Croisiere zu den Stieren in die Arena klettern und sich ein bißchen von den Tieren scheuchen lassen. Das Unternehmen endet oft mit einem rettenden Sprung über die Balustrade, natürlich zur Belustigung der Zuschauer. Dieses Vergnügen ist kostenlos.

Drei Tage lang spielen „Penas“, Musikgruppen, französisch-spanische Folklore in den Straßen. Nachts Musik und Tanz auf den Hauptboulevards von Arles, und überall „Bodegas“ - eine Art kleiner Kneipen -, in denen es außer Flamenco nur Wein gibt. Karten für die Corrida bekommt man bei der Festivalorganisation (bureau de location des arenes). Tel. o4 9o 96 o3 7o.

Zwischen Ostern und Ende Oktober finden in der Gegend von Arles (Beaucaire, Mejanes) oft sogenannte Courses à la cocarde statt. Dem Stier werden „Cocardes“, bunte Fahnen, zwischen die Hörner gesteckt. Ziel des Kämpfers „razeteur“ ist es, diese Trophäen zu ergattern.

LA FÊTE DES GARDIANS am 1. Mai geht auf eine sehr alte Tradition zurück. 1572 schlossen sich die Camarguehirten zur „Confrérie des gardians“ zusammen. Sie wählten die , ‘Eglise de la Major“ zu ihrer Kirche und jedes Jahr an diesem Tag versammeln sie sich, festlich geschmückt, um vom Hauptboulevard zu ihrem eigenen Gottesdienst zu ziehen.

Die traditionelle Messe an diesem Tag beginnt mit der Verehrung der Statue des heiligen Georg, die durch die Straßen getragen wird. Die Messe wird in provençalischer Sprache gehalten. Nach der Messe wird gesegnetes Brot zum Bürgermeister von Arles getragen. Nachmittags werden Turniere für die Gardians veranstaltet.

Alle 3 Jahre findet - im Stil einer Miss-Wahl - eine Königinnen-Wahr statt

PEGOULADO ist ein Fackelzug, der durch Arles Straßen zieht. Er fängt am Boulevard des Lices an und endet in den Arènes. Dazu: Tanz, Gesänge und Musik. Am anschließenden Sonntag Vormittag gibt es ein Kostümfest mit einem Zug vom Bd. des Lices zum Antiken Theater. Die Pegoulado findet immer am Freitag vor dem Kostümfest statt und das ist immer am 1. Sonntag im Juli.

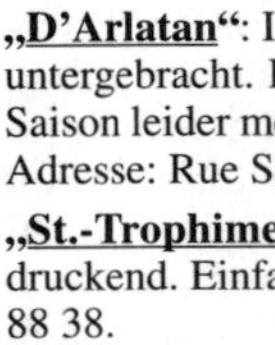

„Atrium“: ein neuer Hotelstandard für die kleine Stadt, die auch i n der Hochsaison meist noch einige freie Zimmer zu bieten hat. Die vollverspiegelte Glasfassade rahmt das ursprünglich schmucke Stadtpalästchen, von dem jetzt nur noch die Fassade steht vollständig ein. Das klimatisierte Doppelzimmer mit Minibar für ca. 1oo Euro. Oben auf der Dachterrasse ein Minipool! 1, Rue Emile Fasin (hinter Turismo). Tel. o4 9o 49 92 92.

„D’Arlatan“: In einem alten Haus der Grafen von Arlatan de Beaumont aus dem XV. Jh. untergebracht. Kleine Bibliothek, Garten und Springbrunnen im Innenhof. Während der Saison leider meistens ausgebucht. Das Doppelzimmer kostet zwischen 8o und 130 Euro. Adresse: Rue Sauvage. Tel. o4 9o 93 56 66, Fax: o4 9o 49 68 45.

„St.-Trophime“: Geräumiges Altstadthaus, der mächtige Treppenaufgang ist beeindruckend. Einfache, geräumige Zimmer ca. 5o Euro. 16, Rue de la Calade. Tel. o4 9o 96 88 38.

„Le Musée“: Gegenüber von Réattu. Freundliche Besitzerin. Ordentliche Zimmer mit Fernseher und Telefonanschluß. DZ mit Dusche und WC für 4o Euro. Im Innenhof läßt es sich gut zusammensitzen. Adresse: rue du Grand Prieuré. Tel. o4 9o 93 88 88.

„Gauguin“: mit nicht gerade einladendem Treppenhaus. Schlichte, aber saubere Zimmer, mit Dusche ca. 25 Euro, mit Dusche/WC ca. 35 Euro. 5, Place Voltaire. Tel. o4 9o9614 35.

„Mirador“: einfaches Hotel mit einfachen Zimmern für ca. 42 Euro (Dusche/WC). Adresse: 3, rue Voltaire. Tel. o4 9o 96 28 o5..

„Le Camarquais“: Ein Eckhaus, dessen Fenster alle zur Straße gehen. Im Erdgeschoß eine Cafébar. Zimmer mit Dusche 3o Euro. Adresse: Rue A. Pichot. Tel. o4 9o 96 o1 23.

„Diderot“: schönes altes Stadthaus in der gleichnamigen Straße. Ruhige Lage, da es nicht auf dem touristischen Trampelpfad zwischen Arena und dem Place de la Republique liegt. Sauber. Die Zimmer im 2. Stock sind zwar winzig, aber strahlen so etwas wie eine Unter-dem-Dach-Romantik aus; besonders Zimmer 14 mit dem überschwenglich ornamentierten Holzbett. DZ je nach ‚Hygiene-Komfort‘ zwischen 4o und 5o Euro. Adresse: Rue Diderot 5. Tel. o4 9o 96 1o 3o.

N.B. Durch das Fotografentreffen und die Workshops ist es in der Hochsaison äußerst schwierig, wenn nicht sogar unmöglich, ein Zimmer zu bekommen - selbst die Campingplätze sind hoffnungslos überfüllt. Also Reservieren nicht vergessen!

LE VACCARES: Am Place du Forum. Fischspezialitäten und hauseigene Spezialitäten. Menüs zwischen 25 und 45 Euro. Adresse: Rue Favorin (1. Stock). Ruhetage: Sonntag und Montag im Winter. Tel. o4 9o 96 o6 17.

LE TAMBOURIN: an der Wand Tapete wie bei Großmuttern - traditionelle Küche (seit 1963). Es bieten sich zwei Menüs zu 13 und 18 Euro. Spezialitäten: Emincée de canard, Gratin de proissons. Adresse: Rue a. Pichot, Tel. o4 9o 96 13 32.

LA GUEULE DU LOUP: sehr gemütlich in der 1. Etage, Natursteinwände und tiefe Balkendecke. Essen nur à la carte, z.B. gegrilltes Lamm mit Kräutern für 1o Euro, außerdem Fisch- und Muschelgerichte. Gelegen zwischen Place de Forum und Arena in der Rue des Arènes (39).

LOU CALEU: hinter dem Théâtre Antique (27, rue Porte de Laure). Nüchtern eingerichtetes Restaurant mit ordentlichen Menüs. Außerhalb der Saison am Donnerstag geschlossen.

LE GALOUBET: sehr schön sitzt man hier unter dem dichten Blätterdach der Laube. Der Speiseraum selbst hat eine Spiegeldecke, was ihn unheimlich hoch erscheinen läßt. Traditionelle provenzalische Küche. Das billigste Menü für 1o Euro (inkl. Wein). Außer im Juli sonntags geschlossen. Adresse: 18, rue Docteur Fanton (Nähe Pl. Forum).

LOU GARDIAN: niedriger Essensraum, an den Wänden hängen Van Gogh-Reproduktionen. Zitat aus dem Gästebuch: „Die Kopien hängen an der Wand, die Originale kommen aus der Küche.“ Laut Leserinformation von U.P. Kappeler hat der Wirt gewechselt, und damit leider auch die Küche nachgelassen. Kleines Menü aber nur 1o Euro. Adresse: 7o, rue du 4-Septembre.

LE CAFE VAN GOGH bzw. LA NUIT: am Place Forum, nimmt zwar den größten Teil des Platzes ein, ist aber trotzdem das am wenigsten touristische; viele Arleser, die hier ihre Mittagspause verbringen. Man ißt a la carte, z.B. Entrecôte au poivre vert mit Röstkartoffeln und Salat 12 Euro.

CRÊPERIE BIGOUDEN BLUES: große Auswahl an Salaten (3o!), süße und herbe Crêpes, sonntags und montags geschlossen. 3, rue Gambetta.

Die gemütlichsten Cafés findet Ihr am sehr schönen Place de Forum, wo auch die Statue des Dichters Mistral steht.

2 Campingplätze etwas außerhalb von Arles, die Straße nach Salon raus: Camping City, ca. 15 Euro, direkt an der Route de Crau und Les Rosiers, 8 Euro, in Pont de Crau. Beide relativ klein (überfüllt im Sommer) und mit Pool.

Fahrradverleih bei „Dall `Oppio" in der Rue Portagnel.

Auf dem Weg nach Les Baux:

Auf der D 17 nach MONTMAJOUR, eine einsam aufragende ABTEI aus dem 1o. Jh. Der isoliert gebaute Turm, die Befestigungsanlage und vor allem der Kreuzgang zeugen von einer ausgesprochenen Kunstfertigkeit in der Bauweise. Öffnungszeiten: Im Sommer von 9-19 Uhr, ansosten 9-12, 14-17 Uhr, dienstags geschlossen. Eintritt: 4 Euro.

Nur wenige Kilometer weiter liegt FONTVIEILLE mit einigen Hotels der oberen Preisklasse, z.B. im Hôtel Regalido ein Doppelzimmer ab 9o Euro.

Hotel und RESTAURANT BERNARD, eines der billigsten am Ort, liegt gegenüber vom Tourist-Office in einem bescheiden-schonen Flachbau. DZ ca. 35 Euro. Das Hotelrestaurant hat zwar eine mensaähnliche Aufnahmekapazität, ist aber keine Abfütterungskantine, sondern im Ort für gute Küche bekannt. Adresse: Cours Bellon 6. Tel. o4 9o 54 7o 35.

Ca. 5oo m außerhalb, auf einer vom Wind kahlgefegten Anhöhe, die WINDMÜHLE „MOULIN DE DAUDET", in der der Dichter gelebt haben soll. Auf jeden Fall werden die Touristen in Reisebussen schubweise angekarrt, springen kurz heraus, um sich gegen den Mistral die Anhöhe hochzukämpfen - vielleicht noch ein kurzer Besuch in dem bunkerartig gebauten Museum etwas unterhalb der Windmühle - und schon verlassen sie wie ein Spuk diesen Ort, in dem Glauben, wieder an einer der großen Sehenswürdigkeiten Südfrankreichs mehr gewesen zu sein. Schöner Ausblick auf die Ebene mit ihren Pinien- und Zypressenhainen. Eintritt 2 Euro. Neuerdings verbindet ein angelegter Wanderweg (kurz) die Daudet-Mühle mit dem Schloß Montauban (18. Jh.), einem weiteren Zufluchtsort des Dichters.

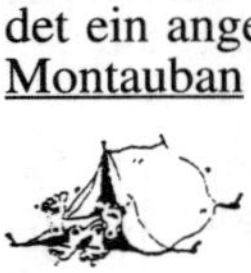

In der Nähe der Windmühle ein städtischer Campingplatz Les Pins, ca. 1o Euro. Tel. o4 9o 54 78 69, nicht weit davon ein Freibad.

LES BAUX

Les Baux hat seinen Namen von „Balcio“, einem altertümlichen Ausdruck für Fels, und wirklich scheint diese Stadt, Sitz eines herrischen und stolzen Adelsgeschlechtes, wie aus dem Felsen gewachsen. Übrigens rühmten sich die alten Herren von Balthasar, einem der heiligen 3 Könige, abzustammen.

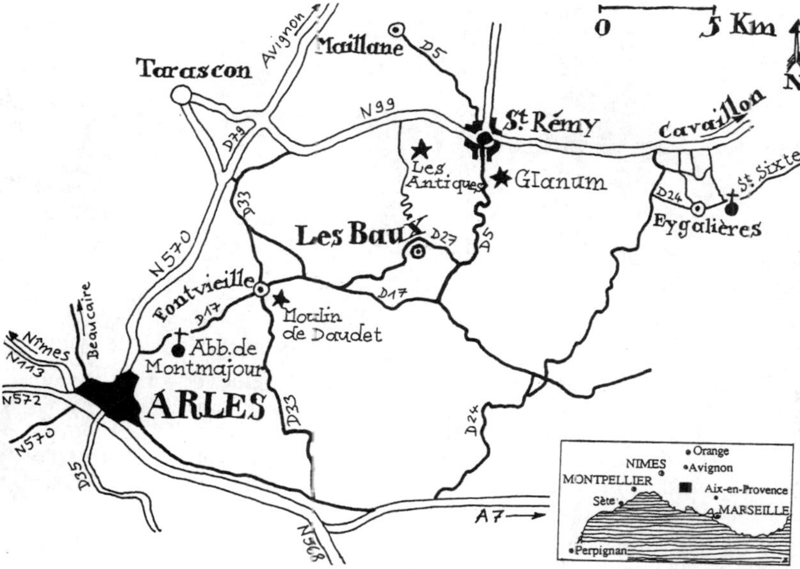

Heute kann man sich schwer vorstellen, daß in den kalten und kahlen Mauern prunkvolles mittelalterliches Leben samt Minnedienst, Troubadouren und ritterlichen Turnieren herrschte.

Wildromantisch die <u>BURGRUINEN</u> auf dem felsigkahlen Höhenzug der Alpilles, am Fuß das Dorf, durch dessen Gassen sich während der Saison die Menschenmassen schieben.

In den Häusern (im Renaissancestil, - eine Rarität in Südfrankreich!), Restaurants, Cafés, Souvenirläden und etliche Kunstgalerien. Neben ausgefallenen Kunstartikeln, wie originellen Skulpturen und kunstvoll bedrukkten Schals, gibt's in einem Lädchen oberhalb des Office de Tourisme einen Webstuhl von Jacquard, auf dem mit Hilfe von Lochkarten (zum Teil etwas kitschige) Bildmotive von fotografischer Brillanz und seidene Schals hergestellt werden.

Am oberen Ende der Hauptgasse der Kartenschalter für die „Cité Morte“ -

die tote Stadt. Eintritt: 3 Euro, Karte gilt auch für den Besuch der Museen. Im Sommer ist die Cité geöffnet 8.3o-19 Uhr, im Winter 9-17 Uhr.

In den Räumen dahinter Glasvitrinen, in denen alte Funde (Skulpturen Keramik etc.) ausgestellt sind. Daneben eine Informationsschau über den Bauxitabbau in der näheren Umgebung.

Die BURG wurde zum Teil unterirdisch in den Fels gebaut und zwar so, daß hohe Räume - halb Fels halb Stein - entstanden. Besonders nachts bietet sie, von Quarzstrahlern beschienen, in der finsteren Umgebung ein schönes Schauspiel. Über ausgetretene Steintreppen mit rostigem Geländer rechts und links, geht es auf den Turm und zu Aussichtspunkten in einsamer Höhe.

Die Besichtigung wird bei starkem Mistral zu einem kleinen Abenteuer: Bei starken Windböen kann man sich nur noch ans Geländer klammern und abwarten, bis der Wind wieder nachläßt. An manchen Stellen wirkt das alte Gemäuer wie eine riesige Bienenwabe: runde Löcher im Fels, im Lauf der Jahrhunderte entstanden. Vom Rand des Plateaus mit den Resten des „Donjon", des Glockenturmes, unbeschreiblich schöner Blick in die Ebene.

Von hier ließ übrigens der grausame Raimund seine Gefangenen, wenn kein Lösegeld gezahlt wurde, in die Tiefe springen und - so geht die Sage - lachte sich selber dabei halb tot. Außer harten Männern brachte das Geschlecht von Les Baux die anmutigsten und schönsten Jungfrauen der ganzen Gegend hervor, was Scharen von Rittern zu Kampf und Minnedienst inspirierte

MUSEE DE ART MODERNE: Das moderne Museum mit eher weniger interessanten Arbeiten südfranzösischer Künstler - vom Anfang dieses Jahrhunderts bis heute. Viele abstrakte Farbspielereien, Lithografien und einige Holzskulpturen. Geöffnet von Ostern bis Ende Oktober.

Essen: Im Dorf selber sind die meisten Lokale auf das einfache Abfüttern der Besucher spezialisiert - es gibt Pizzas, Snacks und einfache Menüs - schwierig etwas zu empfehlen.

LA RIBOTO DE TAVEN: Gilt als das beste der Gegend. Man speist unter alten, kreuzförmigen Gewölben - davor im Garten der Swimmingpool. Wer also 75 bis 9o Euro (2 Personen) für ein Abendessen nicht scheut ... Adresse: unten im Tal, im „neuen Dorf".

CATHÉDRALE D'IMAGES: Multimediaschau etwas unterhalb von Les Baux, an der D 27. Riesige unterirdische Kalksteinbrüche - unterbrochen von quaderförmigen Säulen, welche die Decke abstützen. Das ganze wirkt wie ein Bauwerk, da die Steinquader aus dem Berg gesägt wurden, und somit ebene Wandflächen mit „Trennfugen" entstanden. Bis 1936 wurde der Steinbruch exploriert.

Für die hier untergebrachte Multimedia Dia Schau ergeben die weißen Steinflächen eine gute Projektionsfläche. Wechselweise tauchen urmenschliche Höhlenzeichnungen, kosmische Spiralnebel oder auch antike Baudenkmäler an den Wänden auf (das Thema wird jährlich geändert). Besuch lohnenswert, aber abschreckend hoher Eintrittspreis: 8 Euro. Geöffnet von Mitte Februar bis Anfang November täglich 1o-19 Uhr.

Wem der Wein ausgegangen ist: Ca. 1 km unterhalb von Les Baux geht rechts eine kleine Straße zur modernen WEINKELLEREI SAINTE BERTHE. Es gibt Kostproben. Die Flasche ab ca. 3 Euro je nach Qualität. Wer seinen Lieblingswein gefunden hat und gleich ein paar Kisten ordert, für den organisiert der Weinhändler die Spedition in die Heimat.

Die BAUXIT-STEINBRÜCHE der Umgebung kann man am Wochenende besichtigen, - große, rote Löcher, deren Staub die umliegenden Wälder und das Auto färbt.

Nach Norden fahrend gelangt man über die höchsten Züge der Alpilles zu einem kleinen grünen Plateau in der Landschaft, LES ANTIQUES, und weiter nach GLANUM, einer alten gallisch-römischen Stadt, erste der Provinz Gallia Narbonensis. Sie war um eine heilige Quelle erbaut und beliebter Wochenendsitz der Phokäer. Gegen 4 Euro Eintritt kann die antike Stadt - die größte, die aus dieser Zeit in Frankreich gefunden wurde - mit ihren Häusern, Bädern etc. besichtigt werden. (Zeiten: vom 1.4. bis 3o.9. 9-19 Uhr, ansonsten 9-12 und 14-17 Uhr).

Auf der anderen Straßenseite: 2 der schönsten Zeugen römischer Bauweise. Der Triumphbogen (2o v. Chr.), verziert mit schönen Steinmetzarbeiten, die Sklaven und die Gewächse der Provence darstellen. Daneben ein Mausoleum, das Augustus zum Andenken an seine zu früh verstorbenen Enkel und Nachfolger errichten ließ, geziert von einem Relief kriegerischer Thematik.

In der Nähe von LES ANTIQUES stand das KLOSTER SAINT PAUL DE MAUSOLE, später eine Nervenheilanstalt, wo Vincent van Gogh seine letzten Jahre in einer Zelle verbrachte und im Wahnsinn seine letzten Bilder malte. Die Zelle wurde inzwischen zugemauert. Zu sehen sind die alte Klosterkapelle mit Kreuzgang sowie ein Van-Gogh-Gedenkstein. Besichtigungszeiten: täglich 9-12 und 14-18 Uhr. Eintritt frei.

Hier beginnt außerdem ein Van-Gogh-Rundwanderweg durch die umliegende Landschaft mit gekennzeichneten Van-Gogh-Motiven.

Zwischen St. Rémy und Cavaillon südlich der N 99 das malerische Dorf EYGALIÈRES. Romantische Hügellandschaft, in den Wiesen liegen verstreut die Felsbrocken. Im Dorf eine Burgruine. In den alten Häusern haben sich etliche Künstler niedergelassen. Sehenswert die kleine Kapelle St. Sixte östlich von Eygalières.

Landhotel MAS DOU PASTRE: gepflegtes Anwesen zwischen Eygalieres und Orgon; in unmittelbarer Nähe der Kapelle St. Sixte; malerische Umgebung. Luxuriös ausgebauter Bauernhof: mit familiärer Atmosphäre. Antikes Mobiliar mit Himmelsbetten. Im Winter wärmt der Kamin, im Sommer kühlt das Schwimmbad. Kein Restaurant. DZ mit Dusche und WC ca. 5o Euro, mit Bad ca. 6o-8o Euro:. Tel o4 9o 95 92 61.

★ Saint-Rémy-de-Provence

Hat einen hübschen Stadtkern mit alten Renaissancehäusern - besonders schön das Volkskundemuseum Hôtel Mistral de Montragon (Musée des Alpilles), und gleich daneben das Hôtel de Sade (Archeologisches Museum). Letzteres sollte man sich ansehen: Interessante Skulpturen, Altäre u.a. aus gallisch-römischer Zeit. St. Rémy ist übrigens auch die Heimatstadt des „Propheten“ Nostradamus.

Am Ort mehrere Campingplätze. Der städtische, Mas de Nicolas, ein moderner Platz mit Swimmingpool. Liegewiese und Warmwasser durch Sonnenkollektoren. Nicht ganz einfach zu finden, im Nordosten der Stadt, von der D 31 ab. 2 Pers. 15 Euro, Tel. o4 9o 92 27 o5.

Etwas günstiger: Camping Monplaisir, 13 Euro. Überschaubar, durch Hekken unterteilt, von der nach Norden führenden D 5 ab (ganz in der Nähe eines Intermarché). Tel. o4 9o 92 22 7o.

Tourist INFO

Office de Tourisme am Place Jean Jaurès. Tel. o4 9o 92 o5 22. Im Sommer täglich 9-19 Uhr, ansonsten Montag bis Samstag 9-12 Uhr und 14-18 Uhr. Sonntag nur vormittags.

In der nahem Umgebung noch einige interessante Orte. MAILLANE, weniger als 1o km in nördlicher Richtung von hier, war lange Zeit Heimat des Provencedichters Mistral.

St Sixte bei Eygalières

AIX-en-Provence

In einem Tal umgeben von kleinen Plateaus liegt eine der sympathischsten Städte Südfrankreichs, das ehemalige Aquae Sextiae, benannt nach dem römischen Gründer und den zahlreichen Heilquellen in Aix und Umgebung.

Aix ist eine Stadt mit Atmosphäre und hat in fast jeder Hinsicht etwas zu bieten: ein schönes Stadtbild mit vielen alten Patrizierhäusern, Brunnen, Zeugen römischer Vergangenheit, Kirchen aus dem 12. Jh. bis zur Neuzeit: Festivals, Ausstellungen und Museen.

Ideales Klima: Die Nächte sind hier frisch, die Tage warm bis heiß, es regnet selten, und im Winter kann man oft um die Mittagszeit noch draußen sitzen.

Aix hat so gut wie gar keine Industrie es lebt vom Tourismus, der Universität (eine der größten Frankreichs), vom Handel und der Landwirtschaft.

GESCHICHTE

Aquae Sextiae (aqua = Wasser) wurde 122 v. Chr. von den Römern gegründet, die die warmen und kalten Quellen offenbar zu schätzen wußten. Kurz vorher hatten sie in unmittelbarer Nähe zugeschlagen, die gallische Stadt Entremont völlig zerstört und die anstürmenden Germanen schwer geschlagen (123 v. Chr.). Im Gegensatz zu Arles ist Aix jedoch nicht durch die Römer zu Bedeutung gelangt; Stadt und Stadtbild sind vielmehr vom Feudaladel und vom Großbürgertum geprägt, die vom 16. Jh. bis zur Revolution die Stadt bestimmten.

Seit dem 13. Jh. war Aix die Hauptstadt der Provence. Unter dem „guten König René" (1434-8o) schritt die kulturelle und wirtschaftliche Entwicklung weiter fort. 15o1 wurde das „Parlament" in Aix eingerichtet, eine Art Kommandozentrale des Feudaladels. Auf die katholische Rechtsgläubigkeit wurde streng geachtet: das Parlament faßte unter seinem Vorsitzenden, dem Baron von Oppède (im nördlichen Luberon sind die Trümmer seiner Behausung) 154o den „heroischen" Entschluß, die Waldenser, eine asketische Glaubensgemeinschaft der Gegend, abzuschlachten. Der Herr Vorsitzende nahm das selber in die Hand.

Man fühlte sich zunehmend wichtig in Aix, und eine rege Bautätigkeit begann: die Stadt wurde mit Prachtbauten angereichert und erweitert. Diese Hochkonjunktur des „Ancien Régime" hielt bis zur Revolution an, der Adel und seine Mitläufer hatten schöne Zeiten, man gab Essen, feierliche Feste und liebte die Musik.

Übrigens: Das Volk mußte Steuern zahlen, der Adel war steuerfrei! Als es zur Revolution kam, mußten die bisher so angenehm lebenden Barone, Grafen... die Beine in die Hand nehmen und ins Ausland flüchten. Bereits vorher war das Parlament abgeschafft worden, - die Bauern der Umgebung nannten es die dritte Geißel der Provence - neben dem Wind Mistral und dem ungestümen Fluß Durance. Doch auch Mirabeau lebte in Aix, der Adliger war, sich aber als Abgeordneter des dritten Standes - des Besitzbürgertums - aufstellen ließ.

Im 19. Jh. wurde es ruhig in Aix, die reicheren Bürger nahmen die Posten des vormaligen Adels ein. Noch heute zeugen einige Prachtbauten und die zahllosen Gebäude des 17. und 18. Jh., heute hauptsächlich Hotels, von der einstigen Vergnügungsstadt des Adels. Aus Aix stammen der Maler Cézanne (s. Kapitel über die Künstler der Provence in der Einleitung) und der Dichter Emile Zola.

Von Avignon über die Autobahn kommend erreicht man die Stadt über die

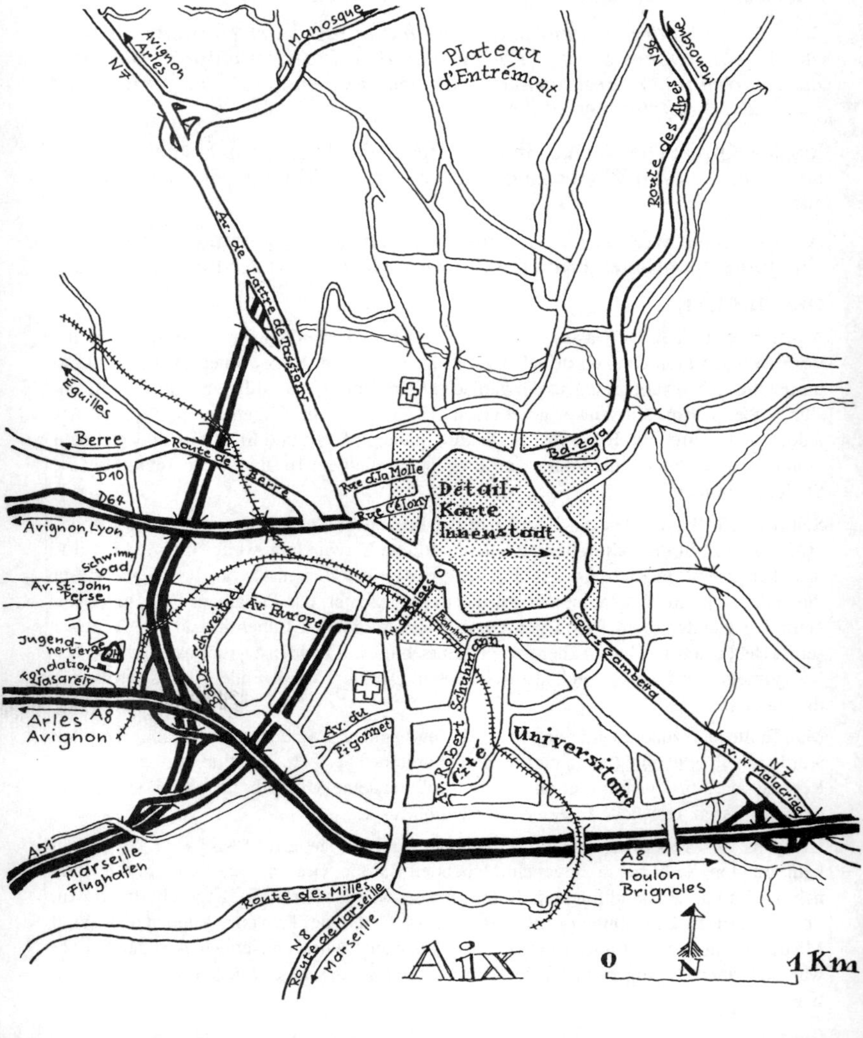

breite Avenue des Belges und gelangt an einen der zentralen Punkte von Aix, den PLACE GENERAL DE GAULLE, ein großes Rotonde mit einem prunkvollen Brunnen. Am Platz befindet sich auch das Office de Tourisme, ebenso Post und Casino.

Tourist INFO Es wird englisch, oft aber auch deutsch gesprochen. ADRESSE: 2, Place General de Gaulle. Tel. o4 42 16 11 62. Während der Saison (1.7. bis 15.9.) von 8-22 Uhr geöffnet, sonntags 9-13 Uhr und 14-18 Uhr. Den Rest des Jahres 8-19 Uhr. Geldwechseln kann man hier jeden Tag von Mai bis Okt.: 9.15-11.45 und 13.45-17.3o Uhr.

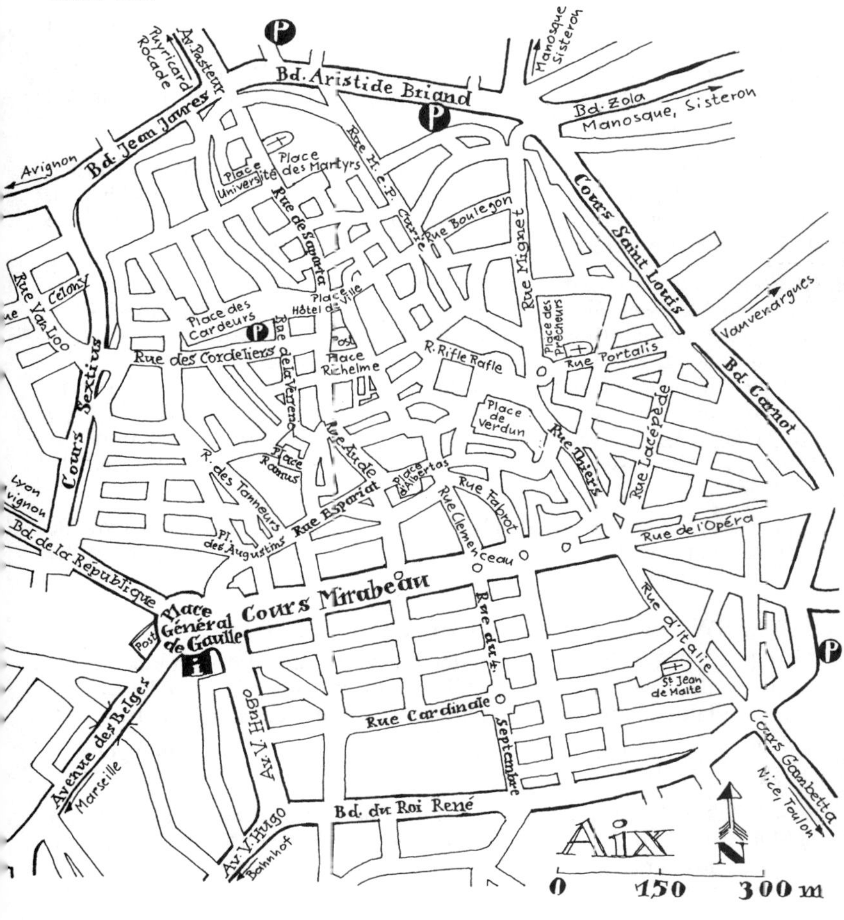

Die Stadt bietet mehrere Parkplätze: hinter dem Casino, am Busbahnhof, am Anfang des Boulevard Carnot und an der Avenue Pasteur. Die Knöllchenverteiler sind in Aix sehr flink, und Parksünden kommen in Frankreich ziemlich teuer.

Der COURS MIRABEAU zweigt vom verkehrsumtosten Kreisverkehr Place General de Gaulle ab und ist die „Mainstreet" von Aix. Romantischer, platanenbestandener Boulevard von Baumwipfeln, die in der Mitte fast zusammenstoßen, schattig überdacht. An den Straßenseiten liegen viele der alten Patrizierhäuser. Büchereien und vor allem Cafés. Stundenlang kann man hier bei einem Espresso verbringen und den vorbeischlendernden Leuten zuschauen. In dieser Stadt herrscht wenig Hektik - man zeigt sich und man wird gesehen. In der Mitte des Cours Mirabeau: 3 der zahlreichen Brunnen von Aix. (Es geht der böse Witz: „Ein Blinder, der nach Aix käme, würde wohl meinen, er sei am Meer, weil es überall sprudelt und plätschert. „)

Der Cours Mirabeau teilt die Stadt in zwei ungleiche Hälften. Im Norden liegt die ALTSTADT: Mit gewundenen schmalen Gassen, alten Gebäuden, die zum größten Teil aus dem 15. und 16. Jh. stammen, ist sie der größere und - zum Herumschlendern - schönere Teil von Aix.

Im Süden schachbrettartig angelegte Straßen, einige Patrizierhäuser, Kirchen und Museen. Dieses Viertel wird QUARTIER DE MAZARIN genannt, nach seinem Begründer Michel Mazarin, dem Bruder des berühmten Kardinals in Aix (17. Jh.). Im Großen und Ganzen lohnt es sich nicht, hier viel Zeit zu verbringen, aber einen „Abstecher" zu einem der schönsten Brunnen der Stadt sollte man schon machen. Die FONTAINE DES QUATRE DAUPHINS steht in der Rue du 4. Septembre und stammt aus dem 17. Jh. Die 4 wasserspeienden Delphine auf dem „Place" sind ein hübsches Motiv.

Sehenswert die Kirche ST. JEAN DE MALTE am Ende der Rue Cardinale (durchkreuzt den Place des Quatre Dauphins), ein gotischer festungsartiger Bau mit zwei hohen Türmen.

SEHENSWÜRDIGKEITEN IN DER ALTSTADT:

Der CLOCHER AUGUSTINS in der Rue Espariat (führt vom Place G. de Gaulle in das alte Aix): schöner Glockenturm, früher Teil der Klosteranlage, 5oo Jahre alt und durch Wind und Zeit ganz schön verwittert.

Am Place de Verdun der PALAIS DE JUSTICE aus den Anfängen des 18. Jh.

Es schließt sich direkt der Place des Prêcheurs mit der ÉGLISE DE LA MADELEINE an. Ursprünglich gotischer Bau (13. Jh.), mit der Zeit ein Gemisch aus verschiedenen Stilepochen geworden. Innen das Tryptichon der Verkündung, eine „teuflische Schweinerei" in den Augen der Gläubigen. Dem Maler (Nicolas Froment), so erzählt man, wurde der versprochene Preis für sein Gemälde nicht in voller Höhe ausgezahlt, und er rächte sich, indem er „böse Dinge", wie Fledermäuse, Engel mit Eulenflügeln und Tollkirschen zwischen Heilige und Engel mischte.

Das barocke HÔTEL DE VILLE (17. Jh.) am gleichnamigen Platz mit einer hübschen Fontaine aus dem 18. Jh., überragt vom Tour d' Horloge, einem Glockenturm. Nicht weit von hier am Place des Martyrs de la Résistance der ARCHÊVECHE ANCIEN, ein nüchternes Gebäude, in dem die Erzbischöfe lebten.

Die Kathedrale SAINT-SAUVEUR liegt am Place de l'Universite, nicht weit vom Erzbischöflichen Palast. Sie ist interessant, weil alle Stilrichtungen, vom Kaiser Konstantin bis ins 14. Jh., vertreten sind. Schöne flämische Wandteppiche und der „Brennende Dornbusch" von Froment, einem Primitiven des 15. Jh. im angenehm kühlen Kirchenschiff. Daneben der Klostergang (12. und 13. Jh.), Statuen, Säulen... und am Ausgang ein Bettler, der mit offener Hand die Touristen erwartet.

Es würde zu weit führen, jedes einzelne der vielen alten PATRIZIERHÄUSER (16. bis 18. Jh.), der sogenannten Hôtels, zu beschreiben. Es sind immerhin 15o, die überall in der Stadt verstreut liegen. Eines der originellsten ist das Hôtel de Maurel de Ponteves am Cours Mirabeau, ein

Aix – Cours Mirabeau

italienisch dekorierter Bau aus dem 17. Jh., dessen Balkon über der Eingangstür von zwei mächtigen Atlanten getragen wird. Maurel, ein betuchter Stoffhändler, baute dieses Haus zum Dank an seine 3. Frau, die ihm die stattliche Nachkommenschaft von 12 Kindern lieferte. Zu den restlichen Hôtels: Entweder man halte die Augen offen oder kaufe sich den ausgezeichneten Führer „A Short Guide To Aix" von R. P. Sokol in englischer Sprache.

MUSEEN:

MUSÉE GRANET: Place St. Jean de Malte, gut ausgestattetes Provinzmuseum mit Klassikern wie Granet Ingres, Rembrandt, La Tour und seit einigen Jahren auch einige Cézannes - bekanntestes Werk „Die Badenden"; für Picasso diente dieses Werk für seine eigene Version: „Les demoisselles d'Avignon". Geöffnet: 1o-12 Uhr und 14-18 Uhr, dienstags geschlossen. Eintritt 3 Euro.

MUSEUM FÜR NATURGESCHICHTE: Am Place d'Albertas; viel Ramsch neben viel Interessantem. Täglich 1o-12 und 14-18 Uhr, am Sonntag nur nachmittags. Eintritt: 2 Euro.

MUSÉE DU VIEIL AIX: Eine Art Heimatmuseum in der Rue G. de Saporta. Eines der interessantesten Museen von Aix, was die Sammlung an Trachten, Bildern und vor allem Santons, den kleinen alten Krippenfiguren (die auch „en masse" überall verkauft werden), angeht. Außer Montag von 1o-12 und 14-17 Uhr geöffnet. Im Sommer nachmittags von 14.30-18 Uhr. Eintritt: 3 Euro.

Nebenan im Ancien Archevêché das MUSÉE DES TAPISSÉRIES: Eine gewundene Treppe führt in die Ausstellungsräume. An den Wänden Gobelins in relativ gutem Zustand, darunter Szenenfolgen der bekannten Beauvais-Gobelins, die verschiedene Themen darstellen: Tänzer, Musiker, Tiere. Ganze Geschichten (z.B. die Don Quichotes) wurden im Ort Beauvais, jeweils von einem anderen Künstler entworfen und dann gewebt. Die Arbeiten, die hier ausgestellt sind, stammen aus dem 17. und 18. Jh. Einige vereinzelte Möbelstücke im Stil Ludwig XV. sollen den ehemals prunkvoll eingerichteten Wohnräumen wohl so etwas wie Behaglichkeit geben.

Aus den Fenstern blickt man auf den Innenhof mit Sitzreihen und Bühne: Schauplatz von Theateraufführungen, Tanzveranstaltungen und Konzerten zur Festivalzeit.

In den hinteren Räumen Wanderausstellungen aus dem Bereich Textil und Kunst, wie z.B. moderne Wandteppichgestaltungen. Zeiten: Außer dienstags jeden Tag 1o-12 und 14-17 Uhr, im Sommer bis 18 Uhr. Ca. 3 Euro.

Aix mit seinen vielen Plätzen und romantischen winkligen Gassen ist auch die „STADT DER MÄRKTE". Jeden Vormittag ist Markt am Place Richelme. Am Place des Prêcheurs ist jeden Dienstag, Donnerstag und Samstag Morgen großer **Markt**. Lebendige Atmosphäre zwischen Gemüseständen, Korbverkäufern und dem Kräutermann - ein buntes Bild (auch für den Fotoapparat), das man sich nicht entgehen lassen sollte.

Auf dem großen Place de Verdun ist an den gleichen Tagen **Flohmarkt**. Hier gibt es alles, von alten Büchern, Klamotten und Kleidung bis zu echten provençalischen Antiquitäten und natürlich viel Ramsch. Vom **Gemüsemarkt** gegenüber hört man das Geschrei der fliegenden Händler, die ihre neuesten Errungenschaften an den Mann bringen.

Blumenmarkt: Am Place de l'Hôtel de Ville. Dienstags, donnerstags und am Samstagmorgen (Blumenmarkt außerdem Sonntag Vormittag am Place de la Madeleine). An den gleichen Tagen ist Kleidermarkt um den Palais de Justice herum und in der Rue Rifle Rafle.

Kunstmarkt am Cours Mirabeau, jeden 2. Sonntag im Juli/August. Viel Malerei, Skulpturen, Fotografien, garniert mit Straßenmusik.

Die meisten Cafés liegen natürlich am Cours Mirabeau. Besonders originell ist das „LA BELLE ÉPOQUE", im Jugendstil eingerichtet, mit bunten Glaslampen und zierlichen Stühlen im langen, schmalen Innenraum. Aus den Musikboxen tönen alte Chansons.

Das älteste Café am Cours ist das „LES DEUX GARCONS"; viel ‚proletarischer' Charme. Seit 1792 hat sich hier angeblich nichts verändert.

Im Quartier de Mazarin, am Ende der Rue d'Italie (Place d'Arménie) ist es in den letzten Jahren lebhafter geworden. Die Cafés und Bistros am Platz ziehen vor allem junge Leute an. Z.B. das „LE BALTHAZAR", tagsüber Café, mittags Bistro und abends ‚Soir Pub'.

KINO für den im Französischen bewanderten: ein Riesen-Kino, „Le Cézanne", wenige Meter vom Place de Gaulle entfernt, 21, Rue Goyrand-Prolongée. Um die Ecke ein weiteres, kleineres Kino, Rue Laroque.

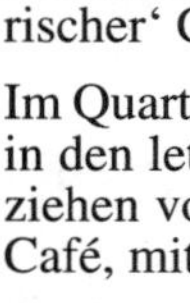

2 Discos in der City: „Mistral", 3,Rue Mistral (Nebenstraße vom Cours Mirabeau), auch viel von Nicht-Franzosen frequentiert, und „Richelm", in der Rue Verrerie. Erwartet keine deutschen Preise.

Jazzclub Hot Brass: Eine gute Möglichkeit, einen Abend etwas anders zu verbringen. In einer „Landvilla" mit Garten, ca. 5 km außerhalb. Angenehme Räumlichkeiten auf 2 Ebenen. Jeden Abend Livemusik, sonntags, montags und mittwochs geschlossen. Eintritt 15 Euro (1o Euro für Studenten). Adresse: Die N 7 Richtung Arles/Avignon im Ort Celony (ca. 4 km), bei der ersten Ampel links - immer auf der schmalen Straße geradeaus (ca. 2 km, links). Tel. o4 42 21 o5 57.

Waschsalon: Lavomatique, 7-2o Uhr, 3, Rue Fernand Dol und ebenfalls in der 15, Rue Jaque de Laroque. Eine Laverie automatique mit angegliedertem Salon de thé befindet sich in der Rue de la Treille (Mo-Sa 9-12.3o und 14.3o-19 Uhr geöffnet).

Den leckersten SNACK, den wir im Midi gegessen haben, gibt es an einem kleinen Imbißstand zwischen Café Rotonde und Avenue Nap. Bonaparte am Place G. de Gaulle: Pain Ragnat, ein kleiner Laib Brot, der mit Salat, Tomaten, Ei und Thunfisch gefüllt ist. Daneben auch noch andere Imbisse.

RESTAURANTS

CLOS DE LA VIOLETTE: ein Gourmet-Restaurant außerhalb des Boulevard -Rings. Hohe Mauern umschließen das mit Bäumen bestandene Gärtchen. Menüs zwischen 45 und 65 Euro; a la carte 45-7o Euro. Spezialitäten: Nage parfumée de moules de Bouzigues, Canon d'agneau rôti, Weine aus Aix. 10, av. Violette, Tel. o4 42 23 3o 71. Sonntags und Montag Mittag geschlossen.

LE BASILIC GOURMAND: liegt ein bißchen versteckt in der nördlichen Altstadt; wer es aufspürt, wird mit köstlicher provenzalischer Küche belohnt; und dazu noch akzeptable Preise, Menüs ab 15 Euro. Die wenigen Tische an der Straße sind an lauen Sommerabenden heiß begehrt - also früh kommen. Adresse: Rue du Griffon 6. Tel. o4 42 96 o8 58.

LES DERNIER BISTRO: Kleines Restaurant in einer ruhigen Nebenstraße abseits der Touristenströme. Es wird bevorzugt draußen gegessen - für ca. 15-25 Euro gibt es ein sehr gutes Menü, serviert von einer auffallend netten Bedienung. Im Sommer nur abends geöffnet, am Sonntag geschlossen, Rue Constantin 19.

LA FONTAINE: 40, Rue Verrerie, Tisch an Tisch drängt sich hier um einen kleinen Brunnen herum, Menüs bei Kerzenlicht für ca. 15 Euro.

CHEZ CHARLOTTE: auf der Flucht vor dem Touristenrummel sind die Inhaber (Gemeinschaft) Anfang 1989 in die ruhige Rue des Bernadines (Nr. 37) umgezogen. In dem liebevoll eingerichteten Restaurant gibt es wirklich lecker zubereitete Menüs, die man sich selber - je nach Geldbeutel - zusammenstellen kann. Schöner Hinterhof, nette Atmosphäre! Gazpacho probieren! Sonntags und Montag mittags geschlossen.

CHEZ JO: Leckere Pizzas. Leider nicht ganz billig. Pizzas zwischen 8-1o Euro. Tagesmenü 12 Euro. In der Mitte des Lokals steht ein heißer Pizzaofen. Adresse: 59, Rue Espariat.

L,ÀRBRE A PAIN: Vegetarisches Restaurant. 3-Gänge Menü 13 Euro, kleines Menü 8 Euro, Salate zum Sattessen um 8 Euro. Adresse: Rue Constation.

LE TERMINUS: preiswertes traditionelles Lokal. Große Auswahl von Meeresfrüchten. Menüs ab 1o Euro. Adresse: am Ostende des Cours Mirabeau.

CHEZ MAXIME: nichts für Vegetarier! Nur Fleischgerichte, auf den gewünschten Punkt zubereitet. Menüs ab 15 Euro. Adresse: Place Ramus 12. Sonntags geschlossen.

LA BROCHERIE: Spezialität sind über Holzkohle gegrillte Fleisch-, und Fischsorten. Kleiner Patio zum draussensitzen. Menü für 13 Euro, freundlicher Service. Montags geschlossen. 5, Rue Fernand-Dol, im südlichen Altstadtviertel, nahe Museum Granet.

„BILLIGFRESSGASSE“ - Rue de la Verrerie (nähe Rathaus) - viele kleine Restaurants: chinesisch, vietnamesisch, Chickenshop, Pizzeria und auch lokales; ab 8 Euro das Menü.

BAR/REST. BLUE NOTE: kleine Piano Bar & „American Restaurant“. Snacks, Cocktails. Rue de la Fonderie 1o. Nahe Place Verdon.

Wie schon in Arles und wie eigentlich fast überall in den südfranzösichen Städten und Touristenzentren sind auch in Aix in der Saison kaum Zimmer zu bekommen.

„Hôtel Le Pigonnet“: Avenue du Pigonnet auf der Straße nach Marseille. Großes altes Gebäude mit charmantem, raffiniert dekoriertem Speisesaal und schöner Terrasse im Sommer. Provençalische Spezialitäten: Rougets de méditerranée au pistou, Beaudroie à la nimoise et jambonneau de canard au saint-estèphe. Menü zu 45 Euro. 5o Zimmer ab 11o Euro, Frühstück 13 Euro, 4-Sterne-Hotel. Mit Garten, Schwimmbad, Parkplatz. Tel. 42 59 o2 9o.

„Hôtel Cardinal“: 24, Rue Cardinale. Hinter der Kirche St. Jean de Malte im Süden. 2-Sterne-Hotel mit großen, hellen Zimmern und Holzmöbeln, 22 Zimmer, relativ ruhig gelegen. Preise zw. 45-6o Euro (mit Bad und Dusche). In der Saison oft ausgebucht, Vorbestellung ist zu empfehlen. Sehr zentral. Tel. o4 42 38 32 3o.

„Splendid Hotel“: vornehme Adresse (Cours Mirabeau 69) aber einfaches Stadthaus. Tatsächlich ‚splendid‘ saubere Zimmer. Als überraschend nachteilig erweisen sich zu gewisser Stunde die Zimmer nach vorne raus, denn die Bäckerei unter dem Hotel fängt früh und lautstark an zu arbeiten: also Zimmer nach hinten ergattern! Einfaches DZ mit Dusche und WC ca. 3o Euro. Restaurant und Bar im Haus. Tel. o4 42 38 19 53.

„Hôtel Paul“: Avenue Pasteur 1o. 1-Sterne-Hotel mit komfortablen Zimmern, die zum Teil auf einen kleinen Garten hinausgehen; Aufenthalts- und Fernsehraum. Preise: ab 3o-4o Euro mit Dusche und WC. Tel. o4 42 23 23 89.

„Hôtel Cézanne“: Das luxuriöses 3-Sterne-Hotel. 44 Zimmer, die, jedes für sich, bis ins letzte Detail stilvoll eingerichtet sind, von modern bis antik. Klimaanlage und gekacheltes Bad. Unten ein Aufenthaltsraum und ein Salon. Preise zwischen 1oo-14o Euro Adresse: 4o, Avenue Victor Hugo, nicht weit vom Bahnhof. Tel. o4 42 26 34 73.

„Residence Rotonde“: 15, Avenue des Belges. In der Nähe des Tourist Office, modernes 3-Sterne-Hotel ohne viel Stil, kühle Designs, unpersönliche Atmosphäre, aber viel Komfort in den 42 Zimmern. Preis ab 4o Euro (1 Person), 6o Euro (2 Personen, Dusche WC), Frühstück 8 Euro; Garage und Parkplatz anbei. Tel. o4 42 26 29 88.

„Hôtel le Concorde“: 68 bd, du Roi René (Ecke Cours Gambetta), 2-Sterne-Hotel mit Nebengebäude im Hinterhof. Ordentliche Zimmer, teils zur Straße raus, meist mit Fernseher und Telefonanschluß. DZ mit Dusche ab 4o Euro, mit WC und Balkon 6o Euro, auch Garage (5 Euro) vorhanden. Tel. o4 42 26 o3 95.

„**Hôtel Vigouroux**“: leider nur ab 1 Woche zu haben; denn die Herrschaften, die das altehrwürdige Haus betreiben, sind etwas in die Jahre gekommen und mußten deshalb den hektischen Betrieb, den Tagesgäste bringen, unterbinden. 2 Pers. zahlen pro Woche ca. 19o Euro. Adresse: Rue Cardinale 27. Tel. o4 42 38 26 42.

Die Jugendherberge liegt ziemlich weit außerhalb neben der Fondation Vasarely, im Westen von Aix, im Stadtteil Jas de Bouffan, südlich der Avenue St. John Perse. Sie kann mit dem Bus Nr. 12 erreicht werden. (Abfahrt gegenüber vom Office de Tourisme, letzter Bus ca. 2o Uhr). Von 1o bis 17.3o Uhr geschlossen. Teuer, da Schlafsäcke ausgeliehen werden müssen. Tel. o4 42 2o 15 99.

FRANZÖSISCHKURSE: Während der Semesterferien (Juli/Aug.) veranstaltet die Universität Kurse für Ausländer. Erste Auskünfte beim Touristbüro, Informationen bei: Université de Provence, Service commun d'enseignement du francais aux étudiants étrangers, 29, Avenue Robert Schuman. Tel. o4 42 59 22 71.

Office municipal de jeunes: eine städtische Einrichtung, die Veranstaltungen und Zusammentreffen für Jugendliche organisiert. Adresse: Boulevard Aristide Briand 37 bis. Tel. o4 42 23 18 45.

MITBRINGSEL: Eine Spezialität von Aix sind die „callissons“, ein leckeres Mandelgebäck.

Beide Plätze liegen im Süden der Stadt. Per Bus Nr. 3 (Abfahrt vor Tourist Büro alle 15 Min.), nur bis 2o Uhr. Beide haben 4 Sterne: Chantecler, Av. du Val St. André, 18 Euro, weitläufig, in hügeliger Landschaft. Tel. o4 42 26 12 98. Und Arc en Ciel, an der R.N. 7 (Verlängerung des Cours Gambetta), 3o DM, schön gelegen an einem Flüßchen, aber direkt (!) neben der Autobahn. Tel. o4 42 26 14 28.

Weiterer Campingplatz weniger Kilometer östlich von Aix: Sainte Victoire, am Fuße der Montagne Ste. Victoire in Beaurecueil. Vom Croix de Provence - nicht weit vom Campingplatz - hat man übrigens einen hervorragenden Ausblick auf die Umgebung. Das Besteigen der Ste. Victoire ist allerdings im Juli/August wegen Waldbrandgefahr verboten.

SEHENSWÜRDIGKEITEN AUSSERHALB VON AIX

Das ATELIER PAUL CÉZANNE, Avenue Paul Cézanne, ein gutes Stück außerhalb an der Straße, die den Hügel zum Entremont hinaufführt. Dort liegt, versteckt in einem Garten, ein Häuschen, in dem Cézanne sein Atelier hatte. Cézanne, 1839 in Aix geboren, verbrachte fast sein ganzes Leben hier, und die Landschaften in der nahen Umgebung sind in vielen seiner

Bilder zu erkennen. Im Atelier hohe Fensterfronten, wurmstichige Möbel, in einer Ecke sein Hut und sein Mantel, Totenköpfe, Obst und Vasen - seine liebsten Malobjekte. Man hat das Gefühl, als würde er gleich zur Tür hereinkommen, mit Palette unterm Arm.

Cézanne war zu Lebzeiten in Aix nie gut angesehen; lange Zeit war kein einziges bedeutendes Werk des Malers in der Stadt zu sehen. In den letzten Jahren wurde Versäumtes nachgeholt. Mittlerweile sind rund 1o Bilder im Musée Granet zu sehen. Außerdem versucht die Stadt die Motive Cézannes verstärkt in den Mittelpunkt touristischen Interesses zu rücken. Ein Stadtrundgang, aber vor allem gekennzeichnete Wege in die stadtnahen Montaigne Sainte Victoire führen zu zahlreichen Aufenthaltsorten und Malmotiven Cézannes. Die Broschüre ‚Circuit Cezanne' ist im Office de Tourisme erhältlich.

Geöffnet: im Sommer 1o-12.oo, 14.3o-18.oo Uhr, sonst 1o-12 und 14-17 Uhr, feiertags geschlossen. Eintritt 4 Euro.

Der HÜGEL ENTRÉMONT: 3 km nördlich von Aix, Reste einer keltisch-ligurischen Siedlung. Blick auf grüne Hügel, ein kleines Dorf und Aix. Statuen und restliche Funde sind im Musée Granet ausgestellt.

Bleibt noch das LUSTSCHLOSS des Kardinals Vendome, über den die Stadtchronik einige hübsche Histörchen zu erzählen weiß. In einem grossen Garten eine Art Landhaus, elegant, nicht leicht zu finden, hinter der Rue Celony. Täglich (außer Dienstag) 1o-12 und 14-18 Uhr geöffnet. Eintritt 2 Euro.

FONDATION VASARÉLY: in einem Vorort, ca. 2 km von der City, Avenue Marcel Pagnol. Auf einer großzügigen Grünanlage ein von Vasarely gestalteter Bau. Forschungszentrum und Ausstellungen künstlerischer Architektur. Jeden Tag (außer an manchen Feiertagen) von 9.3o-13 Uhr und 14-18 Uhr geöffnet. An Wochenenden durchgehend. Eintritt ca. 5 Euro.

VAUVENARGUES: in dem malerisch verträumten Dorf am Fuß der Montaigne Ste. Victoire befindet sich die Grabstätte Picassos; auf dem Dorffriedhof sucht man sie allerdings vegeblich. Im Garten des wuchtigen Schloßes, hinter Mauern, Gittern, bewacht von kläffenden Hunden - unsichtbar für neugierige Verehrer - liegt das Grab des Genies; die Erbengemeinschaft läßt keine Ruhestörung zu.

Marseille

Gerade aus einer betulichen südfranzösischen Stadt angekommen, möchte man am liebsten gleich wieder weg. Aber die hektische Millionenmetropole nervt und fordert heraus, man muß sie kennenlernen. Einen Fehler machten die Stadtplaner, die Autobahn endet mitten im Zentrum.

Was Marseille interessant macht, sind die Gerüchte und Vorurteile: Kriminalität, Drogenhandel, Mafia. Was reizt, ist das Essen (die berühmte Bouillabaisse) und das Vielvölkergemisch von „Kleinafrika"! Eine schöne Lage hat Marseille. Vom Meer begrenzt, zieht sich die Stadt die sanft ansteigenden Hügel hinauf und verschwindet hinter den Kuppen des Hinterlandes. Das Zentrum ist der Vieux Port (alter Hafen), an den Quais eng an eng Segel- und Fischerboote.

Tourist INFO 4, La Canébière, Syndicat d' Initiative: im Juli/August täglich 8.3o-2o Uhr, in den anderen Monaten: Montag bis Samstag 9-19.15 Uhr, sonn- und feiertags 1o-17 Uhr. Adresse: 2, Rue Beauvau (ganz unten an der „Hauptschlagader" La Canabiere, am Vieux Port), 13oo1 Marseilles. Tel. o4 91 13 89 oo, Fax: o4 91 13 89 2o.

Geldwechsel: Thomas Cook am Zugbahnhof Gare St. Charles. Täglich 6-2o Uhr geöffnet. Samstag und Sonntag bis 18 Uhr.

Informationsstand im Bahnhof. Öffnungszeiten das ganze Jahr über täglich, außer sonn- und feiertags, 9-19 Uhr (im Sommer bis 2o Uhr). Tel. o4 91 5o 59 18.

Östlich des VIEUX PORT, hinter dem Quai de Rive Neuve das freundlichste Stadtviertel: verkehrsberuhigte Altstadt mit Plätzen, vielen Restaurants, Cafés und Galerien. Hauptboulevard ist die Canebiere, vom Vieux Port ausgehend, führt sie quer durch die Stadt. Hier, zwischen Lufthansabüro und Bankfilialen, tobt der Verkehr.

Was man heute sieht, entstand meist nach dem 2. Weltkrieg. Die deutsche Besatzungsmacht ließ im Kampf gegen Partisanen, und um eine Invasion der Alliierten zu erschweren, Hafenanlagen und ganze Stadtteile einebenen (4o.ooo Einwohner wurden zwangsevakuiert).

Das noch erhaltene Stadtviertel auf dem Hügel oberhalb des QUAI DU PORT ist übrigens weniger sehenswert: ärmlich und vergammelt. Die ehemals reich mit kleinen Läden, Bäckereien etc. bedachte „Hauptstraße" Rue du Panier ist gestorben, die Schaufensterscheiben sind zerschlagen oder verhängt.

COURS JULIEN: Während sich unten im Vieux Port Viertel mehr die Zugereisten tummeln, trifft sich hier die heimische Szene. Bis vor 1o Jahren befand sich hier der Großmarkt von Marseille. Nachdem er aus der Stadt verbannt wurde, überlegte man sich eine zeitgemäßere Nutzung. Heute schmücken Springbrunnen und eine artifiziell wirkende Grünanlage den Platz, der, gesäumt von Restaurants und Bars, zum Bummeln einlädt. Im „CENTRE CULTURAL“ laufend Ausstellungen, Musikkonzerte...

Das QUARTIER ARABE: auf 2o.ooo wird die Einwohnerzahl in dem engen Stadtviertel zwischen Canebiere und dem Bahnhof geschätzt - hier meint man Frankreich verlassen zu haben. In bunte Tücher gewickelte Afrikanerinnen und bärtige Turbanträger beherrschen das Straßenbild. Der Cours Belsunce ist ein einziger orientalischer Bazar - hier wird vom altmodischen Herrenanzug bis zur lumpig bunten Öllampe alles verkauft. In den kleinen Nebengassen schaut es düster aus - ein muffiges, vor sich hin moderndes Konglomerat von Häusern. Die vielen Briefkästen in den Hauseingängen zeigen, wie eng es dahinter zugeht.

Im Erdgeschoß oft kleine Läden, viele preiswerte afrikanische Restaurants und auch türkische Bäder. Eine Gasse ist den Schriftgelehrten reserviert - da hocken sie wie Propheten, und warten auf die des Schreibens Unkundigen, für ein paar Francs werden Briefe aufgesetzt.

Nicht vergessen zu erwähnen sollte man die gefürchtete Polizeitruppe CRS. Besonders hier in diesem Stadtviertel an jeder zweiten Hausecke präsent und immer fleißig Personalien kontrollierend.

GESCHICHTE

Schon lange vor Christi Geburt war hier eine kleine Siedlung der Ligurer - ein keltisches Nomadenvolk, das von Fischfang, Jagd und Herdenwirtschaft lebte. Aber erst ca. 6oo Jahre v. Chr., als die Griechen hier eine Handelsniederlassung gründeten, begann das damalige Massalia größer zu werden. Übrigens kamen die Griechen nicht als Eroberer -von den Ligurern erwarben sie eine Konzession zum Betreiben einer Handelsniederlassung.

Mit der Zeit wurde die Stadt immer mächtiger und mit Hilfe der verbündeten Römer wurde der Einfluß aufs Hinterland ausgeweitet. Die Lage spitzte sich zu: die keltisch-ligurischen Stämme verbündeten sich und versuchten Massilia zu erobern. Der starke Bündnispartner Rom wurde angerufen. Im gemeinsamen 3-jährigen Kampf gelang es, die „Barbaren” zurückzudrängen und nach und nach das ganze südfranzösische Gebiet unter Kontrolle zu bringen. Von nun an war das Geschick der Stadt mehr von den Interessen des römischen Imperiums geprägt.

Die Zeit der Kreuzzüge brachte der Stadt einen starken Aufschwung - eigene Handelsniederlassungen entstanden im „hl. Land“. Marseille war neben Pisa, Genua und Venedig die mächtigste Handelsmacht im Mittelmeerraum. Aber jede Blütezeit ist vergänglich - mit der Entdeckung von Amerika und dem neuen Seeweg nach Indien kam die Zeit für die am Atlantik gelegenen Hafenstädte.

Parken: Das eigene Auto kann in Marseille zum Problem werden; wer es geschafft hat, zum Port Vieux durchzudringen, hat schon einiges hinter sich. Parkverbote, Diebstahlgefahr, Verkehrchaos... deshalb direkt in eine der städtischen Parkgaragen. Z.B. „Sogepark“, Nahe Quai des Belges (Stirnseite des alten Hafenbeckens). Ticket ziehen, Wagen abstellen, und man ist seine automobilen Sorgen los. 3 Std.: 4 Euro, 24 Std.: 7 Euro.

„<u>**Hotel Climat de France Vieux Port**</u>“: Gepflegtes Hotel, nur wenige Schritte vom Hafen entfernt. 1 Kind unter 13 Jahren gratis im Zimmer der Eltern. DZ 55-6o Euro. Adresse: 6, Rue Beauvau, Tel. o4 91 33 o2 33, Fax: o4 91 33 21 34.

„<u>**Hotel Alizé**</u>“: im Zentrum bei Canebière und Hafen. 5-stöckiges Stadthaus, gutes Mittelklassehotel. Einige Zimmer mit Blick auf morgendlichen Fischmarkt. DZ 5o-6o Euro, Frühstück extra (5 Euro). Adresse: 35, Quai des Belges, Tel. o4 91 33 66 97, Fax: o4 91 54 8o o6.

„<u>**New Hotel Vieux Port**</u>“: Eines der wenigen verbliebenen alten Grandhotels am Hafen und der unteren Canebiere, das sich dem drohenden Verfall hartnäckig widersetzt. Ehrwürdiger Großbau mit hohen und geräumiger Zimmern; die besten mit Hafenblick. Die meisten Zimmer sind mittlerweile modern und funktionell eingerichtet, mit TV und Mini-Bar. Schön der Frühstücksraum, etwas klein der Salon. DZ 75 Euro. Adresse: Rue Reine-Elisabeth 3. Tel. o4 91 9o 51 42.

<u>Auberge de Jeunesse de Bois Luzy</u>: 76 Av. de Bois-Luzy (12e), im Nordosten von Marseille. Tel. o4 91 49 o6 18. Busse Nr. 6 und 8 fahren dorthin, ab Cours Joseph Thierry (ganz oben an der Canebiere).

<u>Auberge de Jeunesse de Bonneveine:</u> Ca. 4 km außerhalb; besser gelegen - näher am Zentrum, näher am Meer. Zu erreichen per U-Bahn ab Port Vieux Nr. 1 bis Castellane, hier umsteigen auf Linie 2 bis Ste. Marguerite, ab dort Bus Nr. 47. Adresse: 47, Av. Joseph Vidal (8e). Tel. o4 91 732 181.

Alle städtischen Campingplätze von Marseille sind mittlerweile geschlossen worden. Campern bleibt nur die Möglichkeit nach Cassis bzw. La Ciotat auszuweichen.

Das <u>Restaurant- „ZENTRUM</u>“ von Marseille ist die linke (südliche) Seite der Promenade am alten Hafen. Hier könnte ein Wirt dem anderen die Hand reichen, so dicht stehen die Restaurants nebeneinander.

Die Garçons halten vor der Tür Ausschau nach Kunden. Obwohl hauptsächlich Stadtfremde die Kundschaft bilden, ist von einem Besuch nicht abzuraten. Es werden auch preiswerte Menüs geboten! Unglaublich für einen, der gerade ein paar Tage an der Côte d'Azur hinter sich hat. Bei niedrigen Preisen kann man allerdings nur mittelmäßiges erwarten.

In Marseille sollte man es sich nicht nehmen lassen, einmal eine richtige Bouillabaisse zu genießen, mit Langusten und allem drum und dran. Preis: ab 25 Euro.

<u>RESTAURANTS AM COUR JULIEN</u>: ein weiteres Restaurant-Zentrum befindet sich am Cours Julien (Canebiere hoch, über den Place du Marche des Capucins, dann den Cour hinauf). Hier gehen überwiegend Einheimische

essen. In dieser autofreien Restaurant-Zone hat man die Wahl der Qual, links und rechts, französische und internationale Küche. Unser Tip:

LE JULIEN: Traditionelle Küche mit wechselnden Tagesgerichten. Menü ab 17 Euro. Geöffnet: 12-13.3o Uhr und 19.30-22.3o Uhr. Adresse: 45, Cours Julien. Tel. o4 91 48 11 25.

DA GIOVANNA: italienische Küche, Menüs für 8-15 Euro, Kinder 5 Euro. Geöffnet: 12-15 Uhr und ab 19 Uhr. Adresse: 79, Cours Julien, Tel. o4 91 48 83 77.

LA FIESTA: spanische Küche, Menüs 12-2o Euro, Kinder 5 Euro. Geöffnet: 19-2 Uhr nachts. Adresse: 6a, Rue Crudère, Tel. o4 91 48 26 17.

LA BAIE DU DRAGON: vietnamesische Küche, Menüs 7 - 15 Euro, Kinder 7 Euro. Geöffnet: 12-14.3o Uhr und 19-2 Uhr nachts. Adresse: 8, Place Notre Dame du Mont, Tel. o4 91 92 74 78.

O,PAKISTAN: pakistanische Küche. Geöffnet: 11-15 Uhr und 19-22 Uhr. Adresse: 11, Rue des trois rois, Tel. o4 91 48 87 1o.

RESTAURANT LES INNOCENTS: Fischspezialitäten. Menüs 17-23 Euro. Geöffnet: 18-2 Uhr nachts. Adresse: 3, Rue Crudère, Tel. o4 91 42 92 62, Fax: o4 91 42 92 62.

Cafés/Bars: am Place Thiars zwei, auch bei jüngeren Einheimischen beliebte Straßencafés. Vor allem in den frühen Abendstunden ist viel Trubel; einen Tisch ergattern und Pastis schlürfen. Bar Thiars oder Le Guepard.

SEHENSWERTES

Wer sich für die Geschichte Marseilles interessiert, sollte das MUSÉE DU VIEUX MARSEILLE besuchen. Gezeigt werden Trachtenpuppen (provenzalische Trachten aus dem 18. u. 19. Jh.). Der Museumswärter erzählt gerne, daß die harte Leinenunterwäsche erst von den Hausmädchen getragen wurde, ehe sie für die zarte Haut der Bürgerdamen erträglich waren. Krippen, Kinderkleidung, Hauben, Schiffsmodelle, Werkzeuge, Fächer, Stadtpläne... Viele Bilder halten das Leben in Marseille fest. Man sieht z.B. Fotos aus dem Viertel um den Alten Hafen vor seiner Zerstörung im 2. Weltkrieg. Öffnungszeiten: täglich außer Montag 1o-17 Uhr. Adresse: Maison Diamantée, Rue de la Prison. Tel. o4 91 55 1o 19. Eintritt: 2 Euro.
Wird zur Zeit renoviert. Ab 2oo2 wieder Eröffnung.

Eindrucksvoll sind die Ausgrabungen auf der PLACE DE LA BOURSE. Hier wurden z.B. die Reste der Stadtmauer aus griechischer Zeit (2. Jh.) freigelegt. Die Funde sind im Jardin des Vestiges und im Musée d'Histoire de Marseille zu sehen. Offen: täglich 12-19 Uhr, außer sonntags. Eintritt 2 Euro. Adresse: Centre Bourse. Tel. o4 91 9o 42 22.

Oberhalb des Quai de Rive Neuve liegt die ABBAYE DE SAINT-VICTOR, eine im 5. Jh. gegründete Basilika. Im 11. Jh. war sie einer der wichtigsten

Ausgangspunkte der kirchlichen Reformbewegung, deren Führung später Cluny übernahm. Besonders bemerkenswert sind die Katakomben unter der Kirche. Die Abtei ist von 8-19.15 Uhr geöffnet (Eintritt frei), die Krypten ebenfalls von 8-19.15 Uhr (Eintritt 1,5 Euro).

Weithin sichtbar auf einer Hügelkuppe: NOTRE DAME DE LA GARDE. Die Basilika wurde um 1860 im romanisch-byzantinischen Stil gebaut, auf dem Platz einer Kapelle aus dem 13. Jh. Kirchenmusik aus Lautsprechern und der Geruch von Weihrauch schaffen eine sakrale Atmosphäre. Kirche und Krypta sind reich dekoriert und enthalten tausende von Votivtafeln - viele von Seefahrern. Von hier hat man eine sehr schöne Aussicht. Besichtigungszeiten: 7-21 Uhr im Sommer, 7-19.30 Uhr im Winter. Man erreicht die Kathedrale mit der Buslinie 60, Abfahrt Cours J. Ballard.

MUSÉE CANTINI: Das Museum für moderne Kunst der Stadt, in dem ursprünglich, und noch immer, Fayence-Porzellan ausgestellt wird. Die Abteilung moderne Kunst wächst - Namen wie George Rousse, Jean-Michel Basquiat, Arnulf Rainer, Dennis Oppenheimer, Kandinsky sind ständig vertreten. Dazu noch wechselnde Ausstellungen. Adresse: 19, Rue Grignan. Täglich (außer Montag und an Feiertagen) 10-17 Uhr, im Sommer 11-18 Uhr. Eintritt 3 Euro.

Das CHÂTEAU D'IF auf der kleinen Insel If vor Marseille wurde 1524 als Festung gebaut. Im 17. Jahrhundert wurde es Staatsgefängnis. Seine Berühmtheit verdankt es Alexandre Dumas, der es zum Gefängnis seines Helden, des legendären Grafen von Monte-Christo, machte. Im Juni und Juli findet ein Theater- und Musikfestival auf dem Inselschloß statt. Regelmäßige Bootsverbindungen vom Quai des Belges aus.

Cassis und Calanques

Cassis ist ein kleiner Fischer- und Badeort am Fuße felsiger Hügel. War ehemals ein verträumtes Dörfchen, bis die großen Impressionisten diesen Geheimtip entdeckten, und die Pariser Szene von der Côte d'Azur und mit ihr der ganze Touristenrummel nachfolgte. Doch glücklicherweise ist Cassis einer der Orte, die sich noch etwas von ihrer ursprünglichen Ausstrahlung bewahren konnten.

Um den Hafen mit Jachten und Fischerbooten - bunt schillernd im Licht, ein Gewirr von Masten, Segeln und Tauen - Cafés und Fischrestaurants.

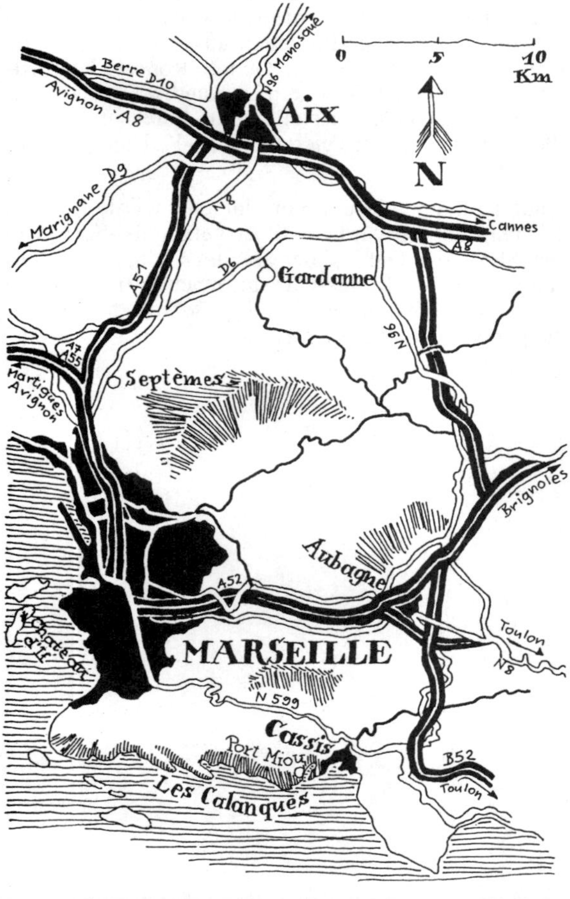

Dahinter liegt der alte Ortskern mit engen Gassen und schönen Winkeln. Oberhalb, am Ausläufer des Tales, blicken bizarre Felsköpfe auf das Städtchen. Auf dem nahen bewaldeten Bergrücken hübsche Villen, umgeben von Pinienwäldchen und ein mittelalterliches Schloß, das einem Sohn des Michelin Reifenfabrikanten gehört.

Doch was Cassis so schön macht sind seine „calanques", fjordartige Buchten in westlicher Richtung, die durch zahlreiche Küstenbäche in die hellen Kalkklippen gearbeitet und während der Eiszeit überspült wurden.

Die Gegend um die Calanques (das ligurische „cal“ heißt so viel wie Zuflucht) ist überreich an seltener Flora, die zum Teil noch aus der Eiszeit stammt. Zu erreichen sind sie entweder über das Meer oder zu Fuß auf steinigen Wegen, was zwar anstrengender, aber lohnender ist.

Tourist INFO CASSIS: Informationen im Syndicat d'Initiative am Place Baragnon. Tel. o4 42 o1 71 17.

Die erste **CALANQUE**, PORT MIOU, ca. 2 km vom Ort, dient als Jachthafen. Entlang des hölzernen Ufersteges liegen hunderte von Segelbooten dicht an dicht.

Bademöglichkeit: an der Spitze der Landzunge, entlang eines schräg zum Meer abfallenden Felsplateaus.

PORT PIN heißt die nächste Bucht. Ca. 1 Stunde von Port Miou mit wunderschönem Ausblick auf das Meer und guten Bademöglichkeiten; am Fels Kiefern, glasklares Wasser.

Die schönste und letzte ist EN-VEAU, wird aber leider auch schon von Booten aus dem nicht mehr allzuweiten Marseille angefahren. Schmaler Sandstrand, ringsum die Felsen wie in verzauberten Formen; das leuchtende Grün der Kiefern und das Blau des Meeres bis zum Horizont.

Ca. 1o Fischerboote fahren ab 9 Uhr die Buchten an - eine nach der anderen - laden ihre menschliche Fracht ab und kommen um 18/19 Uhr wie-

Die Calanque En-Vau

der. Die Fahrt dauert eine knappe Stunde und kann bei kräftigem Seegang zu einem „üblen“ Abenteuer werden. (7,5 Euro pro Person.)

Das Wildcampen ist strengstens verboten: Naturschutzgebiet!

Wie uns Ralf Wittgen schrieb: „...die Boote ab Cassis fahren bis Port Miou - Port Pin - d'en Veau, ferner nach L'Oule und Diversion. Leider fahren die Boote viel zu schnell und nie voll in die Buchten herein, so daß man die Calanquesbuchten stets nur aus der größeren Entfernung präsentiert bekommt. Alternative: für die sportlich etwas Fitteren lohnt sich eine 4-5 Std. dauernde Paddeltour mit eigenem Schlauchboot von Port Miou aus. Unter Felswänden vorbei an herrlich einsamen Badestellen (auch für Taucher recht interessant) geht's bis d'en Veau.“

Achtung: Tour nur morgens machen, da gegen Mittag der Seegang zu stark wird.

Tauchen: Port Miou: enormer Fischreichtum. Recht steil abfallende Felsen ins Meer, so daß mit Schnorcheln nicht viel anzufangen ist; zum Tauchen zu kaltes Wasser.

Port Pin: weniger Fische, dafür mehr Muscheln und Meeresfauna. Tiefen bis 10 m mit Sand und Felsboden, erst zum Meer raus wird's tiefer.

In der Gegend mehrere Tauchbasen. Die fischreiche Unterwasserwelt mit Grotten und Schiffswracks ist lohnenswert, Centre Cassidain de Plongée des Höhlenentdeckers Cosquer, 3, Rue Michel Arnand. Informationen erhältlich: Centre Cassidain de Plongée, BP 65, 13714 Cassis, Tel. 04 42 01 89 16, Fax: 04 42 01 23 76.

Boote jeglicher Art (außer Gondeln) kann man bei 4 verschiedenen ‚Redereien‘ mieten. Lohnt sich wirklich nur bei einigermaßen glatter See, sonst kommt man kaum über die Hafenmole hinaus. 2 Adressen: Loca-Bato und Pyls, beide am Place Carnot.

Ausflug: Corniche de Crêtes

Unbedingt die Route „Corniche de Crêtes“ zwischen Cassis und La Ciotat abfahren (Strecke ist ausgeschildert). Eine aufregende Küstenstraße mit einigen, zum Teil unbefestigten Aussichtspunkten, die einen atemberaubenden Blick bis in 360 m Tiefe bieten. Am Fuße der Klippen bzw. an den Hängen entdeckt man Schutthalden von Autowracks. Jugendliche Autodiebe und jede Menge Versicherungsbetrüger machen sich einen Spaß daraus, die Karre in die Tiefe stürzen zu sehen. Nachdem die dem Meer zugewandten Klippen durch riesige Felsblöcke nicht mehr passierbar sind, türmt sich der Schrott links unterhalb der Straße - die Polizei ist machtlos. Achtung hier werden die Autos geknackt! Beanspruchte Zeit: 1 bis 2 Std., mit dem Fahrrad ist die Tour zu mühselig.

★ Cassis

im Ort: Rechts und links vom Hafen 2 kleine **Badebuchten** 15o m lang (einer mit dickeren Kieselsteinen, der andere Sand/Kiesel) und immer übervölkert. Vom linken Strand führt eine steinerne, schön angelegte Strandpromenade an der felsigen, steil abfallenden Küste entlang zu einer weiteren kleinen Badebucht. An der Promenade Einheimische, die sich ihr Mittagessen aus dem Meer holen.

Wer bisher noch keine Bouillabaise gegessen hat, sollte es in Cassis tun und den Chablis, einen guten Weißwein, dazu trinken.

Meeressnacks am Hafen: CANAILLE BAR. In dem kleinen Restaurant kann man einen Teller voll der verschiedensten Meeresfrüchte nach eigener Wahl bestellen (allerdings nur in der Meeresfruchtsaison von September bis April). Der Kellner serviert direkt aus Körben die frisch gefangenen Köstlichkeiten.

EL SOL: Relativ kleines Restaurant mit gemütlichen Korbstühlen und sonnengeschützter Terrasse. Die Spezialitäten des Hauses sind Saucisson chaud de Lyon avec sa garniture, Filet flambé und natürlich Fisch. Ein solides Menü ab 15 Euro.

LA VIEILLE AUBERGE: Weißgetünchtes, rustikales Restaurant mit Terrasse und Blick aufs Meer. Spezialitäten: Langusten in Butter (13 Euro pro 1oo g), Bouillabaisse oder Le loup grillé au fenouil. Menü ab 17 Euro, reichliche Auswahl von Schnitzel bis Auster!

LE BISTRO DES ARTES: ist das letzte der Fischrestaurants westlich des Hafens und liegt besonders hübsch, abseits vom Trubel, die Terrasse nach Matrosenart vor der Sonne geschützt. An Fisch gibt's: Homard grillé, Blanquette de moure, L'escalope de loup souflée aux St. Jaques... Menü ab ca.17 Euro.

LE BONAPARTE: liegt in einer Seitengasse mitten in der Stadt. Kleines Fischrestaurant, aufmerksame Bedienung und angenehme Menüpreise. Montag geschlossen. Adresse: 14, Rue Général Bonaparte. Tel. o4 42 o1 8o 84.

BAR BRASSERIE LE CENDRILLON: am platanenbestandenen Brunnenplatz, schöne Panorama-Terrasse; etwas fürs kleine Portemonnaie und den kleinen Hunger. Leckere Salate und Omelettes. Ein kulinarischer Snack bei vielleicht etwas zu lauter Musik.

„Hôtel Le Golfe": Direkt am Hafen, die Zimmer gehen zum Teil nach hinten zur Durchgangsstraße von Cassis und sind relativ klein. DZ (Dusche/WC) 5o Euro, mit Bad 6o Euro. Tel. o4 42 o1 oo 21.

„Hôtel Grand Jardin": Mit großem Garten und Sonnenterrasse, Parkplatz hinter dem Haus. 28 Zimmer mit Dusche/WC 5o-6o Euro, Frühstück 6 Euro. 2, Rue P. Eydin, hinterm Info. Tel. o4 42 o1 7o 1o.

„Le Provenzal“: das billigste Hotel im Ort; einfache Zimmer ab 35 Euro. An der 7, rue V. Hugo; laut. Tel. o4 42 o1 72 13.

Ca. 4 km westlich vom Ort an einem Felshang über dem Meer, in totaler Einsamkeit. Zu erreichen über die Straße nach Marseille: kurz vor dem Militärcamp (am Hang rechts) links abbiegen. Oder man geht zu Fuß auf den Wegen, die auch zu den Calanques führen. Der Weg beginnt westlich von Cassis hinter einem Parkplatz (beim Steinbruch), ist markiert und mit dem normalen Wagen nicht befahrbar (ca. 1 Stunde zu Fuß von Cassis). 4 Busse täglich (La Gineste), die oben an der Straße nach Marseille anhalten.

In der gemütlichen und unkonventionellen Jugendherberge (Strom durch Windrad) Kochgelegenheiten (Essen selber mitbringen). In sehr trockenen Sommern kann es sogar vorkommen, daß es kein Wasser gibt. Die Einsamkeit reizt zu langen Spaziergängen durch das felsige Hügelland. Übernachtung ca. 7 Euro.

Les Cigales, im Nordosten des Ortes, Avenue de la Marne, Übernachtung: ca. 15 Euro (2 Pers.).Tel. o4 42 o1 o7 34, Fax: o4 42 o1 34 18.

Auf der Halbinsel vor Port-Miou „La Presqu'île“ mit 6 Tennisplätzen, die Stunde kostet 11 Euro. Tel. o4 42 o1 31 71. Ein weiterer, städtischer Platz außerhalb, im Norden von Cassis: „Tennis du Sporting Club“, Route de Carnoux - ebenfalls 11 Euro die Stunde. Tel. o4 42 o1 21 24.

„**Markt** in Cassis“, wie uns Martin Friedrich schrieb, „mittwochs und freitags (aber nicht sehr groß) hinter der Post, rue de l`Arène.

Nachtleben: Es gibt zwei Discos im Ort, Big Ben und K 6, beide unten am Hafen. Eintritt ca. 15 Euro.

Tip von Ralf Wittgen: „Über eine schöne Straße von Cassis erreicht man die kleine Bade- und Bezirkshauptstadt La Ciotat“:

★ La Ciotat

Die am Wegrand wild wachsenden Palmen, Mimosen, Orangen und Eukalyptusbäume zeugen von dem milden Klima: vor allem durch die doppelte Hügelkette im Norden ist La Ciotat vor den kühlen Winden des Mistrals und Tramontana geschützt. Die Stadt lebt vorwiegend vom Tourismus und einer großen Krupp-Werft. Dahinter liegen, für den Beobachter versteckt, schroff aufragende und zum Meer steil abfallende und anmutig anzusehende Konglomerat-Felsen.

Schöne Prospekte in deutscher Sprache gibt es im O.M.T. (Office Municipal de Tourisme) beim alten Hafen (Quai Ganteaume). Öffnungszeiten: Juni bis Sept. 9-2o Uhr, sonn- und feiertags 1o-13 Uhr. Sonst: 9-12/14.3o-18 Uhr, sonntags 1o-13 Uhr. Im Sommer auch Geldwechsel. Tel. o4 42 o8 61 32.

Direkt in der City: großer und stets übervölkerter **Sandbadestrand**; man kann bis zu 1oo m ins Meer laufen!

Ebenfalls überlaufen die ANSE DE MUGEL, neben der weniger frequentierten ANSE DE FIGURROLES. Sie liegen 5 m entfernt hinter der Krupp-Werft. Durch gute Ausschilderung mit dem Auto leicht zu erreichen. Beide Buchten sind von den durch das Wetter geformten und zerklüfteten Steilhängen geprägt. So ragt in der Bucht von Figuerollos ein großer Adlerkopf hervor. Sieht toll aus und für einen kurzen Abstecher äußerst reizvoll.

Markt: am alten Hafen Sonntag Vormittag, allerding etwas dürftig. Kaum Maritimes, Blumen, Lebensmittel, Gebrauchsgegenstände und viel Ferienkitsch für die lieben Kleinen.

Camping Saint Jean, nahe der Route de Toulon (östlich des großen öffentlichen Badestrandes) liegt dieser kleine Campingplatz direkt am Meer. An der Rezeption wird Deutsch gesprochen. Tel. o4 42 83 13 o1.

Nachts ist der Platz verschlossen und bewacht. Bäckerei, Alimentation etc. sind in 1 Min. zu erreichen; zum Futtern gibt's auch äußerst billig etwas in der Camping Snack Bar: Plat du Jour (sehr schmackhaft, abwechslungsreich und üppig). Der Platz verfügt über neue hochmoderne Sanitäranlagen. Preislich relativ hoch. In der HS zahlen 2 Pers. für Auto mit Caravan/Zelt oder für Wohnmobil 65-7 Euro. Die Zelte stehen dicht an dicht. In der NS beruhigt sich die Situation spürbar.

Camping Les Oliviers, großflächiges, trockenes Gelände, ca. 1,5 Kilometer außerhalb der Stadtgrenze, direkt an der Straße nach St. Cyr sur Mer. 3o Euro/2 Pers. Tel. o4 42 83 15 o4.

Insgesamt gibt es ca. 9 Campingplätze in und um La Ciotat.

Hotel **„Les Lavandes"**: schöne alte Hafen-Residenz mit einem verlokkenden Äußeren. Die Zimmer selbst sind schlicht, aber sauber. DZ mit Dusche/WC ab 4o Euro. Adresse: Bd. de la République 38. Tel. o4 42 o8 42 81.

Gut kann man im LA PROVENCE PLAGE (3, Av. de Provence) essen gehen: Menüs zwischen 35-8o DM; Sonntag Abend und Montag zu.

Zu empfehlen das KING (Av. de St. Jean): Menü um 17,5 Euro. Mit Snackbar direkt am Meer.

Restaurant „LA FRESQUE“: schöne Lage oberhalb der alten Hafenpromenade. Serviert wird auch auf dem großen Vorplatz, neben der Kirche. Romantischer Blick auf den Hafen. Regionale Spezialitäten, aber vor allem kreative Fischküche. Empfehlenswert das Menü de la mer. Adresse: Quai Roumanie.

Ausflug

Über die D2/D3 Cassis-Signes/Méounes-lès-Montrieux erreicht man nach knapp 2o km den Vergnügungspark „OK CORRAL“. Für ca. 12,5 Euro/ Person Eintritt: Karussell, Autoscooter, Achterbahn. Und Superlooping mit der 1oo km/h schnellen „Looping-Star“-Bahn.

Camargue

Die Camargue war einst wildes Schwemmland mit Lagunen, Salzseen, Sümpfen und einem von Dünen zerklüfteten Küstenstreifen. Schwärme von Stechmücken in den schilfbewachsenen Sümpfen, wildumherziehende Stier- und Pferdeherden, Flamingos und eine Reihe von anderen seltenen Vogelarten - auf Zwischenstation auf ihrem Flug nach Afrika - lebten unberührt in einer der letzten Naturlandschaften Europas.

In den 5oer Jahren war SAINTES-MARIES-DE-LA-MER noch ein Geheimtip für einige wenige, die zur alljährlichen Zigeunerwallfahrt kamen, um echten Kontakt zu einem jahrhundertelang verfolgten Menschenschlag zu suchen und zu finden.

Gardians - die berittenen Bewacher des Viehs - zogen wochenlang durch das einsame Sumpfland und übernachteten in ihren „cabanes", schilfbedeckten, weißgestrichenen Hütten. Die Ausbildung zum Gardian war eine lange, harte Prüfung.

Mistral verehrte die Camargue in seinen Dichtungen, doch inzwischen hat sich einiges verändert: Das Land im nördlichen und östlichen Teil der Camargue wurde entwässert und dies bedeutete gleichzeitig die Verminderung der Stechmückenplage. Wer durch dieses von hunderten von Roubines (Abwässerkanälen) durchzogene Gebiet fährt, das immerhin 25.ooo ha groß ist, wird Obstkulturen und vor allem Reisfelder finden.

Der Süden gehört den „Manades", den Stierherden, ebenso wie den Schafen, von denen es hier 8o.ooo Stück gibt. Auch heute noch ziehen die Gardians durch das Schwemmland. Sie leben inzwischen entweder in den größeren Orten oder auf dem „mas", dem Gut, wo auch die Koppeln der Camarguepferde sind. Die Stiere werden hauptsächlich für die unblutigen Stierkämpfe herangezüchtet, die vor allem im Sommer hier oft zu sehen sind.

Die Camarguepferde sind eine der ältesten und zähesten Pferderassen und für die Menschen hier das beste Mittel, das Sumpfland zu erschließen.

Der Süden ist auch das Hauptgebiet des Salzabbaus. Die Salinen - für den neugierigen Besucher kaum zugänglich - bilden eine der größten Einnahmequellen. Für das Auge ist es ein schönes Bild, wenn die weißen Hügel silbrig in der Sonne glitzern. Auf den Sandböden wird außerdem Spargelzucht betrieben.

Die Camargue entstand durch das Zusammentreffen von Fluß und Meer. Seit dem Bau der Deiche an der kleinen und großen Rhône ist sie eine künstliche Landschaft - ein 85.ooo ha großes Becken - geworden. Ein kompliziertes hydraulisches System regelt heute die Be- und Entwässerung. Weitere wichtige Wirtschaftsfaktoren sind die Jagd - vor allem auf Enten - und der Fischfang in den Binnenseen (Aale, Zander, Seezunge und Garnelen). Am Strand wird man Fischer mit Holzgestängen entdecken, an denen Netze befestigt sind. Sie fangen „tellines“, kleine Muscheln, eine Spezialität der Küste. Das ganze Gebiet zwischen kleiner und großer Rhône wurde zum regionalen Naturschutzpark erklärt. Innerhalb dieses Raumes bildet ein 13.ooo ha großes Areal das staatliche Naturschutzgebiet, das nur Biologen, Wissenschaftlern und den Wärtern zugänglich ist.

Die oberste Zielsetzung ist, einen lebendigen, natürlichen Lebensraum, der in sich abgeschlossen bestehen kann, zu erhalten. Es ist klar, warum den Herden von Touristen der Zugang versperrt bleiben muß! Dem normalen Sterblichen bleiben nur einige Aussichtspunkte und das Camarguemuseum in Rousty, ein Informationszentrum, das direkt am Naturschutzpark liegt. Die Vögel sind aber auch oft in den naheliegenden Sümpfen zu finden,und nicht selten sieht man Flamingoschwärme.

PFLANZEN UND TIERE IM NATURSCHUTZGEBIET

An den großen Stränden und in den Dünen leben vor allem Austernfischer und Seeregenpfeifer; in den dahinterliegenden Salzseen die Flamingos Möwen, Seeschwalben, Enten ... und in Brachwasserseen alle möglichen Entenarten sowie Schnepfen und Strandläufer. Im schilfigen Sumpf bauen Reiher, Wasser- und Blesshühner ihre Nester. Höhergelegene Gebiete bilden den Lebensraum salzunempfindlicher Gräser und der violetten Strandnelke - Zeichen der Gardians. Hier auch Füchse und Kaninchen. An den Rhônearmen feuchte Uferwälder mit Eschen, Pappeln und Ulmen - Heimat von Falken, Käuzen, Reihern und des Bibers.

Es gibt zwei besonders gute Möglichkeiten, die Camargue zu bereisen. Entweder von Arles, es liegt ziemlich zentral an der Spitze des Camarguedreiecks mit guten Verbindungen zu allen sehenswerten Punkten. Oder von der Küste her.

Wer von Aix oder von der Côte d’Azur anreist, wird zuerst einmal die Autobahn von MIRABEAU nach MARTIQUES und FOS-SUR-MER benutzen. Dieses Gebiet wurde während der letzten 1o Jahre durch Industrieansiedlungen und den darauffolgenden Bauboom zersiedelt und gibt stellenweise ein ziemlich häßliches Bild ab. Interessant ist die hohe Autobahnbrücke über dem Kanal.

Der alte Stadtkern von Martiques liegt auf einer Kanalinsel. Am Hügelhang neben der Autobahn ungewöhnlich konzipierte Wohnblöcke - wie Schachteln ineinandergesteckt. Die Landschaft ist hauptsächlich mit weiten Reisfeldern bedeckt.

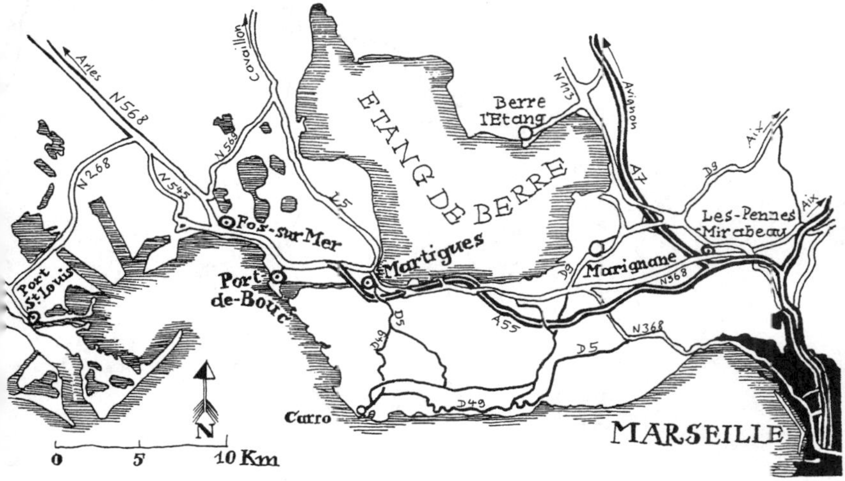

In Fos-sur-Mer geht es links über die Brücke zum Hotel/Restaurant Méditerranée, das direkt am Meer liegt. Beim Essen (Menüs: 15 - 3o Euro) Blick aufs Meer und riesige Industrieanlagen. Übernachtung in komfortablen Zimmern (Bad, WC) ab ca. 4o Euro. Tel. o4 42 o5 o4 o3.

In Fos-sur-Mer ein schmaler Strand mit grobem Sand. Das Wasser ist in dieser Gegend allerdings ziemlich verschmutzt.

Auf der N 568 geht es durch weites Brachland und über die mit Heidekraut, niedrigem Gestrüpp und Schilf bewachsene Ebene Richtung PORT ST. LOUIS. Rechter Hand, soweit das Auge reicht, große Bekken mit Salzwasser, auf denen sich Schwärme von Seemöwen und ab und zu rosafarbene Flamingos tummeln. Noch einige Kilometer auf der D 35 Richtung Arles, dann führt eine schmale Straße zur Bac (Fähre) de Barcarin an der Grand Rhône.

Die relativ große Fähre setzt hier ab 4.3o morgens bis 1.3o nachts nach Salin-de-Giraud in die Camargue über. Überfahrt für einen PKW: von April

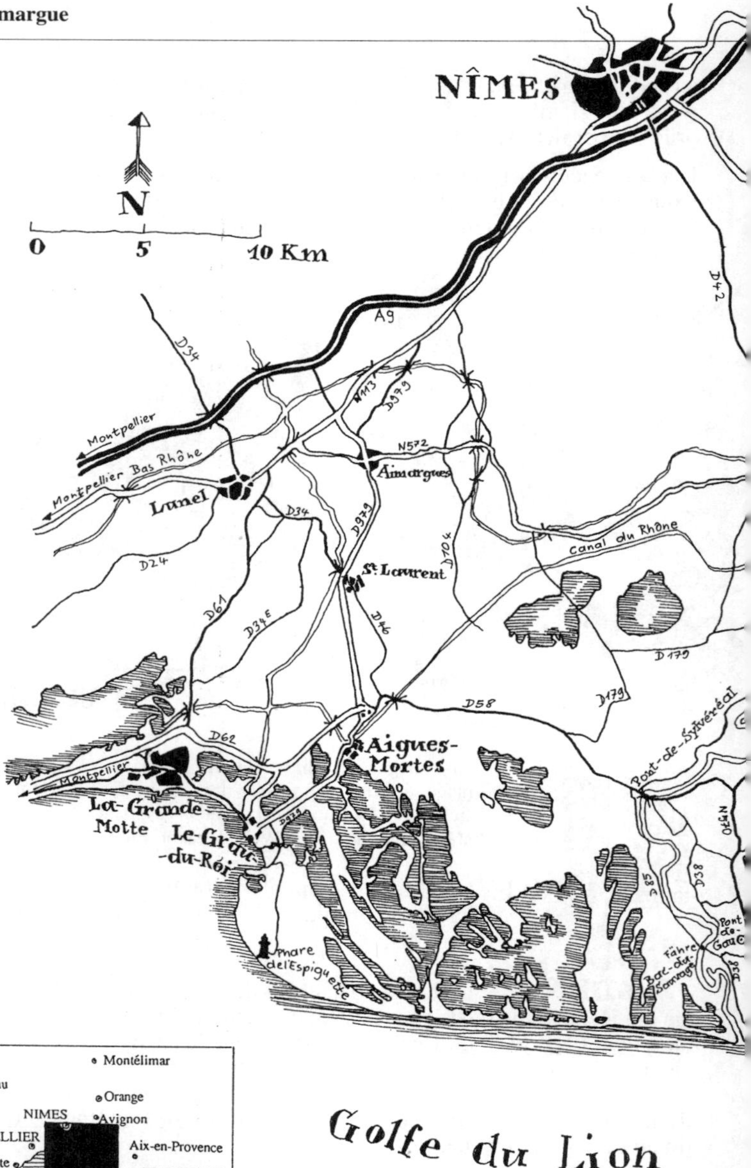
NÎMES
N
0
5
10 Km
A9
D42
D34
Montpellier
Montpellier Bas Rhône
N113
D979
N572
Aimargues
Lunel
D34
D979
D704
Canal du Rhône
D24
St. Laurent
D61
D34E
D46
D179
D179
D58
D62
Montpellier
Aigues-Mortes
Pont-de-Sylvéréal
La-Grande Motte
Le-Grau-du-Roi
D979
N570
D85
D38
Pont de Gau
Fähre Bac-du-Sauvage
D38
Phare de l'Espiguette
Golfe du Lion

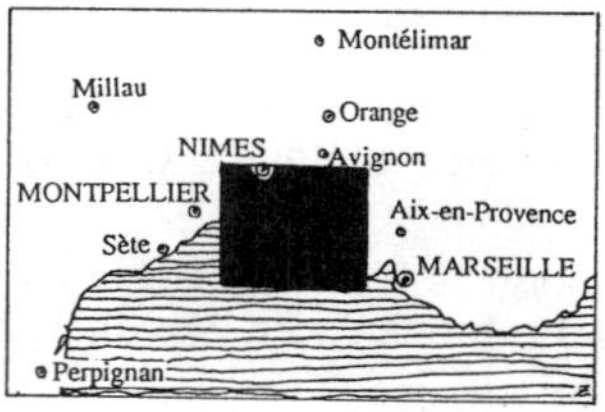
Montélimar
Millau
Orange
NIMES
Avignon
MONTPELLIER
Aix-en-Provence
Sète
MARSEILLE
Perpignan

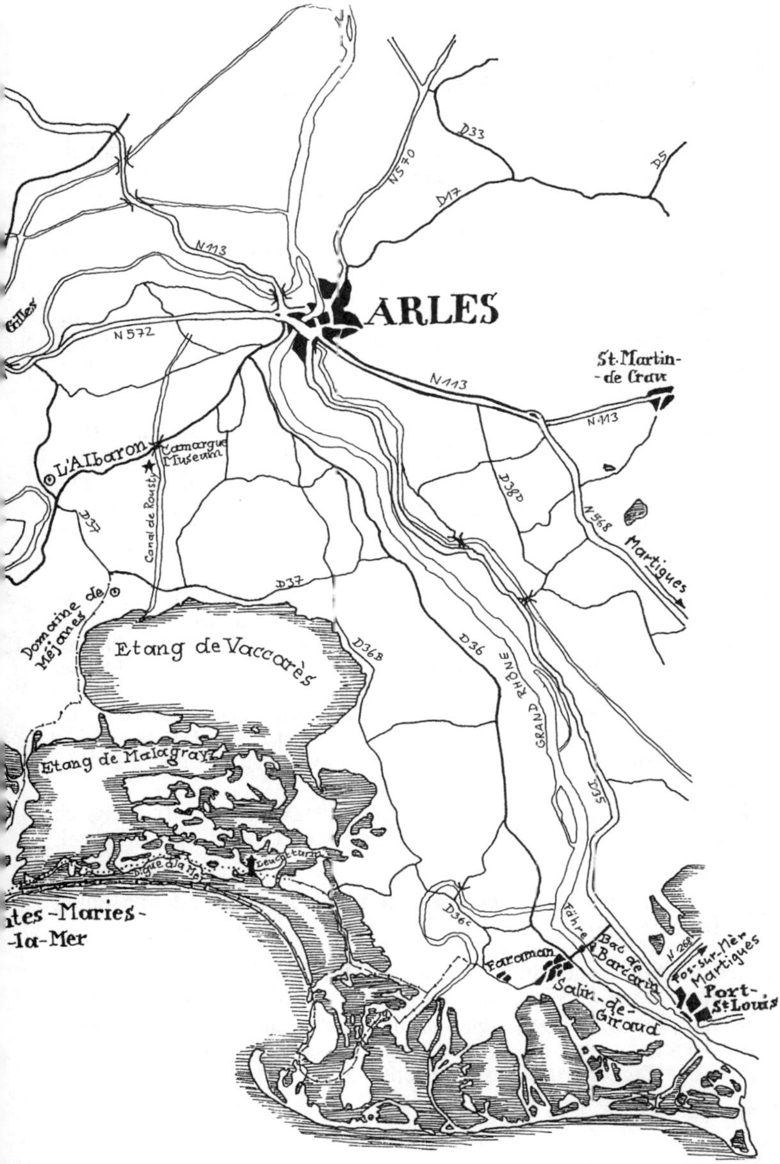
ARLES
St. Martin-de Crau
N113
N 113
N572
N570
D33
D5
D17
L'Albaron
Camargue Museum
Canal de Rousty
D37
Domaine de Méjanes
Etang de Vaccarès
D36B
D36
GRAND RHÔNE
D38D
N568
Martigues
Etang de Malagray
Digue à la Mer
Leuchtturm
tes-Maries-
-la-Mer
D36c
Faraman
Fähre
Bac de Barcarin
Salin-de-Giraud
N 268
Fos-sur-Mer Martigues
Port-St. Louis

bis September 4 Euro, in der reslichen Zeit 2,5o Euro. In der Saison teilweise längere Wartezeiten.

Ste. Marie de la Mer

Flache helle Häuser, Feriensiedlungen und Villen, überragt von der Kirche wie von einem Schiff. In den Gassen, vor allem um die Kirche, macht ein Souvenirladen dem anderen Konkurrenz, um den Massen von Touristen, die hierher kommen, einige Francs aus der Tasche zu ziehen. In den schmalen Straßen und den großen Avenues, die parallel zum Strand verlaufen, viele Cafés und Snackstände, die leckere Imbisse zusammenstellen. Im Ort haben sich auch einige Maler und Kunsthandwerker niedergelassen.

Die Einwohner führten früher ein hartes Leben. Sie mußten mit dem zurechtkommen, was die Natur lieferte, wurden dabei abwechselnd von Arabern, Türken, Engländern und Piraten ausgebeutet und waren in „zivilisierteren“ Gegenden auch noch verschrien.

So ließ sich ein gewisser Veran 18o3 zu der Bemerkung herab: „So sieht man sie dann raubend am Strand entlanglaufen, in der Hoffnung, sich durch ein gestrandetes Boot bereichern zu können. Sie nehmen bedenkenlos alle Beute an sich, die die Wogen ans Ufer spülen.“ - Es stimmt, daß die Einwohner, von Fieber entkräftet und völlig ermattet in ihrer Isolation, auf Raubzüge gehen mußten. Sie standen oft kurz vor dem Verhungern.

Es gibt eine sehr originelle Geschichte, wie der Ort zu seinem Namen kam bzw. wie die Provence vom Christentum erfuhr: Eines Tages tauchte ein Boot ohne Segel vor der Küste auf und landete direkt am heutigen Strand von St-Maries. Es hatte neben einigen anderen Heiligen drei Marien geladen und die schwarze Sara, Dienerin der Maria Salome. Eine der Marien zog weiter nach Beaume, eine andere nach Aix und die dritte im heiligen Bunde blieb samt Sara hier, um an der Küste das Christentum zu verkünden. Nach ihrem Tode wuchs um ihr Grab der Ort Saintes-Maries-de-la-Mer; ihre Gebeine werden heute noch in der Kirche verehrt. Die Dienerin Sara erkoren sich die Zigeuner zu ihrer Heiligen.

Tourist INFO Syndicat d'Initiative in 5, Avenue van Gogh; geöffnet täglich im Juli und August 9-2o Uhr, sonst 9-17 Uhr. Geldwechsel. Tel. o4 9o 97 82 55.

Post Post: An der Avenue de la République, Öffnungszeiten: Montag bis Freitag 9-12 und 14-17 Uhr; Samstag 8.3o-11.3o Uhr.

Alljährlich im Mai findet die berühmte ZIGEUNERWALLFAHRT statt, die auch eine Unmenge von Touristen herbeizieht. Die Zigeuner strömen aus ganz Europa herbei, doch viele kommen gar nicht mehr, da der Touristenrummel viel von der, im Grunde doch scheuen und intimen, Atmosphäre unter den Zigeunern kaputt gemacht hat.

Am Vorabend des 24. Mai beginnt das Fest mit einer Nachtwache in der

Krypta der Kirche bei der die Zigeuner ungestört bleiben wollen. Stoßgebete an die Statue der Sara, die von den vielen Küssen schon ganz blaß geworden ist, erfüllen den kleinen Raum. Richtig los geht es am 24. mit zwei Messen um 1o und 15.3o Uhr. Nach der letzten Messe werden die Kästen, in denen die heiligen Gebeine aufbewahrt sind, von einem der oberen Räume der Kirche hinuntergelassen, und jeder streckt die Hände um den Reliquienschrein zu küssen oder irgendeinen Gegenstand damit in Berührung zu bringen und dann das ganze Jahr aufzubewahren.

Abends in den Straßen und am Strand Lagerfeuer und Feste. Der Höhepunkt ist am nächsten Tag um 11 Uhr, wenn die Zigeuner, begleitet von festlich angezogenen Gardians, zum Meer ziehen. An der Spitze des Zuges tragen ein paar Männer die zwei Statuen auf ihren Schultern. Ein Bischof folgt, der dann das Meer an einer ganz bestimmten Stelle segnen wird. Das eigentliche Zigeunerfest ist mit einem Gottesdienst vorüber, bei dem man sich von der heiligen Sara verabschiedet.

Am nächsten Tag provençalische Veranstaltungen. Die Zigeuner sind schon nach wenigen Tagen wieder verschwunden.

Die <u>KIRCHE</u>: Das „Sandsteinschiff" stammt aus dem 12. Jahrhundert und hat 3 Stockwerke; besonders eindrucksvoll ist der romanische Teil mit sehr schönen Kapitellen. In einer Ecke die Statuen der Heiligen. Die Krypta wurde erst im 15. Jh. gebaut und beherbergt die Statue der Sara.

Die <u>ARENA</u>: direkt auf den Sandstrand gebaut. Austragungsort zahlreicher Wett- und Schaukämpfe. Entweder werden die weißen Camarquepferde durchs Rund getrieben, oder die langhörigen schwarzen Stiere.

<u>MUSEUM BARONCELLI:</u> Heimatmuseum im ehemaligen Justizpalast

(1867). Hauptsächlich dem Tierleben der Camargue gewidmet. Aber auch Stadtgeschichtliches (alte Trachten etc.). Öffnungszeiten: April bis November täglich von 1o-12 Uhr und 14-18 Uhr, im Winterhalbjahr nicht immer geöffnet. Eintritt 1,5 Euro. Adresse: im Zentrum.

FESTE UND VERANSTALTUNGEN: Im Sommer „abrivado“, wenn die Stiere durch die Gassen getrieben werden; „pegoulado“, ein Fest mit verschiedenen Folkloregruppen und die „ferrade“, das Einbrennen der Markierungen junger Stiere mit einem Eisenstempel.

ESSEN UND ÜBERNACHTUNG

Im Syndicat d'Initiative gibt es eine Liste, in der alle Vermieter aus St.-Maries und Umgebung verzeichnet sind. Besonders nützlich zum Vorbuchen aus Deutschland. Vermietet werden Zimmer, Appartements, Häuser, Studios (Zimmer mit Kochgelegenheit) und als besondere Attraktion die „cabanes de gardian“.

Diese kleinen Hütten der Gardians wurden für die Touristen nachgebaut und haben meist 2 kleine Schlafzimmer mit je einem Doppelbett und einen kleinen Gemeinschaftsraum mit Kochnische bei der Eingangstür. Sie kosten je nach Komfort 5o Euro pro Tag oder auch mehr. Einige „cabanes“ haben keinen elektrischen Strom und sind noch billiger zu haben. Die meisten stehen in St.-Maries oder in der näheren Umgebung.

LE MISTRAL: Rue Frédéric Mistral (eine der Innenstadt-Hauptstraßen; außen eine Terrasse, innen im kleinen Restaurant Holzdecke und viele kleine Tischchen, auf denen Kerzen brennen. Der Menüvorschlag auch auf Deutsch, aber man muß Geduld haben, bis das Essen kommt. Menü ab 15 Euro.

ROUBINE: Rue Frédéric Mistral, kleines Restaurant mit rustikaler Einrichtung. Ca. 3o Leute finden an den schweren Holzbänken Platz, liebevolle Einrichtung bis ins Detail; Menü ab 15 Euro. Die Spezialitäten sind gegrilltes Lamm (Gigot d'agenau), Pfefferfilet, (Filet au poivre) oder Käseschnitzel (Escalope au Roquefort).

RESTAURANT L'IMPÉRIAL: etwas außerhalb am Place des Impériaux gelegen, Restaurant mit häßlichen Plastikstühlen und Glasfenstern von der Decke bis zum Fußboden. Das Essen ist nicht aus Plastik: hier kocht ein preisgekrönter ehemaliger Hotelfachschüler! Menü ab 2o Euro. Spezialitäten: Seezunge mit Kokosnußsplittern (ca. 17 Euro), Kebabspieß für ca. 16 Euro oder Ochse nach Art der Camargue zu ca. 13 Euro. Die Speisekarte auch hier in deutscher Sprache.

PIZZETTA-Treff: kleine sympathische Pizzeria mit lauschigem Garten, am oberen Ende des Place des Gitans. Die jungen Leute, die das Lokal betreiben, sorgen für gute Atmösphäre. Abends langsamer Übergang zur Kneipenstimmeng mit ‚guter‘ Musik. Empfehlenswert vor allem für diejenigen,

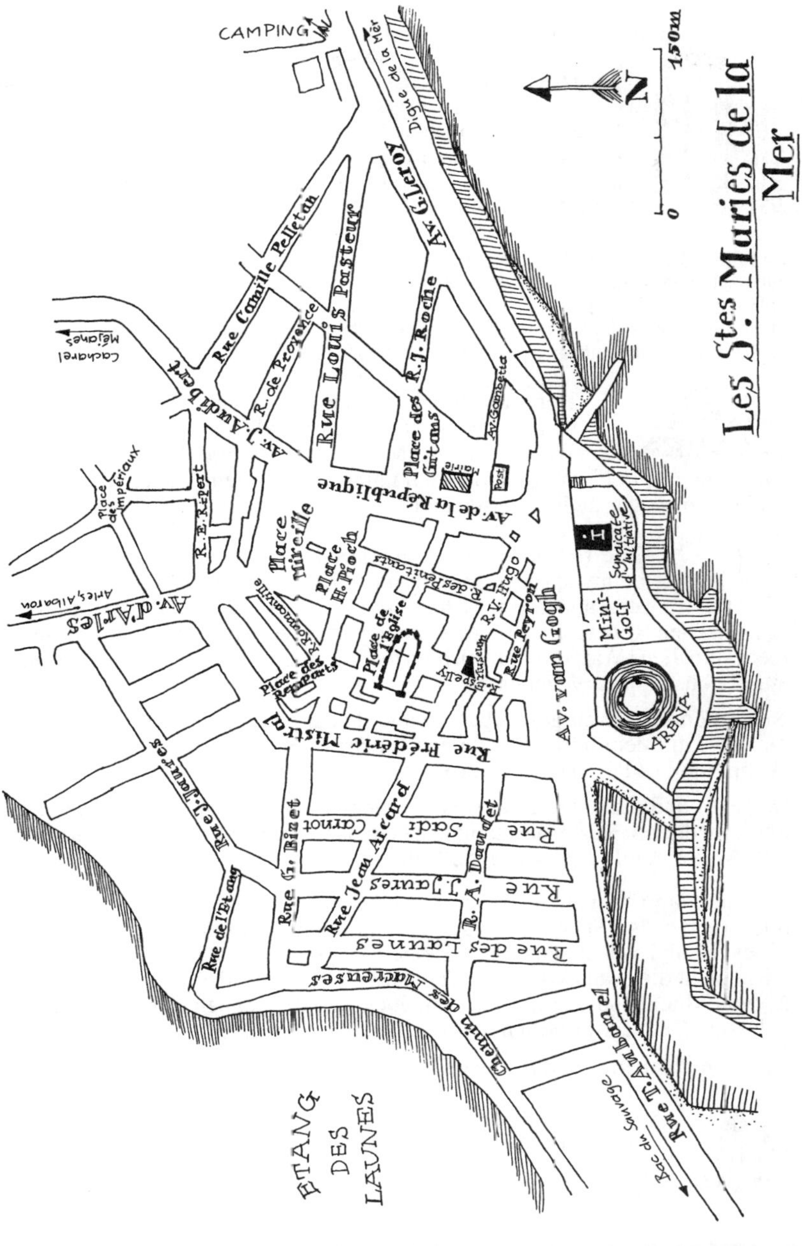
Les Stes Maries de la Mer
N
0
150m
CAMPING
Digue de la Mer
Av. G. Leroy
Rue Camille Pelletan
Rue Louis Pasteur
R. de Provence
R. J. Roche
Cacharel Méjanes
Av. J. Audibert
Place des Gitans
Av. Gambetta
Mairie
Post
Place des Impériaux
R. E. Repert
Av. de la République
Place Mireille
Place H. Pioch
R. des Pénitents
Syndicate d'Initiative
Mini-Golf
Arles, Albaron
Av. d'Arles
R. Espelly
Place de l'Eglise
Museum
R. V. Hugo
Rue Peyron
Av. Van Gogh
Place des Remparts
ARENA
Rue Frédéric Mistral
Rue J. Jaurès
Rue G. Bizet
Carnot
Rue Sadi
Rue Jean Aicard
R. A. Daudet
Rue J. Jaurès
Rue de l'Etang
Rue des Launes
Chemin des Marteuses
Rue T. Aubanel
Bac du Sauvage
ETANG DES LAUNES

die eine Alternative zum ‚City'-Trubel suche.

„Hôtel le Mirage": Rue Camille Pelletan, komfortable Zimmer mit Telefon, Garten hinter dem Haus und nur wenige Meter bis zum Meer, 25 Zimmer, Salon. Preis ab ca. 5o Euro. Tel. o4 9o 97 8o 43.

„Le Neptune": Rue Jean Aicard 14, weißgetünchter haziendaartiger Bau, ruhige Nebenstraße. Zimmer spartanisch und viel Resopal. Hellhörig. DZ mit Bad und WC ab 4o Euro. Es werden auch kleine Appartements (ab 1 Woche in der HS) angeboten.

Landhotel Le Mas Sainte Helene: Etwas abseits an der D 57o (Route d´Arles, ca. 2 km außerhalb von Saintes Maries). Kleines Motel, modern, unauffällig. Die Doppelzimmer mit Bad kosten ab 75 Euro. Die Balkons grenzen an einen Étang - weiter Blick in die unberührte Natur. Der Swimmingpool vom nebenanliegenden „Bungalowdörfchen" (Cabana Stil) kann mitbenutzt werden. Tel. o4 9o 97 83 29.

Der Sandstrand ist im Sommer voll gelagert von Badenden. Die weiten Sandstrände bis le Grau-du-Roi im Westen und zur Mündung der Grand Rhône im Osten sind zum Teil in kleine Badebuchten unterteilt, mit dem Wagen allerdings schlecht bzw. gar nicht zu erreichen.

Eine trostlose Angelegenheit, staubige Plätze mit einigen kleinwüchsigen Tamarisken, die ums Überleben kämpfen. Hier zeigen sich wahrscheinlich dieselben Symptome, wie an der italienischen Rivieraküste im Mündungsgebiet des Arnoflußes - im Mittelmeer enthaltene Waschmittelweichmacher rieseln während der Winterstürme auf die küstennahe Vegetation.

Neben dem Ort ein aufgeschüttetes, viele Hektar großes Areal (früher Sumpfgelände) mit dem hübschen Namen La Brise. Für Auto mit Caravan oder Wohnmobil (2 Pers.) ca. 5o Euro.

Etwas freundlicher der 2 km westlich liegende Platz Close du Rhône, mit Pool. An diesem Küstenabschnitt fast kein Sandstrand. Für Auto mit Caravon oder Wohnmobil (2 Pers.) ca. 5o Euro.

Gerade beim Campen zeigt sich übrigens indirekt, daß die Camargue ein Sumpfgebiet ist. Schon beim Zeltaufbau überfallen einen Dutzende von Mücken, und wer nachts einmal einen Blick in eins der Toilettenhäuser wirft, sieht die Wand vor lauter Schwarz nicht mehr: Millionen (so scheint es) von Mücken, die vom Licht angelockt wurden, haben sich hier niedergelassen. Dem Empfindlichen sei zu Autan o.ä. geraten.

Das Wildcampen ist auch hier verboten: Naturschutzgebiet!

Ca. 1o km außerhalb in Pioch Badet. Altes Landhaus mit guter Atmosphäre, abends wird zusammen gegrillt. Trampen von und nach Saintes Maries soll nicht so gut klappen. Es fahren jedoch täglich Busse (im Sommer 7 am Tag). Tel. o4 9o 97 54 88.

Wer <u>zu Fuß oder mit dem Fahrrad</u> diese schöne Landschaft kennenlernen möchte, kaufe sich - auch für den Autofahrer sehr nützlich - eine detaillierte Karte der Camargue, auf der selbst die kleinsten Wege eingezeichnet sind. Erhältlich zum Beispiel in den Zeitschriftenladen „Toute la Presse" neben der Snackbar „Le Félibre" am Place de l'Eglise.

An der kleinen Rhône werden auch kleine **Boote** vermietet, mit denen man auf eigene Faust losziehen kann. Ein Schein ist nicht erforderlich. Preise: 9 Euro/Person/Stunde oder 6o Euro/Boot/ 4 Stunden, Adresse: schräg gegenüber vom Hôtel Clamador, ca. 3 km Richtung Bac du Sauvage. Nur in der HS geöffnet.

Bei ‚Le Vélociste', am Place Remparts. Tel. o4 9o 97 83 26. Hier gibt es **Mountain-Bikes** (V.T.T.), 3 verschiedene Typen; und „Spezialanfertigungnen" wie Tandem, Tridem, Budi-Byke, Kangourou-Räder und Pedal-Autos. Der Fahrradverleiher hat 6 verschiedene Rundfahrten durch die Camargue (zwischen 2o und 7o km) ausgearbeitet und für die Kunden auf einem Faltblatt kurz beschrieben. Ein V.T.T. ca. 1o Euro am Tag. Außerdem gibt es Räder bei ‚Camargue Vélos' in der Rue F. Mistral 27.

Surfbrettverleih am Strand.

St.-Maries hat für den Touristen allerhand Attraktionen zu bieten. Es gibt - vor allem auf den Straßen nach Aigues-Mortes und Albaron - eine Reihe von **Pferderanchen**, die Reiterausflüge an den Rand des Naturschutzgebietes organisieren. Dabei wird man von einem Führer begleitet.

Sogar per **Schaufeldampfer** läßt sich die Camargue - dank geschäftstüchtiger Leute - entdecken. Die „Tiki III" fährt während der Saison viermal am Tag ab Rhone-Mündung. Start und Ankunft im Hafenbecken von Saintes Maries. Tel. o4 9o 97 81 68.

Angelausflüge aufs Meer: Abfahrt morgens um 8 Uhr, um 1o.3o Uhr kehrt man wieder zurück. Kostet 9 Euro pro Person. Mit demselben Unternehmen kann man auch Ausflüge auf der Petit Rhône unternehmen, Kostenpunkt: etwa 9 Euro, im Sommer 3 mal täglich Fahrten. Auskunft: Capitaine Paul Villevieille, 5, Rue des Launes, Tel. o4 9o 97 84 72; oder man wendet sich direkt an die Bootsanlegestelle im Hafen.

Camargue-**Safaris**: mit dem Jeep zu den schönsten Fotomotiven. Auf den Ladeflächen der aufgerüsteten Toyota-Jeeps sitzen die Fotoamateure mit langen Teleobjektiven und versuchen ihr schönstets Flamingo-Foto zu schießen. Mehrere Anbieter entlang der Route d'Arles (D 57o).

AUSFLÜGE IN DIE CAMARGUE:

Es lohnt sich zu Pferd, mit dem Fahrrad oder zu Fuß am Rande des Naturschutzgebietes umherzustreifen. Mit dem lauten, staubaufwirbelnden Kfz treibt man die Tiere nur zur Flucht. Deshalb sind die teuren Fotosafaris per Landrover nicht besonders zu empfehlen. Die Feldwege um die Etangs sind in einem sehr schlechten Zustand, und so soll es auch bleiben, um nicht allzuviele Touristen anzulocken.

Ein schöner Ausflug führt von Saintes-Maries auf dem Damm DIGUE LA MER nach Osten. Der Damm führt parallel zum Meer durch das Naturschutzgebiet. Mit dem Wagen endet die Exkursion schon nach einigen hundert Metern an einer Schranke. Bis zum Ende des Dammes sind es ca. 12 km. Als Orientierungspunkt hat man den Leuchtturm Phare de la Gacholle vor sich. Dort baute die Parkverwaltung kleine Beobachtungsstände mit fest installierten Fernrohren.

Diese Stelle ist auch mit dem Wagen zu erreichen, allerdings nur von der anderen Seite des Etangs aus und nur über Fahrzeug- und Fahrer zermürbende Schlaglochpisten: Von der östlich am Etang entlangführenden D 36 B zweigt bei Le Paradis eine Straße ab, die bis zum See führt und von da aus auf Dämmen und mit stark abnehmender Qualität (s.o.) bis dicht an den Leuchtturm.

Fahrt entlang dem ÉTANG DE VACCARES: Die Strecke führt von St.-Maries zur Domaine de Méjanes und ist zum Teil sehr schlecht befahrbar, mit tiefen Schlaglöchern und Spurrillen, bei Regenwetter sogar unpassierbar.

Wer Glück hat, erlebt am ÉTANG DE MALAGRAY eine rosa Flamingowolke. Am Weg grasende Pferde und Stiere im Gehege. Bleibt man mit dem Wagen stehen, strecken die Pferde ihre Köpfe durch das Wagenfenster und wiehern nach Zucker. Man sollte auf dieser Strecke nicht nur einmal anhalten, um zu Fuß den Rand des Teiches zu erkunden. Wenn man still an einem Fleck sitzenbleibt, und nicht irgendwelche „Sportfahrer" vorbeirauschen, kommen einem die im seichten Wasser herumstakenden Wasservögel immer näher. Früh am Morgen, wenn weniger Touristen unterwegs sind, gibt's natürlich am meisten zu sehen!

Kurz vor der Einmündung auf die D 37 liegt ein kleines Restaurant. Es gehört zur einigen hundert Meter weiter liegenden Domaine de Méjanes, ein auf Touristengeschmack abgestimmtes Gut, dessen Besitzer Apéritifhersteller Ricard ist. Früher war dieses Gut von 3o.ooo Obstbäumen umgeben, heute steht hier nur noch ein Aprikosenbaum, ansonsten Reis, Getreide, Sonnenblumen und Süßholz.

Neben einem Restaurant gibt es hier auch eine Stahlgerüstarena - fast jeden Sonn- und Feiertag um ca. 11 Uhr **Stierkampfspektakel** (von April bis September, nur sonntags 1o Uhr).

Pferde werden für 12 Euro die Stunde (ganzer Tag 55 Euro vermietet und in der Boutique gibt es Stierfelle in unterschiedlichen Größen.

Eine auf alt hergerichtete Diesellok zieht unter viel Lärm drei Waggons, die mit Touristen vollgestopft sind, durchs Gelände. Die Vögel bekommen einen Riesenschreck und fliegen in alle Richtungen davon. Der Spaß kostet 2,5 Euro. Auch eine Feriensiedlung wurde hier gebaut.

Etwas nördlich - zwischen Arles und Albaron - liegt das CAMARGUE-MUSEUM, wenn man von der N 57o beim Kanal de Rousty abbiegt. Es informiert über die Entstehungsgeschichte der Camargue. Karten zeigen rekonstruktiv die Verlagerung des Flußbettes und die Veränderungen durch angeschwemmte Anlagerungen an der Küste und im Bereich der Flußläufe. Außerdem Ausgrabungsstücke und Darstellungen der traditionellen Trachten sowie Diavorführungen.

Nachdem ausländische Besucher jahrelang ihre Unzufriedenheit im Gästebuch des Museums zum Ausdruck gebracht haben, weil Untertitel in englischer und deutscher Sprache fehlten, hat die Verwaltung endlich einen mehrsprachigen Museumsführer (4 Euro) herausgegeben. Trotzdem nur eine unzureichende Aktion, die neue Beschriftung des ‚Lehrpfades' ist wieder nur landessprachlich. Von April bis Sept. täglich offen 9-18 Uhr, von Oktober bis März 1o-17 Uhr (außer dienstags). Eintritt 3 Euro Tel. o4 9o 97 1o 82.

4 km von St.-Maries auf der Strecke nach ALBARON (N 57o) steht in PONT DE GAU der

INFORMATION PARK. In dem modernen Gebäude mit großen Glasfronten zum Étang de Ginès wird der Besucher mittels Prospekten und Schautafeln über das Naturschutzgebiet, Fauna, Flora und seine Problematik - bedingt vor allem durch das Industriegebeit bei Fos-sur-Mer und die Touristenzentren um Grand Motte - informiert. Geöffnet: 1.4.-3o.9. täglich 9-18 Uhr. Vom 1.1o. bis 31.3. (außer freitags) 9.3o-17 Uhr.

Dahinter liegt der PARC ORNITHOLOGIQUE, eine Miniausgabe des großen Gebietes um den Étang de Vaccares. Am Eingang eine „cabane", dahinter in großen Käfigen eine Reihe von Vogelarten: Pfaue, verschlafen blinzelnde Rieseneulen, Falken...
Der Rundweg führt weiter in sumpfiges, schilfbewachsenes FLACHLAND. Hier laufen Camarguepferde frei herum, Vögel nisten und brüten - zum Teil in freier Natur, zum anderen Teil hinter Maschendraht - und man bekommt eine Ahnung, welche Vielfalt und Buntheit an Tieren in den unzugänglichen Sümpfen lebt. Geöffnet im Sommerhalbjahr 9-19 Uhr, dann 1o Uhr bis Sonnenuntergang. Eintritt 4 Euro.

Die Petite Camargue:

Genaugenommen gehört das Land westlich der Petit Rhône nicht mehr zur Camargue, da es sich aber in seinem Aussehen und den Einflüssen, denen es ausgesetzt ist, kaum vom östlichen Küstenstrich unterscheidet, wird es entweder in die Camargue mit einbezogen oder als „Petite Camargue" bezeichnet.

Auf der D 38 geht es von Les Saintes Maries entlang der kleinen Rhône zur BAC-DU-SAUVAGE. Halbstündlich und kostenlos setzt diese moderne Schaufelradfähre zum anderen Ufer über. Zeiten: April bis September, 6-12 und 13.3o-2o Uhr, März und Oktober 6.3o-19 Uhr, Februar und November 7-18.3o Uhr, Januar und Dezember 7.3o-18 Uhr - jeweils immer mit einer Unterbrechung am Mittag (12-13.3o).

Es sind noch wenige Kilometer bis PONT DE SYLVÉRÉAL, man befindet sich in der kleinen Camargue.

Landgasthof LE PETIT FERRADOU: mitten in der Petit Camargue, zwischen der Bac-du-Sauvage und Sylvéréal, an der D 85 in Pin Fourcat. Der einfache Gasthof wird von einer sympathischen Camrgue-Bauernfamilie geführt. Die Verhältnisse sind authentisch-ländlich - wirklich einmal Urlaub auf dem Bauernhof. Reiten möglich; Garten, Essen unter dem Feigenbaum - dabei auf ‚Coco', den diebischen Raben aufpassen, er stiehlt gern die Wurst vom Brot. Unterbringung in ausgebauten Camargue-Häusern, unweit des Haupthauses. 2 Pers. zahlen 45 Euro. Camargue pur bei: Familie Neri, Tel. o4 66 73 5o 4o. Am Eingang weht neben der Europafahne die Hausfahne (Hufeisen und Bauernhaus).

An der Strecke nach AIGUES MORTES hauptsächlich Weinanbaugebiet. Viele der Domänen verkaufen direkt und zu einem günstigen Preis.

Schöne Übernachtungsmöglichkeit bei der Sainte Cécile, nur wenige Meter rechts von der Straße entfernt und ca. 1o km vor Aigues-Mortes. Die 11 schönen Zimmer (mit ordentlichem Bad) sind in einem kleinen Nebengebäude des Bauernhofs untergebracht, mit hübschen, platanenbestandenem Vorgärtchen. DZ mit Dusche/WC und Frühstück für 45 Euro. Tel. o4 66 73 5o 5o.

Gleich daneben ein Sträßchen zur Disco Churascaia.

Aigues Mortes

In der flachen, von Kanälen durchzogenen Sumpflandschaft mit großen Salzbecken tauchen plötzlich die Mauern von Aigues-Mortes vor einem auf: Ein geschlossener Mauerring mit Schießscharten und Wehrtürmen.

Im Innern niedrige Häuser, die im Schachbrettverfahren angelegt wurden. Wer glaubt, auch hier einen mittelalterlichen Kern zu finden, hat sich getäuscht, die Häuser sind jüngeren Datums, zum Teil stammen sie aus der Renaissance.

Im Ortsmittelpunkt ein quadratischer Platz - rundum die Straßencafés, deren Stühle fast das ganze Pflaster bedecken. In den Fußgängerzonen „Andenkenläden", die Regale voll mit hunderten von Muschelarten, die bis an die 5o Euro kosten.

Auf der etwa 1.5oo m langen Mauer kann man in einer Stunde rundum laufen. Interessant ist die Konstruktion des WEHRTURMES: mit Schießscharten versehene Treppenaufgänge, so daß sich die Angreifer von Stockwerk zu Stockwerk hochkämpfen mußten.

GESCHICHTE

Seit etwa 7oo Jahren hat das Städtchen eine praktisch vollständig erhaltene Festungsmauer mit 15 Türmen und 1o Toren. Angefangen hatte es 124o, als Ludwig IX., später nach den Kreuzzügen der „Heilige“ genannt, unbedingt einen Hafen brauchte, um seinen Kreuzzug nach Palästina zu starten. (Kurz vorher hatte er durch die Vernichtung der Albigenser in Südfrankreich die nötige Bewegungsfreiheit gewonnen.)

Er kaufte einem Kloster einen Platz am Meer ab und ließ dort einen befestigten Stützpunkt bauen, der durch einen kurzen Kanal mit dem nahen Wasser verbunden wurde. Es entstand der größte Turm der Anlage, der Tour de Constance, der mit seinen 6 m dicken Mauern später noch eine furchtbare Bedeutung bekommen sollte. Vorerst benützte ihn der König als gute Stube, wenn er mal anwesend war.

1248 trafen die Kreuzfahrer ein, fast 4o Schiffe lagen bereit, man schiffte sich ein. Besonders bezeichnend, was die Kreuzfahrer mitbringen mußten: außer Bewaffnung, Proviant, Nachttopf etc. eine mannshohe Holzkiste. Diese mußten sie als Schlafkoje, Kofer und nötigenfalls als letzte Ruhestätte benützen! Trotz allem scheiterte der Zug und Ludwig wurde gefangengenommen.

Auch ein zweites Unternehmen ging 127o daneben. Das Kreuzfahrerheer kam mit der Pest in Berührung; Ludwig starb daran, die Pest wurde in Aigues Mortes eingeschleppt.

Eine alte französische Erzählung berichtet, daß sich die todbringende „Frau Pest“ im Heiligen Land verborgen hält. Durch die vielen Kreuzfahrer erhält sie immer neue Nahrung. Doch ‚ihre Söhne“ werden nicht richtig satt, so läßt sie den Jüngsten mit den Kreuzfahrern nach Aigues Mortes fahren. Dort soll er rings um die Stadt verseuchtes Wasser vom Toten Meer ausgießen. Sofort breiten sich faulige Lagunen und Sümpfe aus, und die ganze Stadt wird ein Festschmaus für ‚‘Pest Junior“.

Um 13oo baute der Sohn Ludwigs, Philipp, die Befestigungsanlage um die Stadt. Fast 3o Jahre brauchte er dazu, und sie ist heute noch vollständig erhalten.

1418 kam das erste Blutbad in Aigues Mortes zustande: Die Stadt, die sich in der Hand von Burgundern befand, wurde von französischen Söldnern, den Armagnacs, belagert. Durch Verrat wurde die Festung schließlich erobert; die Burgunder wurden haufenweise erschlagen. Die Mengen von Leichen schichtete man übereinander in den südwestlichen Eckturm und überschüttete das ganze mit Mengen von Salz wegen der Pestgefahr. Seitdem heißt der Turm „Turm der Burgunder“.

Die Bedeutung der Festung sinkt nun rasch, da der Einfahrtskanal zu verlanden beginnt, die Stadt zieht sich immer mehr vom Meer zurück, das Land beginnt den Vormarsch (heute ist Aigues Mortes schon durch einen mehreren kilometerbreiten Sandstreifen vom Meer getrennt).

Im Folgenden wurde die Stadt nie mehr angegriffen. Seit 17oo diente Aigues Mortes und besonders der nordwestliche Eckturm, der Turm der Constance, als Staatsgefängnis. Besonders die verfolgten Protestanten wurden in Mengen eingekerkert.

Bekannt ist die Geschichte der achtzehnjährigen Marie Durand, die zum Sinnbild der Standhaftigkeit geworden ist. 38 Jahre lang wurde sie im Turm der Constance gefangen gehalten, doch ihren Glauben gab sie nicht auf. Betroffen von so viel Durchhaltevermögen schenkte ihr angeblich der Statthalter des Languedoc die Freiheit.

Noch heute wird in dem Turm das eingeritzte Wort „recister“ (Widerstand leisten) gezeigt, das sie dort in die Mauer eingeritzt hat...

★ Grau-Du-Roi

Von Aigues Mortes führt eine dreispurige, großzügig ausgebaute Straße am Kanal entlang zum Fischer- und Badeort Le Grau-du-Roi. Rechts und links weitflächige Salinen mit haushohen Halden glitzernden Salzes. Mitten durch den Ort führt der Kanal. Im Sommer herrscht chaotischer Verkehr in den schmalen Straßen, vor allem deshalb, weil die Brücke im Ort die einzige Verbindung zu den Touristenzentren in und um Port Camargue darstellt. Am Kanal viele kleine Fischrestaurants.

FESTE UND VERANSTALTUNGEN: Ab Mitte Juli werden „corridas“, Joutesturniere, „forcados“, Jazzkonzerte und einheimische, spanische oder portugiesische Musikveranstaltungen in Le-Grau-du- Roi und Umgebung angeboten.

Tourist INFO

Genaueres im Syndicat d’Initiative am Boulevard du Front de Mer. Geöffnet: im Juli/August täglich 9-23.3oUhr, sonst 9-2 und 14-18 Uhr (auch täglich). Tel. o4 66 51 67 7o.

Ca. 5oo m langer, feiner Badestrand vor der Fassade moderner Appartementblöcke. Im Meer V-förmig angelegte Wellenbrecher, die vor zu starker Brandung

schützen. Entlang der Uferpromenade, auf welcher die Fischer ihre Netze ausbreiten, spärlicher Baumwuchs.

Les Mouettes, ca. 1 1/2 km von Le Grau-du-Roi mit Kinderspielplatz, Snackbar und vielen Bäumen, aber leider dicht an der Straße. 3 Sterne. Juli/August 15 Euro für 2 Pers. mit kleinem Zelt, jede weitere Person 3 Euro. In der NS 2o % weniger. Tel. o4 66 51 44 oo.

Nur einige Kilometer südlich, am Zipfel der Bucht liegt PORT CAMARGUE, ein utopisch anmutendes Gewirr von langgestreckten drei- und mehrgeschossigen Ferienappartements mit gepflegten Gärten und einem weitverzweigten Jachthafen, der Jachtbesitzer kann seine Jacht fast von der Wohnungstür aus betreten. Hier wird noch kräftig weitergebaut werden!! Das am Horizont sichtbare La Grande Motte diente als Vorbild, wenn das Ganze auch bescheidener und dezenter ausfiel. Was auffällt - man vermied eckige Formen.

Insgesamt gibt es vorwiegend um Port Camargue 14 Campingplätze, einer davon direkt am Meer!

Camping L'Espiguette: Direkt am Meer! Vorbei an Pferderanchen und anderen Campingplätzen führt eine ca. 1 km lange Straße dorthin. Pauschaltarif von ca. 15 Euro für 2 Pers. Eine Camping-Haftpflichtversicherung ist auf diesem Campingplatz jedoch verpflichtend. Wer keinen Nachweis erbringen kann, kann eine abschließen (Kostenpunkt ca. 12 Euro). Außerdem werden ‚Home Mobils' wochenweise vermietet.

Gute Bademöglichkeiten am 5oo m breiten Sandstrand mit kleinen Dünen, zum Land hin Strandhaferbüsche. Großer Parkplatz direkt am Strand. Richtung Osten ruhige Strände, die zu einem Spaziergang zum Leuchtturm Phare de l'Espiguette oder zum Baden einladen. Das Autofahren am Strand ist verboten! Ebenso Wildcampen!

Mehrere Kilometer östlich beim Phare de l'Espiguette sehr schöner Sandstrand mit hohen Dünen und Pinienwäldern.

Den **PHARE DE L'ESPIQUETTE** und die dortigen Strände erreicht man auf einer Asphaltstraße, die beim Camping La Marine beginnt. Rechts an der Straße der winzige, schattenlose Camping Rural, dem Strand am nächsten.

Der Weg führt entlang den Dünen, die besonders in der Nähe des Leuchtturms mehrere Meter hoch und mit Schirmpinien bewachsen sind. Landeinwärts flaches, von Kanälen durchzogenes Brachland.

Am Ende der Straße: ein überwachter Parkplatz (gebührenpflichtig), eine fast 2 km lange, ausgefahrene Sandpiste.

Snacks und Getränke bekommt man bei den fahrbaren Imbißstuben, die zum Teil ihre Tische und Stühle wie Strandcafés in der Sonne aufgestellt haben. Am Ende der Sandpiste besonders leckere Salate in einem Caravanimbiß. Der dortige Strandabschnitt - dünig und sehr breit - vorwiegend für FKK'ler.

Am Strand selber „fliegende" Händler und alle paar Kilometer eine Imbißbude, Tretboot-/Surfbrett-Verleih.

Busse fahren den Strand halbstündig an und klappern dabei alle Campingplätze ab - für die Camper ist dieser Service kostenlos.

Auf dem Weg nach LA GRANDE MOTTE , entlang der D 225, ist fast der ganze Küstenstreifen mit Villen und kleinen Appartementhäusern verbaut. Nur an der Küste, kurz vor Grande Motte, relativ wenig Besiedelung. Wildcampen verboten!

★La Grande Motte

Symbol des urbanen Tourismus! Am Ortseingang dieser modernen, aus dem Sandstrand gestampften Feriensiedlung ein flacher Fluß mit schönen Baumgruppen, an dessen Ufern Angler ihr Glück versuchen,- romantische Idylle vor einem der ausgeklügeltsten und modernsten Touristikzentren Frank-

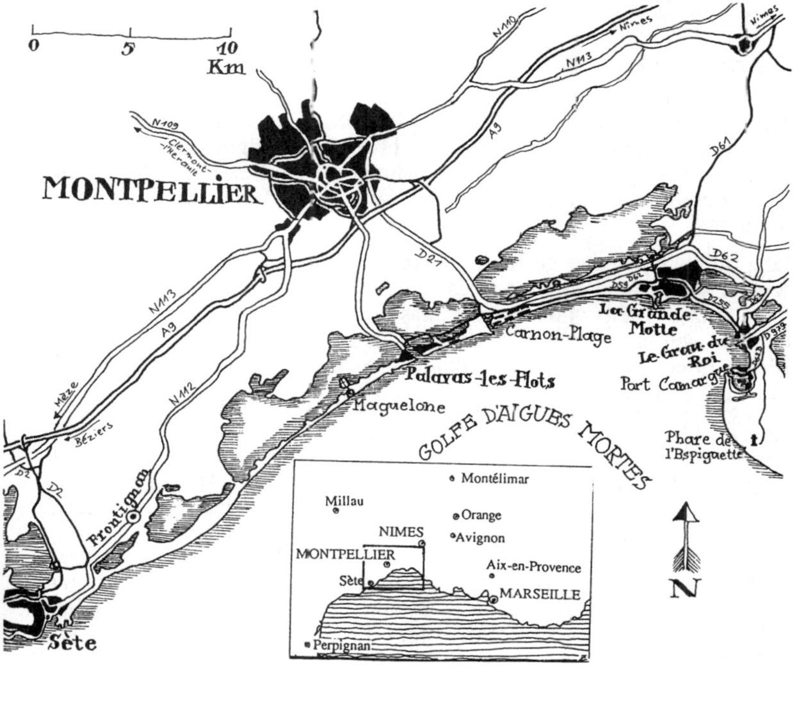

reichs. Am Strand entlang und einige Kilometer ins Landesinnere, zieht sich diese durch und durch geplante Anlage. Ein Versuch, Cafés, Einkaufszentren, Plätze, Sportanlagen, Grünflächen und Appartements für die Massen von Erholungssuchenden so zu kombinieren, daß keine Riesenhochhäuser gebaut werden müssen, und das Ganze einen stadtähnlichen Charakter erhält. Eine gewisse Kühle bleibt, denn man spürt, daß La Grande Motte nicht „gewachsen" ist.

Am Hafen Jachten und Segelschiffe, ein Platz mit vielen Cafés und die Appartementhäuser, - waben- oder pyramidenförmige Bauten. Sie sind verschachtelt, mehrstöckig und jedes wurde mit einem anderen Design versehen. Ausgezeichnete Segel- und Wasserskimöglichkeiten in den Lagunen.

Westlich von dieser „Pyramidenstadt" beginnt der <u>Carnon-Plage</u>, der sich bis zu dem ehemaligen Fischerdörfchen <u>Palavas-les-Flots</u> hinzieht. Glücklicherweise erkannte man, was die Urbanisierung für irreparable Schäden anrichtet, und so darf dieses kilometerlange Strandstück in Zukunft nicht bebaut werden. Es verliert seinen Reiz allerdings ein wenig durch die nahe D 59, die in der Saison von Grande Motte bis Palavas eine einzige Parkstraße ist, und gleich daneben die 4-spurige Schnellstraße D 62.

★ Palavas-Les-Flots

Der Ort erinnert besonders an den Wochenenden etwas an einen großen Kirmesplatz, wenn die Städter aus Montpellier zu den Feriengästen stossen. Das Nonplusultra des dortigen Freizeitvergnügens ist eine Gondelbahn, die vom Jachthafen über den schmalen Fluß Lez zu den Stränden auf der anderen Seite führt. Für die Kinder gibt es Karusselfahrten im Spiegelkabinett.

Ursprünglich war dies ein kleiner Fischerort, der vom Fang des Thunfisches lebte. Heute ist er kaum mehr als solcher zu erkennen, - mit seinen Hafenrestaurants, Hotels und dem Spielkasino. Palavas ist Hafen bzw. Badeort, der nur wenige Kilometer nördlich im Landesinneren gelegenen Stadt Montpellier (zu erreichen von Palavas-les Flots über die D 986).

Office Municipal du Tourisme, Boulevard Joffre (am Meer, linkes Flußufer), Öffnungszeiten: Von Ostern bis Sept. 9-12/14-18 Uhr (Samstag, Sonntag u. Feiertage 1o-12/15-18 Uhr), Juli/August 9-2o Uhr (tägl.), Oktober bis Ostern 9-12/14-18 (Samstag 1o-12 Uhr, Sonntag geschl.). Tel. o4 67 o7 73 34, eine von den freundlichen Damen spricht Deutsch.

<u>L'OUSTAL DE LA MAR</u>: 49, Av. Saint Maurice, provençalisches Restaurant im Stil des Midi, Spezialitäten: Beignets de filet de sole. Baudroie au poivre vert, Seiche à la Rouille, Menüs zwischen 15-3o Euro.

Palavas Camping: Kurz hinter dem Ortsausgang westlich, ein riesiger Campingplatz, direkt am Meer gelegen, allerdings steinig und fast ohne Vegetation, ca. 15 Euro.

Deutlich schöner ist der Camping les Roquilles an der Avenue St. Maurice im östlichen Stadtteil, 23 Euro.

Westlich von Palavas mehrere Kilometer Sandstrand in Richtung Maguelone, ca. 5o m breit. An seinem Ende zur Straße hin niedrige Dünen, die mit kleinen Büschen bewachsen sind - darunter Abfall. Ein Bild, das man leider viel zu oft sieht! Der Sand ist grobkörnig und mit vielen kleinen Muschelstückchen durchsetzt.

Die am Strand entlangführende Straße nach Maguelone endet unvermutet in einem Parkplatz (2,5 Euro), der hier im Juli/August und an den Sonntagen im Juni für die Badegäste eingerichtet ist. In dieser Zeit ist die Straße nach Magnelone erst ab 2o Uhr für den Verkehr geöffnet.

Im Mittelalter war MAGUELONE eine Insel und diente als Hafen. Heute existiert nur noch die romanische Kathedrale am Ende der Halbinsel - zum Teil schon Ruine. Dieser Bau steht inmitten eines üppigen Pinienhaines und wirkt wie eine Festung - mit Pechnasen und schmalen Schießscharten. Unterhalb ein Heim für Behinderte. Die Jungs bauen Wein an und bebauen die kargen Äcker der trockenen Halbinsel.

Besichtigung der Cathedrale de Maguelone im Sommer: vom Parkplatz aus alle 15 Min. kostenloser Bustransport, ganzjährig geöffnet.

Montpellier

Alte Universitätsstadt, auf einem Hügel gebaut und zwischen dem Meer und den Cevennen gelegen. Enge Gassen, alte Bürgerhäuser - Hôtels genannt -, große Plätze mit Cafés, in denen sich die Studenten tummeln, und weite Grünanlagen schaffen die besondere Atmosphäre von Montpellier.

Um den alten Stadtkern verstreut eine Reihe von Kirchen und im Westen die berühmte Promenade du Peyrou, ein wunderschöner Park, an den sich ein - neben dem Pont du Gard - einmaliges Aquädukt anschließt.

Vom CHÂTEAU D'EAU, einem der schönsten Wassertürme Frankreichs, weiter Blick auf die Stadt und bei klarem Wetter bis zum Mont Ventoux oder den Pyrenäen!

Zur Altstadt hin ein pompöser TRIUMPHBOGEN, in den Ludwig XIV. seine Ruhmestaten verewigen ließ, mit einer Reiterstatue, die gebieterisch auf die Stadt weist.

Ruhe findet man im JARDIN DES PLANTES, dem wie verzauberten ältesten Botanischen Garten Frankreichs.

Sehr sehenswert das MUSÉE FABRE mit Werken von Ingres, Delacroix, Courbet u.a.

Tourist INFO In Montpellier gibt es insgesamt 4 Touristen-Infos. Hauptoffice: am Place de la Comédie. Öffnungszeiten: Mo.-Fr. 9-18 Uhr (im Sommer bis 19 Uhr), dienstags Mittagspause 12-14 Uhr. Sa. 1o-18 Uhr (im Sommer durchgehend). Sonntags das ganze Jahr über geschlossen! Geldwechsel: Mo.-Fr. 9-18, Sa. 1o-18 Uhr. Tel. o4 67 6o 6o 6o.

Im Bahnhof geöffnet: in den Osterferien (Mitte April bis Mitte Mai) Mo.-Sa. 1o-13/14.3o-17.45 Uhr; Mitte Juni bis Mitte Sept. Mo.-Sa. 1o-13/ 15.3o-18.45 Uhr. Sonntags immer geschlossen. Tel. o4 67 92 9o o3.

An der Moulin de l'Evêque, an der Einfallstraße von der Autobahnabfahrt Montpellier-Ost. Öffnungszeiten: Anfang Juli bis Anfang September Mo.-Sa. 9-2o Uhr, So. 16-2o; ansonsten Mo.-Sa. 9-13 und 14-18 Uhr. Sonntags geschlossen. Tel. o4 67 22 o6 16.

GESCHICHTE

Im Gegensatz zu den meisten anderen Städten Südfrankreichs ist Montpellier erst im 1o. Jh. entstanden, die Stadt ist also heute etwa 1.ooo Jahre alt. An der alten Römerstraße, der Via Domitiana gelegen, wuchs die Stadt aus zwei Orten zusammen, Montpellier und Montpellieret.

Doch vorerst entwickelten sich die beiden Ortschaften getrennt, da die eine den Adeligen von Guilhem gehörte, die andere aber dem König von Aragon und Grafen von Barcelona. Um die Stadt endlich zu vereinigen, beschlossen die Herrschaften, die das Sagen hatten, im Jahre 12o7 eine Heirat zwischen den beiden Erben, Maria von Guilhem und Pedro von

Aragon. Doch leider: Pedro wollte die anscheinend weniger reizvolle Maria nicht, stattdessen verliebte er sich in eine ihrer Hofdamen. Als er endlich eine Nacht zu ihr ins dunkle Gemach durfte, war sein Glück vollkommen, jedoch nicht von Dauer, denn am nächsten Morgen entpuppte sich die angebliche Hofdame als Maria selbst! Prompt kamen auch alle Verwandten, um zu gratulieren, das Ganze war natürlich ein abgekartetes Spiel gewesen. So blieb Pedro nichts anderes übrig als zu heiraten. Damit war Montpellier vereinigt und an die Krone von Aragon gekommen.

Ziemlich schnell erhielt die Stadt große Bedeutung durch ihre medizinische Fakultät, die 122o hier gegründet wurde (noch heute ist die Stadt durch die Universität bestimmt, es sind fast 4o.ooo Studenten eingeschrieben). Einer der Professoren war im 16. Jh. der Mediziner (und Astrologe) Nostradamus, der durch seine merkwürdigen Vorhersagen die damalige Welt beunruhigte.

In den Hugenottenkriegen wurde die wohlhabende, aufstrebende Stadt stark verwüstet. Das Bürgertum überwand jedoch die Flaute, und es wurde mehr denn je gebaut. Das mittelalterliche Stadtbild verschwand; es entstanden jene Bürgerhäuser, die heute noch das Stadtbild bestimmen (besonders im Inneren wurden sie prunkvoll ausgestattet, das Äussere wirkt manchmal fast bescheiden). Dazu kamen die vielen Lustschlösser der Umgebung, die sich der Geldadel erbauen ließ. In dieser Zeit des Wohlstandes entstand auch die schöne Promenade du Peyrou - eine der schönsten, die in dieser Zeit in Frankreich gebaut wurden.

Das Herz der Stadt ist der PLACE DE LA COMÉDIE, auf dessen spiegelglatten Steinplatten einige Draufgänger - zum Vergnügen der zahlreichen Cafébesucher - fast schon akrobatische Vorführungen auf dem Skateboard oder auf Rollschuhen wagen.

Nicht sehr weit in nördlicher Richtung die ESPLANADE, eine langgezogene Baumallee im Stil eines Volksparkes: Treff von Jung und Alt, Karussels ... - hier ist immer was los!!

Vom Place de la Comédie geht es auf der Rue de la Loge vorbei am Hôtel de Lunaret und quer über den Place des Martyrs de la Résistance auf die breite RUE FOCH, an deren Ende der Triumphbogen steht.

Dahinter die mit schönen Baumalleen bestandene PROMENADE DU PEYROU (17. und 18. Jh.). Einige Stufen hinauf und man glaubt sich vor einem Tempel oder einem Luxusgrab - das ist der mit Girlanden geschmükkte Wasserturm (18. Jh.). Ein schmiedeeisernes Tor versperrt den Zugang auf die Deckplatten des zwei Arkaden hohen und ganze 88o m langen Aquädukts. Es leitete die Quellwasser des Flusses Lez, die dann im Turm gesammelt wurden.

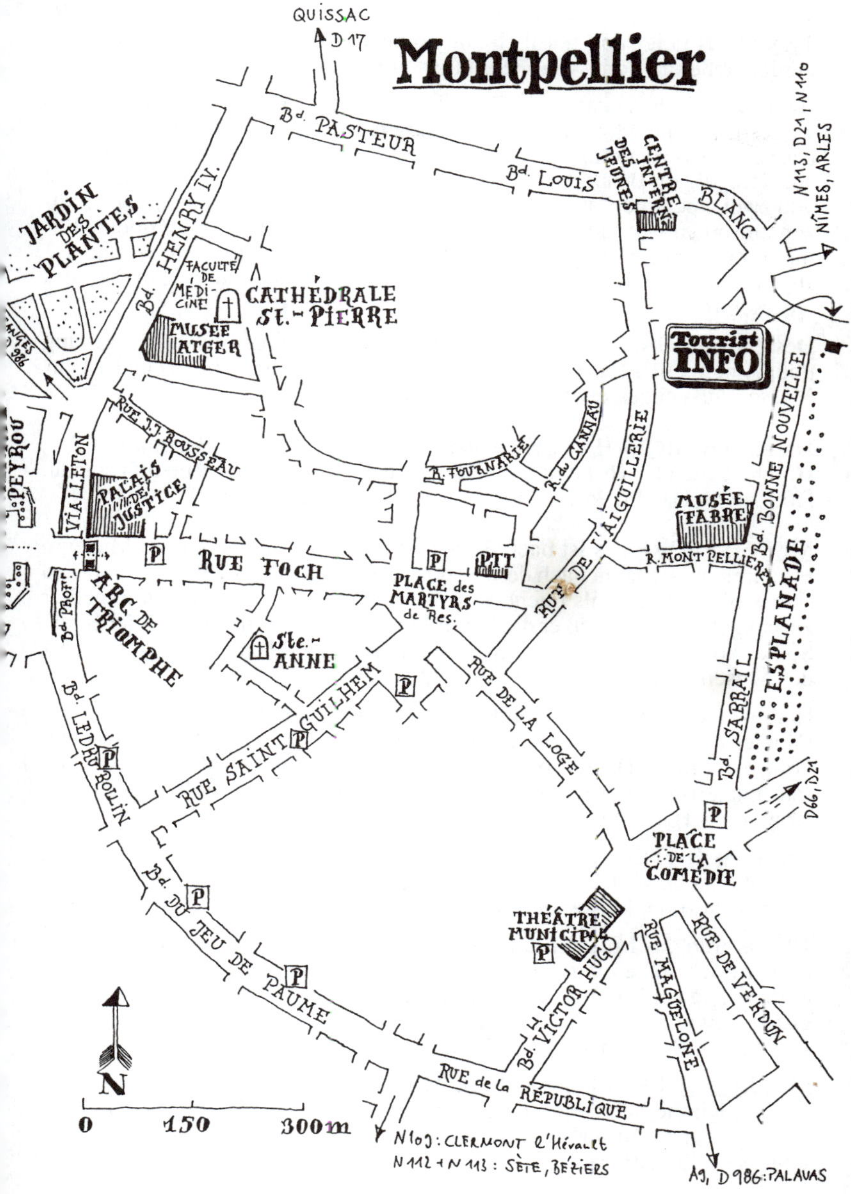
Montpellier
QUISSAC
D 17
Bd. PASTEUR
Bd. LOUIS BLANC
N 113, D 21, N 110
NÎMES, ARLES
CENTRE INTERN. DES JEUNES
JARDIN DES PLANTES
Bd. HENRY IV.
FACULTÉ DE MÉDICINE
CATHÉDRALE ST.-PIERRE
MUSÉE ATGER
Tourist INFO
RUE J.J. ROUSSEAU
R. FOURNARIE
R. du CANNAU
RUE DE L'AIGUILLERIE
Bd. BONNE NOUVELLE
PEYROU
VIALLETON
PALAIS DE JUSTICE
MUSÉE FABRE
RUE FOCH
PTT
PLACE des MARTYRS de Res.
R. MONTPELLIER
ESPLANADE
Bd. PROFr.
ARC DE TRIOMPHE
Ste.-ANNE
RUE DE LA LOGE
Bd. SARRAIL
RUE SAINT GUILHEM
Bd. LEDRU ROLLIN
D66, D21
PLACE DE LA COMÉDIE
Bd. DU JEU DE PAUME
THÉATRE MUNICIPAL
RUE MAGUELONE
RUE DE VERDUN
Bd. VICTOR HUGO
RUE de la RÉPUBLIQUE
N
0 150 300m
N109: CLERMONT l'Hérault
N112+N113: SÈTE, BÉZIERS
A9, D986: PALAVAS

Vom Place vor dieser Anlage ist es nicht weit zum BOTANISCHEN GARTEN etwas tiefer und nördlich am Boulevard Henri 4. gelegen. Geöffnet täglich außer an Sonn- und Feiertagen von 12.3o-19.oo Uhr.

Beim Botanischen Garten die CATHÉDRALE SAINT PIERRE, die sehenswerteste Kirche Montpelliers: Das langgestreckte Schiff, das von außen eher an ein Verwaltungsgebäude erinnert, so sachlich erscheint es, stammt aus dem 14. Jh. Besonders eindrucksvoll die große Eingangstür, umrahmt von zwei wuchtigen, steinernen Spitztürmen, von denen affenähnliche Fratzen auf einen herunterstarren, und die zwei doppelstöckigen Glockentürme, gotisch mit winzigen Fensterchen. Die Kirche wurde im 17. und 18. Jh. zweimal restauriert. Aus dieser Zeit stammen auch der Chor und das Querschiff.

Das erstaunlichste an diesem Bau sind wohl seine Ausmaße: 112 m lang und 28 m hoch!!! Der Glockenturm kann jeden Sonntag nach der 1o-Uhr-Messe - also gegen etwa 11 Uhr - besichtigt werden.

Die alten BÜRGERHÄUSER liegen bunt verteilt: Hôtel de Beaulac (18 Jh.), Hôtel Deyde (17. Jh.) und Hôtel d'Avèze (17. Jh.) in der Rue du Cannau. Hôtel de Solas (17. Jh.), Hôtel D'Alco (18. Jh.) in der Rue Fournarié.

MUSÈE FABRE: Es ist nach Paris und Lille das interessanteste Museum Frankreichs. Benannt nach dem Maler François Xavier Fabre, der während seines römischen Exils reiche Kunstsammlungen erbte. Nach Montpellier zurückgekehrt, überließ er die Sammlung (viel von Alfieri) 1825 der Stadt. Später kommen noch umfangreiche Sammlungen dazu. Der Hauptschatz des Museums sind Werke des 19. und 2o. Jh.

Herausragend die Werke von Frédéric Bazille (z.B. Die Negerin mit dem Päonien) - er starb mit 29 Jahren im Krieg von 187o. Auch acht Arbeiten vom berühmten Delacroix hängen hier. Er begründete Mitte des letzten Jahrhunderts die Stilrichtung des romantischen Realismus - keine scharfen Konturen - Harmonie der Farben.

Auch das HÔTEL DE MASSILION, in dem das Museum untergebracht ist, hat eine bewegte Geschichte: vom ursprünglich prunkvollen Privatpalast zum Jesuitenkloster, danach Billigwohnungen.

1982 wurde das Museum um das Doppelte erweitert (jetzt 3o Säle), aber immer noch stehen vorzeigenswerte Bildwerke in Lagerräumen, weil der Platz knapp ist. Im Zuge der Museumserweiterung wurden auch archäologische sowie Fayancen-Sammlungen aufgenommen. Geöffnet: Di.-Fr. 9-17 Uhr, Sa./So. 9.3o-17 Uhr. Montag Ruhetag. Eintritt 2,5 Euro.

MUSÉE ATGER: in der Faculté de Médecine, zwischen Botanischem Garten und Kirche Saint-Pierre, mit Bildern von Breughel, Rubens, Raphael, Van Dyck u.a. Öffnungszeiten: Mo.-Fr. 13.3o-16.3o Uhr, im August geschlossen. Eintritt frei.

ARCHÄOLOGISCHE SAMMLUNG: Griechische Keramiken, Fundstükke von den Etruskern, Ägyptische Kunst... Geöffnet täglich außer sonn- und feiertags 14-17 Uhr. Eintritt 3,5 Euro.

ANTIGONE - Beton extra schön

Der 1982 entstandene Stadtteil ist nicht nur für Architekturinteressierte besuchenswert. Wie die Kulisse eines Römerfilms wirkt diese sandsteinfarbenen Monumentalbauten. 6-geschossig erstrecken sie sich zweiflügelig in Ost-West-Richtung. Dazwischen der riesige Innenhof mit Zypressenallee. Mächtige Säulen scheinen die Fassade zu tragen, verziert von Kapitellen und unterteilten Glasflächen. Hinter den Fronten Büros und Geschäfte, Bars und Restaurants, sogar eine Schule und vor allem 2.3oo Wohnungen, davon ca. 5o % Sozialwohnungen. Der Katalane Ricardo Bofill entwarf den aus Betonfertigteilen zusammengesetzten Bau nach dem Motto schön & preiswert.

RESTAURANTS

LE PETIT JARDIN: Rue J.J. Rousseau 2o, in einer alten Stadtvilla mit viel Atmosphäre. Hübsch angelegter Garten mit schmiedeeisernen Stühlen. Menüs preislich überzogen (17 u. 3o Euro) - man bezahlt Umgebung und Service mit; außerhalb der Saison am Montag geschlossen. Tel. o4 67 6o 78 78.

Place de la Chapelle Neuve: schön ist es hier auf diesem kleinen, platanenbestandenen Platz mit den Treppchen, Mäuerchen und Steinbänken. Insgesamt 6 Restaurants bemühen sich hier um die Gunst der Kunden (manchmal schwierig zu erkennen, welche Tische zu welchem Restaurant gehören). Bei MARCEAU gibt es die „Formulare Bistro“, ein Hauptgericht mit einem Entrée bzw. Dessert zur Auswahl für ca. 12 Euro. Ein Menü gibt's ab 13 Euro.

Le VIEUX FOUR: sehr gemütlich zwischen mit groben Balken durchsetzten Steinmauern. Kleine Nischen, die auf verschiedenen Höhen im Raum verteilt sind. Ebenso gemütlich die sehr schmale Holzterrasse in der Straße. Gegessen wird von dicken Holzbrettern, - à la carte. Leckeres vom Grill für ca. 9 Euro. 59, Rue de l'Aiguillerie.

TRIPTI KULAI: vegetarisches Restaurant, etwas für den gestreßten Touristenmagen, ruhige, fast andächtige Atmosphäre. Großes Porträt von einem Guru und viele esoterische Aquarelle an den Wänden. Man ißt z.B. Végi-Burger (7 Euro); Menüs ab 9 Euro; Dessert Entremets à l'agar agar (3 Euro). Alles sehr lecker zubereitet. Adresse: Rue Jacques Coeur 2o. Sonntag und Montag Abend geschlossen.

PIZZERIA NOSTRA DAMA: Rue de l'Aiguillerie 53, originelle Pizzeria, im Innern die Kuppel gotischer Kirchen aus schwindelnder Höhe herabgeholt: dicke Sandsteinmauern schaffen angenehme Kühle. Neben Pizza ab 6 Euro auch Salate, Spaghetti, Desserts u.v.m.

„Hôtel Verdun“: 33, Rue de Verdun, kleine gepflegte Zimmer mit Teppichfliesen, Telefon, modernen Möbeln und Blümchentapete. 38 Zimmer, mit Dusche und Toilette ab 3o Euro, nur Dusche ab 22,5 Euro. Tel. o4 67 58 42 63.

„Hôtel Imperator“: 2o, Rue Boussairolles (geht vom Place de la Comédie weg), altes dreigeschossiges Haus mit hübschen schmiedeeisernen Balkongittern. 48 Zimmer mit Dusche/WC, Teppichboden und Telefon 4o Euro. Einige ruhige Zimmer zu einem engen Hinterhof, sauber.

„Hôtel du polygone“: Relativ sauber, schön die Zimmer mit kleinem Balkon im 2. und 3. Obergeschoß zum baumbestandenen, wenig befahrenen Boulevard. Kleiner sonniger Innenhof zum Frühstücken. DZ mit Dusche und WC 37 Euro. 16, Av. du Pont Juvenal (7 Min. vom Bahnhof, auf der anderen Seite der Bahnlinie). Tel. o4 67 65 81 41.

„Nova Hotel“: zentral gelegen, hinterm Theater (8, Rue Richelieu). 19 Zimmer in einem alten Gebäude, die Badezimmer wurden gerade alle neu gemacht (schön gekachelt, sauber). DZ mit Dusche und WC 35 Euro. Tel. o4 67 6o 79 85.

„Les Fauvettes“: 8, Rue Bonnard (hinter dem Jardin des Plantes). Ein-Sterne-Hotel mit kleinen, sauberen Zimmern, meist im Hinterhofanbau, der auf den ersten Blick einem Taubenschlag gleicht. DZ mit Dusche/WC ca. 32 Euro. Tel. o4 67 63 17 6o.

„Strasbourg“: abgasgeplagtes Eckhaus an einer belebten Kreuzung. Macht auf den ersten Blick einen etwas finsteren Eindruck. Die Zimmer sind zwar mit Billigantiquitäten vollgestellt, aber relativ sauber. Großer Vorteil - im Gegensatz zu den Innenstadt-Hotels - man findet einen Parkplatz vor dem Hotel. Zu Fuß zum Place de la Comédie ca. 1o Min. DZ ca. 45 Euro. Adresse: Bd. de Strasbourg 39. Tel. o4 67 65 19 oo.

Juhe Die Jugendherberge ist im „Centre International de Jeunesse“ 2, Impasse de la Petite Corraterie (am Ende der Rue de l'Auguillerie) untergebracht, gut zu erreichen vom Boulevard Louis Blanc aus. Es gibt 4-Bett-Zimmer und Schlafsäle. Die Nacht mit Frühstück kostet 11 Euro. Tel. o4 67 6o 32 22.

Mitfahrzentrale: „Auto Stop Crij“, geöffnet Mo.-Fr. 1o-18 Uhr. Tel. 67 64 28 88.

Fahrräder: „Velos pour tours“, städtische Fahrräder stehen an verschiedenen Stellen der City kostenlos zur Verfügung: an der Esplanade (gegenüber vom Kiosk „Bosc“), am Place St. Roch (bei „Arts et Buffet“).

Waschsalon: „Laverie“ in der Rue Serane (Nr. 11), 7 Tage in der Woche 7.3o-21 Uhr. Eine weitere mit Miele(!)-Waschmaschinen am Place de la Chapelle Neuve, auch von 7.3o-21 Uhr. Ein Durchlauf (max. 6 kg) kostet 3 Euro (ohne Trocknen).

Obst- und Gemüsemärkte werden täglich vormittags in den Halles Castellanes (vor der Préfecture) und den Halles Laissac (am Place Laissac) abgehalten.

Wöchentlicher Bauernmarkt (Sonntag vormittag) im Neubaugebiet Antigone (s.o.).

Treff: am Place Jean Jaures versammelt sich abends die städtische ‚Szene'. An dem kleinen Dreiecksplatz gibt's einige Bars, Creperies und Restaurants. Stimmung bis in die Nacht hinein. Am nächsten Morgen findet hier ein kleiner lebhafter Obst- und Gemüsemarkt statt.

Um zum Baden zu fahren, nimmt man am besten den Bus. Die Linien 17 und 28 fahren zig mal täglich an den Strand von Palavas-Les-Flots - für nur ca. 1,5 Euro. Abfahrt vom Busbahnhof - beim Bahnhof.

DIE KÜSTE SÜDLICH VON MONTPELLIER

Von Montpellier auf der N 112, Richtung Sète, geht nach ca. 1o km die schmale D 185 ab, die zum kleinen Dorf VILLENEUVE-LES-MAGUELONNE führt.

In dem alten Städtchen eine Kirche aus dem 8. und 13. Jh. Auf der D 116 weiter nach VIC-LA-GARDIOLE. Kurz vorher ein sauberer, kleiner Pinienwald an einem Étang, der aber sehr flach ist, so daß man weit hinauswaten

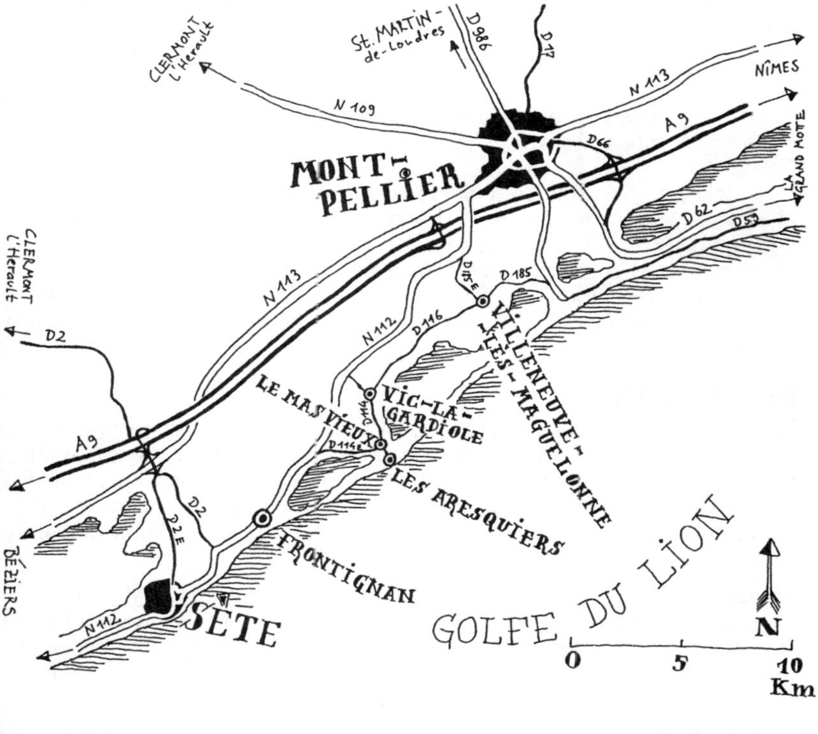

muß, bevor man schwimmen kann. Vic ist ein winziges Fischerdorf, benannt nach dem hügeligen Hinterland, dem Montagne de la Gardiole. Vom Ort führt die D 114 nach LE MAS VIEUX.

Gleich nach Vic-la-Gardiole ein hübscher Campingplatz, „Le Clos Fleuri“, mit dichten Reihen von Nadelbäumen - nach den kargen Plätzen der Camargue endlich wieder einmal viel Grün und Schatten! Geöffnet von Mitte Juni bis Ende September. Ca. 15 Euro für 2 Pers. Tel. 04 67 78 15 68. Nicht mal einen Kilometer weit ist es nach:

★ Les Aresquiers

Kleiner, hübscher Fischerort, durch einen parallel zum Meer verlaufenden Kanal vom Badestrand abgetrennt. Noch vor einigen Jahren führte ein schmaler Pontonsteg hinüber zum etwa 300 m entfernten Strand. Er wurde einmal am Tag zur Seite geklappt, damit die Fischer mit ihren Booten aufs Meer fahren konnten. Heute erfüllt diese Aufgabe eine einspurige, genügend hohe Brücke mit Ampeln für die an- und wegströmenden Bademassen.

Am steinigen Strand zwei Restaurants. Im Mayflower stehen in einem kleinen Anbau 5 Zimmer (45-60 Euro) zur Verfügung (mit schönen gekachelten Badezimmern). Von hier sind es nur wenige Meter bis zum Meer. Tel. 04 67 78 17 34.

Alle Campingplätze in westlicher Richtung am Strand zwischen Les Aresguiers und Frontignan.

Von Aresquiers in östlicher Richtung 10 km unbebauter Sandstrand. An manchen Stellen ist die schmale Landzunge, die den Étang d'Ingril vom Meer trennt, nur 50 m breit. Hier gibt es außer kleinen Büschen und vereinzelten Grasbüscheln kaum Vegetation. Ca. 3 km außerhalb von Aresguires Nacktbadestrand, mit dem Wagen auf einer Kieselsteinpiste oder vom Strand her zu erreichen.

★ Frontignan

An der Durchgangsstraße nach Sète, ist wegen seines Muskatweines berühmt. Der „muscat de Frontignan“ ist ein süßer Aperitif, der - wie überall in den Prospekten zu lesen ist - schon von Frankreichs großen Königen und von Voltaire gerne getrunken wurde. Der Alkoholgehalt dieses süßen Gesöffs beträgt immerhin 15 % - also nicht herunterspülen - und gekühlt muß er sein.

An der Durchgangsstraße im Ort der „Cave Cooperative Du Muscat De Frontignan“, eine Art Genossenschaft, in der 3/4 des Muskatweines hergestellt werden. Man versicherte uns, daß nur hier der Originalmuscat herkomme. In der Probierstube netter Ausschank; die Flaschenpreise sind relativ hoch. Der Weinkeller kann täglich besichtigt werden: Mai bis Sept. 9-19 Uhr, Januar/Februar geschlossen, ansonsten 9-12 und 14-18 Uhr. Tel. o4 67 48 12 26.

Bei den kleineren Weinhändlern gibt es billigeren Muskatwein. Es herrscht ein reger Konkurrenzkampf - einer versucht den anderen zu unterbieten. Insgesamt gibt es im Ort 9 Muskat-Erzeuger.

Der kleine Ort hat als Besonderheit eine befestigte KIRCHE aus dem 12. Jh., alte Häuser und die Reste einer BEFESTIGUNGSANLAGE. Hier ist auch der Standort einer großen Raffinerie, die halb in den Étang d'Ingril gebaut wurde: In dem von Öl und Abfällen verschmutzten Wasser tummeln sich weiße Flamingos vor verrosteten Öltankern.

Tourist INFO In einem städtischen Mehrzweckgebäude untergebracht. Rue de la Raffinerie; geöffnet von Oktober bis Juni 9-12 und 14-17.3o Uhr (außer Sonntag); Juli bis September abends 1 bis 2 Stunden länger; Juli und August auch sonntags 1o-12 Uhr. Tel. o4 67 48 33 94.

Die Halbinsel vor Frontignan wurde primär für den Campingtouristen erschlossen; ca. 5 Campingplätze - die meisten direkt am Meer. Der gepflegteste, Le Miami (5 Sterne), mit frischen Grasflächen und weiten Baumreihen aufgelockert. Man findet hier fast keine Hotels, nur kleine Villen

und festinstallierte Caravans. Tel. o4 99 o4 o5 49.

Das Restaurant La Marine bietet traditionelle Küche, ganzjährig geöffnet. Adresse: 18, boulevard Gambetta. Tel. o4 67 48 15 34.

In den letzten Jahren wurde der Hafen erweitert: Anlegeplätze für die Boote der Touristen und Appartement-Blocks sind entstanden.

Zur Weiterfahrt über die N112 nach SÈTE, *Agde bis Beziers, siehe S. 24o.*

Ab hier aber auch Abstecher möglich in die HAUT LANGUEDOC und zur GORGES DU TARN, ideal zum Wandern, Kajakfahren etc... Beschreibung in den folgenden Kapiteln.

Haut Languedoc

Tipp für Leute, die gern vor sommerlich überfüllten Badeständen und dem dazugehörenden Rummel fliehen. Die einsame Gebirgslandschaft nördlich der Küste bietet optimale Wandermöglichkeiten. Baden in kleinen Stauseen, großartige Höhlen, verfallene mittelalterliche Dörfer und Kanufahrten in Wildbächen.

Wer nicht vom Rhônetal aus durch die Cevennen, also von Norden her in diese Gegend einreist, beginnt diesen Trip am besten in der Höhe von Sète oder Béziers. Ein erster Stop lohnt sich in:

★ Pézenas

Diese Kleinstadt mitten im hügeligen Küstenhinterland besitzt eine Vielzahl von prunkvollen Stadthäusern, die etwas von der „Grand Epoque"-Atmosphäre der Zeit Ludwigs XIV. vermitteln. Der königliche Statthalter im Languedoc, Prince de Conti, engagierte 1650 den damals noch völlig unbekannten Komödiendichter Molière samt Truppe am Fürstenhof - allerdings zum Mißfallen der Mätresse des Prinzen Calvimont, die daraufhin den Hoftroubadour Cormier, einen Mäzen Molières vergiftete. Molière wohnte am Place Gambetta in dem Haus, in dem heute das Tourist Office untergebracht ist.

GENIEYS: Empfehlenswertes Restaurant an der Durchgangsstraße (9, Av. A. Briand). Hübsche, fast antike Einrichtung. Auf den Tischen frische Blumen - prompter Service. Das einfache Menü für ca. 13 Euro ist reichlich und schmeckt lecker.

★ Clermont-L'Herault

Sehenswert ist die gotische Kirche SAINT-PAUL aus dem 13. Jh. und die BURGRUINE auf dem Hügel über der Altstadt. Das Burggelände ist überwachsen mit Brombeersträuchern, und auf dem Burghof steht, etwas verlassen wirkend, eine kleine Palme. Noch ganz gut erhalten sind die Steinwälle. Der Burgfried scheint allerdings bald zusammenzubrechen.

Falls das Eisentor am Eingang verschlossen ist, kann man sich den Schlüssel dazu beim Kommissariat am Boulevard Gambetta besorgen. Einfacher ist es, ein paar Meter weiter an der Mauer entlang zu gehen, bis man zu einem kleinem, offenem Einlaß kommt.

Rue Doyan René Gosse 9. Tel. o4 67 96 23 86. Juli/August: 9-12.3o/14.3o-19 Uhr (sonntags geschlossen), sonst: 9-12/14-18 Uhr (Samstag- und Sonntagvormittag geschlossen).

REST. HÔTEL TERMINUS: Ruhige Lage am kleinen Park beim Bahnhof: Allées Salengro. Ausgezeichnet das Menü des Tages mit Variationsmöglichkeiten. Besonders an den Wochenenden wird dicke aufgekocht (2 Vorspeisen, z.B. mit frischen Flußkrebsen). Für das Gebotene äußerst preiswert. Zimmer: einfach, sauber, mit Du./WC ab 4o Euro. Tel. o4 67 88 45 oo.

Clermont L'Herault bietet sich als Ausgangspunkt zur Erkundung der interessanten Umgebung an. Das Gebiet der GORGES DE L'HÈRAULT, das nur 2o km nordöstlich von Clermont liegt, beschreiben wir im folgenden Abschnitt. Zuerst geht es von Clermont aus in Richtung Parc Régional du Haut Languedoc nach Westen.

★ LAC DU SALAGOU

Dieser Stausee liegt etwa 5 km westlich (D 158 e) von Clermont, inmitten einer schroffen Felslandschaft. Besonders an der Südseite ist das Land schaftsbild bemerkenswert: rotleuchtendes, aluminium-oxidhaltiges Gestein mit grünen Büschen dazwischen. Mit dem Seewasser werden hauptsächlich die Weinanbaugebiete der Küstenregion bewässert.

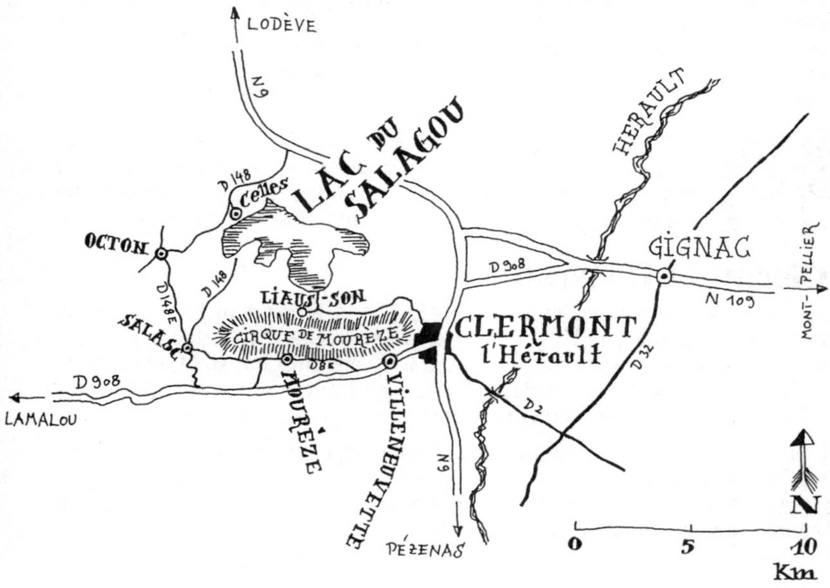

Die D 156 e, aus Clermont kommend, endet an einem Erdwall und taucht dahinter in den See hinein.

Dort, neben der kleinen Anlegestelle der Segelboote, gute Bademöglichkeit an einem feinen Splitstrand (Motorbootfahren ist auf dem See verboten).

Ein Campingplatz in der Seeniederung (Camping Municipal Le Salagou Tel. o4 67 96 o6 18) wurde terrassenförmig den Hang hinauf angelegt. Auf dem großzügig gebauten Camping-Areal tummeln sich im August bis zu 4.ooo Sommerfrischler. Einer der wenigen Plätze, die das ganze Jahr über geöffnet haben. Im Juli/August zahlen 2 Pers. ca. 2o Euro, ansonsten ca. 15 Euro.

Beim Eingang zum Campingplatz das Camphotel du Salagou, 12 hübsche Mini-Appartement-Häuser. Jedes hat Platz für 4 Personen. Geschlafen wird in einem Doppelbett (Hochbett) und 2 „Pritschenbetten" (Bettwäsche mitbringen). In der NS 45 Euro/Nacht, die Woche 165 Euro. In der HS nur Wochenweise, dann 26o Euro. Reservierung unter Tel. o4 67 96 13 13.

Am Seeufer führt keine Straße entlang. Um zum Nachbardorf LIAUSSON zu kommen, fährt man ein Stück in Richtung Clermont zurück, um nach ca. 2 km rechts abzubiegen.

Das Dorf liegt etwa 1 km vom Seeufer entfernt an einem Berghang. Zum Ufer mit Splitstrand und frisch angepflanzten Baumalleen führt eine schmale Teerstraße.

Von Liausson auf einer Asphaltstraße nach Salasc, von dort weiter nach:

★ Octon

Ein typisches kleines Weinbauerndorf in dem während der Erntesaison im Herbst mehr spanisch als französisch geredet wird. Die Saisonarbeiter, Kleinbauern aus Nordspanien, kommen oft mit der kompletten Familie angereist, um sich ein Zubrot zu verdienen. Im Zuge der europäischen Völkerwanderung der 9oer Jahre kommen die Saisonarbeiter mittlerweile verstärkt aus Polen.

Im Ort 3 **Restaurants**, am empfehlenswertesten wohl MAS DE CLERGUES, außerhalb in Richtung See. Keine Karte, ein Menü zu 4 Gängen, Kaffee und Wein inklusive, 22 Euro.

Hotel „Mas de Clergues" - das Hotel zum o.g. Restaurant. Schöne Landvilla mit eigenwilliger Bemalung. Geöffnet vom 1.4. bis Mitte Oktober. Swimmingpool und Sonnenterrasse. Junge sympathische Bewirtschaftung. DZ zwischen 35 und 45 Euro.

Camping Les Arcades, ca. 1o Euro für 2 Pers., ganz nah dem See, nicht übermäßig viel Schatten. Tel. o4 67 96 99 13. Ein Stück weiter an der D 148, zwischen Straße und See: Le Mas.

Gleich daneben das verlassene Dorf CELLES, unten am See. Interessant ist die Geostruktur der Landschaft:

Zwischen den Felsen liegen natürlich entstandene Splitthalden aus erodiertem Gestein, die durch Einflüsse von Regen und Wind einer Mondlandschaft gleichen. Das Dorf gäbe eine gute Kulisse für eine Geisterstory: halb eingefallene, aus grobem Stein zusammengesetzte Häuser, die Kirche noch einigermaßen intakt, aber jeglichen Schmucks im Inneren beraubt.

Belebt wird es nur vom Geschnatter der Enten, die neben dem einzigen, provisorisch bewohnten Haus herumwatscheln.

Es gibt Überlegungen, das Dorf in eine Feriensiedlung umzuwandeln, was bisher allerdings an den hohen Kosten gescheitert ist. Es wurde bereits Strom und Wasser gelegt und der Zufahrtsweg ausgebaut. Das ganze Dorf wurde vom französischen Staat aufgekauft, um einer Spekulation zuvorzukommen.

CIRQUE DE MOUREZE: Eine Felswand. Aus der Landschaft ragen bizarre Felsformationen, die wie Pilze oder Kegel ausschauen.

MOURÈZE

Das winzige Dorf ist romantisch in die Fels- und Waldlandschaft eingebaut. Am höchsten Punkt des Dorfes die malerische, schmucklos einfache Kirche.

Vom Dorf aus führen gut beschilderte Wanderwege durch das Gebiet: eine Fußstunde ist es bis zum Mont Liausson von dessen Gipfel man einen „Panoramablick“ zum See hat. Der Rundwanderweg nimmt etwa 2 Stunden in Anspruch - lohnt sich aber!

Unterhalb der Ortschaft ein bewachter Parkplatz (gebührenpflichtig), ideal für diejenigen, die längere Wanderungen unternehmen wollen und ein sicheres Plätzchen für ihr Automobil suchen.

Creperie: mitten im Dorf ein leckerer Crêpe-Imbis: Es gibt Wein aus der Gegend im Probierglas. Nur im Sommer bzw. an Wochenenden geöffnet.

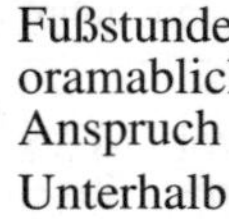

Hotel „Navas“: oberhalb des Ortes. Haziendaartiger Neubau; große Zimmer mit Terrasse bzw. Balkon. Schöner Blick auf die umliegenden Festformationen. Einrichtung ein bißchen arg im Tante-Else-Stil (bräunlich mit vielen bunten Ornamenten). Geöffnet April bis November. Swimmingpool. DZ 1. Nacht mit Frühstück 6o Euro, jede weitere 5o Euro. Tel. o4 67 96 o4 84.

VILLENEUVETTE

Wenige Kilometer außerhalb von Clermont L'Herault, an der Strecke Mourèze - Clermont (D 9o8). Es ist der Gebäudekomplex einer MANUFAKTUR aus dem 17. Jh. Dort wurden die roten Armeeuniformen von König Ludwig XIV hergestellt. „Ruhm der Arbeit" steht auf einer Tafel über dem Eingangstor zum Fabrikdorf, das von außen fast wie eine alte Burg wirkt.

Es ist ein frühes Beispiel des Merkantilismus. Vom Finanzminister gegründet, wurde es kurz darauf privatisiert, da der Staat pleite ging. Innen ein hübscher Hof mit alten Kastanien und Feigenbäumen. Der größte Teil der Anlage ist unbenutzt, einige Häuser wurden zu Wochenend-Wohnungen, andere zu Souvenirshops und Cafés umgebaut.

LA SOURCE: Hübsche Lage im Dorf, links neben dem Eingangstor. 1o liebevoll, originell hergerichtete Zimmer mit Tür zum Garten, - absolut ruhige Lage. DZ (Du./WC) kostet zwischen 4o u. 6o Euro, im Juli/August nur Halbpension, macht je nach Zimmerkomfort ca. 1oo Euro für 2 Pers. Tel. o4 67 96 o5 o7. Mit Swimmingpool. Das Hotel-Restaurant ist empfehlenswert; Menüpreise ab 25 Euro.

PARC NATUREL DE HAUT LANGUEDOC

Westlich von Lamalou das Tal des Orb. Landschaftlich besonders reizvoll: zu beiden Seiten des Tales steile, dichtbewachsene Berghänge und schraffe Felsformationen.

Im bergigen Hinterland (bis zu 1.ooo m hoch) verlassene Bergdörfer oder nur von Einsiedlern bewohnte Dörfer ohne Straßenverbindung und elektrischen Strom.

Die ursprüngliche Tierwelt ist noch durch zahlreiche Raubvögel (Bussarde, Falken) vertreten, außerdem gibt es wilde Gebirgsschafe.

★ Bèdarieux

Größeres Provinzstädtchen etwa auf halber Strecke Clermont - Lamalou an der D 9o8 gelegen.

Im Ort gibt es ein sehr interessantes Museum, das MAISON DES ARTS, mit vielen Malwerken lokaler Künstler. Viele Gemälde von Pierre Maraval (malerische Poesie): verschwommene, symmetrische Farbspielereien - wie durch fotografische Mehrfachbelichtung entstanden. In den oberen Räumen Sammlungen und Ausstellungen zur Geologie, Paleontologie, Mycologie und Fauna der Region, ebenso wie Räume, in denen regionale Traditionen und Bräuche sowie Eisenbahnrequisiten aus der Gegend gezeigt werden. Öffnungszeiten: Das ganze Jahr über nachmittags 15-18 Uhr; sonntags und feiertags geschlossen. Eintritt 3 Euro.

LAMALOU

Ein Kurort mit mehreren gesundheitsfördernden Mineralquellen und der üblichen, etwas bedrückenden, Stimmung. Für einen längeren Aufenthalt ist der Ort nicht besonders geeignet.

Lohnenswert ist allerdings eine kleine Pause im Café des örtlichen Spielkasinos. Große, luftige Terrasse mit bequemen Korbstühlen; davor plätschert ein Springbrunnen, von Palmen und Platanen gesäumt. Drinnen auf jeden Fall den antiken Roulette-Tisch ansehen, dahinter der mit roten Samt ausgeschlagene Spiegelsaal. Alte Chansons säuseln durch die Luft.

Kajak fahren von Tarassac durch die Gorges de l'Orb nach Roquebrun (auch mit dem Wagen eine interessante Route): gewundenes Tal, Wald bis zu den Talauen hinunter.

Die längste Kanustrecke ist ca. 14 km lang, und man schafft sie in etwa 3-4 Stunden, Schwierigkeitsgrad 2-3. Die Stömung ist wesentlich vom Kraftwerk oberhalb von Tarassac abhängig, das außer Samstag und Sonntag meist zwischen 9 und 12 sowie zwischen 14 und 17 Uhr seine Turbinen laufen läßt.

Im Sommer ist es notwendig, seine Abfahrtszeit danach einzurichten, damit man wegen Wassermangel nicht laufend im Kies stecken bleibt. Nähere Informationen bei der Moulin de Tarassac (Tel: o4 67 97 74 64), an der D 9o8, gleich nach der Brücke, die nach Tarassac führt. Hier auch Bootsverleih. Für die o.g. Strecke kostet ein Mietkanu (inkl.Versicherung, Material und Transport) 45 Euro; ein Kajak 3o Euro.

Sehr hübsch gelegen unterhalb vom Dorf Tarassac am Flußufer. Auf der anderen Flußseite ein altes Mühlengebäude. Auf dem Campinggelände stehen viele alte Kastanienbäume. Geschlafen wird in kleinen Steinbuchten, aus denen das Geröll beseitigt wurde. 1o Euro für 2 Pers., Zelt und Auto.

★ Mons

Das Dorf ist für Wanderer ein kleines Zentrum in dieser Region. Bäcker, Lebensmittelladen und ein recht origineller Tabak/Krämerladen im Ort (es gibt sogar Drum Drehtabak zu kaufen).

Zur Anreicherung des Speisezettels: Frische Forellen. Beim „**Hotel Roc Fourcat**" (DZ ca. 3o Euro) an der D 9o8 in Richtung St. Pons (nur wenige Kilometer) hat ein Fischzüchter seine Mastbecken in das Tal betoniert. Tel. o4 67 97 71 83.

„**Hotel/Bar Laissac**": 14 Zimmer teilweise mit kleinen schmiedeeisernen Balkonen mit Blick auf den stillgelegten Bahnhof. Alle Zimmer mit Waschbecken und Bidet, DZ für 2o Euro. Unten eine Bar mit Tischfußball. Adresse: in Olargues, ca. 4 km östlich von Mons. Tel. o4 67 97 7o 89.

Übernachtungsmöglichkeit in der Gite d'étape „**Roque Rouge**", einem schönen alten Bauernhaus mit Terrasse zum weinbepflanzten Berghang. Je nach Komfort ca. 12 Euro p.P. und Nacht. Täglich wechselndes Essen (regionale Küche!) - jedoch nur bei gleichzeitiger Übernachtung. Warmes Essen: ab 1o Euro, Frühstück: 5 Euro, der Wein wird geliefert und auch angebaut vom Bruder des Besitzers, welcher übrigens Bergführer ist, und daher auch solche Aktionen wie Bergsteigen, Wandern oder Kajakfahren anbietet. Mittlerweile auch Halbpension im DZ (insgesamt 2 DZ stehen zur Verfügung), Kostenpunkt ca. 3o Euro p.P. Adresse: ca. 1 km nach Colombières (von Lamalou kommend) rechts ab nach La Pomarède. Tel. o4 67 95 8o 42.

Weitere Übernachtungsmöglichkeit für Wanderer in der „**Base de Plein Air**", einem Refuge des französischen Alpenvereins ca 1 km außerhalb des Ortskerns von Mons. Die Nacht im Schlafsaal kostet für eine Person 6 Euro.

Die wenigen, meist recht kleinen Gasthäuser liegen in dieser Gegend verstreut. In den Dörfern findet sich meist nur ein Gasthaus, oft aber auch keine Schlafgelegenheit.

Camping municipal Le Baous: in Olargues; hinter dem Dorf, direkt an der Flußbiegung, hohe Bäume, guter Rasen. Geöffnet April bis September. Kleine Preise: 9 Euro für 2 Pers. mit Auto. Zitat aus dem Gästebuch: „Für 2 Radler ein idealer Platz, um sich auszuruhen. Füsse in den Bach und Lachen. Wir behalten diesen Platz in guter Erinnerung." Tel. o4 67 97 71 5o.

★ Bardou

Ein abgelegenes Bergdorf, das von seinen ursprünglichen Bewohnern verlassen wurde. Seit 1968 wird es von Klaus & Jean in mühsamer Arbeit bewohnbar gemacht. Nach telefonischer Vorbestellung hat man die Möglichkeit eines dieser „steinzeitlichen" Bauernhäuser zu mieten.

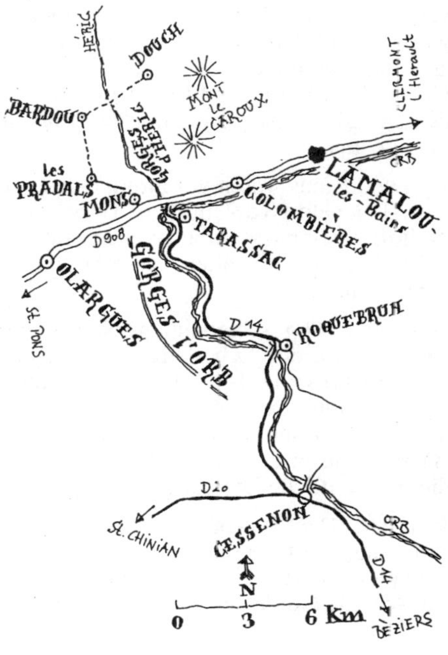

Von Mons schlängelt sich die holprige Piste in die Berge hinauf zum Dorf Bardou. Bei LES PRADALS rechts abbiegen (kleiner Holzwegweiser). Dort an einem kleinen Plateau, das wie ein großer angelegter Parkplatz wirkt, lohnt sich ein Stop: Links unten im Tal liegt ein kleiner Stausee, dessen Wasser an trüben Tagen wie schwarze Tinte aussieht.

Ohne erschwerende Steigungen führt der Feldweg durch reizvolle, üppige grüne Landschaft bis zum Dorf, das sehr malerisch am Ende des Tales liegt. Das Dorf, - eine Sammlung museumsreifer BAUERNHÄU-

SER am Berghang.

Vor Jahrhunderten wurden die bescheidenen Bauernkaten aus groben, übereinandergeschichteten Steinen zusammengeschustert. Besonders nach dem 2. Weltkrieg wanderten die Bewohner nach und nach ab. Geld und Argumente für eine Elektrifizierung von Bardou fehlten schon damals. Inzwischen sind die Ackerflächen in Dorfnähe mit Wald zugewachsen.

Für den Individualisten ohne allzu große Komfortansprüche ist Bardou für einen längeren Aufenthalt optimal geeignet: Ruhe, Abgeschiedenheit, „alternatives Wohnen". Bardou ist kein steriler Appartementkomplex, weder in wohnlicher noch in menschlicher Hinsicht. Die Atmosphäre „stimmt".

In den engen, kopfsteingepflasterten Gäßchen latschen gerne die 8 aggressiven Dorfgänse herum, die fürchterlich fauchen, wenn ihnen eine neugierige Stadtseele zu nahe kommt. Ganz zu schweigen von den vielen halbwilden, hungrigen Katzen, die mit den Dorfmäusen schon lange aufgeräumt haben und sich mit Vorliebe über die Hausvorräte hermachen. Die mittlerweile angesiedelten Pfauen fühlen sich wohl in Bardou, sie schlagen bunte Räder und fliegen Dachfirst zu Dachfirst.

Klaus, der aus Deutschland stammende Besitzer des Dorfes, ist inzwischen einer der erfolgreichsten Schafzüchter der Gegend. Die Lämmer seiner 180 Kopf starken Zuchtherde können teuer verkauft werden. Die schon fast vergessene Schafsrasse ist äußerst wiederstandsfähig und kommt fast den ganzen Winter mit dem massig im Wald vorhandenen Kastanien als Futter aus. Jean stammt aus den USA; sie ist das „Yin" des Dorfes, die weibliche Urkraft von Bardou. Mit ihrer unerschöpflichen Energie ‚koordiniert' sie den Dorfalltag, ist ständig in Bewegung und strahlt dabei viel menschliche Wärme aus.

Jean und Klaus waren vor ihrem Dorferwerb und der zwangsläufigen Seßhaftigkeit selbst Traveller, unterwegs in Europa, Indien und Amerika. Ihre Weltoffenheit hat Bardou zu einem internationalen Ort werden lassen - die Gäste kommen aus allen Ländern, und zwar nach BARDOU - und nicht nach Frankreich.

Trotz aller Abgeschiedenheit, Naturverbundenheit und Zivilisationsferne hat das kulturelle Leben hier immer einen hohen Stellenwert gehabt. Seit Jahren gibt es z.B. das Kammerorchester Bardou. Die 25 Streicher üben im Sommer unter der Leitung von Robert Fischer 3 Wochen lang in Bardou und geben anschließend Konzerte in der Kathedrale von Saint Pons, in Bèziere und in Deutschland. Zum kulterellen Dorfalltag hingegen gehört die wöchentliche Lesung eines Theaterstücks (Shakespeare, Goethe etc.).

Jean und Klaus haben nach ihrer Rückkehr von einer längeren Reise das erste Mal selbst die Lust verspürt, über Bardou zu schreiben. Entstanden ist eine kleine entwicklungsgeschichtliche Abhandlung für Freunde und Gäste: A Little Guide and History of Bardou.

Mittlerweile existiert eine Magisterarbeit über Bardou. Das anthropologisch-sozialwissenschaftliche Werk behandelt den Zeitraum von 185o bis 1968 (dem Einzug der neuen Besitzer). Birte Westendörpf: Soziale Organisation und Entvölkerung in einem Bergdorf im Langedoc. FU Berlin, Institut für Ethnologie.

Ein großes Problem ist, das Bardou noch immer ohne Stromversorgung ist: Die Gemeindeverwalter, ein harter Kern von Pfründenverwaltern, weigern sich eine Leitung hochzulegen. Sie weigerten sich, Zuschußgelder, die aus Paris und EG Kasse zur Förderung des unterentwickelten Haut Languedoc fließen, zur Subventionierung (wie üblich) der Stromleitung zu verwenden. Inzwischen wurde ein Pressezirkus veranstaltet: In ganz Frankreich wurde das Dilemma durch das französische Fernsehen und Rundfunk publik gemacht, auch das ZDF war schon vor Ort. Getan hat sich aber leider noch immer nichts.

Für den zentralheizungs...etc.- gewohnten Europäer sind die Bauernhäuser das Nonplusultra vergangener Romantik: möbliert mit rohgezimmerten Funktionsmöbeln, wie Tisch, Stuhl und Schlafpritsche. Beleuchtung mit Kerzenlicht; kochen in einem riesigen Kamin in der Wohnküche. Gewisse Zugeständnisse wurden der Zivilisation jedoch gemacht: in allen Häusern gibt es einen Gasherd und in einigen fließendes Wasser.

Die Unterbringungsmöglichkeiten reichen von der kleinen Eremiten-Zelle bis hin zum 3-Zimmer-Haus. Jedes Haus hat eine Kochgelegenheit. Vollständige Selbstverpflegung ist natürlich angesagt. Die Preise liegen zwischen 6 und 7 Euro/p.P./Nacht. Unbedingt vorher schriftlich anmelden, zumindest aber anrufen. Andresse: Klaus und Jean Erhardt, Bardou, Mons-la-Trivalle, 3439o Olargues. Tel. o4 67 97 72 43. Aufenthaltsmöglichkeit für freiwillige Helfer! Arbeit gibt es immer in Bardou: Dorfausbau, Waldarbeit, Achafzucht... Gegen 16 Arbeitsstunden pro Woche freies Wohnen. Mindestaufenthalt ist ein Monat. Unbedingt lange vorher schriftlich anmelden!

Von Bardou aus hübsche Wanderung durch die MONTS DE L'ESPINOUSE nach DOUCH. Die Strecke schafft man in etwa 2 Stunden (einfach). Es müssen beträchtliche Höhenunterschiede überwunden werden! Der rot-weiß markierte Wanderweg führt vom Dorf zum Bergkamm am Ende des Tales hinauf. Danach Zickzackweg zu den Gorges d'Hèric hinunter. Der Berghang wurde früher landwirtschaftlich genutzt - die terrassenförmig angelegten Felder sind inzwischen mit dichtem Gestrüpp und Steineichen überwuchert. Auf der anderen Talseite ragen die schroffen, über 1.ooo m hohen Doppelgipfel des MONT LE CAROUX in den Himmel.

In der Talsohle überquert man auf einer alten Steinbrücke den rauschenden Gebirgsbach. (Etwas flußaufwärts - kein Weg - erreicht man einen kleinen Wasserfall.) Danach beginnt der anstrengendste Teil der Wanderung: Bis Douch geht es praktisch nur noch bergauf. Oben am Hang liegt das verlassene Bergdorf HÈRIC, - verlassen bis auf ein kleines Café, was jedoch nur im Sommer geöffnet hat. Im Dorfzentrum stößt man auf den GR 7.

Dieser GRAND RANDONNÈE ist mehr frequentiert - es hasten Gruppen von Wanderern vorbei, mit hechelnder Zunge wird bonjour gegrüßt und weiter geht's... Durch die waldreiche Gegend geht es bergauf bis zur Baumgrenze. Am Bergkamm wachsen nur noch kleine Büsche Gras und Flechtengewächse. Danach kommt man wieder in die Zivilisation - Weidelandschaft, und es taucht Douch auf.

In Douch Übernachtungsmöglichkeit in einer Hütte des Alpenvereins.

★ Gorges de L'Herault

Am Rande der Cevennen. Bevor der Flußlauf des Hérault in der weiten Küstenebene verschwindet, hat er sich durch ein niedriges Felsengebirge durchgefressen. Extrem exotisch ist die Schlucht nicht, sie gibt aber dem mittelalterlichen Dorf ST. GUILHEM-LE-DÉSERT, das in ein Seitental gebaut wurde, einen spektakulären Rahmen.

Am südlichen Schluchtausgang die romanische TEUFELSBRÜCKE, ca. 95o Jahre alt. Wenn in Frankreich viel Strom verbraucht wird, bietet sich von der Brücke ein hübsches Schauspiel! Die Anlaßleitung eines Kraftwerkes endet hier, und die Wassermassen rauschen gischtspritzend eine Felswand hinunter.

Mehrere 1oo Meter schluchteinwärts, neben der Straße eine starke Quelle (im Hochsommer allerdings ausgetrocknet), die ein kleines Felsbecken mit sprudelndem Wasser füllt. Früher trieb das Wasser die Turbinen des zerfallenen Mühlengebäudes rechts der Straße an. Knapp 1oo m oberhalb der Quelle ist der natürliche Eingang zum weitverzweigten Höhlensystem der:

★ Grotte de Clamouse

Der Eingang wurde während des extrem trockenen Sommers 1945 entdeckt, da meist starke Quellwasser das Passieren des Syphons unmöglich machen. Einige Höhlenexperten überzeugten sich von der „Großartigkeit" des Höhlensystems - es wurde ein künstlicher, 8 m langer „Touristenstollen" gebaut.

Der Rundgang ist 6oo m lang und dauert ca. 45 Minuten. In der Gruppe geht es auf glitschigen Steinwegen über Treppen und Plattformen durch die Höhlen. Mit Hilfe von Spotlights hebt der Führer besonders ausgefallene Figuren des Tropfsteinwaldes hervor, bizarre Formen, wie von Surrealisten entworfen. Eine Besonderheit der Höhle ist die Vielzahl der „Höhlenblumen", die wie überdimensionierte Eiskristalle wirken. Zeiten: das ganze Jahr über täglich geöffnet; im Winter 1o-17 Uhr, im Sommer 2 Stunden länger. Eintritt 7 Euro.

★ St. Guilhem-Le-Désert

Liegt etwa 5 km flußaufwärts. Das langgezogene Reihendorf preßt sich in das enge Tal der Verdus. Zu beiden Seiten die felsigen Talwände, mit pi-

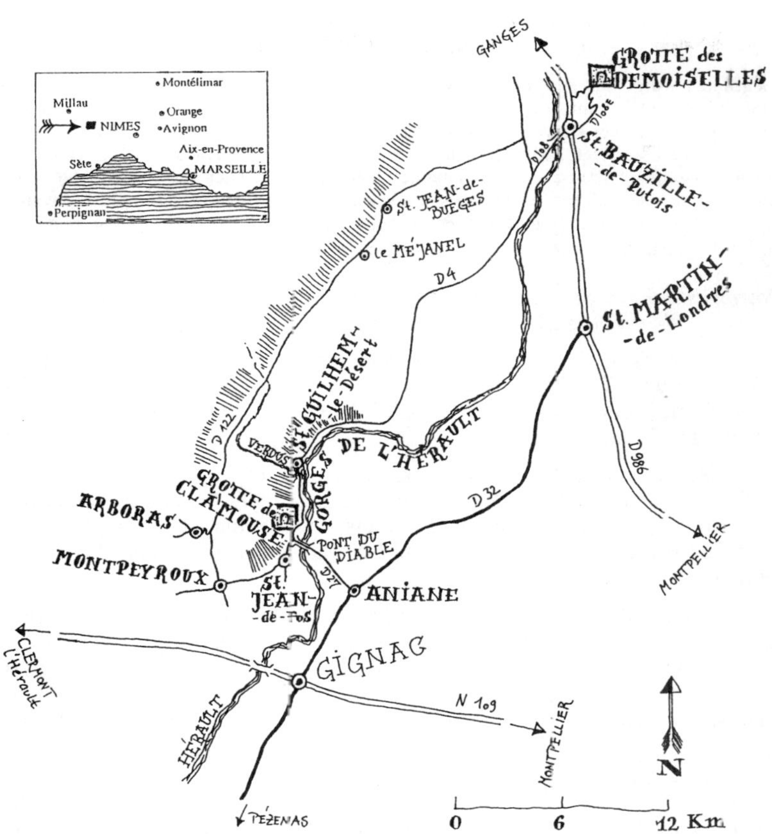

nienbewachsenen Terrassen dazwischen. Die Häuser stehen verwinkelt zueinander -Treppen, Bogengänge, viel Blumenschmuck.

Ein Großteil wurde originalgetreu restauriert. Die Fenster sind durch Kolumnen und Kapitelle in der Hausfassade umrahmt, und Dachrinnenrohre sind derb aus groben Ton gedreht. Dorfbrunnen speien ihr Wasser in den Rinnstein der Dorfgasse - dem Kanalisationssystem des Mittelalters.

Zum Wohle der Touristen blüht im Dorf das Kunsthandwerk: In einer kleinen Werkstatt hämmert ein alter Mann hübsche Blumen aus Eisenblech zusammen, in einem anderen Haus dreht sich die Töpferscheibe.

Sehenswert ist die romanische KLOSTERKIRCHE mit schönem Rundbau und künstlerisch verspielten Säulenkapitellen. Im Inneren alte Fundstücke und ein seltener Marmoraltar. Die Skulpturen des Kreuzganges können im New Yorker Metropolitan Museum besichtigt werden.

Gegründet wurde das Kloster Anfang des 9. Jh. von Herzog Wilhelm von Aquitanien. Dieser Herzog Wilhelm, auch Kurznase genannt, war ein enger Freund Karls des Großen und ein erfolgreicher Heerführer gegen die Araber. Nachdem seine Frau gestorben war, besann er sich auf eine andere Lebensweise und ließ sich das Kloster bauen. Dort verbrachte er seinen Lebensabend in Weltabgeschiedenheit. Im Alter von 60 Jahren verstarb er in Gellone - so hieß der Ort damals noch. Etwa ein Jahrhundert nach seinem Tod wurde der Held heilig gesprochen und der Ort auf seinen Namen - St. Guilhem-le-Désert - umbenannt. Pilgerströme folgten.

Nordwestlich von St. Guilhem-le-Désert führt eine interessante Straße durch typisch, felsig-karge „Garrigue" Landschaft.

Um zum Anfang dieser Straße zu kommen, fährt man wieder zum Pont du Diable zurück. Von dort auf der D 141 über ST. JEAN nach MONTPEYROUX und weiter Richtung ABORAS. Kurz vor Aboras (vor der Brücke) auf die D 122 abbiegen.

Die wenig benutzte Straße führt durch eine absolut einsame Gegend. Zum Teil verengt sich das Hochtal canyonartig, andere Teilstücke führen durch ausgetrocknete Waldstücke. Die Straße ist sehr schmal. Achtung, Fußgänger: Der Wanderweg GR 74 geht bei Les Lavagnes stückweise die Straße entlang.

Nach knapp 20 km kommt man zum Dorf PÉGAIROLLES mit einer alten BURG auf der Anhöhe. Danach geht es ins Buèges-Tal hinunter. Ein weiterer Stop lohnt sich in ST. JEAN DE BUÉGES, das wie ein Überbleibsel vergangener Zeiten erscheint. In diesem Dorf Übernachtungsmöglichkeit in einer kleinen Pension und im Gästehaus des Bildungsvereins „Horizons".

Angezogen durch den Artenreichtum der noch weitgehend intakten Natur des Buèges-Tals und seiner Umgebung, ließen sich 1981 Umweltschützer aus Deutschland hier nieder. In Zusammenarbeit mit französischen Naturschutzgruppen setzten sie sich für die Gründung verschiedener Schutzgebiete im Séranne-Gebirge ein, die seitdem mit Hilfe internationaler Arbeitseinsätze unterhalten und ausgebaut werden. Ziel dieser Arbeit ist u.a. der Schutz der „Garrigue", einer sekundären Waldlandschaft mit reichhaltiger Tier- und Pflanzenwelt. Durch den Zusammenschluß von Umweltexperten kam es zur Gründung des Bildungsvereins „Horizons". Die Kursangebote von Horizons richten sich an umweltbewußte Leute, die fremde Landschaften deshalb bereisen, weil sie sie verstehen und erfühlen wollen. Zum Programm gehören naturkundliche Vortäge, Exkursionen, praktische Naturschutzmaßnahmen u.v.m., z.B. „Französisch lernen in den Cevennen" mit Schwerpunkt Landeskunde. Ausführliche Informationen: L'Aire de la Séranne, F-34380 St. Jean de Buèges. Tel. 04 67 73 11 19.

Das Gästehaus von Horizons steht auch Nicht-Kursteilnehmern zur Verfügung. Im Dorf einfach nach L'Aire de la Séranne fragen bzw. vorher anrufen. Geschlafen wird in kleinen, freundlich eingerichteten Schlafsälen. Die vollausgerüstete Küche steht zur Verfügung; wer sich lieber von der Küche des Hauses verwöhnen lassen will, kann das nach Absprache. Preise: Nacht im eigenen Schlafsack 9 Euro mit Bettwäsche 12 Euro, das DZ kostet ca. 23 Euro, Frühstück wird mit 4 Euro berechnet.

Hotel **„Le Grimpadou“**: eine kleine Pension, am Ortsausgang in Richtung Ganges. An der letzten Brücke über den reißenden Buèges-Fluß geht man durch den gemauerten Torbogen. Oberhalb schwebt die Burgruine bedrohlich am Abhang. Wenn die Auberge geschlossen sein sollte, bei den Nachbarn nach Fam. Coulet fragen. Besser jedoch vorher anrufen Tel. o4 67 73 11 34. DZ mit Frühstück 45 Euro. Wer die leckere Hausmannskost von Maître Jean-Luc probieren möchte, muß das möglichst vorher ankündigen. Seine Spezialitäten sind Hasenbraten und ‚Poulet à la tapenade‘. gegessen wird im gemütlichen Speisesaal oder auf der lauschigen Terrasse. Der Wein ist garantiert selbstgemacht; denn Jean-Luc ist Vorsitzender der örtlichen Winzer-Kooperative. Komplettes Menü ca. 14 Euro.

Restaurant „AUBERGE DE LA VALLEÉE“: ca. 5oo m hinter St. Jean de Buèges (Richtung Ganges). Einsam steht das Restaurant in der Talsohle. An regnerisch-kühlen Frühsommerabenden lodert noch das Kaminfeuer. Das Essen ist vom Feinsten. Paté und Dessert sind selbstgemacht. Serviert wird auf vorgewärmten Tellern. Vorsicht beim Aufstehen, nicht gegen die Jagdtrophäen stoßen! Menüpreise: ab 2o Euro. Tel. o4 67 73 11 9o.

GROTTE DES DEMOISELLES

„Feengrotte“ in der Nähe von Ganges. Von St. Bauzille führt die D 1o8 E zum Plateau de Thaurac hinauf, wo sich der Ein-gang zur Höhle befindet. Zum unterirdischen Flußlauf (Aven) geht es per Seilbahn hinunter. Prunkstück der Höhle ist ein 12o m langer, 5o m hoher Saal mit einem Gewirr wuchtiger Stalaktiten und Stalagmiten.
Die Höhle ist das ganze Jahr über täglich geöffnet, von April bis Sept. 8.3o-12 Uhr und 14-19 Uhr, von Okt. bis März 9.3o-12 Uhr und 14-17 Uhr. Eintritt: 6 Euro.

CIRQUE DE NAVACELLES

Ein eindrucksvoller, 4oo m tiefer Krater mit einem kleinen Bergkegel mittendrin. Ganz tolle Aussicht von der Terrasse eines direkt am Abgrund liegenden kleinen Gasthofs (von Süden kommend an der D 13o). Der „Krater“ ist weder vulkanischen Ursprungs, noch durch einen Meteoreneinschlag entstanden: Der tief in die Causse eingegrabene Flußlauf der Vis schlängelt sich mäanderförmig dem Meer entgegen. Hier an dieser Stelle fand der Flußlauf eine unterirdische „Abkürzung“ der Flußschleife - nach und nach wurde das Gestein abgetragen - es blieb nur noch der kleine Bergkegel übrig. Unten im Talkessel tost neben den wenigen z.T. halbverfallenen Häusern ein kleiner Wasserfall kaskadenförmig in die Tiefe - angenehme

Frische macht sich breit.

LA COUVERTOIRADE

Eine kleine Festungsstadt der Kreuzritter aus dem 12. Jh. - einsam auf der Larzacebene. Im Inneren der Befestigungsmauer angewitterte Häuschen, die Gassen ungepflastert, auf den Dächern zum Teil noch die original Steinplattenabdeckung.

Viele Kunsthandwerker haben hier ihr Sommeratelier mit Shop aufgeschlagen - Glasbläser, Schuhmacher, Krippenbauer, Schmuckmacher.

Für's leibliche Wohl sorgen CAFÉS UND RESTAURANTS (gute Sorten von Schafskäse).

Eine kleine DIA-TON SHOW zeigt alle 45 Min die historische Entwicklung dieser Siedlung. Geöffnet 9-19 Uhr, Eintritt 2,5 Euro.

Gorges du Tarn

Optimal zum Wandern und zum Kanufahren! Die Tarn führt westlich der Cévennes in einer tiefen Schlucht durch die steinigen Hochplateaus der „Causses“. Ein landschaftlicher Leckerbissen, besonders zwischen St.-Enimie und Millau: zu beiden Seiten des grünen Schluchtgrundes türmen sich bis zu 5oo m hohe Felswände.

Vom Rhônetal via Corniche des Cévennes: Diese Straße führt auf dem Grad eines Gebirgszuges quer durch die Cévennen - tolles Panorama! Es lohnt sich einen Abstecher zu den versteckt liegenden Dörfern in den Seitentälern zu machen - waldreiche Gegend. Die Corniche beginnt bei ANDUZE, am Rande der Rhôneebene.

Von Avignon schnellste Verbindung via N 1oo - Pont du Gard. Dann D 981 - UZÈS - ALÈS. Von Alès nur noch etwa 13 km nach Anduze.

Anreise von der Mittelmeerküste: Ab Montpellier N 1o9 nach GIGNAC. Danach N 9 nach MILLAU. Die N 9 führt im letzten Stück durch ein riesiges Militärgelände auf der Causse du Larzac und ist landschaftlich wenig interessant. Es lohnt sich deshalb bei Gignac von der Hauptstraße abzubiegen und den auf den vorhergehenden Seiten beschriebenen Abstecher zu den Gorges de l’Hérault zu machen.

Landschaftlich ebenfalls sehr reizvoll ist das Tal der DOURBIE, das östlich des Militärcamps liegt. Äußerst pittoresk das Dorf CANTOBRE auf

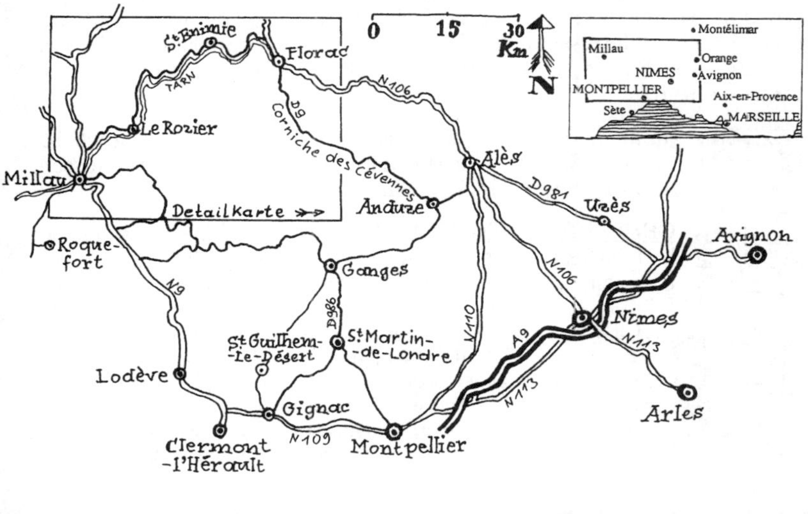

einem felsigen Hügel über dem Tal.

Die Felsen sind pilzförmig, und dazwischen liegen die mittelalterlichen Häuser - halbeingefallen oder restauriert. Eine bäuerliche Küche steht am höchsten Punkt des Dorfes. Von dort schöner Blick in das dünn mit Baumgruppen bestandene Tal. Im Dorf leben nur noch drei alteingesessene Familien, die anderen Bewohner sind zugezogen.

Von Cantobre flußabwärts in Richtung Millau, kommt man zum „Chaos de Montpellier-le-Vieux“. Schon vom Tal aus sind die durch Erosion entstandenen Felsgebilde zu erkennen. Vom Dorf LA ROQUE führt eine schmale Serpentinenstraße zur Hochfläche hinauf. Kurz vor dem „Felsenpark“ ein kleines Restaurant. Mit dem Wagen fährt man dann noch ein Stück weiter bis zur kleinen Bude, wo die Eintrittskarten für 5 Euro verkauft werden. Für 4 Euro kann man ein Ticket für den Rundfahrt-Zug auf Rädern erstehen.

Das „Chaos“ der durcheinander gewürfelten Felsnadeln und Torbögen erschien den Einheimischen als eine verfallene Stadt, deshalb der Name „Alt Montpellier“.

Sehr sehenswert: nordöstlich von „Chaos“, an der D 986, die Tropfsteinhöhle AVEN ARMAND. In die etwa 35 m hohe, gut beleuchtete „Halle“ kommt man per Zahnradbahn oder zu Fuß durch einen ca. 2oo m langen Tunnel. Eintritt: 6 Euro. Öffnungszeiten: Juni bis August täglich 9-19 Uhr, ansonsten 9-12 und 13.3o-17 bzw. 18 Uhr.

★ Meyrueis

Sehr schön gelegener Ort, im Tal der Jonte. Hier Top-Unterkunft im Chateau d’Ayre. Von hier aus lohnt sich die Besichtigung der GROTTE DE DARGILAN (ca. 8 km in nordwestlicher Richtung). Die ‚rosa Höhle des Causse Noir‘ ist die erste unterirdische Entdeckung des Speläologen Martel. Geöffnet von Ostern bis Allerheiligen 9-18.3o (Juli/August bis 19 Uhr). Eintritt: 9 Euro.

Tourist INFO: Im alten Wehrturm an der Brücke untergebracht. Täglich 1o-12 und 15.3o-18 Uhr geöffnet; So. nachmittags geschlossen; im Juli/August durchgehend.

RESTAURANTS: CREPERIE BRETONNE; direkt am Fluß, man sitzt auf der kleinen Terrasse und der schmalen Fußgängerbrücke. Leckere Crepes in allen Variationen und große Eisauswahl.

HOTEL: „**Château d’Ayre**“: Herrschaftliches Schloß, der größte Teil des Anwesens entstand im 18. Jh. Absolut ruhig gelegen ca. 2 km außerhalb von Meyrueis auf einer bewaldeten Bergkuppe. Ausgesprochen reich ausgestattete Gesellschaftsräume. Großer Schloßpark mit Mammutbäumen. Die besten Zimmer sind die Eckzimmer mit 2 Fenstern, sehr geräumig, Doppeltüren, getrenntes Bad/WC. Möbliert zum Teil mit China-Möbeln

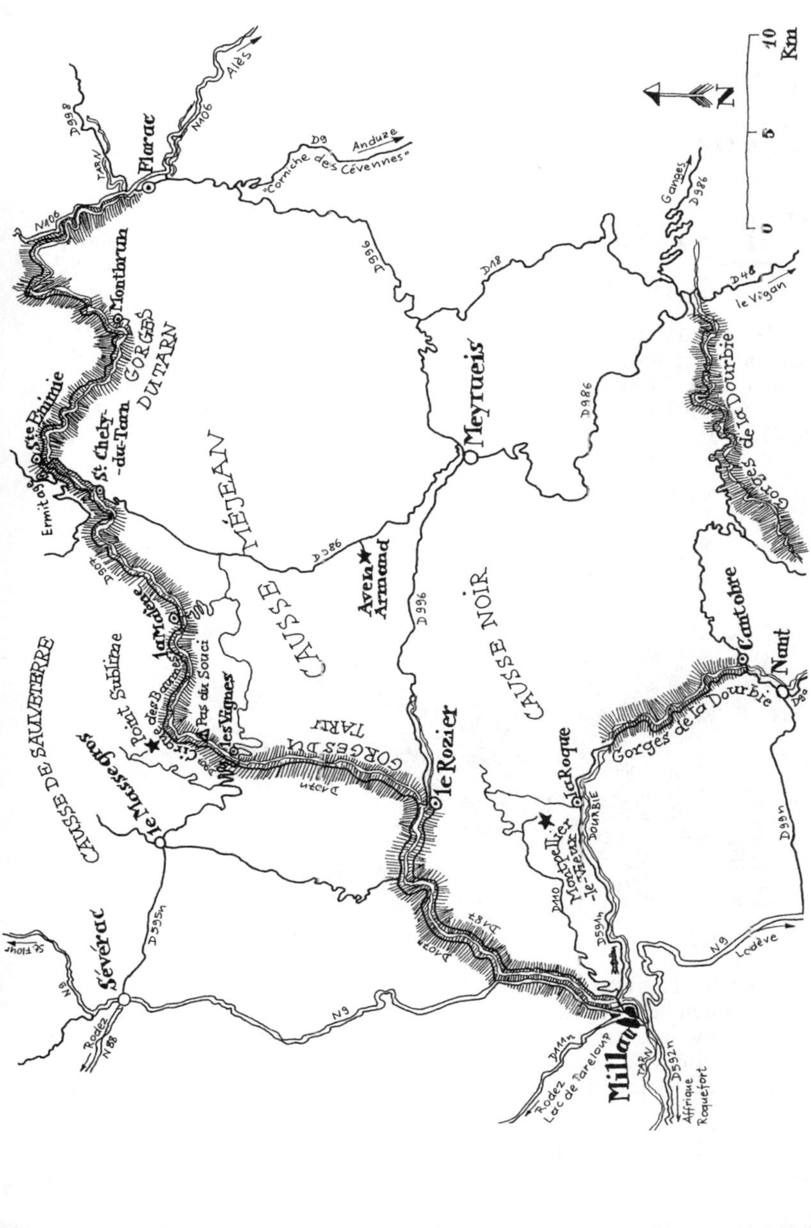
Florac
Alès
N106
D998
TARN
D9
Anduze
"Corniche des Cévennes"
Montbrun
GORGES DU TARN
Ste Enimie
St. Chely-du-Tarn
Ermitage
MÉJEAN
CAUSSE
D986
D996
D18
Meyrueis
Aven Armand
la Malène
Point Sublime
Cirque des Baumes
Pas du Souci
les Vignes
CAUSSE DE SAUVETERRE
le Massegros
le Rozier
GORGES DU TARN
CAUSSE NOIR
Gorges de la Dourbie
Cantobre
Nant
La Roque
Montpellier-le-Vieux
DOURBIE
D110
D991
D48
le Vigan
Ganges
N9
Lodève
Sévérac
St Flour
Rodez
N88
D995
Millau
Rodez
Lac de Pareloup
TARN
Afrique
Roquefort
N
0
5
10
Km

(frühere Besitzer verbrachten viele Jahre in Indochina). Das Doppelzimmer mit Dusche/ WC ca. 21o Euro. Adresse: 4815o Meyrueis, Tel. o4 66 45 6o 1o

★Millau

Das regionale Zentrum des Causses. Auf den Hochflächen rundum werden eine Menge Schafe gehalten. Die Milch kommt zur Käsestadt Roquefort, die Häute nach Millau.

Tourist INFO Office de Tourisme: 1, Place du Beffroi. Tel. o5 65 6o o2 42. Öffnungszeiten: Mai bis Sept. täglich 1o-12.3o Uhr und 15-18.3o Uhr, Okt. bis April Mo-Sa 9-12.3o Uhr und 14-18.3o Uhr, sonntags geschlossen.

Früher wurden in kleinen Handwerksbetrieben fast ausschließlich Handschuhe hergestellt - was heute in rationeller Arbeitsteilung in Fabriken gemacht wird. Es gibt aber noch Lederwarengeschäfte mit eigener Produktion, die kostbare, ja fast künstlerische Einzelexemplare herstellen: Handtaschen, Jacken und verzierte Brieftaschen.

Eine große handwerkliche Kunst war es, die von den europäischen Herrschaftshöfen heiß begehrten Glacé-Handschuhe zu fertigen. Paßgenau aus hauchdünnem Leder gemacht war ihre Haltbarkeit recht kurz. Viele Glaubensbrüder der Hugenotten waren hier in der Gegend mit der Herstellung beschäftigt. Während der Glaubenskrieges flüchteten viele nach Deutschland.

Etwas außerhalb von Millau, auf der anderen Uferseite des Tarn, befand sich die gallo-romanische Stadt LA GRAUFESENQUE (in die archäologische Stätte ist das ganze Jahr über täglich 9-12 und 14-18 Uhr geöffnet; Eintritt mit Führung 3,5 Euro). In den ersten beiden Jahrhunderten unserer Zeitrechnung war die Stadt ein wichtiger Töpfereiproduzent im römischen Reich. Archäologen fanden in allen Teilen des damaligen Weltreiches Gebrauchskeramiken mit Herstellungssiegel aus La Graufesenque. Fundstücke im MUSEE DE MILLAU ET DES CAUSSES, am Place du Maréchal Foch. Geöffnet täglich 1o-12 Uhr und 14-18 Uhr, Juli/August 10-18 Uhr. Eintritt 4 Euro.

LA MAISON DE LA PEAU ET DU GANT (Haut und Handschuh): Hier wird die alte Handwerkstradition der Gerber und Handschuhmacher dokumentiert. Ebenfalls am Place du Maréchal Foch.

Lohnenswert besonders der Aufstieg auf den alten Wehrturm BEFFROI, der früher auch als Stadtgefängnis diente - toller Ausblick. Offen: täglich 1o-12 Uhr und 15.3o-17.3o Uhr. Eintritt 2 Euro.

CAPION: Gault - Millau schreibt über das Restaurant : „Man kommt nicht zu Capion um subtile und raffinierte Akzente einer Kochkunst zu erleben, sondern ohne Hintergedanken den Magen zu füllen.“ Genug gesagt? Oft voll, und schwer einen Platz zu bekommen. 3, Rue J.-F.-Almeras.

Billigrestaurantgasse Rue de la Capelle; mehrere französische und internationale Restaurants hintereinander. Menüs ab 1o Euro. Ein gemütlich-rustikales Grill-Haus, Fleischmenüs zwischen 1o und 12 Euro.

Außerhalb:

FERME AUBERGE DE QUIERS AGUESSAC: Bauerngasthof, natürlich viel Hausgemachtes und aus dem eigenen Garten. Menü mit 5 Gängen für 23 Euro kleines Menü 12 Euro. Auch 5 Gästezimmer, mit Dusche/WC oder Bad/WC ca. 4o Euro. Adresse: kurz nach Aguessac (Richtung Clermont-Ferrand, N 9), rechts ab - Compeyre. Geöffnet Anfang April bis Mitte November, montags geschlossen. Tel. o5 65 59 85 1o.

„Hôtel Causses“: 56, Av. J. Jaurès (Straße nach Clermont-Ferrand)) Eckhaus mit 22 Gästezimmern. Empfehlenswert nur die Zimmer zur Hofseite, da der Autoverkehr auf der Hauptstraße viel Lärm macht. Zimmer einfach eingerichtet, mit Waschgelegenheit. DZ ab 45 Euro; gute, preiswerte Menüs.

„Hôtel Château de Creissels“: Schloßhotel ca. 3 km außerhalb im Dorf Creissels (St. Afrique). Das Schloß liegt auf einem kleinen Hügel inmitten eines üppig bepflanzten Gartens sehr ruhig! Die Fremdenzimmer hauptsächlich in einem nachträglich angebauten, modernen Seitenflügel. Im alten Bau eine modrige Bibliothek und ein Aufenthaltsraum für Gäste. Das Doppelzimmer mit Dusche für 45 Euro. Im alten Seitenflügel einfache, aber sehr geräumige Zimmer für 3o Euro das Doppel. Ein Feinschmecker-Restaurant mit gehobenen Preisen gehört zum Château. Tel. o5 65 6o 16 59.

„Hôtel La Capelle“: Ruhig gelegen, nebenan großer öffentlicher Parkplatz, leicht zu finden. Die Zimmer haben Toilette und WC separat. Von den meisten Zimmern schöner Blick auf den Larzac. DZ 30 bis 45 Euro. 7, Place de la Fraternite. Tel. 05 65 60 14 72.

„Hotel de Provence“, ein Tipp! Liegt an der Strecke zum Gorges du Tarn, hinter Boyne. Großer Gasthof, direkt an der D 907. Geführt von einer Gruppe junger Leute, die eine ganz angenehme Stimmung verbreiten. DZ maximal 35 Euro; an der ungebügelten Bettwäsche sollte man sich nicht stören. Sehr großer, aber gemütlicher Speisesaal; gegessen wird auch auf der Terrasse. Leckeres Menü für 13 Euro. Tel. 05 65 62 61 82.

Drachenfliegen: Optimal für diese Sportart, für jede Windrichtung gibt es einen Startplatz (mit Ausnahme des seltenen Ostwinds). Stark frequentiert ist besonders der Brunas Fels oberhalb von Creissel. Bei Nordwestwind genügt der Aufwind, um an den Startplatz zurückzukehren. Auch Non-Stop Flüge zur 90 km entfernten Mittelmeerküste sind keine Seltenheit.

Centre intern. de vol. libre: Drachenfliegerpension-Schule, Anfängerkurse von 2-wöchiger Dauer, von Ostern bis Ende Oktober, ab 440 Euro; die komplette Ausrüstung wird gestellt. Für Fortgeschrittene weiterführende Kurse.

Übernachtungsmöglichkeiten auch für Nicht-Flieger. Unterbringung im vollständig ausgebauten ehemaligen Wirtschaftsgebäude des benachbarten Schloßes Cabrières. Freistehender ‚Berghof‘ (600 m Höhe) mit einem phantastischen Fernblick. Volleingerichtete Küche und Aufenthalsraum mit offenem Kamin stehen zur Verfügung. Eine Nacht im großen Doppelzimmer 25 Euro. Das Bett im holzverkleideten Schlafsaal kostet 7,5 Euro pro Nacht (eigener Schlafsack!).

Das ganze Haus kann in den Wintermonaten (November bis Ende März) angemietet werden (Min. 8, max. 15 Pers.); 13 Euro p.P./Tag (inkl. aller Nebenkosten).

Anfahrt und Anschrift: 3 km nördlich von Aguessac (N 9) rechts ab; Jürgen & Ruth Dewess, Cabrières Compeyre, 12520 Aguessac, Tel. 05 65 59 84 44.

Camping Millau Plage: Gepflegter 4-Sterne-Campingplatz, 2,5 km außerhalb von Millau, liegt direkt am Fluß. Swimmingpool, viel Schatten. Geöffnet von Ostern bis Ende September. Adresse: Avenue de Millau Plage. Tel. 05 65 60 10 97.

Außerdem noch etwa 6 weitere Campingplätze in der Umgebung von Millau.

Für **Ausflüge** von Millau bieten sich nicht nur die Gorges du Tarn an:

Baden kann man im LAC DE PARELOUP, nordwestlich von Millau in Richtung RODEZ (ca. 35 km). Der See liegt in einer hügeligen, pastoralen Landschaft - auf den Weiden fette Kühe. Viele kleine Badebuchten über 100 km Seeufer! Gute Surfmöglichkeiten.

★ Roquefort-sur-Soulzon

Das bekannteste Käsedorf der Welt. Hier in den ca. 3o Kalksteinhöhlen reift der schon von den Römern geschätzte Roquefort-Käse. In den Höhlen herrscht das ganze Jahr über ein gleichbleibendes Mikroklima von 8° C und eine Luftfeuchtigkeit von 95 %.

Anscheinend nur hier gedeiht der „Penicillium Glaucum Roqueforti", welcher den Schafskäse zur herben Köstlichkeit heranreifen läßt: Eigens zu diesem Zweck gebackenes Brot wird in den feuchtkalten Kellern ausgelegt und verwandelt sich dort binnen 2 Monaten fast vollständig zu dem dunkelgrünen Penicillium Gl. Roqueforti (diese aufwendige Methode zur Pilzgewinnung wird bei der „Société" - dem mit Abstand größten Roquefort-Produzenten - nicht mehr praktiziert. Hier verwendet man einen künstlichen Pilz). Mit den Sporen wird in der Käserei die Schafsmilch infiziert - 2 g reichen für ca. 1.ooo Liter Milch. Auf den Eichenholzregalen in den Höhlen reift der Käse nun während eines Monats, wird dann in Blattzinn gewickelt und bleibt mindestens weitere 3 Monate zum Reifen, bis er verkaufsfertig ist.

In Roquefort gibt es ca. 12 verschiedene Käsehersteller. Die Lagerkeller der „Société" können besichtigt werden: täglich, das ganze Jahr, im Sommer 9.3o-18.3o Uhr, im Winter 9.3o-11.3o Uhr und 14-17 Uhr. Eintritt 2,5 Euro.

Auch die Höhlen des Herstellers „Papillon" können besucht werden (hier kann man auch die erwähnten Brote sehen). Geöffnet von Juni bis Sept. täglich 9.3o-18.3o Uhr; ansonsten nur werktags 9.3o-11.3o Uhr und 13.3o-16.3o Uhr.

Die Besichtigungen bei der Société und Papillon sind kostenlos; mit Führung, Film und ausführlichem Dokumentationsmaterial (mehrsprachig).

Tourist INFO Office du Tourisme, von St. Rome kommend am Eingang des Dorfes. Geöffnet täglich von 9-18 Uhr. Tel. o5 65 58 56 oo.

★ Gorges de la Jonte

Reizvoll ist diese enge Schlucht gerade wegen der wenigen Besucher - auch auf dem Wanderweg entlang des Flusses. Hauptattraktion der Gorge sind die hier wieder seßhaft gemachten Aasgeier. Als Anfang der 7oer Jahre das erste Geierpaar ausgesetzt wurde, überwog die Skepsis. Inzwischen bevölkern fast 8o Stück dieses Gebiet. Da natürlicher Aas fehlt, werden verendete Schafe der Bauern eingesammelt und den Geiern zum Fraß verabreicht.

Vor dem Dorf LE TRUEL (von Le Rozier kommen) befindet sich ein Infostand mit Dokumentationsmaterial über die Raubvögel. Die ‚Information de Vautours' ist täglich außer Montag 1o-12 und 14-18 Uhr besetzt. Info-Tafeln auch auf deutsch. Für die installierten Fernrohre zur Geier-Observation genügend 1-Franc-Stücke mitnehmen.

★ Gorges du Tarn

Im Gegensatz zur felsig kargen Schlucht der Ardèche hat der Fluß Tarn eine fruchtbare grüne Talebene, was besonders im trockenen Sommer erfrischend ist. Nachteilig für Wanderer und Kajakfahrer ist die stark befahrene Straße durch die Schlucht. Trotz allem weniger Rummel als an der Ardèche!

Von Millau führt die N 9 in das Tal hinein, das in seinem unteren Teil noch sehr breit ist - bewaldete Hügel und Felsen am oberen Talrand. Der interessanteste Part der Gorges beginnt erst bei LE ROZIER und endet ca. 35 km flußaufwärts bei ST.-ENIMIE.

POINT SUBLIME: Vom Dorf Les Vignes lohnt es sich, einen Abstecher hinauf zur „causse" zu machen. Von dort oben, dem sogenannten Aussichtspunkt Point Sublime, ist die Schlucht besonders eindrucksvoll - fast 4oo m senkrecht abfallende Felswand. Die Felsen wirken wie durchgeknetet. Mit dem Wagen fährt man an engen Serpentinen den steilen, mit Mischwald bestandenen Schluchthang, hinauf. Auf der Höhe hat man die Möglichkeit, entweder einen schönen 8oo m Spaziergang bis zur Aussichtsplattform zu machen oder man fährt über eine ca. 3 km lange Asphaltpiste per Wagen. Mehreren Hinweisschildern kann der dankbare Besucher entnehmen, daß der Eintritt hier ausnahmsweise kostenlos ist. Imbißmöglichkeit in einem Café mit Souvenirshop.

★ La Maléne

Kleines Dorf mit nur wenigen Häusern und einem Erholungsheim.

Luxuszimmer gibt es im **Château de Maléne** (3 Sterne; Landsitz von Montesquieu) zu mieten. Dieses Schloß wurde ebenso wie das mehrere Kilometer flußaufwärts gelegene **Château de la Caze** (4 Sterne) in ein stilvolles Hotel umgebaut.

Kajakvermietung: SIMON etwas außerhalb von La Maléne in einer alten Mühle bei einem kleinen Turbinenhaus. Von dort startet man mit dem Leihboot bis zum Cirque de Baumes: ca. 8 km lange Flußstrecke durch den reizvollsten Teil des Canyon.

Preis für den Trip, inkl. Rückholung, 23 Euro für ein Kajak, 15 Euro p.P. Bei einigermaßen hohem Wasserstand im Frühjahr schafft man die Strecke in etwa 2 Stunden.

Im August geht die Wasserdurchflußmenge auf 3 cbm. pro sec. zurück, und die Kanus schleifen am Kieselgrund. Wassertemperaturen im Sommer bei ca. 18 Grad.

★ St.-Chély-du-Tarn

Malerischer Weiler unterhalb von überhängenden Felswänden gelegen. Im Ort zwei Cafés und ein Restaurant. Im Sommer werden die Felsen und die alten Gebäude am Fluß mit starken Quarzstrahlern hell beleuchtet, und

Lautsprecher füllen das Tal mit klassischer Musik (jeweils ab Sonnenuntergang etwa 1 1/2 Stunden lang). Vom Dorf führt ein kurzer Fußweg am südlichen Ufer flußabwärts zur Grottenkirche.

★ Ste.-Enimie

Sehr schönes, für die Touristen aufpoliertes Dorfbild. Liegt zentral im interessantesten Teil der Schlucht, mit vielen kleinen Restaurants und Hotels an der betonierten Uferpromenade. Das Oberdorf am Hang hat seinen mittelalterlichen Charakter bewahrt.

Zwischen den schiefergedeckten Bauernhäusern enge Gäßchen, Bogengänge und Treppen. Besuchenswert ist das kleine Volkskundemuseum neben der Dorfkirche. Vom Dorf führt ein Fußweg zu den Felsen hinauf. Dort steht in einer Grotte die zweigeschossige Kapelle ERMITAGE DE SAINTE-ENIMIE.

4821o Sainte-Enimie. Geöffnet: Mai bis September 9-12 Uhr und 14-19 Uhr (auch sonntags); ansonsten nur werktags 9-12 Uhr und 14-16.3o Uhr. Tel. o4 66 48 53 44.

VOLKSKUNDEMUSEUM Le Vieux Logis, offen: April-Juni und Sept. 1o-12/14.3o-18 Uhr, Juli/August 1o-12.3o/14-2o Uhr. Eintritt 1,5 Euro.

Auch hier im Sommer **Kanuvermietung** - direkt unten am Parkplatz.
Außerhalb der Saison wendet euch an: M. Mejean in Prades, Tel. o4 66 48 58 7o, Mr. Bosc in Castelbouc, Tel. o4 66 48 55 57 oder Mr. Paradan in Ste. Enimie, Tel. o4 66 48 56 9o.

Couderc Rene: ca. 2 km flußabwärts von Ste. Enimie. Klein, terrrassenförmig, viel Schatten, eigene Kajakvermietung, Swimmingpool. Ca. 15 Euro/2 Pers.

Der größte Teil der Campingplätze im oberen Teil der Schlucht liegen zwischen St. Chély und Florac. Die Talwiesen sind dort wieder breiter und lassen mehr Platz. Wer gerade von der Küste kommt, wird von den Mini-Campingplätzen dieses Gebietes freudig überrascht sein.

Montbrun: 2 hübsche Plätze bei Montbrun, ca. 1o km flußaufwärts von Ste. Enimie an der südlichen Uferseite, üppig mit Büschen überwachsenes Gelände. Sehr simpel angelegt, mit sehr kleinem Waschhaus.

Centre National EPMM Activités de Pleine Nature: Hinter diesem Endlostitel versteckt sich ein Freizeitcamp etwas flußaufwärts von St.-Enimie. Zelt- und Übernachtungsmöglichkeit in kleinen Schlafsälen nur in Verbindung mit Kajaklehrgängen etc! Tel. o4 66 48 53 55.

DIE GORGES DU TARN AUF DEM WASSER

Ähnlich wie an der Ardèche werden am Tarn außer Kanus auch kommerzielle Barkenfahrten angeboten. Flache Boote mit einem kleinen Außenbordmotor tuckern die Touristen durch die schön-sten Stellen der Schlucht. Fahrten nur von April bis Oktober und nur ab La Malènes, Dauer: 1 Stunde, 23 Euro p.P., max 5 Pers. pro Boot.

Der Tarn entspringt am MONT LOZÈRE in etwa 1.5oo m Höhe in den Cevennen. Von dort gräbt er sich durch herrliche Kalkschluchten bis nach Millau durch. Dies ist auch für den Paddler die interressanteste Strecke. Am besten immer dort einsteigen, wo die extremen Wildwasserfahrer aussteigen, nämlich in Florac. Bis dorthin bietet der Fluß schwierigste Wildwasser, wird jedoch ab FLORAC in gewissem Maße zahm, was nicht bedeutet, daß er nicht auch dann noch seine Tücken hat.

Achtung: Der Pas de Soucis kurz vor Les Vignes ist absolut unbefahrbar. Die Ausstiegsstelle vorher ist gut erreichbar, beschildert mit einem großen Totenkopf, und die Fischer und Badegäste machen ein fürchterliches Geschrei und winken mit den Armen. Wenn man also Augen und Ohren offen läßt, kann nichts passieren.

Schönster Abschnitt ist die Strecke von Les Vignes nach Le Rozier. Hier gibt es bei einigermaßen anständigem Wasser eine etwa 1o km lange Schwallstrecke, und es macht richtig Spaß.

Aufpassen muß man allerdings an der Stromschnelle LA SALIÉRE - erkennbar an den vielen Steinen, die von der Straße in die Tarn gerutscht sind. Hier ist bei höherem Wasserstand schwieriges Wildwasser, dann sollte man sich besser für das Umtragen entscheiden. Wir haben sie, weil es soviel Spaß gemacht hat, einfach übersehen und sind glatt gekentert.

Nach Le Rozier ist der Tarn nicht mehr ganz so lohnenswert, die Schlucht wird breiter und bietet landschaftlich nicht mehr so viel.

Kanutouren ab S. Enimie: Mehrere Vermieter - oben am Platz sowie unten am Flußufer. 2 Touren bieten sich an:

A) Bis LA MALENE, 4 Std. Fahrt, 13 km, Kanu 17,5o Euro p.P., Kajak 2o Euro.

B) Bis LE PAS DE SOUCI, 6 Std., 23 km, Kanu 2o Euro p.P., Kajak 22,5o Euro, alles inkl. Rücktransport.

Weiter schluchtabwärts geht es leider nicht mehr, es sei denn man schleppt das Kanu um eine 2 km lange Geröllstrecke.

Oft ist auch im August und September der Wasserstand so niedrig, daß bei viel Grundberührung anstrengend gepaddelt werden muß, bester Monat Mai.

RACY 2001
BvH

Sète

Wenn man von Osten kommt, durchquert man erst einmal „die häßliche Seite" von Sète: übelriechende Industrieviertel, zum größten Teil chemische Industrie. Über eine drehbare Brücke, die die Einfahrt auch größerer Frachter in den Hafen ermöglicht, gelangt man in das Hafenviertel von Sète. Die Fahrradfahrer und Mopeds sind hier nicht zu bremsen. Die Brücke ist noch nicht einmal ganz zugeklappt, schon brausen sie auf die andere Seite los.

Sète ist zweitgrößte Hafenstadt und bedeutender Fischereihafen am französischen Mittelmeer. Buntes Gewimmel von Fischerbooten im „VIEUX PORT“ und Ozeanriesen aus aller Welt im „Bassin Nouveau“. Vom Kai des „Canal de Sète“ aus läßt sich das geschäftige Treiben der Fischer beim Entladen ihrer Fracht beobachten. Wenn man dabei Appetit auf Fisch bekommt: Am Kanal steht ein Restaurant neben dem anderen - Straßencafés hingegen gibt es nur wenige.

Die vielen Kanäle, die den Ort durchziehen, entstanden, als der Erbauer des „Canal du Midi“ die schmale Landzunge zwischen dem Étang de Thau und dem Meer durchstechen ließ, um die letzte Verbindung zwischen Mittelmeer und Atlantik herzustellen. So „stolpert“ man mitten im Ort andauernd über Kanäle, und die Boote gehen vor den Häusern vor Anker.

Überragt wird Sète vom MONT ST. CLAIR, einem knapp 2oo m hohen Hügel. Von hier schöne Aussicht auf das blaue Meer und den Étang. Man glaubt fast, sich auf einer Insel zu befinden.

Tourist INFO Syndicat d'Initiative: 6o, Grand Rue Mario-Roustan. Im Juli/August täglich 9-2o Uhr geöffnet; ansonsten 9-12 und 14-18 Uhr (außer Sonntag). Hier liegt ein Hotel-Fotoalbum aus; die Stadt- und stadtnahen Herbergen sind mehrfach abgelichtet und kurz beschrieben, auch die genaue Lage ‚abchecken‘ und reservieren. Geldwechselmöglichkeit im Juli/August. Tel. o4 67 74 71 71.

Zum AUSSICHTSPUNKT auf den Mont St. Clair: vom Stadtzentrum ca. 4o-minütiger Aufstieg über Treppen und durch Pinienwäldchen bis zur Hügelspitze. Von hier aus freier Blick auf die gesamte Hagenanlage und den Etang de Thau. Lohnenswert ist auch der AUSSICHTSPUNKT „Pierres Blanches“; man erreicht ihn über den gleichnamigen Chemin (auch mit dem Auto). Der Weg führt durch das Villenviertel von Sète (zu Fuß vom Mont St. Clair aus ca. 3o Min.). Blick auf die Austernzuchten im Etang und den langen Sandstrand im Westen.

POINTE COURTE: pittoreskes Fischerdörfchen am nordöstlichen Stadtzipfel. Nahezu vollständig verdeckt durch das Bahnhofsgebäude und die Brückenschleife der Stadtausfahrt. Fischernetze, ärmliche Häuschen - eine fast vergessenen Mini-Idylle am Rande des Trubels. Keine Restaurants,

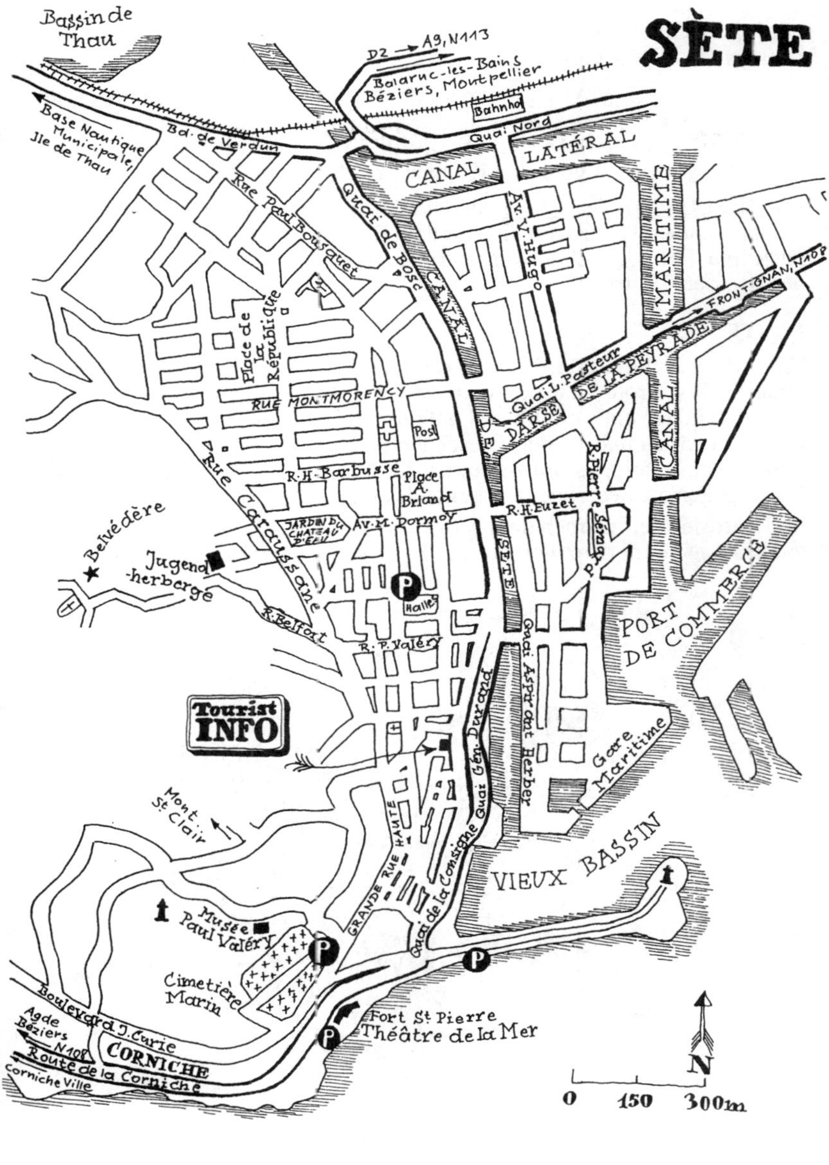
SÈTE
Bassin de Thau
D2 → A9, N113
Balaruc-les-Bains
Béziers, Montpellier
Bahnhof
Base Nautique Municipale, Ile de Thau
Bd. de Verdun
Quai Nord
CANAL LATÉRAL
CANAL MARITIME
Rue Paul Bousquet
Quai de Bosc
CANAL
Av. V. Hugo
FRONTIGNAN, N108
Place de la République
RUE MONTMORENCY
Post
Quai L. Pasteur
DE LA PEYRADE
DARSE
CANAL
R. H. Barbusse
Place A. Briand
R. Pierre Sémard
R. H. Euzet
Rue Caraussane
Belvédère
Jugendherberge
JARDIN DU CHATEAU D'EAU
Av. M. Dormoy
Halles
SÈTE
R. Belfort
R. P. Valéry
Quai Aspirant Herber
PORT DE COMMERCE
Quai Gén. Durand
Tourist INFO
Gare Maritime
Mont St. Clair
GRANDE RUE HAUTE
Quai de la Consigne
VIEUX BASSIN
Musée Paul Valéry
Cimetière Marin
Fort St Pierre
Théâtre de la Mer
Boulevard J. Curie
Agde
Béziers
N108
CORNICHE
Route de la Corniche
Corniche Ville
N
0 150 300m

Cafés und Geschäfte, nur die Bar du Passage, wo bunter Pastis getrunken wird. Wer Glück hat, sieht Fischer bei der Arbeit, kann Brückenspringer beobachten oder schicke Hausboote am Kai bestaunen.

Der CIMETIÈRE MARIN, mit dem Grab Valérys liegt am südlichen Ende des Mont St. Clair (zwischen Cap de Sète und Vieux Bassin). Direkt unterhalb das Théâtre de la Mer, ein Freilufttheater, zum Teil in einer alten Festung gelegen direkt über den Klippen zum Meer.

Im MUSÉE PAUL VALÉRY, in der Nähe des Cimetière, moderne Kunst, Archäologie und ein Raum, der nur dem Dichter gewidmet ist (Originalmanuskripte, Fotos, Zeichnungen). Offen: 9-12 Uhr und 14-18 Uhr, montags geschlossen. Eintritt 1,5 Euro.

FESTE

Eines der berühmtesten Feste in Sète, das überall an der Küste, so in Le Grau-du-Roi, Frontignan etc. stattfindet, ist „JOUTES", „Lanzenbrechen". Jedes Städtchen entwickelte im Laufe der Zeit seine Besonderheiten sowie eigene Trachten und Lieder. Dieser Wettkampf läßt sich bis zu den Ägyptern zurückverfolgen. Umstritten ist der Ursprung: ob es aus der Kampfübung gegen die Seeräuber entstand oder, wie in Ägypten, aus reinem Spaß.

Im Laufe der Zeit wurden daraus richtige Turniere - ähnlich denen im Mittelalter - auch um dem weiblichen Geschlecht zu gefallen. In Kähnen mit

einer kleinen Plattform, auf der der Kämpfer mit der hölzernen Lanze steht, rudern die Mannschaften aufeinander zu. Wer in das Wasser fällt, hat in der nächsten Runde noch eine Chance ... bis der Sieger übrig bleibt.

In Sète betreibt man das seit 1666, als der Hafen entstand. Immer wieder wurden bessere Boote gebaut und neue Trachten entworfen.

Um den 25. August herum findet jedes Jahr das STADTFEST von Sète statt, das 5 Tage dauert, Jouteveranstaltungen nachmittags und abends, außerdem Feuerwerk und viel Musik.

Im Juli und August THEATERFESTIVAL im Theater über dem Meer.

FISCHROSSMARKT „La Criee"; am unteren Ende eines alten Hafenbeckens. Jeden Tag gegen 16 Uhr beginnt eine der größten Fischauktionen Frankreichs - auf engstem Raum. Die Hochsee-Kutter haben kaum vertäut, schon wird der Fang auf Eis gelegt und verschwindet auf den Ladeflächen der LKW. Der neugierige Urlauber sieht gerade mal eine Haifisch-Schwanzflosse, die aus dem Eis-Styropor-Behälter lugt. Mitten im Fisch-Treiben ein kleiner Imbiß, der Grillwürste und Fleischspieße verkauft. - Verrückte Welt.

Als Vorspeise „coquillage" von den Marktständen entlang des Kais, die alle möglichen Meeresfrüchte an die Touristen verkaufen. Sehr lecker sind die Austern mit etwas Zitrone.

L'OURSINADE: Quai Général Durand, wie es sich für ein Hafenrestaurant gehört ausgeschmückt mit Fischernetzen, Schiffslaternen und unzähligen gemalten Bildern mit Schiffsmotiven. Zu essen gibt's natürlich hauptsächlich Fischiges, Menüs zwischen 13 und 23 Euro - jeweils immer 4 Gänge. Tel. o4 67 74 93 13.

LA TRATTORIA: 92, Grand Rue Mario Roustan. Sympathisches Restaurant. Seter- und italienische Spezialitäten. Preise zw. 7 und 15 Euro. Tel. o4 67 74 32 46.

L'AMPHORE - ein Tipp! Wer ans Ende des Fischrestaurant-Kais Général Durand gelangt ist und unschlüssig dasteht, sollte nicht umkehren; denn ein Stück weiter - mitten im Großmarkttreiben - steht das originellste Fisch-Lokal von Sète, vor allem bei Einheimischen beliebt. Ausgezeichnete Fischküche. Das kleine Menü (13 Euro) hat 2 Vorspeisen (kalt und warm). Quai Liceardi 7. Tel. o4 67 74 42 59.

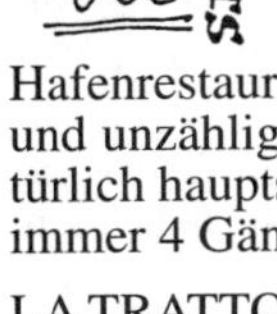

„Le Grand Hotel": wunderschöner Stadtpalast am Quai Tassigny; das 1. Haus am Orte, aber nicht unerschwinglich. Gepflegter Innenhof mit Lichtdach; kleine Innenbalkone und Balustraden; viel Grün und viel Stil. Zimmer (je nach Komfort und Lage) zwischen 5o und 85 Euro. Tel. o4 67 74 71 77.

„L'Orque Bleue": 1o, Quai Aspirant-Herber, ehemaliges Bürgerhaus, das mit viel Aufwand und Mühe hergerichtet wurde: Marmorfußboden, Säulen, schöne Stuckarbeiten an der Decke. Es herrscht eine freundliche Atmosphäre; die

Zimmer mit modernen Möbeln. Zimmer mit Blick auf den Hafen 75 Euro (Bad/WC), nach hinten 43 Euro (Dusche/ WC). Tel. o4 67 74 72 13.

„Le Petit Mousse": Rue de Provence in Corniche, in einer ruhigen Seitengasse. Zum Strand ca. 5 Minuten. Moderne Zimmer mit Waschgelegenheit, einige Räume auch mit Balkon. Preis 2o Euro, mit Dusche/WC zu 3o Euro. In der Saison (15.6.-15.9.) jedoch nur mit Vollpension. Tel. o4 67 53 1o 66.

„Méditerranée", 2-geschoßiger Bau etwas oberhalb der N 112, große Terrasse und Restaurant, DZ zwischen 28 und 35 Euro. Adresse: La Corniche. Tel. o4 67 51 58 57.

„Hotel Family", schönes Hotel mit 15 Zimmer. DZ zwischen 23 und 3o Euro. Adresse: 28, quai de Lattre de Tassiguy. Tel. o4 67 74 o5 o3.

Liegt oberhalb des Jardin du Château d'Eau am Stadthügel in einer ehemaligen Luxusvilla. Von der breiten Terrasse rings um das Haus toller Blick auf die Stadt. Großer Garten mit alten Bäumen. Eine Nacht mit Frühstück und Abendessen kostet 15 Euro. Adresse: Général Revest. Tel. o4 67 53 46 68.

Campingplatz - Le Castellas - zwischen Sète und Agde, 7 km außerhalb. Zum Strand muß man erst einmal die belebte N 112 überqueren. 4-Sterne-Platz kommt für 2 Personen auf 3o Euro in der Saison und auf 25 Euro außerhalb der Saison.

Zwar gibt es in Sète, Richtung Corniche, kleine felsige Badebuchten, aber durch den Gestank und die Verpestung durch die Industrie ist das Baden kein Vergnügen mehr.

Erst einige Kilometer westlich, Richtung Marseillan Plage, wird das Schwimmen am breiten Sandstrand wieder angenehm. 1o km lang zieht sich der unbebaute Strand hin. Ein Nachteil ist die N 112 - im Sommer am Straßenrand ein parkendes Auto neben dem anderen.

★ Marseillan-Plage

Der nächste Küstenort ist Marseillan-Plage, ein reiner Badeort. Außerhalb der Saison wirkt er wie eine leergefegte Goldgräberstadt: Kleine Villen und Appartmenthäuser mit zum Teil unbefestigten Wegen dazwischen; relativ ruhig gelegen, da es keinen Durchgangsverkehr gibt. Viele Deutsche mieten sich hier im Sommer ein.

Essen: Mehrere kleine FISCH-RESTAURANTS am Ort. Abends verkaufen die alteingesessenen Fischer am Strand die Fische, die sie tagsüber nicht loswurden.

Im Juli und August ist täglich OBST- UND GEMÜSEMARKT, zu dem die Bauern aus dem Umland kommen und dienstags ist großer Markt.

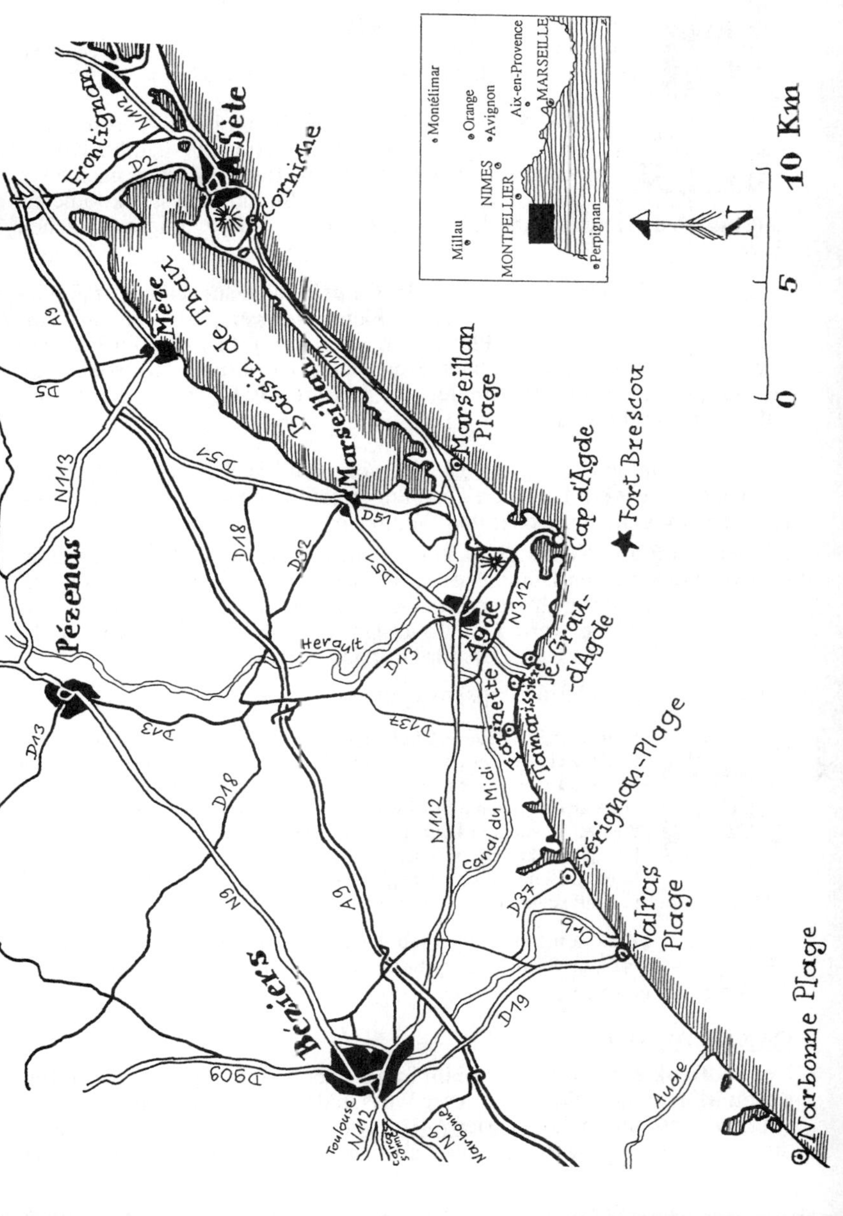
Sète
Frontignan
N112
D2
Corniche
Mèze
Bassin de Thau
A9
D5
N113
D51
Marseillan
Marseillan Plage
Cap d'Agde
Fort Brescou
Pézenas
D18
D32
Hérault
D13
Agde
N312
le-Grau-d'Agde
D13
D43
D137
Farinette
Tamarissière
Sérignan-Plage
D18
N112
Canal du Midi
A9
N9
D37
Valras Plage
Béziers
D19
D909
Toulouse
N112
N9
Narbonne
Aude
Narbonne Plage
0
5
10 Km
N
Millau
NIMES
MONTPELLIER
Montélimar
Orange
Avignon
Aix-en-Provence
MARSEILLE
Perpignan

Am Strand **Hotel Richmont** mit einer Diskothek im Keller. Die Übernachtung zw. 48 und 65 Euro, Tel. o4 67 21 97 79. 67 21 97 79.

Etwas billiger das **Les Dunes** (zw. 45 und 65 Euro das DZ), aber ebenfalls im sterilen Neubau-Charme. An der N 112 gelegen.

Der Strand vor Marseillan-Plage ist ca. 1oo m breit, mit niedrigem Dünengürtel dahinter. Auch für Kinder ausgezeichnet. Es geht ganz flach ins Meer, nach 5o m kann man noch stehen! Der Strand zieht sich kilometerlang hin, so daß man auch während der Saison ein relativ ruhiges Plätzchen findet.

Am Ortseingang wird der Campingplatzsuchende erst einmal in Verwirrung geraten: 22 kleine Wegweiser zu je einem Campingplatz! Die Plätze sind meist klein, fast alle mit Bäumen und grünen Hecken. Die üblichen Preise hier: der billigste (Robinson) ca. 1o Euro, der teuerste (Des Sirenes) ca. 3o Euro - in Ortsnähe eher teurer, außerhalb eher billiger.

Der kleine Hafenort MARSEILLAN, von dem die Strandsiedlung ihren Namen hat, liegt am Etang de Thau (zu erreichen über die kleine!! D 51). Hier leben vor allem Fischer und Weinbauern. Besonderheit:

Die Wermutfabrik Noilly-Prat kann besichtigt werden. Sie befindet sich in der Nähe des kleinen Binnenhafens. Zu sehen gibt's Lagerhallen, Fässer, Destillierapparate (mit Kostprobe). Geöffnet: Mai bis Sept. 1o-11 Uhr und 14.3o-18 Uhr, März, April, Okt. 1o-11 Uhr und 14.3o-17 Uhr, Nov. 1o-11 Uhr und 14.3o-16.3o Uhr. Dez. für Gruppen nach Voranmeldung.

Guter Ausgangspunkt für Trips ins Umland.

Sehr schön das Hotel **„Château du Port"**, ein alter Barockbau am Hafen. Durch die Restaurierung sind herrliche Zimmer entstanden. Zum Teil groß wie Säle mit vielen hohen Fenstern und alten Möbeln (vor allem in den unteren Stockwerken). Unter dem Dach, wo einst die Bediensteten wohnten, kleinere, gemütliche, mit Holz verkleidete Zimmer. Die „Säle" kosten zw. 65 und 1oo Euro, die kleineren Zimmer ab 35 Euro (Dusche auf dem Gang). Insgesamt 16 Zimmer. Tel. o4 67 77 65 65. Gleich nebenan ein Restaurant mit Bar im Seemannstil.

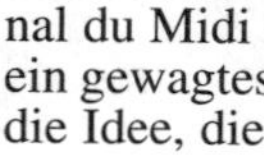

Direkt am Bassin de Thau der Campingplatz Tabarka, ausgedörrtes Gras (Sonne) mit Schotter, ca. 13 Euro, nur im Juli und August geöffnet.

CANAL DU MIDI

Der Südfrankreichreisende wird im Languedoc immer wieder auf den Canal du Midi stoßen. Der Bau dieser Wasserader war für die damalige Zeit ein gewagtes Unternehmen. Pierre-Paul Riquet (16o4-168o) aus Sète hatte die Idee, die Garonne knapp unterhalb von Toulouse mit dem Mittelmeer zu verbinden - und so einen Schiffahrtsweg bis zum Atlantik herzustellen. Er steckte sein gesamtes Privatvermögen in das Projekt, 34 Mio. Francs! Heute findet man relativ kompliziert alte Schleusenanlagen - hölzern und verrostet, die noch zur Regulierung der Bewässerung benutzt werden. Mehr über Hausbootsferien auf dem Kanal siehe Einleitungs-Kapitel-

★ Agde

Kleines Fischerstädtchen, 4 km von der Küste am Fluß Herault. Unter den Griechen war es eine blühende Hafenstadt in der Kolonie Agathe Tyche; später Sitz des Bischofs.

Im Norden von Agde der kleine Hafen; am Quai kann man die Fischer beim Säubern der Netze beobachten. In den Gassen die Häuser der Fischer mit schmalen Balkons und bunten Fensterläden. Schöne uralte Hausportale und viele schattige Plätze findet man, wenn man den Ort durchstreift.

Geprägt wird das Stadtbild durch die alles überragende Basaltkirche St. Etienne. Durch die Schwärze des Lavagesteines wirkt sie wie eine Mischung aus Fabrikgebäude, Burg und Kirche. Im Ort auch ein Museum mit archäologischen Funden aus den Wassern des Herault und des Meeres.

Die CATHÉDRALE ST. ETIENNE, am Quai du Chapitre: 12. Jh., über 3o m hoher Wehrturm. Im finsteren Innern ein riesiger Altar mit Marmorsäulen und Engelchen. In der Saison: Führungen in 1oer Gruppen (Dauer ca. 3o Min.). Eintritt 1 Euro. Beim Touristenbüro anmelden.

Das MUSEE AGATHOIS in der südlichen Altstadt, Rue de la Fraternite, ist ganzjährig 1o-12 und 14-18 Uhr geöffnet. Dienstags geschlossen! Zu sehen sind hauptsächlich archäologische Fundstücke aus der Umgebung, aber auch volkstümliche und religiöse Kunst. Außerdem eine kleine Abteilung zur Geschichte der Schiffahrt und des Weinanbaus. Eintritt 2,5 Euro.

Tourist INFO Office de Tourisme: am Place Molière gelegen; man spricht deutsch. Auch Infos zur Umgebung. Öffnungszeiten: Juni bis Mitte Sept. täglich 9-19 Uhr, ansonsten Mo-Sa. 9-12 Uhr und 14-18 Uhr. Tel. 04 67 94 29 68.

Fahrradverleih: im Zentrum, neben Tourist Info. La Cadotieure, April-Sept. Räder 15 Euro/Tag. Tel. o4 67 94 26 2o.

Markt: Am Donnerstag Vormittag ist an verschiedenen Stellen im Ort Markt (Gemüse, Obst, Blumen, Fleisch, Klamotten).

RESTAURANTS AUBERGE DE LA GRANGE: Das Restaurant-Hotel liegt ein wenig abseits auf der dem Hafen gegenüberliegenden Seite von Agde, an der Route de la Tamarissiere. Geräumiger, aber nicht ungemütlicher Speisesaal - Blick auf den Fluß. Viele Spezialitäten aus dem Meer, z.B. Darne de Saumon au Champagne, Sole à la Creme de Ciboulette... Menü zwischen 13 und 25 Euro (Juli/August ist Halbpension Pflicht). DZ 25 bis 82 Euro! Adresse: Route de la Tamarissière. Tel. o4 67 94 2o 66.

CASE PEPE: gemütliches Altstadt-Restaurant, regionale Spezialitäten stehen auf der Speisekarte, vor allem Fisch und Meeresfrüchte. Reelle Portionen und akzeptable Preise; Menü ab 13 Euro. Rue Jean Roger. Tel. o4 67 21 17 67.

PIZZERIA SCAMPIO: Pizzas, Spaghetti, empfehlenswert die Plâte du jour für 8 Euro. Rue du Cheval Blanc (Flußufer).

„Le Donjon": In einer Seitengasse zum Place Jean Jaures liegt dieses nette Hotel. Zimmer mit Blümchentapete und modernen Möbeln, die in Größe und Komfort leicht variieren. DZ ab 45 Euro. Adresse: Place Jean Jaurès. Tel. o4 67 94 12 32.

„Bon Repos": ein kleines Hotel in einer stillen Seitengasse zur N 112, in dem der Kirche gegenüberliegenden Stadtviertel (andere Flußseite). Die Zimmer gehen zum Teil auf eine kleine Dachterrasse und sind mit einem Mischmasch aus Alt und Neu möbliert, DZ zwischen 23 und 4o Euro. Adresse: 15, Rue Rabelais. Tel. o4 67 94 16 26.

CAP D'AGDE

Großes Touristenzentrum hinterm Cap. Das schwarze, quergeschichtete Gestein reicht mehrere Meter ins Wasser hinein. Cap d'Agde, erreichbar über eine dreispurige Autobahn, ist fast mit Grande Motte vergleichbar, wirkt aber doch weniger touristisch und anheimelnder: Die Planer des Projekts griffen auf althergebrachte Häuserreihen von unterschiedlicher Höhe und Breite zurück, in matten Sand- und Ockerfarben, verputzt mit roten Ziegeldächern.

Baden im Ort: Gute Badebuchten unterhalb des Kliffes mit schwarzem grobkörnigem Sand, oft nur über kleine Treppchen zu erreichen. Östlich des Caps werden die Felsen niedriger, und die Buchten gehen in einen kilometerlangen Sandstrand bis Marseillan- Plage über.

Plage de Môle: Der Strand beginnt etwa auf der Höhe des städtischen Campingplatzes Clape: Recht gute Badestelle, auch wenn's im Wasser Felsbrocken gibt, der Sand ist mit Muscheln vermischt. Hier sind die Appartementhäuser niedrig und verstecken sich hinter frischgepflanzten Grünanlagen. Es schließt sich der Plage de la Roquille an, der nach wenigen 1oo Metern bis zu 1oo m breit und weniger felsig wird.

Ausflüge aufs Meer: Ein Unternehmen hat sich auf Angeltouren und Küstenrundfahrten spezialisiert. Das Büro befindet sich am Quai Jean Miquel, S.D.F. Mazel. Tel. o6 08 47 22 32.

Geneviève Naturisme: Ein riesiges Naturistencamp mit Openair-Kino, Swimmingpools, Yachthafen und 4 Diskotheken (Eintritt am Wochenende ca. 15 Euro). Will man länger bleiben, muß man sich am Eingang im Empfangsbüro eine „Naturistenkarte“ aushändigen lassen. Darüber hinaus zahlt man als Fußgänger tagsüber 1,5 Euro (abends ist das Passieren kostenlos) und als Autofahrer 6 Euro pro Tag. Die Gäste - zumeist Ausländer - buchen ihren Aufenthalt in der Nacktkolonie über Reiseveranstalter. Was im Camp nicht nur ältere Herrschaften in Erstaunen versetzt: Selbst die Mahlzeiten werden z.T. „ohne“ eingenommen! Unterkunft in langgestreckten, 4-geschossigen Stahlbetonbauten.

AQUALAND

Die Attraktion des ganzen Küstenabschnitts. Ein aus den USA importierter Wasserspielplatz mit Riesenrutschbahn (15 m Höhenunterschied, Spitzengeschwindigkeit 4o km/h) und 2 doppelte Achterbahnen.

Auf ihnen klemmt man sich ein Schaumstoffkissen unter den Hintern und zischt, bei genügend „Kühl“- und Gleitflüssigkeit auf der Bahn, hinunter ins Wasserbecken. Unter Wasser wird man von Discomusik berieselt.

Auf dem nur 3 ha großen Gelände drängeln sich bis zu 7.ooo Besucher am Tag (Durchschnitt im Sommer ca. 3.5oo). Eintrittspreis 15 Euro (Kinder 1o Euro). Adresse: am westlichen Rand von Cap d'Agde (gut ausgeschildert).

Außer dem Campingplatz Clape östlich vom Ort (wo der Plage de Mole beginnt) auch im:

Nudistenviertel ein großangelegter Platz C.H.M. OLTRA mit niedrigen Bäumen.

Nacktsein ist Pflicht! Kosten ca. 15 Euro (2 Personen mit Zelt). Wer länger als 2 Nächte bleiben möchte, muß sich eine „Carte Naturiste“ für 15 Euro zulegen. Von Mitte Juli bis Mitte August oft total überfüllt!

MONT ST. LOUP: Eine hügelige Erhebung vulkanischen Ursprungs, rote Erde, dicht mit Pinien bestanden. Zwischen dem Cap und Agde gelegen.

Besonders nach einer durchregneten Nacht mit kristallklarer Luft am nächsten Morgen lohnt es sich raufzusteigen: Die Sicht reicht dann bis Spanien, und das Stück französische Küste davor erscheint einem wie eine riesige Bucht. Auf der anderen Seite dieser Bucht, meist mit Wolken verhangen, das Pyrenäenmassiv. Ostwärts Blick auf das Bassin de Thau und Sète.

Auf der Hügelspitze ein VERTEIDIGUNGSFORT aus dem 19. Jh., das der französischen Marine als Funkstation dient.

Die Auffahrt ist nicht gekennzeichnet!! Von Cap d'Agde in Richtung Agde fahrend, zweigt kurz nach der Unterführung an der N 112 ein kleiner Feldweg rechts ab, der nach wenigen Metern asphaltiert ist und der den ca. 1,5 km langen Weg zum Hügel hinaufführt.

MUSEE D'ARCHÉOLOGIE SOUS-MARINE: antike Amphoren und sonstige Funde aus dem Herault und dem Meer. Geöffnet 1o-12 und 14-19

Uhr, außerhalb der Saison dienstags geschlossen. Eintritt: 2 Euro. Adresse: Mas de la Clape. Tel. o4 67 94 69 6o.

★ Grau d'Agde

An der Flußmündung des Herault ca. 3 km außerhalb von Agde, halb Ferienort mit Villen, halb Fischerdorf. Von den Straßencafés kann man zusehen, wie abends die Fischkutter an der Ufermauer anlegen. Entlang des breiten Sandstrandes eine Promenade mit niedrigen Baumalleen.

„Château Vert“: Sehr ordentliches 2-Sterne-Hotel. Gänge wie im Betriebsleitungsbüro - alles mit Holz verkleidet. Geräumige Zimmer, die meisten zum Fluß hin. Das Doppelzimmer mit Dusche ab 4o Euro. Mit Parkplatz. Adresse: Quai Commandant Meric. Tel. o4 67 94 14 51

„Hôtel le Rancho“: Das umfangreiche Menü zu ca. 13 Euro, z.B. zur Vorspeise Fischsuppe oder Muschelplatte und danach panierte Seezunge. Die meisten der 9 Zimmer mit Blick zur Küste. Mit Parkplatz. Das Doppelzimmer 45 Euro, mit Dusche/WC. Adresse: Boulevard Front de Mer. Tel. o4 67 94 24 35.

POUM POUM: Quai Commandant Meric. Das beste der hier aneinandergereigten Fischrestaurants, fällt auf durch seine äußerst freundliche Bedienung. 4-Gang-Menüs zu 13 und 15 Euro. Auch leckere Crepes und verschiedene Muschelvariationen a la carte (ab 6 Euro).

L'ADAGIO: ebenfalls am Quai Meric; auf Meeres-Delikatessen spezialisiert; z.B ‚Ecume de gambas‘, Schlemmer-Menü 3o Euro.

FORT DE BRESCOU: Ehemaliges Inselgefängnis, im 17. Jh. errichtet. Eine Festung auf dem Wasser, ein Leuchtturm, sonst nichts. Besichtigungen Mitte Juni bis Mitte September. Boote um 1o.3o, 14.3o und 16.3o (Juli/August) Uhr. Überfahrt 5 Euro, Eintritt 1,5 Euro. Boote auch ab Cap d'Agde.

★ Tamarissière

Das Gegenstück zu Grau d'Agde auf der anderen Seite des Flusses. Es hat jedoch keinen so ausgeprägten Dorfcharakter wie der Nachbarort. Das Meerufer blieb unbebaut.

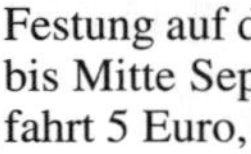

Campingplatz La Tamarissière im dahinterliegenden Wäldchen. Vom Platz hat man freien Zugang zum Meer. Am Sandstrand hohe, grünbewachsene Dünen und eine Reihe alter Bunker, die umgekippt und halb zerfallen im Sand liegen. Auch auf dem Terrain des Campingplatzes stehen Bunker, sie wurden allerdings zweckentfremdet: Jetzt sind eine Reihe von Pissoirs und Handwaschbecken daran befestigt.(Übernachtung: ca. 15 Euro 2 Pers.)

In einem kleinen eingezäunten Areal nicht weit entfernt wird an jedem Sonntag (9.3o Uhr) die heilige Messe gelesen.

Vom Hafen Pendlerservice mit kleinen Motorbooten nach Grau d'Agde; für 1,5 Euro hin und zurück. Tagesausflüge zu den Fischern auf offenem Meer werden von hier organisiert.

Einkaufen: Jeden Donnerstag 6-13 Uhr ist Markt; ein weiterer, kleiner, jeden Morgen am Platz vor dem Camping. Ansonsten gibt es noch einen kleinen Supermarkt.

Ca. 2 km westlich von hier der Strandort FARINETTE PLAGE (alias Vias-Plage), der einen netten, improvisierten Eindruck macht. Am Strand - mit ausgesprochen sauberem Wasser - Essens- und Imbißbuden.

Südlich davon der PORTIRAGNES-PLAGE, ein sauberer Badeort, der hauptsächlich aus Sommerhäusern besteht. Breiter Strand mit Parkplatz.

Béziers

Hübsche Altstadt auf einem Felsplateau im Tal des Orb. Häuser und Gassen aus dem 17. und 18. Jh. Weithin sichtbar die CATHÉDRALE ST. NAZAIRE, eine befestigte gotische Kirche, mit schönen Rosetten verziert. Eine Reliefarbeit (Enthauptungsszene) über dem Eingang erinnert an die Enthauptung von Saint Celze und Saint Nezaire.

Vor der Kirche über der Flußniederung ein Plateau, von dem man einen weiten Blick auf die weinbewachsene Ebene mit den Cevennen in der Ferne hat. Am Fuße der Kathedrale der PONT VIEUX, eine alte Steinbrücke aus dem 13. Jh.

Tourist INFO Informationen im Office de Tourisme und im Syndicat d'Initiative: 27, Rue du 4-Septembre, Tel. o4 67 28 o5 97, Fax: o4 67 28 14 61 In der Saison geöffnet 9-19 Uhr, sonn- und feiertags 1o-12 Uhr.

Außerhalb der Saison: Mo. 9-12 Uhr und 14-18 Uhr. Di.-Fr. 9-12 Uhr, 14-18.3o Uhr. Sa. 9-12 Uhr und 15-18 Uhr.

GESCHICHTE

Eine traurige Berühmtheit erlangte die Stadt im Mittelalter, als im Eroberungsfeldzug der Nordfranzosen die gesamte Stadtbevölkerung erschlagen wurde.

Zuvor war Beziers eine römische Siedlung gewesen, Colonia Biterrae. Ende des 3. Jh.'s war die Stadt bereits christlich. An der Stelle der heutigen Basilika St.-Aphrodise befand sich die Versammlungsstätte der frühen Christen. Bèziers wurde Bistum und blieb es fast 1.5oo Jahre bis zur Revolution.

Als sich die Stadt Anfang des 13. Jh.'s den Katharern angeschlossen hatte, wurde sie vom nordfranz. Heer unter Simon von Montfort belagert und erobert.

Die Sieger machten alles nieder, was sich bewegen konnte (übrigens mit freundlicher Billigung der kirchlichen Würdenträger).

An die 3o.ooo Menschen, d.h. alle Bewohner der Stadt wurden umgebracht, allein in der Kirche de la Madeleine 7.ooo. Danach wurde Beziers in Brand gesteckt..

Obst- und Gemüse-Markt wird jeden Tag (außer Montag) an den Allées Paul Riquet abgehalten. An gleicher Stelle jeden Freitag (ganztägig) Blumenmarkt.

Trödel-/Antiquitätenmarkt ist ganztägig jeden Mittwoch am Place de la Madeleine und Freitag vormittags am Place de 14 Juillet.

LE MUSÉE DES BEAUX ARTS: Das städtische Kunstmuseum ist in 2 verschiedenen Stadtpalästen untergebracht; beides sehenswerte Gebäude, die im Kathedralenviertel stehen:

L´Hotel Fabrégat: ausgestellt sind Werke aus dem 15. Jh. bis hin zur Neuzeit; insgesamt ein einteressanter Querschnitt von der Renaissance bis heute; darunter Gemälde von Holbein, Herrera, Delacroix, Géricault und De Chirico. Außerdem antike Skulpturen und Vasen. Place de la Révolution; das ganze Jahr über 9-12 und 14-18 Uhr geöffnet (Mo. und So. vormittags geschlossen). Eintritt 1,5 Euro.

L´Hotel Fayet: hier vor allem Malerei und Bildhauerei aus dem 19. und 2o. Jh. Im Innehof ein einteressanter Skulpturenpark. Reu de Capus 9. Geöffnet nur Di. und Do. 1o-12 und 14-18 Uhr. Eintritt 1,5 Euro.

MUSEE SAINT JAQUES: Das Museum ist in einer alten Kaserne aus dem 17. Jh. untergebracht und liegt am Altstadtrand auf dem Hügel Saint Jaques. Zu sehen völkerkundliche Sammlungen, archäologische Fundstücke und Dokumentationen zur Naturgeschichte. Öffnungszeiten: im Sommer täglich außer Montag 1o-19 Uhr, ansonsten 9-12 und 14-18 Uhr. Eintritt 1,5 Euro.

„Hôtel Imperator“: Am Hauptboulevard, ruhig die Zimmer zum begrünten Innenhof (mit Parkplatz). Graue Zimmer, das Doppel ab 55 Euro. 28, Allées Paul Riquet. Tel. o467 49 o2 25, Fax: 04 67 28 92 3o.

„Hôtel des Poètes“: hübsche Hausfassade, am Park des Poètes, relativ ruhig, besonders die Zimmer nach hinten. DZ ab 45 Euro. Allées Paul-Riquet 8o. Tel. o4 67 76 38 66, Fax: o4 67 76 25 88.

Ein-Sterne-Hotels in der Avenue Gambetta: **„De Paris“** Nr. 7o, DZ ab 3o Euro. Tel. o4 67 28 43 8o. **„Le Revelois“** Nr. 6o, DZ ab 25 Euro. Tel. o4 67 49 2o 78.

LE CEP D'OR: gemütliches Lokal am Beginn einer schmalen Seitenstraße (Nähe Postamt). Im Bestrot-Stil eingerichtet; regionale Spezialitäten. Menüpreise ab 15 Euro. Mo. geschlossen. Impasse de la Notairie 2. Tel. o4 67 49 28 o9. Le Petit Montmartre, 2 place de la Madeleine. Menüs ab 15 Euro. Tel. o4 67 28 56 54. Montag geschlossen.

Cafés: Die prächtige Platanenallee Paul Riguet verläuft am Ostrand der Altstadt und mündet in den schattigen Park Plateau des Poetes; hier findet man zahlreiche Straßencafés zum Verschnaufen.

Strände von Bèziers: Im Osten Sérignan Plage mit ein paar hölzernen Buden am Sandstrand, im Süden der mehrere Kilometer lange Valras-Plage, mit Imbißstationen und einem alten Casino am Strand.

Weiter südlich der Narbonne-Plage: Längs der Straße niedrige Villen, vor dem Strand eine breite Promenade mit Parkplatz.

An den folgenden Küstenstreifen bis Gruissan reichen die Felsen des Hügels Clape bis zu 500 m an den Strand heran. Dazwischen flaches, mit Kräutern und Gras bewachsenes Marschland.

Von Narbonne-Plage sind es nur ca. 15 km nach NARBONNE (S. 263) über die D 15, D 168. Über die N 113 oder die E 80/A 61 Abstecher nach CARCASSONE möglich.

CARCASSONNE

Fast vollständig erhaltene mittelalterliche Befestigungsanlage mit einem doppelten Mauerring und über 5o Türmen rundum.

Von Narbonne ca. 1 Stunde Autofahrt auf der N 113 durch das relativ flache Küstenhinterland.

Office de Tourisme:
1.) Von Narbonne kommend gleich am Ortseingang vor der „Ville basse". Boulevard Camille Pelletan. Tel. o4 68 25 94 81, Fax: o4 68 1o 24 38. Geöffnet: täglich 9-12.15 Uhr und 13.45-18.3o Uhr. Sonntag geschlossen.

2.) Porte Narbonnaise, Gros Maurevieille am Eingang zur Cité, im mittelalterlichen Wehrturm untergebracht. Geöffnet: täglich 9-18 Uhr, auch sonntags. Tel. o4 68 1o 24 3o, Fax o4 68 1o 24 38.

Man gelangt zunächst in die weniger sehenswerte VILLE BASSE, die Unterstadt. Lohnend: Ein Spaziergang zum Place Carnot und ein Besuch im Musée des Beaux Arts sowie die Besichtigung der Kirchen St. Michel und St. Vincent.

MUSÉE DES BEAUX ARTS: Rue de Verdun, am Anfang der Straße, die gleich neben dem Boulevard Pelletau in die Stadt führt. Viele Werke französischer Künstler des Midi wie Gameli, Genier u.a. sind hier ausgestellt, daneben „La Cite" von Vlaminck und andere Werke, die das alte Carcassone in den verschiedensten Stilrichtungen darstellen. Leider sind die Bilder der Surrealisten Max Ernst und S. Dali wieder an ihre Besitzer zurückgegangen. Öffnungszeiten: Juli/August 1o-12 und 14-18 Uhr (Mo. geschlossen), in den anderen Monaten nachmittags leicht geänderte Zeiten und So./ Mo. geschlossen. Eintritt frei.

KIRCHE ST. MICHEL: Rue Voltaire. Aus dem 13. Jh., mit einem eckigen Glockenturm und schönen Fenstern. Sie brannte vor nicht allzulanger Zeit ab und mußte restauriert werden.

ST. VINCENT: Rue du 4 Septembre. Kirche aus dem 14. und 15 Jh. mit eindrucksvollem Portal und schönem Innenraum. Der Turm blieb unvollendet.

CITÉ

Auf einem Hügel über der Unterstadt liegt die „Cité“, die Festungsanlage aus dem Mittelalter. Mit dem Auto erreicht man sie, wenn man Richtung Narbonne fährt und dann rechts die „montée Combéléran“ den Berg hinauf. Vor den alten Mauern ein Parkplatz. Wegen der unausweichlichen Parkplatzgebühr (3 Euro ohne Zeitbeschränkung) ist es ratsam, den Wagen in der ‚Ville basse‘ zu lassen.

Zu Fuß bringt der Besuch auf alle Fälle mehr. Vom Boulevard Pelletau rechts in die schmale Rue du Vieux Pont hinein, über eine romantische alte Brücke und die Rue de la Barbacane entlang bis zur Kirche. Dann rechts den Hügel hinauf und man steht vor der „Porte d’Aude“, dem großen Eingangstor zur Festung.

In den Gassen, - die Häuser sind nur noch zum Teil bewohnt -, treibt der Tourismus sein Unwesen. Es wimmelt nur so von Souvenirläden, Kunstgalerien, Cafés und Restaurants.

Auf dem Hügel der Cité die BASILIQUE ST.NAZAIRE: Von dem romanischen Teil aus dem 11. Jh. ist nur noch das Längsschiff übriggeblieben. Der Rest, Chor und Querschiff, entstanden im 13. Jh. (gotisch), mit schönen Glasfenstern und Rosetten.

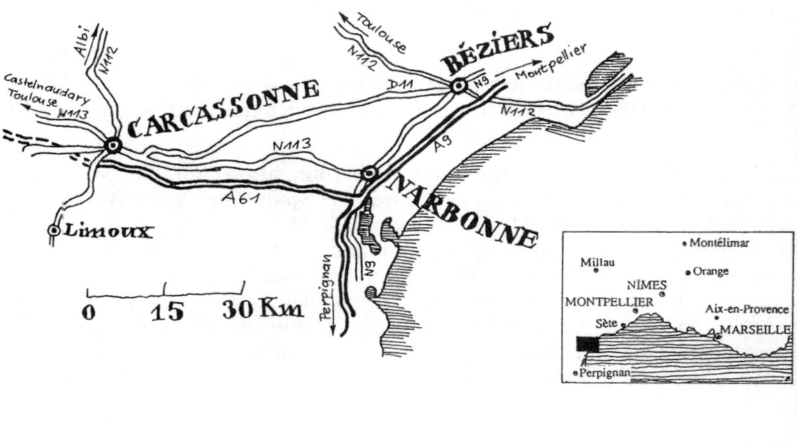

GESCHICHTE

Bedeutung gewann die Stadt schon bei den Römern; die ältesten Mauerteile stammen aus der Zeit der Westgoten, die im 5. Jh. aus dem Osten kamen und sich hier bis ins 7. Jh. halten konnten.

Im 8. Jh. versuchten die Franken unter Karl dem Großen vergeblich, die Stadt zu erobern. Angeblich bekam damals Carcassonne seinen Namen:

Die Stadt war durch die Belagerung in eine verzweifelte Lage geraten, es gab keine Vorräte mehr, und man stand kurz vor der Aufgabe. Da ließ die Fürstin Carcas eine Menge Strohpuppen auf die Mauer stellen und täuschte dadurch vor, daß die Stadt noch eine große Menge Verteidiger besitze. Die Krönung aber war, daß sie ein Schwein vom letzten Korn in der Stadt fressen ließ, bis es zum Platzen voll war. Dann stieß man es wie aus Versehen über die Mauer. Es fiel hinunter, zerplatzte, und die Belagerer sahen die riesigen Mengen Korn, die das Vieh verschlungen hatte. Da verließ sie der Mut und sie machten sich daran abzuziehen. Im letzten Moment ließ Carcas die Glocken der Stadt läuten und bot Karl Verhandlungen an. Man schloß einen Kompromißfrieden. „Carcas läutet" heißt im französischen „Carcas sonne", und so soll der Legende nach der Name zustandegekommen sein.

Im 11. Jh. kam die Festung in den Besitz des Hauses Trencavel. Ihre Herrschaft endete Anfang des 13. Jh., als die nach Süden ziehenden Kreuzzügler die Stadt plünderten und die Grafen ermordeten. Auf den Versuch des letzten Grafen von Trencavel, die Bevölkerung für sich zu gewinnen und eine Revolution zu entfachen, reagierte Ludwig der Heilige mit der Nivellierung jener Vorstädte, deren Bewohner sich auf die Seite des Grafen gestellt hatten.

7 Jahre später entstand die Unterstadt (ville basse), von den Einwohnern der zerstörten Stadtteile gegründet.

Als im 17. Jh. der Roussillon an Frankreich kommt, wird die ehemalige Grenzfestung überflüssig. Dementsprechend bedienen sich Bürger der Stadt der Mauersteine für den Bau ihrer Häuser. Die Burganlage verfällt.

Erst im 19. Jh., im Zuge der allgemeinen Entdeckung der Vergangenheit und der Restaurationsbegeisterung, wird auch die Burg von Carcassone wieder aktuell. Unter dem Architekten Viollet-le-Duc wird sie vollständig wiederaufgebaut und ist heute wohl die am besten erhaltene mittelalterliche Stadtanlage.

Im Rahmen des FESTIVAL DE LA CITÉ werden im Juli verschiedene Veranstaltungen organisiert.

Am 14. Juli (französischer Nationalfeiertag) ist abends um 1o Uhr großes FEUERWERK, das man am besten von der Unterstadt aus beobachten kann.

Der Höhepunkt ist das FEST DES MITTELALTERS in der ersten Augusthälfte: Pferdeturniere, Bogenschießen, mittelalterlicher Markt, Theatervorstellungen.

FÜHRUNGEN durch das Schloß der Cité: Beginn vor dem Eingang zum Schloß, das auch ein Museum beherbergt (Lapitarien, Kostüme). Zeiten: im Sommer 9-19 Uhr täglich, sonst - je nach Jahreszeit - abends früher geschlossen und mit Mittagspause bis 14 Uhr. Die Führungen sind in französisch und dauern etwa 1 Stunde. Seit neuestem auch ca. 4 x täglich Führungen in englisch (nur im Sommer). Eintritt 5 Euro, unter 25 Jahre 4 Euro.

Überall in den Touristenlädchen sind deutschsprachige Führer über Carcassonne erhältlich, die auch Hintergrundinformationen liefern.

ESSEN/ÜBERNACHTEN

In der Cité tummeln sich die meisten Restaurants (s.u.). Wer in der Burg selber wohnen möchte, hat 4 Adressen (und die Jugendherberge) zur Auswahl: das günstigste ist das „Remparts". In der Ville basse ist das Preis-Leistungs-Verhältnis hinsichtlich Essen und Wohnen ausgewogener.

Ville Basse

L'OEIL: Nähe Square Gambetta; ein bißchen abseits gelegen, aber der Weg lohnt sich. In dem klimatisierten Kellergewölbe ist es recht gemütlich. Das Kaminfeuer brennt auch an wärmeren Tagen, denn dort wird die Holzkohle für die Grillspezialitäten ‚erzeugt'. Das Lokal wird vorwiegend von Einheimischen frequentiert. Außerdem gibt es gute L'Aude-Weine, beteuert der Wirt. Mittagsmenü 1o Euro. Abends zwischen 1o und 25 Euro. So. geschlossen. Rue de Lorraine 32. Tel. o4 68 25 64 81.

LE CATHARE: Nähe Place Carnot (wo auch der Wochenmarkt stattfindet). Der Speiseraum ist in Nischen unterreilt; grob verputztes Mauerwerk, dikke Balken, offener Kamin. Das kleine Menü kostet 1o Euro. Für 15 bzw. 2o Euro gibt es Menüs mit großer Auswahl an Vorspeisen und Hauptgerichten. Außerdem sog. ‚Formule', z.B. frische Muscheln und 3 Sorten Käse mit Salat (1o Euro). Leckere hausgemachte Dessert. Tel. o4 68 25 65 92.

Das Hotel zum Restaurant: Einfache, saubere DZ ab 2o Euro. Adresse: Rue Jean Bringer 53. Tel. o4 68 25 65 92.

KREIZ AVEL: Restaurant und Creperie, einladender klimatisierter Speiserum; für den kleinen Hunter große Salat- und Crepe-Auswahl. Rue de Verdun 15 (Nähe boulevard Pelletan). Tel. o4 68 72 34 8o.

PIZZABÄCKER (Straßenverkauf) nur 1oo m vom Bahnhof in der Fußgängerzone: Sarl Phlicris. Auch viele Süßteigwaren. 58, Rue Georges Clemenceau.

„Bristol": gegenüber vom Bahnhof in einer schmalen Seitengasse. Großes Hotel mit ca. 6o Zimmern in einem alten Bürgerhaus. Komfortable Holzmöbel, gekachelte Duschen. Unten ein Restaurant mit 2 großen Speiseräumen. Preise: DZ je nach Komfort zwischen 38 und 7o Euro. Tel. o4 68 25 o7 24 .

„Astoria": meist geräumige Zimmer, akzeptabel das Doppel zu 3o Euro. Gegenüber vom Bahnhof, Rue Tourtel 18. Tel. o4 68 25 31 38.

In der Cité

Hier hat ein harter Kampf um die Gunst der Touristen eingesetzt und die Preise zum Teil bis auf 1o Euro für das Touristenmenü gedrückt. Vor den Restaurants überschlägt man sich nur so mit mehr oder weniger originellen Plakaten, um Gäste ins Haus zu locken.

So z.B. im Restaurant LES BUISSONNETS, einem rustikal eingerichteten Lokal mit dicken Holzbalken an der Decke, wo es besagte Menüs zu 1o Euro gibt. Adresse: 6, Rue Cros Mayrevieille (die Straße, die vom Eingangstor zum „château" hinaufführt). Tel. o4 68 25 27 61.

LE CRÉMADE: Ein Restaurant zum weiterempfehlen, obwohl mitten im Touristennepp der Cité. Menüs ab 15 Euro, herzhaft gewürzt, besonders zu empfehlen: „Aiguillette au poivre rose" im Menü zu 2o Euro. Rue Plô.

„**Donjon**": Sehr familiär und geschmackvoll gemütliche Lobby, kleine Bibliothek. Meist geräumige Zimmer mit Dusche/WC, DZ ab 6o Euro. 2, Rue Comte Roger. Tel. o4 68 25 o6 6o.

In einer schmalen Seitengasse vor dem Schloß (Cité). In der Küche kann man selber kochen, kleine Schlafsäle. Für die Übernachtung mit Frühstück werden 13 Euro berechnet; Bettwäsche kostet extra. Geöffnet Anfang Februar bis Mitte Dezember. Tel. o4 68 25 23 16.

Camping de la Cité, ein vollkommen „platter" Platz mit Bäumchen. Südlich der Cité, Route de St.-Hilaire (D 1o4). Im Juli/August ca. 1o Euro, sonst ca. 8 Euro. Tel. o4 68 25 11 77.

Fahrradverleih: z.B. bei „Fun Sports", Rue Jean Monnet, Tel. o4 68 71 67 o6. Verschiedene Räder, Preis auf Anfrage.

Von Carcassone über die Corbiéres -> Perpignan

Der breite Höhenzug der Corbières beginnt südlich von Narbonne, kurz hinter der Küste, und erstreckt sich weit bis ins Landesinnere. Eine einsame, über weite Strecken fast unbesiedelte Gegend. Zwischen Weinbergen und bewaldeten Hügeln verschlafene Dörfern; Schlösser auf einsamen Kammhöhen, abgelegene Klöster und die romantischen Schluchten der Aude. Die Gegend bietet immer wieder Anlaß zu reizvollen Abstechern.

Entlang der Aude-Schlucht von Carcassonne via D 118 nach Quillan:

Die Landschaft, anfangs üppig bewachsen, wird zusehends karger. Die hellen Felsen der Schlucht sind nur noch mit Flechtwerk bewachsen.

Ein erster Stop lohnt sich in LIMOUX, einem kleinen Provinzort mit malerischem Stadtkern. Am Place im Zentrum mehrere Cafés und die ÉGLISE SAINT MARTIN (12. und 13. Jh.): Eleganter, romanischer Glockenturm, am Portal biblische Motive; besonders schön einige noch erhaltene Kapitäle aus der ersten Bauphase.

Von LIMOUX (über die D 1o4) reizvoller Abstecher zur Benediktinerabtei ST. HILAIRE (Kirche aus dem 11. Jh. und gotisches Kloster). Besichtigung der Klosteranlage im Juli/August 1o-19 Uhr (So. vormittags geschlossen); außerhalb der Saison nur nach vorheriger Anmeldung. Eintritt 2,5 Euro.

Südlich von St. Hilaire (über die D 51) das Kloster ST. POLYCARPE, im 8. Jh. von einem christianisierten Spanier gegründet. In der Kirche, neben späteren Stilelementen, vereinzelte Reste aus vor-romanischer Zeit. Kurz nach dem Étroit d'Alet, einer Schluchtenge, liegt ALET-LES-BAINS, ein bereits von den Römern geschätztes Thermalbad. Wenige Übernachtungsmöglichkeiten und Restaurants in dem auffallend friedlichen Dorf. Die Reste der römischen Thermen können besichtigt werden; es ist ein kleiner archäologischer Park entstanden. Geöffnet von Mai bis Ende September täglich außer Sonntag 8-11.3o und 15-18 Uhr.

Auch lohnend die Ruinen der Kathedrale SAINTE-MARIE D'ALET (11. und 14. Jh.). Interessant die vielen antiken Motive an der Kirche, zu denen vermutlich die römischen Bauwerke der Umgebung inspiriert hatten.

In der Talöffnung am Ende der Schlucht das CHÂTEAU DES DUCS DE JOYEUSE, umgeben von den Häusern des kleinen namenlosen Dorfes.

Zwischen QUILLAN und Axat die engste Stelle der Schlucht. Die Felswände lassen gerade noch Platz für die Straße, die Eisenbahn fährt durch Tunnels an der Felswand entlang. Nach dem Ort Caudies de Fenouilledes kerzengerade Baumallee mit Weinbergen rechts und links.

In ST.-PAUL-DE-FENOUILLET geht es im Dorf links ab zu den Gorges de Galamus. Man erreicht den Eingang der Schlucht nach etwa 5 km; großer Parkplatz mit hölzerner Weinbude.

Links unten die ERMITAGE DE ST. ANTOINE, die im wuchtigen Fel-sen klein und verloren wirkt. Von hier führt ein schmaler, ziemlich steiler Pfad hinunter zur Einsiedelei. Zu sehen ist eine tief im Gestein liegende Grottenkirche sowie ein kleiner Grottenaltar. Eine Bar wartet auf die durstigen Besucher. Die Straße in die Schlucht wurde auf einem in den Fels gehauenen Vorsprung gebaut, so daß sich die Felsen streckenweise wie ein Halbbogen über die Straße spannen.

Imposante Ausblicke die senkrecht abfallende Felswand hinunter mit kleinen Wasserfällen in die Tiefe.

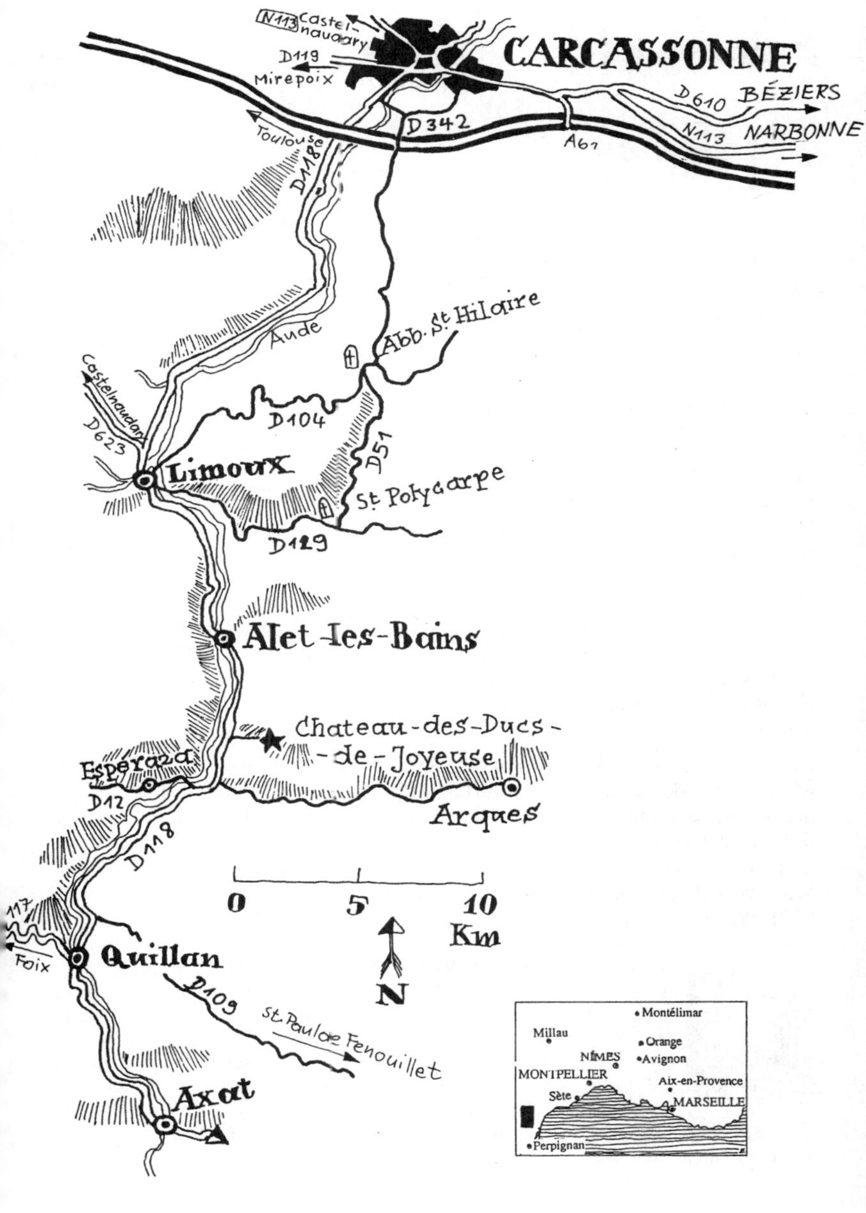
N113
Castelnaudary
D119
Mirepoix
CARCASSONNE
D610
BÉZIERS
N113
NARBONNE
A61
D342
Toulouse
D118
Aude
Abb. St. Hilaire
Castelnaudary
D623
D104
D51
Limoux
St. Polycarpe
D129
Alet-les-Bains
Chateau-des-Ducs-de-Joyeuse
Esperaza
D12
Arques
D118
0
5
10
Km
N
117
Foix
Quillan
D109
St. Paul de Fenouillet
Axat
Montélimar
Millau
Orange
NÎMES
Avignon
MONTPELLIER
Aix-en-Provence
Sète
MARSEILLE
Perpignan

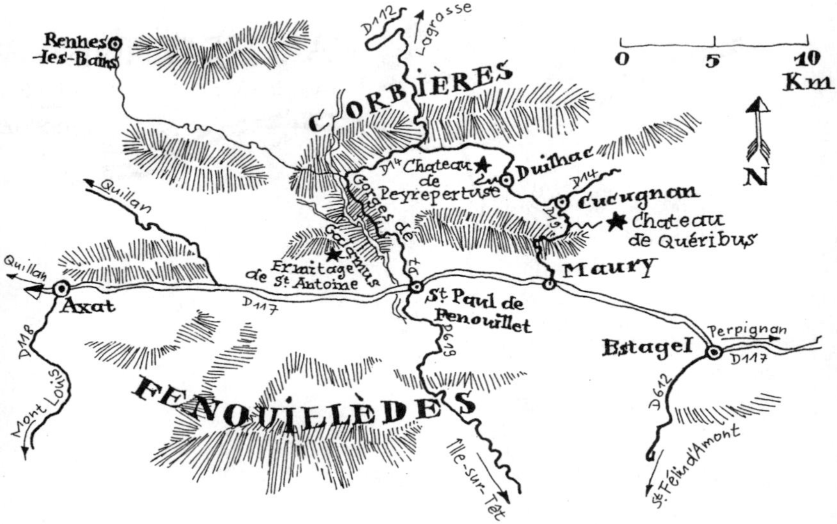

Einige Kilometer weiter auf der D 14, und man erreicht DUILHAC, ein wiederaufblühendes Bergdorf auf einem kleinen Hügel. Im Tal Weinfelder zwischen den hochaufragenden Felsketten. Vom Ort schlängelt sich eine schmale Straße zum CHÂTEAU DE PEYREPERTUSE, einem mittelalterlichen „Militärstützpunkt“ nahe der alten französischen Grenze zum Königreich Aragon: Die Ruinen, auf einem schmalen Felsgrat gebaut und nur zu Fuß vom Parkplatz aus zu erreichen, überthronen das ganze Umland. Eintritt: frei.

Der Pfad ist mit weißen Pfeilen und Rechtecken gekennzeichnet. Die alten Mauern wurden zum Teil restauriert, das meiste ist verfallen. Einige steinerne „Behausungen“ befinden sich allerdings noch fast in ihrem ursprünglichen Zustand. Wenn die Gegend ringsum mit schwarzen Wolken verhangen ist, und Krähen durch die Luft fliegen, fühlt man sich in einen Edgar-Wallace-Film versetzt. Weiter Blick auf die Täler und Berge ringsum bis zum Pyrenäenmassiv.

Hotel/Restaurant **AUBERGE DU VIEUX MOULIN**: die einzige Unterkunft in Duilhac. Das halbrunde Gemäuer am Ortseingang ist ein geschmackvoll auf alt getrimmter Neubau; die Zimmer sind klein, funktional und sauber. DZ zwischen 28 und 3o Euro. Gegenüber das Restaurant; direkt an den Fels gelehnt, in einer restaurierten Ölmühle untergebracht. Plätschernde Staubecken und Wasserläufe, davon ein schattiger Weidenbaum. Ohne ein Geheimnis verraten zu wollen: Hier gibt's zünftige Hausmannskost, die Portionen sind so riesig, daß man aufpassen, muß, um nicht ins Koma zu fallen. Menüpreise 13 bis 18 Euro. Tel. o4 68 45 o2 17.

Die Straße führt weiter nach CUCUGNAN. An der Abzweigung nach Maury ein kleines Dorf auf einem Hügel mitten im Tal. Im oberen Teil des Dorfes stehen nur noch Steinmauern und die Reste einer Windmühle.

Eine schmale Straße führt zum CHÂTEAU DE QUÉRIBUS, das einsam auf einem der höchsten Kämme der Umgebung liegt. Wie steinerne Finger, als wollten sie die Burg vorm Umsturz bewahren, schließen sich die Felsen um den unteren Teil des Château. Der Turm wurde fast vollständig wiederhergestellt und es wird noch weiter restauriert. Eintritt ca. 5 Euro.

In MAURY stößt die Straße wieder auf die D 117, die direkt nach Perpignan führt.

Von hier aus lohnt sich ein Abstecher nach TAUTAVEL; zum ältesten Europäer. Erst in den 6oer Jahren entdeckten Altertumwissenschaftler den 45o.ooo Jahre alten Menschen von Tautavel in seiner Höhle ,La Caune de l'Argo'. In der Folgezeit entstand ein sehenswertes Museum der Frühgeschichte, das 1992 eröffnet wurde. Audiovisuelle Medien berieseln die Besucher mit Hintergrundinformationen, wissenschaftliche Dokumentationen unterstreichen die Bedeutung der Entdeckung. Außerdem gibt es zahlreiche Fossilien, prähistorische ‚Abdrücke' und rätselhafte Gesteinsformationen zu sehen. In der Höhle selbst wird noch geforscht. Öffnungszeiten: täglich 1o-12 und 14-18 Uhr; von Mitte Juli bis Ende August durchgehend 1o-21 Uhr. Eintritt 6 Euro. Tel. o4 68 29 o7 76,

Der Ort Tautavel selbst ist erst durch das Museum aus dem Tiefschlaf geweckt worden. Einige Dorfbewohner haben ihre Chance gewittert und eilig Imbißstuben und kleine Restaurants gebastelt; alles wirkt noch etwas improvisiert. Die Winzer verkaufen natürlich Tautavel-Wein mit dem retuschierten Konterfei des 1. Europäers. Souvenirläden fehlen ebenfalls nicht. - Der plötzliche Reichtum der Bürger von Tautavel.

Narbonne

Kleine, geschäftige Stadt, deren Bild vor allem von der 4o m hohen Kathedrale St.-Juist geprägt ist. Sie ist Teil eines großen, sehenswerten Komplexes, der aus dem alten und dem neuen „Palast der Erzbischöfe" besteht. Im Inneren mehrere Museen. In der Stadt verstreut noch weitere interessante Kirchen.

Der einzige verbliebene Zeuge antiker Zeiten ist das Horreum, ein antikes Warenhaus.

Vor allem für den Fachmann lohnend ist ein Besuch in dem Musée Lapidaire: Eine riesige Sammlung von Steinen mit alten Inschriften und Reliefs.

Stimmungsvoll ist es am Canal de la Robine. Im Schatten der Allee hockt Jung und Alt entweder in den Straßencafés am Place oder auf den Park-

bänken. Früher konnte man von hier aus noch Fischer- und Handelsboote auf dem Kanal beobachten.

Syndicat d' Initiative: Place Salengro, hinter der Kathedrale, geöffnet 15.6. bis 15.9. täglich 8-19 Uhr, Sonntag 9.3o-12.3o Uhr, sonst 8.3o-12 Uhr und 14-18 Uhr. Sonntag geschlossen. In den Museen verbilligte Sammeleintrittskarten für die Museen und das L'Horreum. Preis 5 Euro. (Das Ticket ist 2 Tage gültig.)

GESCHICHTE

Eine der altersgrauen Städte des Languedoc. Bereits die Gallier hatten hier eine Handelsniederlassung. 118 v. Chr. wurde daraus die römische Colonia Narbo Martius. Damals lag die Stadt noch am Meer, und aus dem strategisch wichtigen Hafen wurde bald die Hauptstadt der neuen römischen Provinz Gallia Narbonensis. Wahrscheinlich im 3. Jh. n. Chr. kam ein gewisser Sergius Paulus nach Narbonne. Er wurde der Schutzpatron der Stadt. Nach den Theorien einiger Hagiografen wurde er vom Apostel Paulus selbst getauft. Über seiner Grabstätte wurde im 4. Jh. die Basilika Saint-Paul-Serge errichtet, die heute in der Form des 12. und 13. Jh. erhalten ist.

Nach der Besetzung durch Westgoten und Araber wurde die Stadt Erzbistum. Im Krieg gegen die Katharer blieb Narbonne katholisch und wurde deshalb von der Zerstörung verschont. Die Versandung des Hafens nahm bereits im Mittelalter so stark zu, daß die Handelsschiffahrt für die Stadt zum Erliegen kam. So ist der Ort über 4o.ooo Bewohner nicht hinausgekommen. Heute liegt er bereits ein ganz schönes Stück vom Meer entfernt.

NARBONNE
A9
NARBONNE PLAGE
Av. de Gruissan
Av. Elie Sermet
Av. de L. de Tassigny
Place Thérèse Léon Blum
Boul. Gambetta
Post
Quai Vallière
Cours de la République
ROBINE
Cours Mirabeau
Boul. Ferroul
EGLISE LAMOURGUIER
Place des Jacobins
St. Sébastien
Bd. Sembat
Av. M. Foch
BEZIERS
Bahnhof
N113/N9
R. Rouget de l'Isle
Place de l'Hôtel de Ville
St. Just
MUSEUM Palais des Archevêques
PLACE SALENGRO
Boul. Mistral
Boul. Frédéric Mistral
Boul. Léon Augé
Rue Jean Jaurès
Rue Turgot
Rue de la Parerie
Nécropole Chrétienne
St. Paul
Boul. du Dr. Lacroix
Place Voltaire
Boul. Mal. Joffre
Av. d. Pyrénées
Place des Pyrénées
Av. K. Marx
Rue de Nancy
CANAL
Rue de Cuxac
Quai d'Alsace
Av. A. France
Av. de Toulouse
Av. G. Leclerc
PERPIGNAN CARCASSONNE
N9
D607
St. PONS
CARCASSONNE QUILLAN
N113
0
150
300 m
N

Vom Syndicat d'Initiative aus geht's zur KATHEDRALE, deren schöne, aufstrebende Bögen und Verstrebungen leider zum Teil ziemlich verbaut sind.

Mit 4o Metern ist sie die dritthöchste Kathedrale Frankreichs. Der letzte Bischof wollte die Kirche loo m höher machen, aber er trieb das Geld dazu nicht auf. Die späteren Stadtoberen versuchten das Beste aus dem angefangenen Bauwerk zu machen und verpfuschten es endgültig. Teilstücke wurden herausgerissen, andere hingefügt. Man erreicht schließlich die Rue Jean Jaures, die zum Vordereingang des Palais des Archevêques führt:

Durch eine Passage gelangt man in das Innere dieses Komplexes. Rechts und links 2 Türme: La Madeleine (13. Jh.) und St. Martials (14. Jh.). Ein neugotisches Rathaus bildet die Mittelfront. Im alten Teil des Palastes der Hof de la Madeleine, ein Glockenturm und die ehemaligen Wohnflügel der Erzbischöfe. Schön sind die verschiedenartigen Fenster.

Am Ende der Passage die CATHÉDRALE ST.-JUST mit Klostergang. Der Bau wurde nicht fertiggestellt, und so besteht sie nur aus dem 4o m hohen gotischen Chor. Innen im Licht der bunten Glasfenster Grabdenkmäler aus dem 14. und 16. Jh. und schwere Gobelins an den kalten Mauern. Der sich westlich anschließende Klostergang mit dem Garten, in dem Reste römischer Bauten aufbewahrt sind, führt zum neueren Teil des Palastes:

Ein Saal beherbergt Plastiken, Standbilder und Kapitelle. Hier auch der Hauptturm (weiter Blick auf Narbonne und Umgebung). Prunkvoll der Synodensaal im ersten Stock, den heute die Stadt für ihre Empfänge benutzt.

In den Staatsgemächern der Erzbischöfe das MUSÉE D'ART ET D'HISTOIRE mit einer Keramiksammlung und Werken südfranzösischer Maler wie Mignard oder Rigaud.

Interessanter ist aber das MUSÉE REGIONAL ARCHÉOLOGIQUE, ein modernes, vorbildlich konzipiertes Museum, das die Entwicklung des „homo narbonensis" zeigt. Alte Steinwerkzeuge, Pfeile, Gefäße usw. Beide Museen sind Mai bis September täglich geöffnet, 9.3o-12.15 und 14-18 Uhr; in den anderen Monaten (außer Mo.) 1o-12 und 14-17 Uhr.

Von diesem verzwickt gebauten Komplex kommt man vom Place de l'Hotel-de-Ville über eine Brücke auf den südlichen Kai am Canal de la Robine. Entlang des Canals der Cours Mirabeau, der ein Stück unterhalb auf den Boulevard D. Ferroul stößt. Rechts die ÉGLISE LAMOURGUIER aus dem 13. Jh. mit dem LAPIDARIENMUSEUM. Die ausgestellten antiken und mittelalterlichen Steinfunde stammen aus Narbonne selbst. Geöffnet: nur im Juli und August; täglich 9.3o-12.15 und 14-18 Uhr.

Wer noch mehr Kirchen besichtigen möchte: Oberhalb des Boulevard du D. Lacroix, einer breiten Querstraße zum Boulevard Ferroul, die ÉGLISE ST.-PAUL-SERGE und die NECROPOLE CHRETIENNE, eine Basilika

(14. Jh.) in einem alten Friedhof.

Zurück zur Kathedrale, hinter der sich das HORREUM in der Rue Rouget de L'Isle befindet: Ein vorchristliches Ganggewölbe, das als Warenlager diente. In einem Flügel eine Steinesammlung und alte Skulpturen. Öffnungszeiten: Mai bis September täglich 9.3o-12.15 und 14-18 Uhr; ansonsten (außer Mo.) 1o-12 und 14-17 Uhr.

Mitbringsel: Narbonne ist bekannt für seinen leckeren weißen Honig, den Sogura-Wein (guter Weißwein) und den Vitou (guter Rotwein).

LA TABLE DE SAINT CRESCENT: Nobelrestaurant, vormals Le Reverbere und Lólibo, Route de Perpignan. Tel. o4 68 41 37 37.

LA PETITE COUR: Mittelklasserestaurant, Fischspezialitäten, Muscheln und Schalentiere. Sonntag geschlossen. Adresse: 22 Bd Gambetta. Tel. o4 68 9o 48 o3.

PIZZERIA LE CASTEL: ist eines der vielen italienischen Restaurants im Ort am Boulevard du D. Lacroix, 26. Le Castel liegt besonders hübsch in einem Innenhof mit einer Art Glasveranda. Pizza ab 1o Euro sowie eine bunte Auswahl an Salaten ab 6 Euro, Fleischgerichten und Desserts. Montags geschlossen. Adresse: 26, Boulevard Dr Lacroix. Tel. o4 68 41 35 o7.

TEX MEX: direkt gegenüber vom ‚Paillote'. Frisches Lokal mit feurig mexikanischen Chili-Tellern und Sombrero-Musik.

SNACKS am Cours de la République, direkt am Kanal: Sandwiches in großer Auswahl, Brochettes, Crêpes und außerdem Steak mit Pommes Frites zu ca. 6 Euro oder Pizza. Beim Essen sitzt man am schönsten Platz Narbonnes!

„**Languedoc**": Großes Hotel, gebaut um die Jahrhundertwende. Mit Fahrstuhl, gemütlicher Aufenthaltsraum, dicke Teppiche,Schreibtisch, Telefon usw. Mit Dusche/WC ab 45 Euro, mit Bad ab 6o Euro. Adresse: 22, Boulevard Gambetta. Tel. o4 68 65 14 74, Fax: o4 68 65 81 48.

„**La Residence**": Nobelhotel in einem alten Bürgerhaus; Pompmöbel, stilvoll eingerichtete Zimmer mit schweren Samtdecken über den Betten. Preis: ab 7o Euro, Frühstück zu 8 Euro, Garage 6 Euro. Ruhige Lage. Adresse: 6, Rue du 1er Mai. Tel. o4 68 32 19 41, Fax: o4 68 65 51 82.

„**Le Régent**": Kleines freundliches Hotel, sauber, ziemlich ruhig gelegen. DZ mit Waschbecken ab 3o Euro mit Dusche/WC ab 4o Euro. Adresse: 13-15, Rue Suffren. Tel o4 68 32 o2 41, Fax: o4 68 65 5o 43.

Centre International de Séjour: die städtische Jugendherberge liegt superzentral nebem dem Infobüro. Ein Ausweis ist nicht erforderlich. Die Übernachtung mit Frühstück (2-3-Bett-Zimmer mit Dusche) kostet 15 Euro; ohne Dusche 12 Euro, das Abendessen 8 Euro. Ganzjährig geöffnet. Ab 19 Uhr Einlaß; morgendlicher Abgang 9 Uhr.

Tel. o4 68 32 o1 oo.

Es gibt 2 stadtnahe Campingplätze. Les Mimosas, ca. 6 km in Richtung Gruissan. Gepflegter 3-Sterne-Platz. Ganzjährig geöffnet. Tel. o4 68 49 o3 72. Camping Le Relais de la Nautique, großer See (viele Surfer) grenzt an - die Autobahn leider auch. Tel. o4 68 9o 48 19.

Waschsalon: Laverie 7 sur 7 in der 25 bd Dr. Ferroul. Tel. o4 68 65 23 43.

★ Gruissan

Malerisches Städtchen zwischen Meer und dem Etang de Gruissan (von Narbonne über die D 32). Die Häuser sind zum Schutz gegen den „Cers", einem kalten Nordwind, dicht an den Felsen gebaut.

Auf der Felsspitze der Turm BARBEROUSSE, letzter Rest eines Schlosses aus dem 15. Jh. Schöner Blick auf die erdfarbenen Dächer von Gruissan und das Umland. Ca. 2 km außerhalb ein Marinefriedhof mit alten Inschriften.

Neben dem Ort ist in den letzten Jahren ein großangelegtes Touristenzentrum entstanden, so übermächtig, daß das alte Fischerdorf zu ersticken droht.

Die ersten Bewohner waren Zeitgenossen des Neanderthalers (so steht's im Prospekt). Der kleine Ort hat eine bewegte Geschichte hinter sich: Handelsschiffe aus dem Orient, denen die Griechen und Römer folgten, legten vor der Küste an, Invasoren folgten bis ins 8. Jh. Nach einer jahrhundertelangen Krise erblühte Gruissan durch den Weinbau erst wieder im 19. Jh. Heute lebt man natürlich auch vom Tourismus.

Syndicat d'Initiative: Bd. du Pech Maynaud, 1143o Port Gruissan. Juli/August täglich 9-13 Uhr und 15-19 Uhr, sonst 9-12 Uhr und 14-18 Uhr, auch jeden Tag. Tel. o468 49 o3 25.

L'ESTAGNOLN: Avenue de Narbonne, einvernehmlich das beste Fischresturant der Gegend. Schlemmer-Menüs ab 2o Euro. Man speist auch im begrünten Vorgarten. Mo. geschlossen. Tel. o4 68 49 o1 27.

L'ETANG: Avenue dÈspagne; Fisch- und Meeresfrüchte-Menüs zu relativ günstigen Preisen (zwischen 15 und 25 Euro). Drinnen sitzt man allerdings ziemlich eng. Gemütlich ist es auf der kleinen Terrasse. Tel. o4 68 49 o5 69.

Camping Municipal, ca. 4oo m außerhalb auf der Insel St. Martin, ein steiniger Platz fast ohne Grün, mit einer Imbißbar. Die Übernachtungen für 2 Personen mit Auto 1o Euro - wenig, verglichen mit den sonstigen Preisen!

In unmittelbarer Strandnähe lieft der 3-Sterne-Platz Les Ayguades; nicht überall ausreichend Schatten. Juli und August 12 Euro (2 Pers.), geöffnet

März bis Mitte November.

AUSFLÜGE INS HINTERLAND

Zu den Weihern von BAGES und DOUL - Stationen der Zugvögel auf ihrem Flug in den Süden. Man fährt auf der D 32 bis hinter den Canal de la Robine, wo rechts eine pistenähnliche Straße abgeht, die am Étang de Bages entlangführt. Vom Ort PEYRIAC kann man den Étang du Doul besuchen. Vegetation, Tierwelt und die Unzugänglichkeit erinnert an die Camargue.

MONTAGNE DE LA CLAPE: Von Gruissan führt eine schmale Teerstraße ins Clape hinein, ein mit Pinien und Eichen bewachsenes Kalkplateau, das seit einigen Jahren unter Naturschutz steht. Die Straße schlängelt sich durch grüne Pinienwälder und an niedrigen Felshängen entlang.

Nach etwa 5 km rechts oben am Hügelhang die Kapelle „DES AUZILS". Ein ca. 15 minütiger Fußweg führt vom Parkplatz den Berg hinauf, auf beiden Seiten des Weges Gedenksteine, die an ums Leben gekommene Seeleute erinnern. Oft sind Schiffsnamen und Untergangsort (wie z.B. Ceylon) vermerkt. Von der Kapelle aus Blick auf die Küste.

Nach ILE ST. MARTIN am Étang de l'Ayolle führt von Gruissan aus eine Straße über die Kanalbrücke am Campingplatz vorbei. Links Salinen, rechts felsige Hügellandschaft.

St. Martin ist die Fischerkolonie von Gruissan. Auf dem flachen, steinigen Ufer des Étangs stehen halb im Wasser die Schuppen der Fischer, aus Treibholz und alten Balken zusammengenagelt. Sie stehen auf improvisierten Holzstangengerüsten, daneben liegen die Netze zum Trocknen ausgebreitet. Besuch sehr lohnenswert!!

★ Gruissan-Plage

Hierhin führt eine geradlinige Dammstraße durch die niedrige Lagunenlandschaft. Am Ende die Stadt, mit kleinen, weißgestrichenen Häusern, die meisten auf Pfähle gebaut (da der größte Teil der Sandbank während der Winterstürme überschwemmt wird). Die Stelzen-Häuschen befinden sich teilweise in einem erbärmlichen Zustand und sind unterschiedlich groß. Einige bestehen nur aus einem großen Raum und einer vorgelagerten Holzterrasse. Die Häuser werden zum Teil wochenweise vermietet (Preise schwanken je nach Saison und Komfort; Informationen im Touristenbüro von Gruissan-Plage bzw. Gruissan). Gruissan-Plage ist auch Sitz einer Experimentierstation für Muschelzucht. Gute Segelmöglichkeiten!

Tourist INFO

Syndicat d'Initiative: Av. de la Jetée. Nur Juli/August 10-12 und 17-19 Uhr geöffnet (täglich). Tel. 04 68 49 03 25.

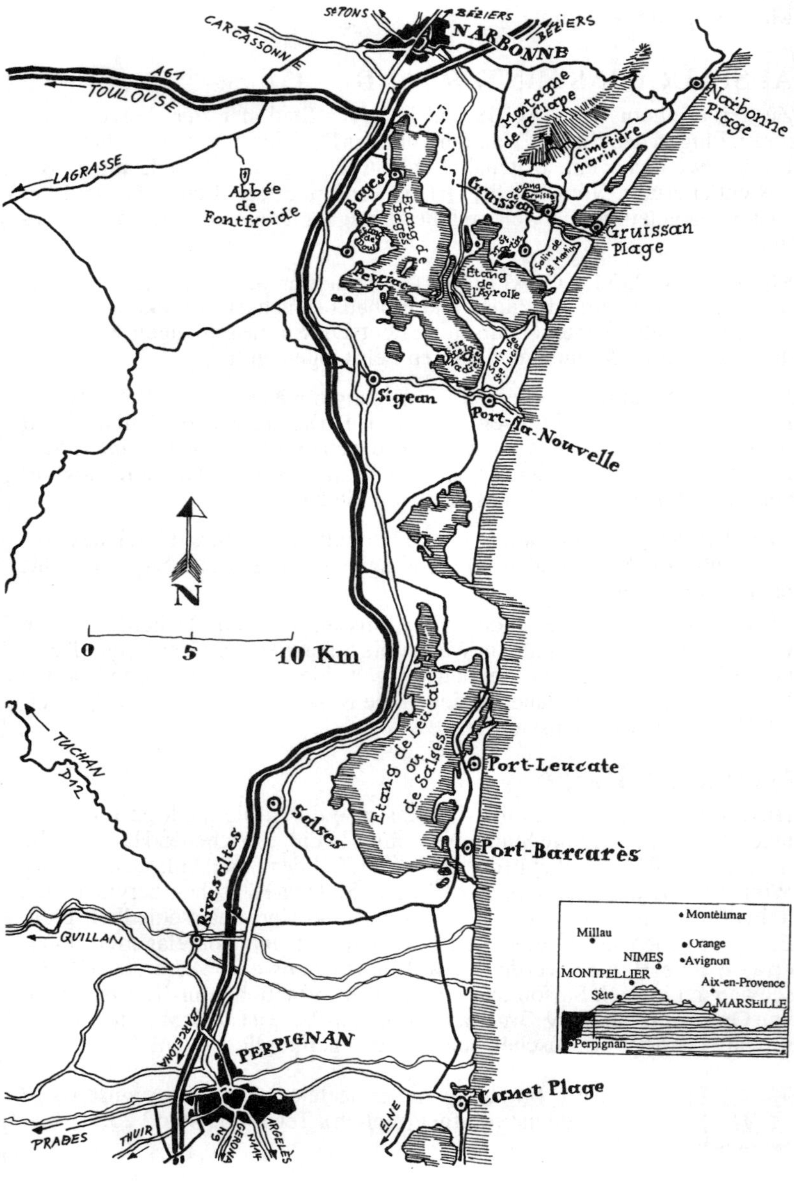
NARBONNE
St PONS
BÉZIERS
BÉZIERS
CARCASSONNE
A61
TOULOUSE
LAGRASSE
Abbée de Fontfroide
Montagne de la Clape
Narbonne Plage
Cimetière marin
Bages
Etang de Bages
Gruissan
Etang de Gruissan
Gruissan Plage
St Martin
Salin de St Martin
Peyriac
Etang de l'Ayrolle
Salin de Ste Lucie
Sigean
Port-la-Nouvelle
N
0
5
10 Km
TUCHAN
D12
Etang de Leucate ou de Salses
Port-Leucate
Salses
Rivesaltes
Port-Barcarès
QUILLAN
PERPIGNAN
BARCELONA
Canet Plage
PRABES
THUIR
N9
GERONA
N114
ARGELÈS
ELNE
Montélimar
Millau
Orange
NIMES
Avignon
MONTPELLIER
Aix-en-Provence
Sète
MARSEILLE
Perpignan

DOQUE BLANCHE: im „Zentrum“, in der Nähe des kleinen Supermarktes. Menü sehr reichhaltig. Besonders zu empfehlen ist „Sole meunière“ mit Pellkartoffeln. Einfache Menüs zu 1o Euro, bei den teueren Menüs gibt es zur Vorspeise auch Fischsuppe. Adresse: Avenue des Dunes. Tel. o4 68 49 5o 97.

„**Hôtel Floride**“: 2-geschossiger kleiner Stahlbetonbau am Meer. DZ ab 4o Euro. Tel. o4 68 49 o4 o6.

Um zu den nächsten Küstenorten zu gelangen, muß man um den ÉTANG DE BAGES ET DE SIGEAN herumfahren.

SAFARI SIGEAN

Ein riesiges 11o ha großes Freigelände mit kleinen Lagunen und Hügeln. Die erste Etappe führt mit dem Wagen durch ein Areal, das durch meterhohe Zäune abgesichert wurde. Hier leben tibetanische Bären. Im Gehege alte Ruinen, auf denen sich eine Gruppe von Aasgeiern niedergelassen hat. Nachbar der Bären ist ein Rhinozeros. Im nächsten Gehege 7 Löwen (Fenster geschlossen halten!). Die Wildkatzen haben sich schon an den Verkehr hier gewöhnt und pirschen sich zwischen den Autos hindurch. Man kann originelle Fotos machen, vor allem, da keine Zäune in Sichtweite sind.

Nach den beiden Freigehegen läßt man den Wagen stehen und beginnt einen Rundweg durch eine Parklandschaft mit kleineren Tiergehegen: Elefanten, Alligatoren u.a. Besonders schön am Rand eines kleinen Sees die Enten- und Vogelkolonien mit viel Geschnatter und Gekreische. Die Idylle trügt etwas, denn die Flügel wurden gestutzt!

Am Ausgang ein Restaurant mit Souvenirshop. Der Eintritt macht 15 Euro, für Kinder 1o Euro. Täglich geöffnet, Juni bis August 9-18.3o, in den anderen Monaten abends etwas früher geschlossen .

PORT-LA-NOUVELLE liegt ca. 5 km östlich vom Ort Sigean an der Küste. Kastenförmige Hotels und Appartementbauten, alle im rechten Winkel zueinander. Am östlichen Küstenstück ein Tanklager für Öl und Benzin. Im Westen breiter Sandstrand, der weiter außerhalb in sumpfige Lagunenlandschaft mit einer aufgeworfenen Sandbank im Meer übergeht. Sehr schön zum Baden!

Office de Tourisme: am Ende der Kanalstraße, fast auf den Strand gebaut. Anfang April bis Mitte Oktober täglich geöffnet; Juli/August 9-22 Uhr, ansonsten mit Mittagspause. Place Paul Valéry. Tel. o4 68 48 oo 51.

NADIERE ist ein restauriertes altes Fischerdorf im Etang de Sigean. Da es keine organisierten Besichtigungsfahrten gibt, müssen Interessierte selbst einen Bootsmann finden, der sie hinüberschippert.

Camping Municipal du Golfe: der städtische Platz liegt zwar nicht direkt am Strand, ist dafür aber ausreichend schattig. Geöffnet nur Mitte Juni bis Mitte Sept. Ca. 10 Euro für 2 Pers. Bd. Francis Vals. Tel. 04 68 48 08 42.

Camping Le Clapotis: Gut ausgestatteter Naturistenplatz unmittelbar am Meer; gehobene Preise. Geöffnet von Ostern bis Sept. Tel. 04 68 48 15 40. Hauptsaison ca. 22 Euro, ansonsten 18 Euro.

PORT-LEUCATE und **PORT-BARCARÈS** sind 2 „künstliche“ Ferienorte, die zum Teil noch weiter ausgebaut werden. An der Küste wenig Grün: ca. 14 km langer, feiner Sandstrand mit flachem Übergang ins Meer. Hinter der schmalen Küstenzunge der „Étang des Salses“.

Perpignan

Viel Kultur und fast italienisch anmutende Atmosphäre! Von der Küste erreicht man Perpignan am schnellsten über die D 83 und die N 9, die direkt in die „City" führt.

Durch die Stadt fließt das Flüßchen Basse mit schönen Grünanlagen zu beiden Seiten. Hier auch ein Großteil der Cafés und Restaurants, eines davon, „Le Palmarium", kuppelförmig über das Wasser gebaut. Schön sind die alten Back- und Kieselsteinbauten wie das Castillet, das Hôtel de Ville und vor allem der Palais des Rois de Majorque - Wahrzeichen der Stadt.

Südlich dieses eindrucksvollen Baus, im Quartier Saint Jacques, in den Gassen nordafrikanisches Leben: An den schmalen Häusern, die sich dicht aneinanderdrängen, hängen Vogelkäfige, Wäscheleinen spannen sich zum Nachbarn gegenüber, und Musik dudelt aus der Küche. Durch die Gassen flitzen Hunde und Kinder. Hier leben vor allem Spanier, Araber und Marokkaner - Saisonarbeiter, die überall im Midi zu finden sind. Der andere Teil von Perpignan ist zum Teil sehr wohlhabend, mit schönen Villen am Stadtrand. Wir sind jetzt übrigens in Katalanien und die Hälfte der Bevölkerung betrachtet sich mehr als Spanier, denn als Franzose.

Tourist INFO Office du Tourisme, Place Armand Lanoux (im Palais des Congrès). Öffnungszeiten: Oktober bis Mai 8.3o-12, 14-18.3o Uhr (Mo. bis Sa.); Juni bis September 9-19 Uhr (Mo bis Sa.), sonntags 9-12 und 14-17 Uhr. Tel. o4 68 66 3o 3o.

GESCHICHTE

Die Villa des wohlhabenden Römers Perpinus war wohl der Anfang der Stadt, die heute knapp über 1oo.ooo Bewohner hat. Während die Römer in Narbonne schon einen großen Stützpunkt unterhielten, fristete Perpignan damals ein Schattendasein.

Erst 991 erwarben es die Grafen von Roussillon, im 12. Jh. schließlich erbten es die Könige von Aragon, die auch die Herrscher von Katalonien waren (diese Verbindung mit Katalonien prägte das Roussillon tief und hat ihre Spuren bis heute hinterlassen). Ihr vorübergehender Zweigbetrieb, das Königreich von Mallorca, benutzte Perpignan als Festlandsresidenz. Die Handelsverbindungen wurden damals stark ausgebaut, und die Stadt erhielt dadurch eine solide Wirtschaftsbasis. 1344 kam Perpignan wieder an Aragon, dann an das neu erstandene Königreich Spanien, doch die Franzosen funkten mehr als einmal kräftig dazwischen, und 1659 wurde die Stadt durch den Pyrenäenvertrag endgültig französisch.

14o8 hatte übrigens der Gegenpapst Benedikt XIII. ein Konzil nach Perpignan einberufen, das seine Rechtmäßigkeit bestätigen sollte. Doch bereits 14o9 wurde er wieder abgesetzt und zog sich nach Spanien zurück.

Nach dem Pyrenäenfrieden versuchten die Franzosen mit allen Mitteln das Roussillon und damit Perpignan zu französieren. Doch der katalanische Charakter blieb erhalten. Etwa die Hälfte der Menschen sprechen heute noch katalanisch.

Der Entdecker des Elektromagnetismus, François Arago (danach die Place Arago), stammt aus Perpignan; der Bildhauer Maillol starb hier - im Innenhof des Rathauses sitzt seine Frauenskulptur „La Pensée"; übrigens ist auch der 1979 verstorbene Carlo Schmidt, Ethiker der SPD, hier geboren.

Der PALAIS DES ROIS DE MAJORQUE liegt ganz im Süden der Altstadt (Eingang Rue des Archers): Wahrzeichen von Perpignan, ehemaliger Hof der Könige von Mallorca mit einer Zitadelle rundum. Dicht mit Moos und Efeu bewachsene Befestigungsanlagen. Die Mauern sind sternförmig angelegt.

Früher war die Anlage auf dem kleinen Hügel südlichster Punkt der Stadt. Auf breiten Kieselsteintreppen betritt man den Innenhof mit grünen Gartenanlagen. (Die typischen Kieselsteine, die man auch an vielen anderen Bauten von Perpignan findet, stammen übrigens aus dem Fluß Tet.) Nachdem der Wärter einem 2,5 Euro abgeknöpft hat, darf man die zarten gotischen Spitzbogenarkaden im Hof besichtigen.

Die Südfront besteht aus einem riesigen Saal, wo einst die Könige hausten. 2 schöne Kapellen, doppelstöckig übereinandergebaut: Bunte Glasfenster, die fast orientalisch wirken und Reste von Malereien an den Wänden. Zeiten: Oktober bis Mai täglich 9-17 Uhr; Juni bis September täglich 1o-18 Uhr.

Der vielzitierte „DÉVÔT-CHRIST" ist in der Kapelle des Dévôt-Christ, einem Anbau der Kathedrale, zu sehen. Diese - fast modern wirkende - dürre Holzarbeit stammt aus dem 14. Jh. Am Karfreitag ist die Skulptur in der Kathedrale selbst aufgestellt. Die Gläubigen küssen die Füße der Figur und opfern Geld.

Das Castillet (14. Jh.) im Norden der Stadt am Place de la Victoire fungierte erst als Stadttor, dann als Gefängnis. Von der Terrasse weiter Blick auf die Stadt hin bis zu den Pyrenäen.

In den unteren Räumen „LA CASA PAIRAL“, ein Museum, das über Tradition, Handwerk, Weinanbau u. a. im Roussillon informiert. Zeiten: 9-18 Uhr im Sommer, sonst 9-12 Uhr und 14-18 Uhr. Dienstags und an Feiertagen geschlossen. Eintritt frei.

Der PLACE DE LA LOGE im Zentrum, nicht weit vom Castillet. Eine gepflasterte Gasse mit Cafés; eines davon, das Cafe de France, in einem schönen Bau aus dem 14. Jh., ehemaliger Sitz der Handelsbörse. Die großen gotischen Fenster und die kleinen feingemeißelten Fensterbögen erinnern an Portugals manuelischen Baustil oder an den Orient. In Wirklichkeit sind sie von Barcelona beeinflußt. Hier auch, etwas versteckt im Innenhof des Rathauses, die „Pensée“, eine sitzende Frauengestalt des Bildhauers Maillol.

MUSÉE RIGAUD: 16, Rue de l'Ange, mit Werken katalanischer und spanischer Künstler, Ingres, Géricaults und Rigauds (der in Perpignan geboren wurde). Geöffnet täglich 12-19 Uhr, dienstags und feiertags geschlossen. Eintritt frei.

Das NATURKUNDEMUSEUM (Musée d'Histoire Naturelle) liegt schräg gegenüber am Place Fontaine Neuve. Hier viel Wissenswertes und Interessantes über Pflanzen und Tiere im Midi. Zeiten: im Sommer 9.3o-12.oo und 14.3o-19.oo Uhr, sonst 9-12 und 14-18 Uhr, dienstags und feiertags geschlossen. Eintritt frei.

Die CATHÉDRALE ST.-JEAN (13. und 14. Jh.) am Place Gambetta; großes Kirchenschiff aus Kieseln und Ziegeln, die Kirche blieb zum Teil unvollendet. Im Innern: marmornes Taufbecken, barocke Altarbilder.

ST.-JEAN-LE-VIEUX geht direkt in diese Kathedrale über. Hier findet der Besucher sakrale Reliquien, vor allem Arbeiten aus Holz, außerdem 2 sehenswerte Chorkapellen.

CAMPO SANTO, neben der Kathedrale, Eingang in der Rue Amiral Ribeil. Der einzige Klosterfriedhof Frankreichs; seit 199o wieder zu besichtigen. Endlose Arkedengänge um eine fußballfeldgroße Rasenfläche. Ganzjährig werktags 8-12 und 14.3o-17 Uhr geöffnet.

SAINT-JACQUES (14. und 17. Jh.): katalanische Altäre und ein origineller Vorbau. Sie ist Ausgangspunkt der berühmten Mysterienprozession (siehe Feste!), und sollte gerade einmal Gottesdienst sein, schleiche man sich hinein! Er wird noch in einer fast 5oo Jahre alten Liturgie abgehalten! Adresse: In der Nähe des Place du Puig im Osten der Altstadt.

FESTE

Der „moderne“ SARDANA ist ein katalanischer Volkstanz, der an warmen Sommerabenden (Di., Do. von Juni bis Mitte August) auf dem Place de la Loge und auf dem Place Sarago (Mo. und Fr.) getanzt wird. Es handelt sich hierbei nicht um alte Tradition, die für den Touristen wieder aufgefrischt wird. Sardana wird noch heute von den Katalanen gerne getanzt. Meist ist ein kleines Orchester (Pena) dabei.

Die „PROCESSION DE LA SANCH“ am Karfreitag ist ein Touristenspektakel mit einem tiefverhafteten, religiösen Hintergrund. Männer mit Kapuzen, die nur mit Augenschlitzen versehen sind (erinnern an Ku-Klux-

Clan!) und schwarzgekleidete Frauen tragen an diesem Tag Heiligenfiguren durch die Straßen von Perpignan. Die ganze Stadt ist erfüllt von Kirchenmusik, die über Lautsprecher übertragen wird.

PERROQUET: 1, Avenue Général de Gaulle. Bahnhofs-restaurant, Menüs zwischen 8 und 15 Euro - nicht allzu reichliche Portionen. Lecker: Tête de Veau Ruviotte mit einer schmackhaften Petersiliensoße. Donnerstag abends und freitags geschlossen.

LA SERRE: Feinschmeckerrestaurant, etwas distinguierte Atmosphäre. Im Kegelschein der stoffbezogenen Tischlampe kann man z.B. ein Meeresmenü (ca. 18 Euro) einnehmen. Kleines Menü 12 Euro. Rue Dagobert 2 (Seitenstr. der Rue M. Foch), täglich geöffnet. Tel. o4 68 34 33 o2.

PIZZERIA PONTE VECCHIO: 5, Boulevard Clemenceau (gleich neben den Nouvelles-Galeries). Der Besitzer („Der Korse") ist augenscheinlich Fußballfan. Die Wände des Speiseraums im 1. Stock sind „zugekleistert" mit allem, was mit Fußball zu tun hat: Banner, Wimpel, Eintrittskarten, Schals, Cartoons und natürlich jede Menge Fotos. - Aber auch für Nicht-Fußballer empfehlenswert. Große Auswahl an Salaten (über 15), Pizza um ca. 8 Euro.

Kantinenähnlich kann man sich sein Essen im PALMARIUM zusammenstellen: vom Entrée bis zum Dessert alles aufs Tablett und weiterschieben bis zur Kasse. Ein komplettes Menü kommt aber nicht unbedingt billiger als in einem normalen Restaurant. Adresse: Place Arago.

LA GRILLOTHÈQUE: Rue des Cardeurs. Wenn man darum bittet, daß die ziemlich nervtötende Musik aus dem Radio leiser gedreht wird, läßt sich hier ganz gut essen, Menüs zu 8 und 15 Euro - sehr lecker gewürzt das Fleisch vom Grill.

„Hôtel de France": in der Nähe des Castillets. Der prominenteste Gast war übrigens Dali: an der Rezeption ein Foto von ihm (auf der Bank sitzend mit einer Schnur in der Hand, die am Koffer festgebunden ist). Zimmer mit Blick auf das Castillet DZ ab 45 Euro, max. 9o Euro Adresse: 16, Quai Sadi-Carnot. Tel. o4 68 34 92 81.

„Hôtel de la Loge": In einer kleinen Gasse des gleichnamigen Platzes. Die Zimmer haben sehr wenig Licht (wegen der engen Gassen), sind aber ordentlich. Einige gehen auch zum Platz hinaus. Sehr hübscher Empfangsraum mit Blumen und Brunnen. DZ ab 45 Euro. Adresse: Place de la Loge. Tel. o4 68 34 41 o2.

„Hôtel Regina": direkt am belebten Place Arago. Teilrenoviertes 26-Zimmer-Bürgerhaus; auf den kleinen Zimmerbalkonen hat man das Gefühl, mitten im bunten Abendspektakel zu stehen. Recht ordentliche DZ ab 4o Euro. Tel. o4 68 34 28 8o.

Auberge de Jeunesse „La Péginière". Unmittelbar an den Schlafsälen führt eine vierspurige „Autobahn" vorbei, außerdem wenig gepflegt. Ca. 15 Min. vom Bahnhof. Adresse: Avenue de Grande Bretagne (Ecke Rue de la Rivière). Ab 18 Uhr geöffnet.

Tel. o4 68 34 63 32.

Camping de la Garrigole: am nordwestlichen Stadtrand. Adresse: Rue Maurice-Lévy. Bus Nr. 2 vom Bahnhof. Tel. o4 68 54 66 1o. Das ganze Jahr über (außer Dezember) geöffnet, viel Schatten und Swimmingpool.

Camping Catalan: an der Route de Bompas, im Nordosten der Stadt. Tel. o4 68 63 16 92.

DIE STRÄNDE VON PERPIGNAN

erreicht man über die N 617. In Canet-Plage geht es recht turbulent zu. 6-stöckige Hochhäuser und Hotelkomplexe. Wasserqualität mäßig.

M. Boix: Ein hübscher Küstenabschnitt nördlich vom Canet-Plage, zwischen 2 Mündungsarmen der Tet. Der Strand liegt auf der anderen Seite des Jachthafens. Um dorthin zu kommen, muß man erst ein Stück landeinwärts in Richtung CANET fahren. Kurz vor dem Ort rechts abbiegen.

Am Strand ein großer **Campingplatz** (Brasilia) und ein Autofriedhof mit verrosteten Karosserien. Hübsche Umgebung: ein seichter Flußarm mit Bäumen am Ufer.

Von den Stränden Perpignans entlang der D 81 nach ST. CYPRIEN- PLAGE, einem relativ kleinen Ferienort mit feinem Sandstrand.

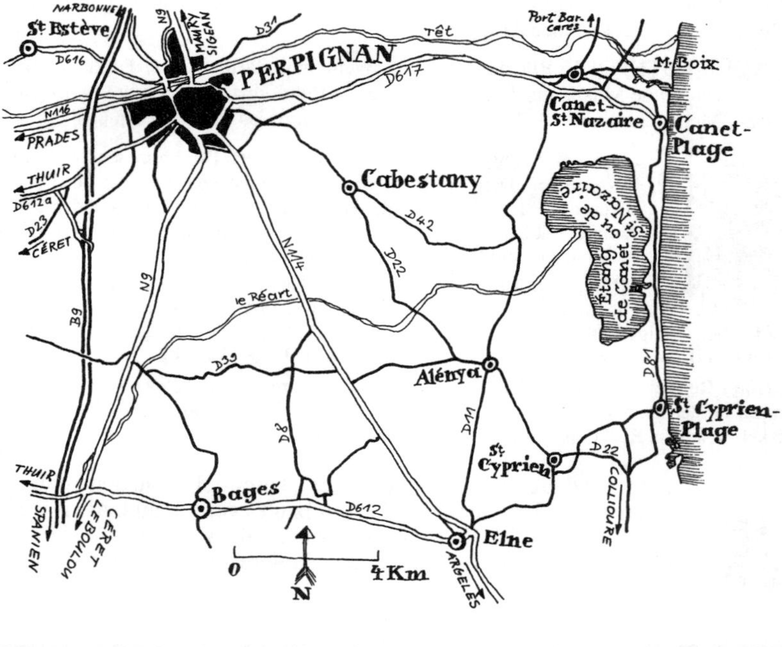

Von Perpignan in die Pyrenäen

Von Perpignan schlängelt sich die D 23 durch eine karge Hügellandschaft Richtung CÉRET. In der Ferne die Bergkette der Pyrenäen, auf den Hügeln an der Straße Weinfelder.

★ Céret

Kleiner pittoresker Ort mit schattigen Boulevards, alten Bürgerhäusern und einem Museum. Céret wird auch das Tor zur ehemaligen Grafschaft Vallespir genannt (Val heißt Tal). Man lebt hier hauptsächlich vom Gemüsehandel. Schön zu beobachten ist das provinzielle katalanische Leben - die Alten beim Pastis im Café, die Jungen flanieren auf den Straßen.

Am Ortsrand der VIEUX PONT - der ganze Stolz des Ortes - ein Brückenbogen aus dem 14. Jh.

Tourist INFO Syndicat d'Initiative: Man spricht deutsch. Öffnungszeiten: Mitte Oktober bis Mitte März täglich 1o-12Uhr und 14.3o-17 Uhr ; in den anderen Monaten (mit leichten Verschiebungen) täglich 9-12.3o Uhr und 14-19 Uhr. Tel. o4 68 87 oo 53, Fax: o4 68 87 oo 56.

1909 wurde der verschlafene Ort aus der Ruhe gerissen: Der Bildhauer Manolo und der Maler Haviland entdeckten Céret, und bald folgten andere nach, vor allem Pariser Freunde, Fremde für Céret: Picasso, Braque, Juan Gris, Jacobs Kiesling ... ließen nicht lange auf sich warten. Céret wurde zum Mekka der „fauves" und der Kubisten. 1916 kam Pierre Brune hinzu, der bis zu seinem Tod blieb. Sein größter Wunsch: ein Museum der modernen Kunst in dem alten Städtchen zu errichten, was er dann auch verwirklichte. Picasso kam ihm dabei zu Hilfe. Das Unternehmen wurde von Privatpersonen, Kunstliebhabern, von der Kommune und vom fernen Paris finanziell unterstützt.

„MUSÉE D'ARTE MODERNE": Das Kunstmuseum von Céret, das in der Tradition der Kubisten und ‚Fauves' der Jahrhundertwende steht, ist in den letzten Jahren umgestaltet worden. Zu sehen sind einige Picassos, darunter der Teller-Zyklus mit Stierkampfmotiven, Matisse, großflächige Ölgemälde von Chagall, darunter ‚Les gents du voyage'. Neben Miró, Dalí und Gris gibt es außerdem viel Zeitgenößisches. Insgesamt sehr lohnenswert. Öffnungszeiten: Juli/ August täglich 1o-19 Uhr, September bis Juni 1o-18 Uhr (täglich außer dienstags). Eintritt 5 Euro.

KUNSTGALERIEN: Einige private und städtische Galerien befinden sich im Altstadtbereich; hier ständig wechselnde Verkaufsausstellungen moderner Kunst. Der „Sale expo" der Stadt gleich neben dem Info-Büro. Das „Métiers d'Art Sant Roch" wird von einer im Ort lebenden Künstlergruppe geführt. „Galerie Catlane" und „Galerie terre de Sienne" sind 2 weitere Privatgalerien.

Am Place de la Liberté ein DENKMAL von Maillol: eine trauernde Mutter, Mahnmal des Krieges.

Hotel/Restaurant VIDAL: im Zentrum. Ein 3-stöckiger länglicher Bau, leicht angewittert und mit viel Charme. Am Eingang eine brükkenähnliche Terrassenkonstruktion, auf der auch gegessen wird. Die meisten Zimmer liegen an der Seite zum Place de Picasso (mit Straßencafé). Ordentliche Zimmer mit Teppich und Stofftapete; kleine Bäder mit Sitzwanne. DZ ab 5o Euro. Das Restaurant ist ein Tipp! Menüs ab 25 Euro und ein Plat du Jour (13 Euro). Tel. o4 68 87 oo 85, Fax: o4 68 87 62 33.

Hotel/Restaurant SORS: Hier wurde „modernisiert" - der Altbau mit nostalgischem Restaurant/Café im Untergeschoss wich einem funktionellen, aber nicht häßlichem Neubau. Der Inhaber, Herr Korb, kommt aus dem Elsaß und spricht gut deutsch. Auch auf der Speisekarte zeigt sich die Herkunft des Wirtes - Obstkuchen auf Hefeteig und im Winter Sauerkrautgerichte. Aber typisch Katalanisches fehlt keineswegs (die Schwiegermutter ist Spanierin), z.B Katalanisches Hühnchen in einer Soße aus Tomaten, Zwiebeln und roten Paprikas; Menü ab 13 Euro DZ mit Dusche ca. 4o Euro. Rue St.-Ferréol. Tel. o4 68 87 o1 4o.

L'HOSTALET DE VIVÉS: Kleiner empfehlenswerter Landgasthof ca. 6 km von Céret entfernt in Vivés (in St.-Jean-Pla-de-Corts nach links abbiegen). Speziell katalanische Küche: Grillades Catalanes, Olada... nur à la carte. Mittwoch geschlossen. Tel. o4 68 83 o5 52 .

„HÔTEL DES ARCADES": Place Picasso. Ruhiges Hotel. Von den Zimmern mit gekacheltem Bad und Balkon schöner Blick auf die Berge. 31 Zimmer, DZ ab 45 Euro.

Im gleichen Haus unten ein CAFÉ - Stühle und Tische am romantischen Place, umgeben von altem Gemäuer. Hier und am Boulevard hängen Künstler ihre Werke in Cafés zum Verkauf aus.

Municipal de Nogarède, am Ortsrand, hübsch gelegen, mit vielen Bäumen. Tel. o4 68 87 26 72.

Auf der D 115 geht es tiefer ins Vallespir hinein. Auf der Route liegen die 2 alten römischen Thermalorte AMÉLIE-LES-BAINS und ARLES-SUR-TECH. Mitten in die antiken Thermen ließ Kaiser Karl im 8. Jh. die Abtei STE. MARIE D'ARLES bauen, um die Scharen von Christen aufzunehmen, die aus dem von Arabern besetzten Spanien flüchteten. Der Bau wurde mehrmals zerstört und ist, so wie er heute zu sehen ist, ein Werk des 14. Jahrhunderts. Schöner Kreuzgang und marmorne Arkadenreihen.

GORGES DE LA FOU

3 km von Arles-sur-Tech, nördlich der D 115, enge, bis zu 12o m tiefe Felsschlucht, die oft nur einen Meter breit ist und über eiserne Treppen und morsche Stege für den Besucher zugänglich gemacht wurde.

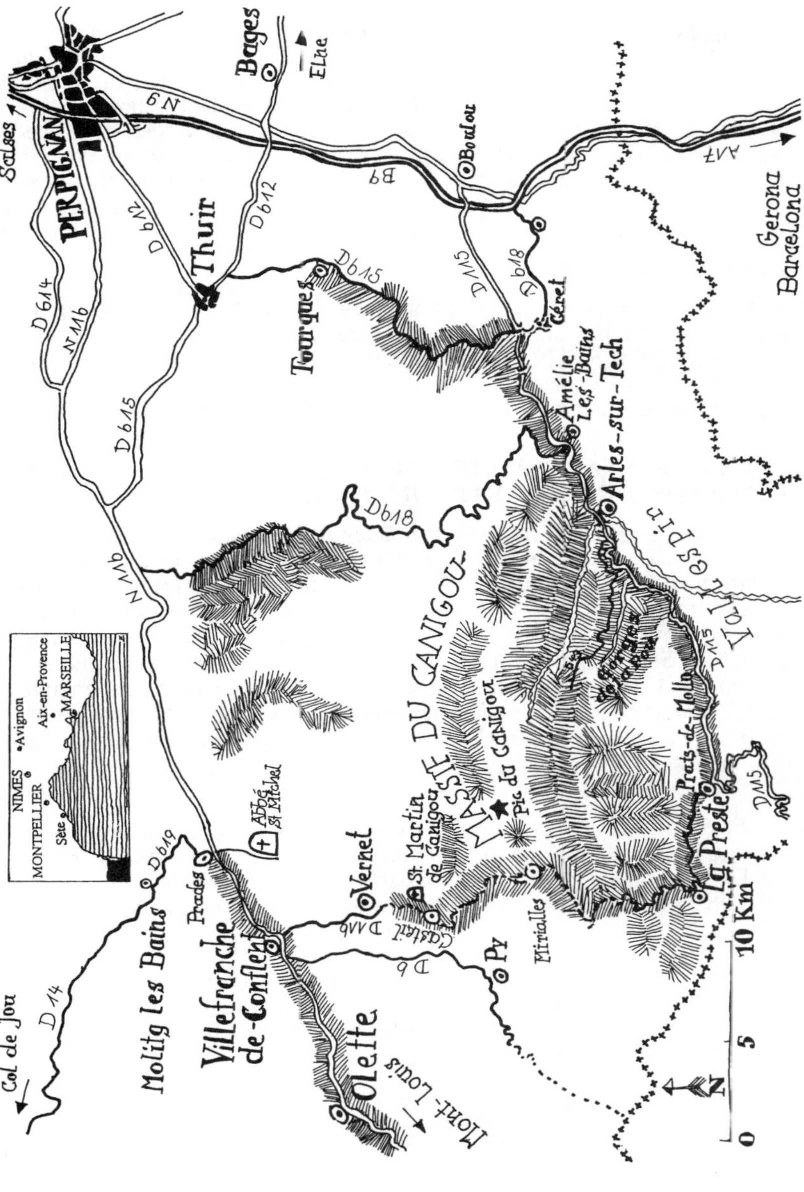
PERPIGNAN
Salses
Bages
Elne
N9
Boulou
B9
A17
Gerona
Barcelona
D612
D614
N116
D615
Thuir
Tourques
D115
D618
Céret
Amélie Les-Bains
Arles-sur-Tech
Vallespir
MASSIF DU CANIGOU
Pic du Canigou
St Martin de Canigou
Abbé St Michel
Vernet
Prades
D619
Molitg les Bains
Col de Jou
D14
Villefranche de-Conflent
Olette
Mont-Louis
D6
Py
Castiel D116
Mirialles
La Preste
Prats-de-Mollo
Gorges de la Fou
0
5
10 Km
N
NIMES
MONTPELLIER
Sète
Avignon
Aix-en-Provence
MARSEILLE

Am Eingang (Eintritt 4 Euro) bekommt man erst einmal einen gelbleuchtenden Sturzhelm gegen Steinschlag und fühlt sich wie ein Bauarbeiter. Der Besucherweg - ehemals 3 km lang - verkürzte sich durch herabfallende Felsbrocken im Laufe der Zeit auf 1,5 km. Entlang des Weges strudelförmige Auswaschungen, Tropfsteingebilde und bedrohliche Felsbrocken, die nur wenige Meter über einem hängen. Der Stein ist mit Moosflechten bewachsen. Faszinierend sind die leuchtenden, unheimlich intensiven Farben. Aus der Tiefe steigt angenehme Kühle auf. Am Ende eine Plattform, wo Steinschlaggefahr den Besuch beendet. Das ganze Jahr über täglich 1o-18 Uhr (im Winter bis 17 Uhr) geöffnet.

PRATS-DE-MOLLO

Malerisches Städtchen, umgeben von einem guterhaltenen Ring von Befestigungsmauern. Im Innern schattige Boulevards, verschlafene Plätze und die alte WEHRKIRCHE. Sie stammt zum kleineren Teil aus dem 13. Jh., ist jedoch vorwiegend von der katalanisch-gotischen Baukunst geprägt - eines der wenigen verbliebenen Kunstwerke dieser Stilrichtung(!).

VON LA PRESTE ÜBER DIE SCHOTTERPISTEN DES CANIGOU ZUM KLOSTER ST. MARTIN-DES-CANIGOU:

Der BERG CANIGOU (höchste Erhebung der Pic du Canigou, 2.784 m) beherrscht die ganze Landschaft. Er ist der letzte Pyrenäenausläufer und praktisch vollkommen unbesiedelt. Um neue Skigebiete zu schaffen, wurde er während der letzten Jahre erschlossen. Es wurden Schotterpisten angelegt, die eigentlich mehr für den Wanderer geeignet sind: Felsbrokken, die auf der Straße liegen, geben allenfalls wirklich geländegängigen Fahrzeugen eine Chance - mir selber ist beim letzten Mal etwas an der Lenkung des Wagens kaputtgegangen. Hinzu kommt, daß die „Straße" in ihrem mittleren Teil (Überquerung der Hochebene) gesperrt sein kann (besser vorher Info beim Syndicat d'Initiative von Prats-de-Mollo/La Preste, Tel. o4 68 39 7o 83, einholen).

Die Strecke ist also eher etwas für Abenteurer. Leider ist sie die einzige „direkte" Möglichkeit, um zum Kloster St. Martin zu kommen. Wer sie nicht wagen möchte, dem bleibt nur der Weg über die D 618 (von Amélie-les-Bains) und N 116 bis nach Villefranche, und von dort weiter die D 116 nach Casteil.

Ab PRATS DE MOLLO wird die D 115 A enger und kurviger und endet im kleinen Thermalort LA PRESTE. Der Ort besteht nur aus wenigen Hotels älterer Bauart. Kurz vorher zweigt rechts eine Straße ab, die den Berg hinauf zum Skizentrum und zur Reservé Naturelle führt.

Weit unterhalb des Gipfels beginnt eine harte, von vielen Regenrinnen zerfressene Schotterpiste. Man verläßt die Baumgrenze und fährt in Serpentinen den Berg hinauf. Am Bergkamm teilt sich der Weg. Geradeaus geht es nach PY und rechts nach VERNET (mit Sprühdose auf einem Fels markiert).

Das folgende Pistenstück ist in einem noch schlimmeren Zustand. Der erste Teil führt quer über eine grasbewachsene Hochfläche (knappe 2.3oo m hoch!), danach Abfahrt über eine reifenfeindliche Geröllpiste. Unterhalb von MARIALLES (Refuge und Forsthaus), das immerhin noch 1.7oo m hoch liegt, ist der Ausgangspunkt schöner Wanderwege. Hier auch ein Parkplatz. Anschließend werden die Straßenverhältnisse besser: Asphaltstraße. Es geht weiter bergab zum Dorf CASTEIL.

Eine romantische KLOSTERANLAGE in wilder Einsamkeit; man erreicht sie vom Dorf Casteil zu Fuß über einen steilen Pfad in ca. 4o Min. Die Abtei ist ein beliebtes Ausflugsziel von Sonntagspilgern.

Im Kloster-Komplex lebt eine ca. 2o-köpfige Gruppe der „Gemeinschaft der Seligpreisung“ (Les Beatitudes). Diese katholische Glaubengemeinschaft wurde erst in den 7oer Jahren unseres Jahrhunderts gegründet und ist weltweit verbreitet.

Führungen finden täglich mehrmals statt (um 1o, 11.45, 14.3o, 15.3o und 16.3o Uhr). Sehenswert ist die Klosterkirche mit dem idyllischen Kreuzgang, aber vor allem die kleine romanische Kapelle - sie gilt als die schönste und bestproportionierteste ihrer Art. Zur Anlage gehört auch ein Refuge mit 2 kleinen Schlafsälen.

GESCHICHTE DES KLOSTERS

Es wurde 1oo7 auf dem hohen Bergsattel gegründet. Ein gewisser Wilfred, Graf von Cer-

dagne, beschloß, nachdem er 5 Kinder gezeugt, seine Frau gestorben und 7 Jahre vergangen waren, in die Einsamkeit zu gehen. Um seinen Eid nicht zu brechen, fing er hier aber erst einmal damit an, sein Grab zu schaufeln. Man kann es heute noch neben dem seiner Frau besichtigen. Das Kloster wurde mehrmals zerstört, wieder aufgebaut und verwahrloste über lange Zeit, bis die endgültige Restauration in Angriff genommen wurde.

Abstieg: Gleich neben dem Kloster führt ein blaumarkierter Pfad durch den Wald zum Dorf zurück. Ein schöner Weg, vorbei an einem Bach, der manchmal auf nicht gerade vertrauenserweckenden Holzbrückchen überquert wird - Dauer ca. 2o Minuten.

Hotel-Restaurant MOLIERE: bescheidene Herberge mit Logis-de-France-Auszeichnung in Casteil. Ein liebevoll angelegter Vorgarten gehört zum Grundstück. Sehr saubere Zimmer ohne Komfort. Ausgezeichnete Küche; insbesondere die Soufflées sind vom Feinsten. DZ ab 45 Euro mit Dusche/ WC. Menüpreise: ca. 2o Euro. Tel. o4 68 o5 5o 97.

★ Vernet-les-Bains

Ruhiger Thermalort in nördlicher Richtung mit vielen Hotels und Villen am Stadtrand. Er liegt mitten in den grünen hügeligen Ausläufern des Canigou. Guter Ausgangspunkt für Ausflüge und Wanderungen.

„Hôtel Eden“: Mit einem großen kühlen Eßraum ohne viel Atmosphäre. Menü ab 13 Euro DZ zwischen 3o und 45 Euro. Tel. o4 68 o5 54 o9.

Camping DEL BOSC: schöner Platz in unmittelbarer Nähe von Vernet; im dichten Kastanienwald gelegen; große Zeltterrassen; Waldboden! Im Juli und August ist eine Reservierung ratsam. Geöffnet Anfang April bis Ende Oktober. ‚Ideale‘ Einkaufsmöglichkeiten gegenüber vom Campingplatz! Tel. o4 68 o5 54 54.

★ Villefranche de Conflent

Winziger Ort, umgeben von dicken Stadtmauern aus dem 11. Jh. Das Auto läßt man am besten draußen. Nur 2 Tore führen in das Städtchen. 2 direkt nebeneinandergebaute romanische Kirchen, eine aus dem 11., die andere aus dem 12. Jh., beide mit schönen romanischen Portalen.

Besichtigungsmöglichkeit der alten STADTMAUER, entlang der überdachten Verteidigungsgänge - leider wenig Ausblick auf den Ort.

Zwischen den katalanischen Häusern einige Cafés, ein sehr originelles Artisanat (Schnitzarbeiten, Malerei, gewebte Jacken, Töpferei ... aus der Umgebung) und die Kirche Saint-Jacques.

Das SCHLOSS oberhalb von Villefranche, das über eine Treppe mit mehr als 7oo Stufen mit der Stadt verbunden ist, ist inzwischen Privatbesitz. Der Schloßbesitzer - so unglaublich es klingen mag - fährt die Touristen höchstpersönlich mit seinem Jeep (vom Typ große Ladefläche) hinauf zur Schloßbesichtigung. Er sammelt die Leute mit der Überzeugungskraft eines Marktschreiers ein; seine Englischkenntnisse beschränken sich auf „5 Euro each". Wer die 7oo Stufen-Treppe hochlaufen will, stößt bald auf ein Kassenhäuschen - auch hier heißt das Passepartout „5 Euro each".

AU GRILL: kleiner Raum mit wenigen Tischen. An der Wand hängen moderne Aquarelle; der Chef hat schon mehrere Preise bekommen. Spezialitäten: Tripes à la catalane, La lotte à la Dugléré. Menü ab 13 Euro. So. und Mo. geschlossen.

„Château de Riell": Ein ausgefallenes Schloßhotel in der Nähe von Prades in MOLITG-LES-BAINS. Über Geschmack braucht man sich hier nicht streiten. Ein wohlgepflegtes Schloß (auch schon die Außenfassade), innen Luxus. Die Wände sind in harmonisch aufeinander abgestimmten Erd- und Ockerfarben gehalten. Etwas aus dem Rahmen fällt die Bar - im Safari-Look mit Stofftigerfell. Die geräumigen Appartements haben eine kleine Küche - um die Gäste nicht vollständig vom hauseigenen Restaurant süchtig zu machen. Ein Appartement kostet pro Tag ca. 3oo Euro (bei Küchenbenutzung muß man jedoch mindestens 5 Tage bleiben.
Adresse: Château de Riell, Molitg-les-Bains 665oo Prades. Tel. o4 68 o5 o4 4o.

LE PETIT TRAIN JAUNE (Der kleine gelbe Zug)

Es lohnt sich ein Ausflug mit der nostalgischen Gebirgsbahn, die fast nach Andorra führt (63 km).Ein Stop lohnt sich in Saillagouse (Jugendherberge), von hier Abstecher ins 5 km entfernte Liva, eine spanische Minienklave auf französischem Boden. Hier wird katalanisch gesprochen. Sehenswert der mittelalterliche Dorfkern mit baufälliger romanischer Kirche. Bil-

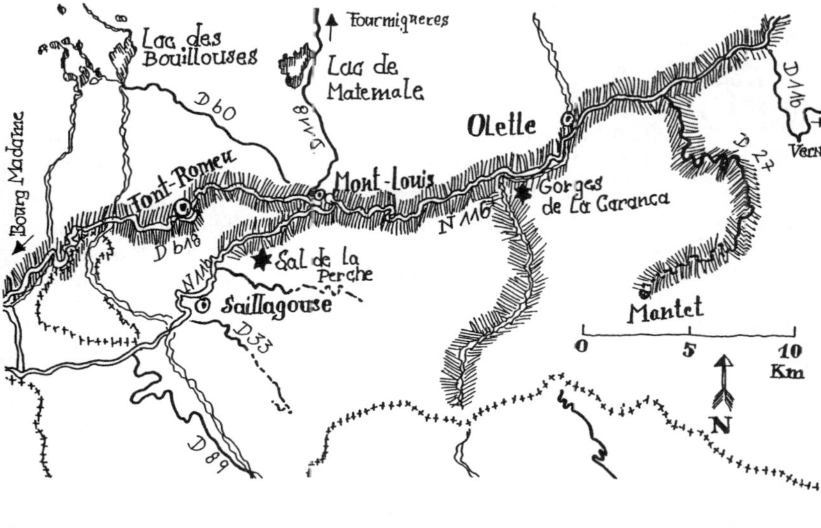

lige Einkaufsmöglichkeit, da zollfrei.

Wer am Nachmittag wieder zurückfahren will, sollte nicht bis zur Endstation LATOUR DE CAROL fahren, in BOURG MADAME läßt sich die Zeit besser vertreiben.

Morgens bzw. vormittags (7.4o, 9.oo und 1o.4o Uhr) starten 3 Züge in Villefranch. Fahrzeit bis Latour de Carol 2,5 Stunden. Zurück mit dem letzten Zug (ca. 17.3o Uhr) aus Latour. Der Bahnhof von Villefranche liegt außerhalb der Ortschaft an der N 116.

Jeder Zug führt einen Cabriowagen mit, von dem der Ausblick ungetrübt ist.

GORGES DE LA CARANCA

Schroffe Steilschlucht, nur wenige Kilometer westlich von Villefranche de Conflent. Auf der N 116 über Olette nach Thues-les-Bains. Von hier geht es zu den Gorges. Ein kurzer Spaziergang über spitze Steine und zum Teil betonierte Wege (Kopf einziehen!) bis zu einer Brücke. Im Sommer führt der klare Gebirgsbach nur wenig Wasser.

Von hier verläuft ein Zick-Zack-Weg rechts durch Eichenwälder, den Hang hinauf zu einem Wanderpfad, der aus dem Fels gehauen wurde und zum weiten Tal herausführt. Auf der Strecke ein kleines Wasserkraftwerk.

★ Mont-Louis

Über 1.6oo m hoch gelegenes Städtchen auf einem Plateau. Der Ort ist von dicken Vaubanmauern (nach ihrem Erbauer benannt) mit einem schönen Turm aus dem 16. Jh. umgeben. Über eine kleine Brücke kommt man in den Stadtkern. In der Festung auf dem Dorfhügel hat sich das 1er Regiment da Choc“ eingenistet - striktes Militärgebiet.

Tourist INFO Im Syndicat d’Initiative, Tel. o4 68 o4 21 97 (Stadtmitte), gibt es Karten für die Besichtigung des 1953 von Felix Trombe gebauten Versuchssonnenofens, der Temperaturen bis zu 3.ooo Grad erzeugte (Four Solaire, links nach dem Tor). Außer einigen Hotels und Cafés hat der Ort nichts weiter zu bieten.

Mont Louis ist ein guter Ausgangspunkt für eine Rundfahrt durch ein imposantes Gebirgstal. Gute Straße nach Font-Romeu, Bourg, Saillagouse und nach Mont Louis zurück. Über weite strecken fühlt man sich in ein Alpental versetzt. Dem hier entstandenen Skizentrum sind große Waldflächen zum Opfer gefallen.

Argelès

Altes Dorf von Weinbauern, bekannt für seine Muskatweine (Probierstuben), in einer leicht hügeligen Landschaft mit Obsthainen und Weinbergen. Sehenswert die gotische Kirche, berühmtes Tryptichon!

Office Municipal de Tourisme: Argelès-sur-Mer (neben dem Hôtel de Ville). Geöffnet nur Juli/August, täglich 8.3o-12.3oUhr und 14-19 Uhr. Tel. o4 68 81 oo 13.

SOUBIRANA: An der Hauptstraße des Dorfes, der Route Nationale 114 (Hausnummer 58). Im kleinen schattigen Innenhof ist es sehr gemütlich an warmen Sommerabenden. Häusliche Küche mit guten Steaks. Menü ab ca. 15 Euro. Freitag abend und samstags geschlossen. Auch Zimmer: DZ mit Dusche/ WC ab 35 Euro. Tel. o4 68 81 o1 44 .

LA GAMATE: Pizzeria mit Backofen im engen Speisesaal. Italienisch-französische Menüs ab 15 Euro. Rue de Collioure 46.

★ Argelès-Plage

2,5 km östlich liegt der Strand- und Badeort des Dorfes mit vielen Pinienwäldchen (immerhin insgesamt über 1o ha). Der Ort bekam mehrmals die Auszeichnung „Die Blaue Fahne“ für sehr sauberes Wasser.

Der Hafen von Argelès-Plage wird seit Jahren ausgebaut. Etwa 45o Anlegeplätze für Boote, Appartements, Restaurants, Bars etc. entstehen - mit entsprechendem Ausbau der Infrastruktur. Der größte Teil ist bereits fertiggestellt. Man versucht auf diese Weise den Tourismus „anzukurbeln“ - obwohl gerade Argelès über mangelnden Zulauf nicht klagen kann.

Office du Tourisme, Place de l’Europe (ca. 2oo m nördlich vom Kreisverkehr im Zentrum). In der Saison (15.6.-15.9.) täglich 8.3o-2o Uhr, in der Nebensaison (außer Sonntag) 9-12 Uhr und 14-18 Uhr. Es wird deutsch gesprochen. Tel. o4 68 81 15 85.

Argelès wird auch die Hauptstadt der Campingplätze genannt. Es gibt über 7o!!! Einer davon, Le Soleil, am nördlichen Ortsende, am Strand mit einem künstlichen Yachthafen. Viel Grün, vor allem Oleander und Pinien. Riesiges ‚kalifornisches‘ Schwimmbecken. 25 Euro für 2 Pers. Tel. o4 68 81 14 48.

Weitaus preiswerter der Camping „Le Roussillonaise“ am nördlichen Ortsende am Strand, 15 Euro. Tel. o4 68 81 1o 42.

Noch günstiger und mit großen Schattenbäumen: fast alle Campingplätze entlang der Einfallstraße von Argelès-Dorf (Avenue Général de Gaulle), etwa 3 Minuten bis zum Strand. Preise um 15 Euro für 2 Personen.

Eine sehr schöne, ausführliche Liste der Campings (mit Preisen und einem kleinen Plan) gibt's beimTouristenbüro.

Nachtleben

4 Discos in der Allée J. Aroles und deren Verlängerung Allée des Pins (Hauptschlagader des Ortes). Am empfehlenswerte-sten die Disco Playa Club, am nördlichen Ende der Allée des Pins, mit verwinkelter, palmenbepflanzter Holzterrasse zum Strand raus. Unter der Woche Eintritt 1o Euro, am Wochenende 15 Euro. Es läuft moderne Disco-Musik: House, Rap...

SPORT

Im Ort 5 Tennisclubs, die ca. 9 Euro pro Stunde nehmen. Anmeldung für die gemeindeeigenen Plätze neben dem Touristbüro, außerhalb der Saison im Touristbüro selbst.

Mehrere Reitclubs, die mit Führer Ausflüge in die Umgebung machen (ca. 1o Euro die Stunde).

Am Strand Windsurfing, Segeln und Tretboote.

Außerdem Küstenexkursionen mit Motorbooten bzw. ausgedienten Fischerbooten. Informationen im Hafen von Argelès. Z.B. verkehrt das Pedelschiff „St. Honorat" zwischen Argelès Port und Collioure: lohnenswerter Tagesausflug (siehe Collioure); hin und zurück 5 Euro.

★ Collioure

Spanisch anmutender Badeort inmitten einer Bucht, von steilen Pyrenäenausläufern umgeben.

Die Bucht wird durch 2 ins Meer hineinragende Felsnasen unterteilt. Auf der einen erhebt sich trutzig eine Burg, die andere wird von einer Kirche überragt, deren Turm als Leuchtturm dient. Dazwischen Strände mit Sand und Kiesel. Längs der Bucht eine baumbepflanzte Promenade, und unter den Klippen schmale Betonwege.

Tourist INFO

Syndicat d'Initiative: am Place 18. Juin, letzte Straße vor der Uferpromenade, links unten am Kanal. Öffnungszeiten: ganzjährig. Mo bis Sa 9-12 Uhr und 14-18 Uhr. Juni und Sept. Mo bis Sa 9-12 Uhr und 14-19 Uhr. Juli bis Aug. Mo bis Sa 9-2o Uhr und So 10-12 Uhr und 15-18 Uhr. Tel. o4 68 82 15 47, Fax: o4 68 82 46 29.

An der PROMENADE stellen Künstler ihre Werke aus, - späte Nachfahren der „fauves", die Collioure schon früh für sich entdeckten. Der erste von ihnen war Henri Matisse.

Anfang dieses Jahrhunderts verbrachte der damalige Hobbymaler und hauptberufliche Rechtsanwaltsgehilfe hier seinen Sommerurlaub. Das zusammen mit Frau und Kindern gemietete Häuschen konnte er bei Abreise nicht mehr bezahlen und wollte stattdessen seine Bilder in Zahlung geben - keiner wollte sie. Aber bereits einige Monate später wendete sich das Blatt - auf einen Schlag wurde er berühmt. Die Pariser Zeitungskritiker stürzten sich auf den Gründer der Fauvisten (Schule der „Wilden“), und auch Collioure wurde bekannt.

Mitten durch den Ort führt ein betoniertes Flußbett, das im Sommer meist ausgetrocknet ist. Hier sind auch die meisten Restaurants und Straßencafés von Collioure.

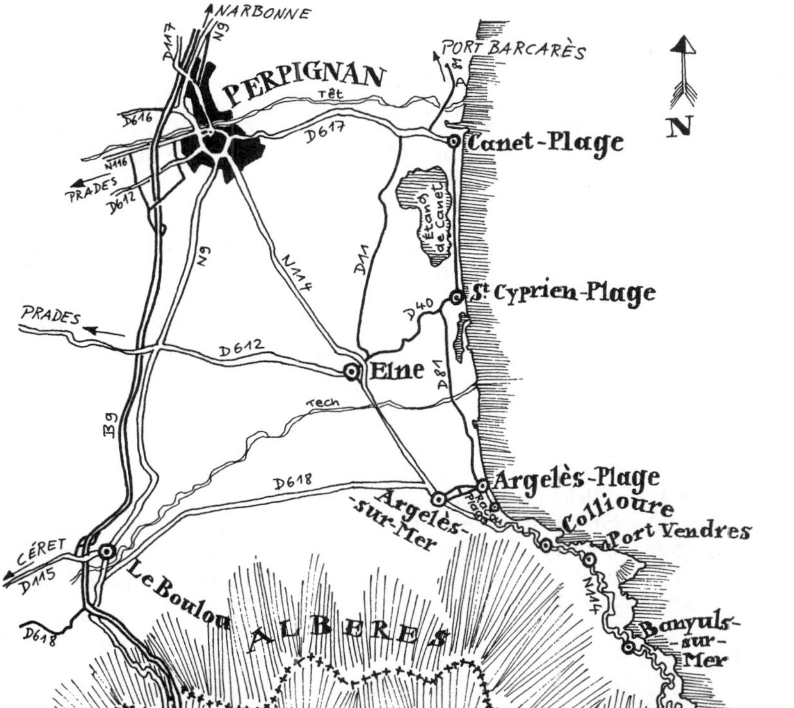

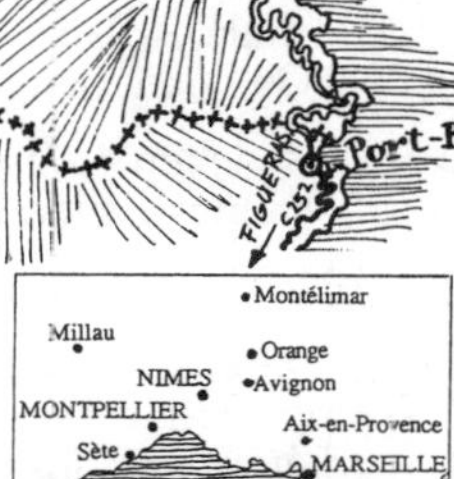

Bei der Kirche beginnt ein abwechslungsreicher PFAD, der an der Steilküste entlang führt. Das ist auch der Weg zu den Campingplätzen.

Als längerer Aufenthaltsort während der Hauptsaison bietet sich Collioure wenig an: der Ort ist überfüllt, die Strände beengend (auch zum Teil schmutzig), und zudem wälzt sich der Urlaubsverkehr nach Spanien an der Bucht vorbeit!

SEHENSWERTES

DES TEMPLIERS: Das traditionsreichste Café/Restaurant von Collioure mit einer eindrucksvollen Gemäldesammlung im Restaurant, an den Gängen zur Toilette, in den Treppenaufgängen und in den Zimmern - insgesamt Anlaufpunkt der vielen Maler nach der „Matisse Zeit". Berühmte Gäste wie Salvador Dali, Henri Matisse und Pablo Picasson (von ihnen hängen Bilder hier) waren hier keine Seltenheit.

In der KÖNIGSBURG, ehemaliger Sommersitz der Könige von Mallorca, jährlich wechselnde Ausstellungen moderner Malerei. Besichtigen kann man unterirdische Gänge, den Exerzierplatz, die Burgkapelle, das Schlafgemach der Königin - schöne Aussicht auf die Hafenbucht. Öffnungszeiten: Juni bis Sept. 1o-17.15 Uhr, Oktober bis Mai 9-16.15 Uhr. Tel. o4 68 82 o6 43.

MUSÉE PAMS an der Straße nach Port Vendres: Malerei des 20. Jh.'s und viel Gegenwartskunst; außerdem wechselnde Ausstellungen. Öffnungszeiten: Juni bis Sept. 1o-12 Uhr und 14-18 Uhr, Juli und August 1o-12 Uhr und 14-19 Uhr, Okt. bis Mai 1o-12 Uhr und 14-18 Uhr. Dienstags geschlossen. Tel. o4 68 82 1o 19.

Die KIRCHE (17.Jh.) taucht auf allen Prospekten auf und ist Symbol des Ortes. Nach der jüngsten Vollrestaurierung zeigt sich die Hafenkirche mit rotem Ziegeldach und sandsteinfarbenen Mauern - ein schöner Kontrast zum dunklen Labagestein des Glockenturms. Innen spanisch, prunkvollkitschig vergoldet. Öffnungszeiten: 7.3o-12 Uhr und 14-18 Uhr.

FESTE

Ostern: Karfreitag. Prozession der Sanch (Büßer-Prozession auf dem Kreuzweg). Treffunkt 21 Uhr vor der Kirche Notre Dame des Anges. Sa und So Goig dels Ons (Kirchengesänge).

Fete Saint-Jean am 23. Juni, ab 21 Uhr Fackelzug durch die Stadt, Entzünden der Johannes-Feuer am Strand, Tänze und Feuerwerk.

Nationalfeiertag am 14. Juli: Tanzveranstaltungen, Umzug.

Fest des Heiligen Vinzens: 14. bis 18. August. Spiele und Wettkämpfe auf dem Wasser, Tanzveranstaltungen, Konzerte und Straßenmusik. 16. August Stierkampf und anschl. Feuerwerk.

Bottsausflüge: Im Juli/August werden 1- bis 2-stündige Ausflüge entlang der Küste organisiert.

Der C.I.P. Club von Collioure veranstaltet von April bis Oktober Tauchkurse. Ein Grundkurs mit 5 Unterrichtsstunden kostet ca. 40 Euro. Außerdem werden Surfkurse für Anfänger und Fortgeschrittene angeboten. Tel. o4 68 82 o7 16, Fax: o4 68 82 44 74.

Mountain-Bikes gibt's für 15 Euro pro Tag. Rue du Puits Saint Dominique 1. Tel. o6 15 97 83 74. Die Organisation hat ein eingerichtetes Clubhaus mit Übernachtungs- und Campingmöglichkeiten (nur für Kursteilnehmer).

LANDALOU: Auf der Speisekarte typische span. Spezialitäten: Paella, Tapas. Menüs zw. 1o-2o Euro. 10, rue de la République. Tel. o4 68 82 32 78.

LE BRASERO: katalanische Spezialitäten. Menüs ab 1o Euro. Kinderteller. 14, rue du Docteur Coste. Tel. o4 68 82 1o o4.

PIZZERIA CASALINGA: italienische Spezialitäten. Pizzas zum Mitnehmen. Preise zw. 8-15 Euro. 8, rue St.-Vincent. Tel. o4 68 82 o2 44.

„**Hôtel Casa Pairal**": Rue de la République. Ist das schänste Gebäude im Ort. Ruhige Lage. Man betritt es durch eine helle, mit Schmiedearbeiten verzierte Vorhalle. Im Innenhof ein Garten, in dem es üppig grünt und blüht. Stilvoller Aufenthaltsraum farbige Steinfußböden, Schwimmbad gleich nebenan. Die Zimmer, die teilweise um den Innenhof liegen, haben einen kleinen Vorraum, antike Möbel und marmorverkleidetes Bad . Preise: DZ 75 Euro (Du./WC) bis 15o Euro (mit Bad) , 28 Zimmer. Tel. o4 68 82 o5 81, Fax: o4 68 82 52 1o.

„**Hôtel Caranques**": an der Straße nach Port-Vendres, zu Fuß ca. 1o Min. von der Stadt entfernt. Es liegt sehr schön auf der anderen Seite der Bucht und wurde direkt an der Steilküste erbaut. Die Zimmer sind einfach eingerichtet mit Bad (Dusche/WC) und kleinem Balkon, toller Blick auf das Meer. eine Treppe führt zu den Klippen hinunter. DZ 4o-7o Euro. Tel. o4 68 82 o6 68, Fax: o4 68 82 oo 92.

„**La Bona Casa**": in der Av. République. Hübsche Zimmer nach hinten (Duschkabine und Waschbecken) zu ca. 5o Euro. Unten im Haus ein kleines Restaurant, in dem man billig essen kann: Menü ab 15 Euro. Während der Saison ist Halbpension Pflicht. Leider gibt es insgesamt nur 8 Zimmer. Tel. o4 68 82 o6 62.

Camping Les Amandiers- L'Ouille: der schönere der beiden stadtnahen Plätze; ca. 15o m vom Meer entfernt. Leichte Hanglage und viel Schatten. In ca. 15 Min. erreicht man über den Küstenpfad den Ortskern von Collioure. Geöffnet von Anfang April bis Ende September. Ca. 18 Euro für 2 Pers. Tel. o4 68 81 14 69.

Von Collioure führt die N 114 an der Küste entlang nach PORT VENDRES, einem größeren Hafenort, in dem auch Hochseedampfer einlaufen, und weiter zum Badeort BANUYLS-SUR MER.

★ Banyuls-sur-Mer

Letzter Ferienort vor der spanischen Grenze, dicht an den Pyrenäenausläufern. Hübsche Strandpromenade mit vielen Cafés. Ein großer Nachteil ist der unaufhörlich durch den Ort fllutende Verkehr Richtung Spanien.

Direkt im Ort kleine Buchten, die im Sommer mit Badenden vollgestopft sind; Kieselstrand. Nördlich eine weitere Bucht, der Plage d'Elmes am Ende des Ortes: ebenfalls Kieselsteine am Strand, der sanft ins Meer übergeht.

NOTIZEN

NOTIZEN

NOTIZEN

NOTIZEN

NOTIZEN

NOTIZEN

NOTIZEN

NOTIZEN

NOTIZEN

Kleiner Wortschatz

A

archevêque, le	Erzbischof
auberge, la	Gasthaus, Herberge
auberge de la jeunesse	Jugendherberge

B

bas, basse	niedrig
beaux arts, les	die schönen Künste
belvédère, le	Ausssichtspunkt
bories, les,	südfranzösische Steinhütten, ähnlich den Ig lus
boules, les	französisches Kugelspiel („Boccia“)

C

cabane, la	Camarguehütten der Hirten
causse, la	karge Hochflächen
caverne (grotte), la	Höhle (= Schlucht)
centre, le	Zentrum
centre de jeunesse	Jugendzentrum
chaîne, la	Kette
château, le	Schloß
chrétien	christlich
cimetière, le	Friedhof
circuit, le	Rundweg
clocher, le	Glockenturm
crête, la	Kamm
cocarde, la	Fähnchen, das den Stieren zwischen die Hörner gesteckt wird

confrérie, la	Brüderschaft, (Bund Mistrals)
corniche, la	Straße, die am Bergkamm entlang führt

D

du travail pas de touristes	Okzitanische Parole: Wir wollen Arbeit, keine Touristen!
domaine, le	Gut
donjon, le	Schloß, Wachturm

E

église, la	Kirche
ermitage, le	Einsiedelei
étang, le	Teich in einer Lagunenlandschaft am Meer

F

„Fauves“, les	die „Wilden“ (Künstlergruppe)
„Félibrige“, le	Bund Mistrals
ferme, la	Bauernhof

H

herbes, les	Kräuter
histoire, l’	Zeitgeschichte
homme, l’	Mensch
hôtel, l’	Hotel, auch Bürgerhaus
hôtel de ville, l’	Rathaus

IJ

île, l’	Insel
jardin, le	Garten
jeunesse, la	Jugend

L

lac, le	See
lumière, la	Licht

MN

mairie, la	Bürgermeisteramt
maison, la	Haus
mas, le	Gut
midi, (le)	Mittag, Süden, Südfrankreich
mont, le	Berg
montée, la	Auffahrt
nudiste, le/la	FKK’ler

P

palais, le	Palast
peint(es) à la main	handbemalt
pétanque	französisches Kugelspiel („Boccia“)
petit, petite	klein
plage, la	Strand
point de vue, le	Aussichtspunkt
police, la	Polizei
pont, le	Brücke

QR

quartier, le	Stadtviertel
roi, le	König

ST

sable, le	Sand
saucisson, le	Wurst
son, le	Ton
source, la	Quelle
touristes dehors!	Okzitanische Parole: Touristen raus!

V

vallée, la	Tal
vannerie, la	Korbflechterei
vieux, vieil, vieille	alt
village, le	Dorf
ville, la	Stadt
vin, le	Wein

Einige wichtige Wörter und Redewendungen

Die Franzosen sind im allgemeinen sehr höflich!

bonjour	Guten Tag
bonsoir	Guten Abend
au revoir	Auf Wiedersehen
excusez moi	Entschuldigung
s’il vous plaît	bitte

pardon?	Wie bitte?
monsieur	Herr
mademoiselle	Fräulein
madame	Frau
parlez vous...	Sprechen Sie...
anglais	Englisch
allemand	Deutsch
français	Französich
je ne comprends pas	Ich verstehe nicht
pouvez-vous répéter, s.v.p.	Noch einmal, bitte
non	nein
oui	ja
où	wo
quand	wann
combien	wieviel
pourquoi	warum
et	und
ou	oder
merci danke	
je voudrais	Ich möchte
puis-je	Kann ich
pouvez-vous	Können Sie
nous voulons	Wir wollen
pouvons-nous avoir?	Können wir
une chambre	ein Zimmer
une serviette	ein Handtuch
du savon	Seife
un renseignement	eine Auskunft haben?

où se trouve, se trouvent	Wo ist, sind?
Comment aller à	Wie komme ich zur/zum
la gare	Bahnhof
la banque	Bank
un café	Cafe
un hôtel	Hotel
un hôtel pas trop cher	billiges Hotel
une auberge de jeunesse	Jugendherberge
l'église	Kirche
un hôtel de luxe	Luxushotel

le palais	Palast
le parc	Park
la poste/bureau de poste	Post
un bon restaurant	gutes Restaurant
la Mairie/ l'Hôtel de ville	Rathaus
le château	Schloß
la gorge	Schlucht
le centre-ville	Stadtzentrum
un taxi	Taxi
les toilettes	Toiletten
pouvez-vous nous recommander un hôtel	Können Sie uns ein Hotel empfehlen?

Im Hotel

je voudrais/nous voudrions	Ich möchte, wir möchten
une chambre	ein Zimmer
une chambre pour deux personnes	ein Doppelzimmer
une chambre à deux lits	ein Zimmer mit 2 Betten
une chambre qui donne sur la rue	ein Zimmer nach vorn
une chambre qui donne sur la cour	ein Zimmer zum Hof
une chambre qui donne sur la mer, avec vue sur la mer	ein Zimmer mit Blick aufs Meer
nous restons	Wir bleiben
un jour	einen Tag
quelques jours	einige Tage
une semaine	eine Woche
un mois	einen Monat
puis-je voir la chambre?	Könnte ich das Zimmer sehen?
avec salle de bain	mit Bad
avec douche	mit Dusche

service compris	Service inbegriffen
demipension	Halbpension
pension complète	Vollpension
réserver	reservieren
je ne prends pas la chambre	Ich nehme das Zimmer nicht
petit déjeuner	Frühstück
à quelle heure fermez-vous?	Wann schließen Sie?

Im Restaurant

puis-je avoir le menu, s.v.p. Die Speisekarte bitte

l'addition, s.v.p.	Die Rechnung bitte
une table pour deux personnes	ein Tisch für 2 Personen
tout compris	alles inbegriffen
couvert	Gedeck
la monnaie	das Wechselgeld
commander	bestellen
cela suffit	Nichts mehr, danke

Speiselexikon

adobodi biou à la camarguaise	Fleischspezialität aus der Camargue
Aioli	Sc. aus viel Knoblauch, Mayon., Eigelb
assiette anglaise	Teller mit verschiedenen Wurstsorten
assiette du pêcheur	verschiedene, lecker angemachte Fisch arten
Anchoiade	frische Sardellen, mit Essig, Öl und Petersilie gebacken
baudroi à la nimoise et jamboneau de canar au saint-estèphe	Ein typisch provençalisches Gericht: Seeteufelsuppe mit Kartoffeln, Orangenschale, Knoblauch, Sellerie und geröstetem Weißbrot, und Ente auf Art des Hauses zubereitet
bécasse	Schnepfe

blanquette de veau à la provençale beer,	Kalbsragout in einer hellen Soße mit Möhren und vielen Gewürzen wie Lor-Thymian, etc.
boeuf à la Gardiane	Rindfleischeintopf mit Gemüse (Camar gue)
boeuf aux carottes et tarte	Ochsenfleisch mit Möhren und „Torte“
bouillabaise	Fischsuppe
bouillinade	Fischsuppe mit Langusten, Aal und Bohnen
bourride	Fischsuppe mit Weißfischen und Eigelb
brandade de morue	besteht aus zerkleinertem Kabeljau, mit Olivenöl im Backofen zubereitet
brochet	Hecht
caille	Wachtel
calamar	Tintenfisch
cargolade	katalanisches Schneckengericht
carré d'agneau	Lammrücken
cassoulet	Eintopf mit Bohnen, Speck und verschie denen Fleischsorten, vor allem Hammel (siehe Einleitung: Spezialitäten)
cerf	Hirsch
charcuterie	Aufschnitt
chevreuil	Reh
civet porcelet	gepfeffertes Ferkelfleisch
coquillages	kalte, frische Meeresfrüchte, die man am Hafen von den Fischern oder in Snackständen bekommt
coquilles Saint Jaques	Jakobsmuscheln: in der eigenen Schale wird das Fruchtfleisch mit einer Soße aus Mehl, Weißwein, Butter, Champignons und obenauf Butterflöckchen im Ofen überbacken
côtelette de veau	Kalbskotelett
côtelette d'agneau	Lammkotelett
côte de boeuf	Rippe vom Ochsen
côte de porc	Rippchen vom Schwein
crêpes	eine Art Pfannkuchen, auf Wunsch mit verschiedenen süßen Füllungen
crevettes roses	kleine Krabben

crudités	Rohkost, gemischt
daube d'aubergines	einer der so häufigen Eintöpfe, mit Rindfleisch, Auberginen und Tomaten.
écrevisses flambées au	In Butter gebratene und mit Whisky Whis ky flambierte Krebse, oft mit einer lecke ren Soße aus Thymian, Lorbeeren, Zwie beln, Petersilie .
entrecôtes maître d'hôtel	Zwischenrippenstück nach Art des Hauses zubereitet
escargots de mer aioli	Meeresschnecken in der typischen Knoblauchsoße
feuilleté de Saint-Pierre aux poireaux	Mit durchwachsenem Speck gefüllte Blätterteigpastete
filet de boeuf	Ochsenfilet
filet flambé au Roquefort	Filetstück, flambiert und mit Käse serviert
foie gras de canard	Entenleberpastete
gelatine de grive au foie gras	Sülzgericht aus Drosselfleisch mitGänse leberpastete
gambas grillés avec remoulade	Gegrillte Gambas in Remouladensoße (Mayonnaise, Kräuter, Pfeffergurken, Kapern ...)
gibier	Wild
homard	Hummer
hors d'oeuvre variés	gemischte Vorspeise (Wurst, Salat, Gemüse)
huîtres au champagne	Austern in Champagner
jambon	Schinken
les aiguillettes de canard au vinaigre de xérés et miel	Entenschenkel in Essig und Honig zubereitet
lotte	Rutte, auch Quappe genannt, ein Süßwas serfisch, der wie der Aal zubereitet wird. Am Meer kann es sich auch um den Seeteufel handeln
la marmite argelescienne	Fischeintopf mit Kartoffeln und Gemüse
lapin	Kaninchen
lièvre	Hase
loup en croûte	Wolfsbarsch, in einer Teigkruste gebacken mit einer Soße aus Butter, Eigelb, Schalot ten und Estragon in die Tomatenmark gerührt wird

loup grillé au fenouil	Wolfsbarsch mit Öl bestrichen und mit Fenchel gebacken
morue, cabillaud	Kabeljau
moules aux épinards	Muscheln in Spinat
moules marinière	Miesmuscheln, die mit Pfeffer, Petersilie und Wein angemacht werden
oeufs poule à l'huître servis en coque	Hühnereier, weichgekocht und mit Austern serviert
oie	Gans
omelette aux morilles	Omelett mit Morcheln
omelette froide provencale	Omelette mit vielen Gewürzen und Tomatenscheiben
paella	Eintopf aus verschiedenen Fleischsorten, Fisch und Reis (spanisches Gericht)
palourdes	Muscheln ohne Schale im eigenen Saft mit Zitrone
pain bagnat	ausgehöhltes oder durchgeschnittenes Weißbrot, mit Tomaten, Oliven, Anchovis, Tunfisch u.a. gefüllt; mit Öl begossen (deswegen bagnat, gebadet)
pâté	Pastete
pieds paquets	Innereien und Pfoten vom Hammel, mit Knoblauch, Zwiebeln, Petersilie und Tomaten in Weißwein gekocht
pigeon	Taube
pissaladière	Zwiebel und Tomatenkuchen
plat du jour	Tagesessen (ständig wechselnd)
po-tau feu de foie gras aux légumes de France	Gänseleber im Topf über dem Feuer, zubereitet mit Gemüse
poulet à l'ail et au thym	Hühnchen in Knoblauch und Thymian
poutargue de Martigues	der Rogen der Seebarbe, „Kaviar"Süd frankreichs
quenelles de brochet	Hechtklößchen
quiche terrine	Pastete in Mürbeteigtörtchen
quiche Lorraine	Törtchen gefüllt mit Käse-Specksoße
quillade	Gemüsesuppe mit Schinken und Bohnen
ratatouille	Gemüseragout aus Auberginen, Tomaten, Courgetten (kleine Kürbisse) u.a.
rilletts	kaltes Schmalzfleisch, duch den Wolf

	gedreht und gebraten; schaut fast aus wie Leberwurst
rognons	Nieren
rouget de méditerranée au pistou	Rotbarbe in einer Gemüsesuppe, die mit einer besonderen Paste aus Käse, Öl und Speck verdickt wird
salade niçoise	Salat mit Oliven, Tomaten, Anchovis etc.
sandre á l'estragon	Zander in Estragon
sardinade	auf Rebholz geröstete Sardinen
sauce poivrade	Pfeffersoße
saucisson	eine Art grobe Salami
saucisson chaud de Lyon avec sa garniture	Heiße Wurst mit Beilagen
sole bonne bouche	Seezunge nach Art des Hauses
sole meunière	Seezunge Müllerart: in gesalzener Milch gebeizter Fisch, mit Mehl bestäubt, in Butter gebraten, mit Petersilie und Zitrone serviert.
soupe au pistou	besteht aus soviel Gemüsesorten wie möglich. Wichtig sind die roten Bohnen, Tomaten und Basilikum
soufflé au miel de la clope	Auflauf mit Honig
soupe de poisson (terrine de poisson)	Fischsuppe
tapenade	in Öl eingelegte Oliven, zerstampft und stark gewürzt
tête de veau ruviotte	Schweinskopf, lecker und aufwendig zubereitet
thon	Thunfisch
tripes aux amandes	Innereien mit Mandeln garniert
truite „de la fontaine d'argent“	Forelle „aus dem Geldbrunnen“turbot Steinbuttla

EINKAUFEN

pharmacie	Apotheke
la boulangerie	Bäckerei

la librairie	Buchhandlung
le coiffeur	Friseur
le grand magasin	Kaufhaus
la boucherie	Metzger
le magasin de photo	Photogeschäft
la gendarmerie	Polizei
l'agence de voyages	Reisebüro
la cordonnerie	Schuster
le supermarché	Supermarkt
le dentiste	Zahnarzt
le kiosque	Kiosk
le garage	Reparaturwerkstatt
le pressing	Reinigung
la laverie (la blanchisserie)	Waschsalon
pas trop cher/chère	billig
la réduction	Ermäßigung
un reçu, s.v.p.	Eine Quittung bitte
Combien ça coûte? (Ça fait combien?)	Wie teuer ist das?
pouves-vous me réparer cela?	Können Sie mir das reparieren?
nettoyer	reinigen
laver	waschen
de l'aspirine	Aspirin
un livre	Buch
en allemand	auf deutsch
un maillot de bain	Badeanzug
des serviettes hygieniques	Damenbinden
du shampooing	Haarwaschmittel

des pastilles pour la gorge	Halsschmerztabletten
la chemise	Hemd
le pantalon	Hose
de l'iode	Jod
la robe	Kleid
une carte (géographique)	Landkarte
un pardessus	Mantel
de la gaze	Mull
une pince à épiler	Pinzette
du sparadrap	Pflaster
une carte postale	Postkarte
un guide	Reiseführer
une culotte	Schlüpfer
une paire de chausssures	Schuhe
du savon	Seife
de la crème solaire	Sonnencreme
un plan de ville	Stadtplan
une poche/un sac	Tasche
une montre	Uhr
des contraceptifs	Verhütungsmittel
un réveil	Wecker
une pommade antiseptique	Wundsalbe
de la pâte dentifrice	Zahnpasta

Mit dem Auto

où se trouve, se trouvent	Wo ist, sind
la route de	die Straße nach
l'autoroute de	die Autobahn
la route nationale de	die Nationalstraße nach
Pour aller au château, svp?	Wie komme ich zum Schloß, bitte?
tout droit	geradeaus
tourner à gauche	links abbiegen
tourner à droite	rechts abbiegen
vous êtes trompés	Sie sind falsch
jusqu'au feu rouge	Bis zur Ampel
la première rue à gauche	Die erste Straße links
(deuxième, troisième, quatrième)	(zweite, dritte, vierte)

le carrefour	die Kreuzung
passage interdit	Durchfahrt verboten!
danger de mort	Lebensgefahr!
la file de droite	die rechte Spur
attention	Vorsicht!
déviation	Umleitung
interdit de doubler	Überholen verboten!
stationnement interdit	Parken verboten!

Ärger mit dem Auto

aidezmoi, s.v.p.	Helfen Sie mir, bitte
appelez	Rufen Sie .... an
un docteur	einen Doktor
la police	die Polizei
une ambulance	einen Rettungswagen
puisje téléphoner?	Kann ich telefonieren?
l'accident	der Unfall
le garage	die Werkstatt
je suis en panne	ich habe eine Panne
où se trouve	Wo ist
un mécanicien	ein Automechaniker
une voiture de dépanage	ein Abschleppwagen
les freins	die Bremsen
les vitesses	die Gangschaltung
l'embrayage	die Kupplung
la dynamo	die Lichtmaschine
l'allumage/les bougies	die Zündkerzen
le point d'allumage	der Zündpunkt
le volant	das Lenkrad
le système de refroidissement	die Kühlung
le carburateur	der Vergaser
le démarreur	der Anlasser
le distributeur	der Verteiler
ne marche pas	geht nicht
ne fonctionne pas	funktioniert nicht
est cassé	ist kaputt

ARZTBESUCH

il me faut un médecin	Ich brauche einen Arzt
je suis malade	Ich bin krank
j'ai des frissons	Ich habe Schüttelfrost
de la fièvre	Fieber
un abcés	ein Geschwür
des crampes	Krämpfe
une insolation	einen Sonnenstich
je me suis coupé	ich habe mich geschnitten
examiner	untersuchen
faire une radiographie	röntgen
cassé gebrochen	
froissé	verzerrt
je me sens mieux/ plus mal	Mir geht es besser/ schlechter
j'ai mal aux dents	Ich habe Zahnschmerzen

Zahlen Wochentage, Monate...

un, une	1	seize	16
deux	2	dixsept	17
trois	3	dixhuit	18
quatre	4	dixneuf	19
cinq	5	vingt	20
six	6	vingt et un	21
sept	7	vingt-deux	22
huit	8	vingt-trois	23
neuf	9	trente	30
dix	10	quarante	40
onze	11	cinquante	50
douze	12	soixante	60
treize	13	cent	100
quatorze	14	mille	1000
quinze	15		

dimanche	Sonntag	janvier	Januar
lundi	Montag	février	Feruar
mardi	Dienstag	mars	März
mercredi	Mittwoch	avril	April

jeudi	Donnerstag	mai	Mai
vendredi	Freitag	juin	Juni
samedi	Samstag	juillet	Juli
	août	August	
	septembre	September	
une fois	einmal	octobre	Oktober
deux fois	zweimal	novembre	November
trois fois	dreimal	décembre	Dezember

aujourd'hui	heute
ce soir	heute abend
demain	morgen
hier	gestern
après demain	übermorgen
avant hier	vorgestern
hier soir	gestern abend
demain matin	morgen früh
le soir	abends
le matin	morgens
la semaine prochaine	nächste Woche
l'année prochaine	nächstes Jahr
dans une semaine	in einer Woche
dans quinze jours	in 14 Tagen
il y a un mois	vor einem Monat
il y a un an	vor einem Jahr
il est trop tôt	es ist zu früh
il est trop tard	es ist zu spät
il est encore tôt	es ist noch zu früh
il est déja tard	es ist schon zu spät
quand	wann
quelle heure estil?	wieviel Uhr ist es?
combien de temps prend cela?	wie lange dauert das?

INDEX